Berner betriebswirtschaftliche Schriften

Herausgegeben von
Prof. Dr. Joachim Griese
Prof. Dr. Richard Kühn
Prof. Dr. Norbert Thom

Band 24

Dr. Michèle Etienne

Total Quality Management im Spital erfolgreich gestalten

Verlag Paul Haupt
Bern · Stuttgart · Wien

Michèle Etienne (1972), Dr. rer. pol., Studium der Wirtschaftswissenschaften an der Universität Bern (Lizentiat 1996, Promotion 1999). Bis Ende 1999 wissenschaftliche Assistentin von Prof. Dr. Norbert Thom am Institut für Organisation und Personal der Universität Bern. Seit 1999 Partnerin Innopool AG, Managementberatung, Schüpfen (etienne@innopool.ch). Referentinnentätigkeit in den Bereichen Total Quality Management, Change Management und Human Ressource Management.

Die Deutsche Bibliothek – CIP-Einheitsaufnahme

Etienne, Michèle:
Total Quality Management im Spital erfolgreich gestalten /
Michèle Etienne. –
Bern ; Stuttgart ; Wien : Haupt, 2000
(Berner betriebswirtschaftliche Schriften ; Bd. 24)
Zugl.: Bern, Univ., Diss., 2000
ISBN 3-258-06208-0

Dieses Papier ist umweltverträglich, weil chlorfrei hergestellt;
es stammt aus Schweizer Produktion mit entsprechend kurzen Transportwegen
Printed in Switzerland

http://www.haupt.ch

Geleitwort

Die Kosten sind im schweizerischen Gesundheitswesen in den letzten Jahren ausserordentlich stark gestiegen, eine Trendwende ist noch nicht erkennbar. Innerhalb des Gesundheitswesens nehmen die Spitäler eine bedeutende Stellung ein. Sie bilden den grössten Kostenblock und verzeichnen das relativ grösste Kostenwachstum. Gleichzeitig wird im Spitalbereich ein hohes Qualitätsniveau angestrebt, welches insbesondere die Patienten immer stärker erwarten. Das Spannungsfeld zwischen Beherrschung der Kostensituation und Sicherstellung eines gleichbleibend hohen Qualitätsniveaus bildet einen nur schwer zu lösenden Zielkonflikt im Spitalbereich. Die angemessene Bewältigung dieses Zielkonflikts ist für die Zukunft der Spitäler, die sich in einem erheblichen Umbruch befinden, von entscheidender Bedeutung.

Angesichts dieser Ausgangslage stellt sich die Frage, ob der Spitalbereich aus anderen Erfahrungsfeldern sowie aus neuen Erkenntnissen der Managementlehre Nutzen ziehen kann. In diesem Zusammenhang ist es offensichtlich, dass der international ausgerichtete Industriebereich seit langem in einem harten Wettbewerb seine Konkurrenzfähigkeit beweisen muss. Auch andere Dienstleistungsbereiche ausserhalb des Gesundheitswesens (z. B. die Hotellerie) befinden sich seit längerer Zeit in einem intensiven Wettbewerb. Innerhalb der Managementlehre sowie der Beratungspraxis wurden neue Konzepte entwickelt, die zur Lösung des gekennzeichneten Problems beitragen könnten. Aus diesem Wissensfundus lassen sich wahrscheinlich für die verbesserte Gestaltung des Spitalbereichs Anregungen gewinnen, sofern den Besonderheiten des Gesundheitsbereichs Rechnung getragen wird. Dazu ist jedoch erhebliche Forschungsarbeit zu leisten, um nicht der Gefahr eines unreflektierten Übertragens von Erfahrungen und Konzepten zu erliegen.

Für ihr Dissertationsprojekt an meinem Institut hatte sich Frau Michèle Etienne folgende Ziele gesetzt: Das Hauptziel bestand in der sorgfältigen Erarbeitung von Empfehlungen zur effizienteren Gestaltung eines Total Quality Management (TQM) in schweizerischen Spitälern. Zur Erreichung dieses Hauptzieles strebte sie vier Unterziele an:

1. Zunächst wollte sie die Gemeinsamkeiten und Unterschiede ausgewählter neuer Managementkonzepte (Kaizen, Business Process Reengineering, Lean Management und TQM) erkennen. Die besondere Eignung des Konzepts TQM für den Spitalbereich war zu überprüfen.
2. Der Verfasserin war es ein Anliegen, in ihrem konzeptionellen Bezugsrahmen die Bedingungsgrössen zu konkretisieren und zu einem vertieften Verständnis des Systems Gesundheitswesen zu gelangen, um dort die relevanten Ansatzpunkte für eine Qualitätssteigerung in Spitälern zu identifizieren.

3. Sie hatte die Absicht, ihren Bezugsrahmen detailliert auszufüllen, indem sie nicht nur die ausserbetrieblichen, betrieblichen und personellen Bedingungsgrössen untersuchte, sondern auch die mittelbaren und unmittelbaren Handlungsmöglichkeiten (Aktionsparameter) der Spitalleitung analysierte. Die Wirkungen dieser Führungsinstrumente waren zumindest ansatzweise zu überprüfen.
4. Sie plante, von Spitälern mit bereits fortgeschrittenen TQM-Konzepten zu lernen, wie die Variablen ihres Bezugsrahmens präzisiert werden könnten. Ausserdem galt es, Faktoren zu untersuchen, die den Erfolg eines TQM-Projekts positiv beeinflussen (z. B. organisatorische Verankerung, Information und Kommunikation, Schulung der beteiligten Personen).

Frau Dr. Michèle Etienne hat alle Ziele und Unterziele erreicht und damit eine bemerkenswerte Leistung erbracht. Es ist ihr gelungen, eine solide Literaturstudie mit eigenständigen Forschungen über Deutschschweizer Spitäler sowie konkreten Handlungsempfehlungen für die praktische Problemlösung zu verbinden. In jedem dieser drei Grundbausteine für das überzeugende Gesamtwerk wurden sehr anerkennenswerte Einzelleistungen erbracht. Die abschliessenden Gestaltungsempfehlungen basieren auf einem intensiven Lernprozess durch Auseinandersetzung mit der Fachliteratur, durch originäre empirische Studien mit mehreren Forschungsmethoden und nicht zuletzt durch eigenständige kritische Reflexionen der Verfasserin. Ich wage die Behauptung, dass diese Gestaltungsempfehlungen keineswegs nur für Akutspitäler der Deutschschweiz gelten, sondern zumindest teilweise für weitere Elemente des Gesundheitssystems im In- und Ausland Gültigkeit haben dürften. Die Autorin hat dankenswerter Weise der Versuchung widerstanden, ihre vielfältigen empirischen Ergebnisse in grösster Ausführlichkeit darzustellen. Vielmehr hat sie es erreicht, sich in einer inhaltsreichen Verdichtung ihres Textes auf das Wesentliche zu konzentrieren und mit rund 300 Seiten Text das Volumen dieser Buchpublikation nicht ausufern zu lassen.

Ich wünsche dem vorliegenden Werk die verdiente Verbreitung zum einen bei allen Personen, die sich wissenschaftlich mit der Problematik des Qualitätsmanagements im Dienstleistungsbereich auseinandersetzen, zum anderen bei jenen Kreisen, die innerhalb des Gesundheitswesens Verantwortung tragen für ein Qualitätsmanagement mit Augenmass.

Bern, im Frühjahr 2000

Prof. Dr. Norbert Thom
Direktor des Instituts für
Organisation und Personal
der Universität Bern

Vorwort

Ein Sprichwort von *Laotse* besagt: „Jeder Weg beginnt mit einem ersten Schritt.“ Manchmal ist es jedoch bei grossen Vorhaben, wie ich ein Dissertationsprojekt doch bezeichnen möchte, die grösste Schwierigkeit, diesen ersten Schritt in Angriff zu nehmen.

Nicht selten kommen Zweifel auf, und man ist sich nicht sicher, ob eine Idee den Anforderungen des Doktorvaters, den Richtlinien der Fakultät, den „kritischen“ Mitstreiterinnen und Mitstreitern und nicht zuletzt auch den eigenen Vorstellungen, was denn nun eine gelungene Dissertation ausmache, genügt. Diese Startschwierigkeiten, die nicht selten zu einer erheblichen Verlängerung der Dissertationszeit führen können, blieben mir glücklicherweise erspart. Ich konnte während der letzten drei Jahre auf eine – sowohl in fachlicher wie auch in menschlicher Hinsicht – uneingeschränkte Unterstützung von Seiten meines Umfeldes zählen. Es ist mir sehr wohl bewusst, dass dies keine Selbstverständlichkeit darstellt und möchte deshalb den folgenden Personen besonders danken:

Meinem sehr verehrten akademischen Lehrer und Doktorvater, *Herrn Prof. Dr. Norbert Thom*, Direktor des Instituts für Organisation und Personal der Universität Bern. Er ermöglichte mir, das Forschungsprojekt an seinem Institut durchzuführen. Sein ausgesprochen partizipativer Führungsstil, sein Interesse an meinem Projekt sowie seine immerwährende Bereitschaft, mir bei Problemen zur Seite zu stehen, machen ihn für mich zu einem echten Doktorvater. Er wird mir als bestechende Führungspersönlichkeit mit hohen sozialen Kompetenzen immer ein Vorbild sein.

Herrn Prof. Dr. Reinbert Schauer, Direktor des Instituts für Allgemeine Betriebswirtschaftslehre der Johannes Kepler Universität Linz (Österreich). Er übernahm freundlicherweise die Aufgabe des Zweitgutachters. Im Rahmen des Internationalen Forschungskolloquiums „Public Management“ der Universitäten Bern und Linz lieferte mir Herr Prof. Schauer durch seinen grossen Erfahrungsschatz im Zusammenhang mit öffentlichen Institutionen wesentliche inhaltliche und methodische Hinweise für meine empirischen Studien. Ein weiterer Dank gebührt ihm für seine rasche Durchsicht der vorliegenden Arbeit.

Meinem Lebenspartner, *Dr. Kurt Aeberhard*, möchte ich einen ganz herzlichen Dank aussprechen. Er hat das Projekt vom ersten Augenblick an mitverfolgt und stand mir uneingeschränkt bei inhaltlichen und methodischen Problemen zur Seite. Er hat es verstanden, mich auch in schwierigen Phasen der Dissertation immer wieder zu motivieren sowie Sorge dafür zu tragen, dass ich nicht zuviel Zeit „dissertationsfremden“ Aktivitäten widme.

In der Schlussphase der Dissertation haben mir meine lieben Freunde *Anja Habegger, Karin Jeker, Fortunat von Planta* und *Dr. Robert Zaugg* ihre wertvolle Zeit zur Verfügung gestellt, um diese Arbeit in formaler Hinsicht zu überprüfen.

Meinen Grosseltern danke ich für die sehr grosszügige Geste, einen erheblichen Teil der Druckkosten für die vorliegende Arbeit zu übernehmen.

Ein besonderer Dank geht an meine Mutter, die mich in allen Entscheidungen meines Lebens unterstützt hat und mir auch in schwierigen Zeiten zur Seite stand. In Gedenken an meinen geliebten Vater möchte ich ihr und Kurt diese Arbeit widmen.

Wettingen, im Frühjahr 2000 Michèle Etienne

Inhaltsverzeichnis

Abbildungsverzeichnis

Tabellen- und Kreuztabellenverzeichnis

Abkürzungsverzeichnis

Abb.	Abbildung
Aeko	Ärztekommission
Ass.	Assistent
a. M.	am Main
Art.	Artikel
BG	Bedingungsgrössen
BIP	Bruttoinlandprodukt
Bsp.	Beispiel(e)
bspw.	beispielsweise
bzw.	beziehungsweise
BPR	Business Process Reengineering
BVW	Betriebliches Vorschlagswesen
ca.	circa
CIP	Continuous Improvement Process
CWQC	Company-Wide Quality Control
d. h.	das heisst
DIN	Deutsches Institut für Normung
Dr.	Doktor
EFQM	European Foundation for Quality Management
EOQ	European Organization for Quality
EQA	European Quality Award
EU	Europäische Union
et al.	und andere
etc.	et cetera
ev.	eventuell
f.	folgende (Seite)
ff.	folgende (Seiten)
HMO	Health Maintenance Organization
Hrsg.	Herausgeber
Hrsg. v.	herausgegeben von
HWV	Höhere Wirtschafts- und Verwaltungsschule
IAO	Institut für Arbeitswissenschaft und Organisation
inkl.	inklusive
insb.	insbesondere
IOP	Institut für Organisation und Personal
ISO	International Organization for Standardization
Jg.	Jahrgang
KH	Krankenheim
KHG	Krankenhausfinanzierungsgesetz
Kreuztab.	Kreuztabelle
KSK	Konkordat der Schweizerischen Krankenversicherer
KUVG	Bundesgesetz über die Kranken- und Unfallversicherung
KV	Kaufmännischer Verband
KVG	Krankenversicherungsgesetz
KVP	Kontinuierlicher Verbesserungsprozess
LM	Lean Management
MA	Mitarbeiter
MB	Mitarbeiter-Zufriedenheitsbefragungen
MBNQA	Malcolm Baldrige National Quality Award
MbO	Management-by-Objectives
MiG	Management im Gesundheitswesen
MIT	Massachusetts Institute of Technology
MK	Managementkonzept(e)
No.	Number
Nr.	Nummer
OR	Organisationsreglement
O. S.	ohne Seite
O. V.	ohne Verfasser
PB	Patienten-Zufriedenheitsbefragungen
PD	Privatdozent
PPO	Prefered Provider Organization
Prof.	Professor
QAP	Qualitätsmanagement im Alters- und Pflegeheim
QM	Qualitätsmanagement
QS-B	Qualitätsbeauftragte(r)
QMP	Qualitätsmanagementprojekt
QZ	Qualitätszirkel
resp.	respektive
S.	Seite(n)
SBK	Schweizerischer Berufsverband der Krankenschwestern und Krankenpfleger
SGGP	Schweizerische Gesellschaft für Gesundheitspolitik
sog.	sogenannt(e)

SPS	Sozialdemokratische Partei der Schweiz
Tab.	Tabelle
TQC	Total Quality Control
TQM	Total Quality Management
u.	und
u. a.	unter anderem/unter anderen
u. U.	unter Umständen
vs.	versus
USA	United States of America
usw.	und so weiter
v.	von
VESKA	Vereinigung Schweizer Krankenhäuser
vgl.	vergleiche
Vol.	Volume
VQG	Verein zur Qualitätssicherung und Qualitätsförderung im Gesundheitswesen
WHO	World Health Organization
z. B.	zum Beispiel
zit.	zitiert
z. T.	zum Teil
zus.	zusätzlich

Statistische Symbole:

* *	kein amtlicher Wert erhältlich
α	Vertrauensintervall Alpha
C	Kontingenz Koeffizient C
F	Freiheitsgrad(e)
N	Stichprobenumfang
N*	relevanter Stichprobenumfang
P	Irrtumswahrscheinlichkeit p
χ^2	Chi-Quadrat

I. Einleitung

1. Problemstellung und Relevanz des Themas

Die *Kosten des Gesundheitswesens* sind in den letzten Jahren mit einer beängstigenden Geschwindigkeit gestiegen. Kaum ein Tag vergeht, ohne dass die Medien über die prekäre Situation im Gesundheitswesen berichten. Die Bevölkerung muss einen immer grösseren Teil des Budgets für die Krankenkassenprämien aufbringen; gerade für die einkommensschwächere Bevölkerung ist diese Entwicklung ein zunehmendes Problem. So belief sich die Kostenzunahme bei der seit 1996 obligatorischen Krankenpflegeversicherung im gleichen Jahr auf 12.6 Prozent (Schweizer Durchschnitt). Die folgenden Jahre zeigen keine Beruhigung der Lage, im Gegenteil: Der Prämienanstieg für die Grundversicherung betrug 1997 4.3 Prozent,[1] im Jahre 1998 sogar 7 Prozent. Für das Jahr 1999 wird die Steigerung mit 4.7 Prozent beziffert.[2]

Das Bundesamt für Statistik (BFS) stellte für das Jahr 1995 fest, dass für das Gesundheitswesen in der Schweiz über 35 Milliarden Franken ausgegeben wurden, was fast 10 Prozent des Bruttoinlandprodukts entspricht.[3] Der Vergleich mit dem Jahr 1985 zeigt eine Steigerung der Kosten von 90 Prozent; die allgemeinen Konsumentenpreise stiegen in der gleichen Zeitspanne jedoch nur um rund 32 Prozent und das Bruttoinlandprodukt vergrösserte sich lediglich um 60 Prozent. Eine einfache Überlegung unterstreicht, wie gravierend sich die Kostenkurve nach oben bewegt: *Wenn man mit den heutigen Kostenzuwachsraten weiter rechnet, werden die Schweizer bis in fünfzig Jahren das ganze Bruttoinlandprodukt für die Gesundheit ausgeben!*[4]

Verantwortlich für diese Kostenexplosion sind in erster Linie die Spitäler.[5] Sie stellen nicht nur den grössten Kostenblock dar, sondern verzeichnen auch das grösste Kostenwachstum. Diese Entwicklung ist weniger auf eine Teuerung der Leistungen im Spital zurückzuführen als vielmehr auf die Ausdehnung des Leistungsangebots. Hinzu kommt, dass die Schweizer Spitäler immer noch über beträchtliche Betten-

---

1 Vgl. o. V. (1997e), S. 19.

2 Allerdings sind die Prämien zu tief veranschlagt worden; die effektive Steigerung liegt für das Jahr 1999 noch höher. Zahlreiche Krankenkassen müssen deshalb für die Begleichung der Differenz ihre Reserven mobilisieren. Vgl. Böhlen, Claudine (1999), S. 13.

3 Laut Prognosen des BFS dürfte im Jahre 1999 die Grenze von 40 Milliarden Franken überschritten werden. Vgl. o. V. (1999), S. 8.

4 Vgl. Gattiker, Christian (1997), S. 28.

5 Vgl. Morra, Francesco (1996), S. 3 f.

überkapazitäten verfügen.[6] Bei den Akutbetten[7] liegen die Schweizer mit 6.1 Betten pro 1'000 Einwohner deutlich über dem internationalen Durchschnitt.[8] Vor diesem Hintergrund werden die kritischen Stimmen immer lauter, es müsse etwas getan werden, um die Kosten der Spitäler in den Griff zu bekommen.[9]

Die *Leistungserstellung im Spital verlangt ein sehr hohes und gleichmässiges Qualitätsniveau*; Qualitätseinbrüche können sich verheerend auf die Gesundheit der Patienten auswirken.[10] **Diese zwei Anforderungen - Kostensenkungen bei gleichbleibend hohem Qualitätsniveau - stehen in einem Zielkonflikt**. Die Lösung dieses Zielkonfliktes wird in Zukunft den Erfolg der Spitäler bestimmen.

Im *Industriesektor* sind schon seit längerem *Bestrebungen* in Gange, die *Unternehmen angesichts des immer härteren Wettbewerbs konkurrenzfähig zu erhalten*. Mit Hilfe neuer[11] Managementkonzepte (z. B. Business Process Reengineering, Total Quality Management, Lean Management) versuchen die Verantwortlichen, die Kos-

---

6 Der Direktor des Konkordats der Schweizerischen Krankenversicherer (KSK), Marc-André Giger, kritisiert in diesem Zusammenhang vor allem die Tatsache, dass die Spitäler zwar den ambulanten Bereich ausgebaut hätten, gleichzeitig im stationären Bereich jedoch noch zuwenig Betten abgebaut worden seien. Vgl. Böhlen, Claudine (1999), S. 13.

7 Von Akutbetten spricht man, wenn sie für weniger als 30 Pflegetage von einem Patienten benützt werden.

8 Zum Vergleich: Grossbritannien hat nur 2.1 Betten pro 1'000 Einwohner. Vgl. Gattiker, Christian (1997), S. 28. Allerdings würde sich kaum ein in allen Bereichen an Luxus und „medizinische Perfektion" gewöhnter Schweizer freiwillig in ein öffentliches Spital in Grossbritannien begeben: Eine überalterte Infrastruktur, Säle mit 20 und mehr Betten, Hilfskräfte anstelle von ausgebildetem Pflegepersonal sowie lange Wartezeiten sind die Regel. Vgl. zu einer kritischen Auseinandersetzung mit der hohen Anspruchshaltung der Schweizer in Bezug auf den Gesundheitsbereich Goetz, Ulrich (1999), S. 9.

9 Eine Reaktion auf die angespannte Situation im Gesundheitswesen ist das per 1.1.1996 eingeführte neue Krankenversicherungsgesetz (KVG), das zum Ziel hat, die Kostensteigerung zu bekämpfen und die Solidarität in der Krankenversicherung wiederherzustellen. Konkrete Veränderungen des neuen KVG sind: Spitallisten (als Massnahme zur Reduktion des Bettenüberhangs), Zusatzversicherungen unterliegen neu dem privaten Versicherungsrecht und bei ausserkantonalen Behandlungen muss der Wohnkanton die Differenz übernehmen. Eine ausführliche Auseinandersetzung mit den Neuerungen des KVG findet sich in Abschnitt III.2.3, S. 121 ff.

10 Man denke bspw. an die bei Bluttransfusionen verwendeten, durch HIV-positive Spender verseuchten Blutkonserven oder an die gravierenden Folgen, wenn durch Unachtsamkeit des behandelnden Arztes dem Patienten falsche Medikamente verabreicht werden.

11 Unter dem Adjektiv „neu" soll lediglich verstanden werden, dass diese Konzepte relativ neu in der betriebswirtschaftlichen Literatur sind. Mit „neu" wird nicht automatisch unterstellt, es handle sich auch um neue Inhalte. Ob die untersuchten Konzepte auch über inhaltliche Neuheit (oder Teilneuheit) verfügen, zeigt sich in Teil II der vorliegenden Arbeit.

ten zu senken, die Produktivität zu erhöhen und die Qualität zu verbessern. Sehr oft mit erheblichem Erfolg, wie zahlreiche Beispiele dokumentieren.[12]

Die positiven Resultate bleiben auch dem Dienstleistungssektor nicht verborgen. Dort wird nunmehr versucht, mittels der neuen Managementkonzepte den „turnaround" zu schaffen bzw. noch erfolgreicher zu werden.[13] Auch das Spital gehört zum Dienstleistungssektor. Die Leistungen des Spitals sind dabei durch einige Besonderheiten gekennzeichnet, die im folgenden kurz dargestellt werden sollen:[14]

- *Die Leistungserbringung bedingt die Mitwirkung des Patienten*: Die Situation des Patienten ist in den meisten Fällen jedoch durch unvollkommene Information, fehlende Souveränität und Zwangskonsum bestimmt. Er ist kaum in der Lage, den Nutzen einer Behandlung einzuschätzen, was die Leistungen zu einem Vertrauensgut macht.
- *Das zu bearbeitende und zu behandelnde Gut ist die Gesundheit des Menschen*: Fehler sind nicht immer, wie z. B. bei Industriegütern, mittels einer Nachbearbeitung (hier: Nachbehandlung) wiedergutzumachen. Diese Tatsache verdeutlicht die grosse Bedeutung eines hohen und gleichmässigen Qualitätsniveaus.
- *Das Angebot ist durch eine geringe Elastizität gekennzeichnet*: Krankheit und Gesundheit sind keine planbaren Grössen, was von Seiten der Leistungserbringer eine hohe Ausgangsausstattung erfordert, um jederzeit genügend Kapazität bereit zu halten.
- *Die Spitalleistung ist nicht lager- und/oder transportfähig*: Dieser Umstand bedingt gleich wie die geringe Angebotselastizität eine hohe Grundausstattung (nicht nur bezogen auf ein einzelnes Spital sondern auf die Spitalinfrastruktur des ganzen Landes).
- *Die öffentlichen Spitäler haben einen klaren Bestandteil des Leistungsauftrags, nämlich die Sicherstellung der Gesundheitsversorgung*: Somit gehören die zu erbringenden Leistungen zur Infrastruktur des Staates.
- *Verschiedene externe Gruppen und Interessen prägen das Management eines Spitals wesentlich*: Auf der einen Seite gibt es die klassische Dreiteilung innerhalb des Spitals in die Bereiche Ärzteschaft, Pflege und Verwaltung, welche ein Konflikt-

---

12 Vgl. u. a. Womack, James P./Jones, Daniel T. (1997), S. 238 ff., Hammer, Michael/Stanton, Steven A. (1995), S. 11 ff., W. B. (1995), S. 12 ff. und Seiffert, Ulrich (1995), S. 197 ff.

13 Vgl. dazu die Studie zu Trends und Erfahrungen mit Lean Management multinationaler Unternehmen von Kleb, Ralf-Hendrik/Svoboda, Michael (1994a), S. 249 ff. (Teil I) und (1994b), S. 299 ff. (Teil II).

14 Vgl. Morra, Francesco (1996), S. 29 ff., Sidamgrotzki, Edgar (1994), S. 65 ff. und Troche, C. J./Dietlein, M./Geckle, L./Lauterbach, K. W. (1997), S. 144 f. Auf die Besonderheiten des Spitals als Erbringer von Dienstleistungen wird ausführlich in Abschnitt III.3.2, S. 138 ff. eingegangen.

potential mit sich bringt. Auf der anderen Seite gibt es die externen Interessenvertreter wie Krankenkassen, Bund, Kantone und Gemeinden, die Einfluss auf das Spitalmanagement nehmen.

2. Abgrenzung der Themenstellung

Der Untersuchungsgegenstand „Spital" befindet sich wie bereits erwähnt als Element des Systems „Gesundheitswesen" in einem dynamischen und komplexen Umfeld. Zum besseren Verständnis der Interdependenzen in diesem System ist die Einordnung in einen grösseren Kontext erforderlich, welcher die Zusammenhänge zwischen den Systemelementen aufzuzeigen vermag. Ein geeignetes Instrument zur umfassenden Darstellung und zum vertieften Verständnis des relevanten Handlungsspielraums für den Untersuchungsgegenstand „Spital" ist der *konzeptionelle Bezugsrahmen.*[15] Er besteht aus *Bedingungsgrössen*, *Aktionsparametern* und idealerweise einem *Effektivitäts- und Effizienzkonzept*. Diese drei wesensbestimmenden Merkmale sollen im folgenden kurz erläutert werden.[16]

Bei den *Bedingungsgrössen* handelt es sich um Rahmenbedingungen, welche den Handlungs- und Entscheidungsspielraum der verantwortlichen Personen im Spital beschränken. Sie sind weder auf die eigentliche Aufgabe ausgerichtet, noch vom

---

15 *Becker* sieht gedankliche Bezugsrahmen als ideale Hilfsmittel, um einen sinnvollen Anfang der Forschungsarbeit zu ermöglichen, reale Phänomene zu erklären, explorative Studien vorzubereiten sowie ihre Ergebnisse zweckmässig darzustellen. Vgl. Becker, Fred G. (1993), S. 118. Nach *Grochla* können gedankliche Bezugsrahmen zwei Formen annehmen. Von einem Konzeptionsrahmen wird gesprochen, wenn sich der Inhalt vornehmlich auf Begriffe und Hypothesen beschränkt. Der Entscheidungsrahmen ist die zweite mögliche Form des gedanklichen Bezugsrahmens und stellt die Weiterentwicklung des Konzeptionsrahmens dar. Er lässt sich bereits zur Unterstützung realer Problemlösungen verwenden. Vgl. Grochla, Erwin (1978), S. 62 f. In der vorliegenden Arbeit wird nicht der Anspruch erhoben, aus dem Konzeptionsrahmen einen endgültigen Entscheidungsrahmen zu entwickeln, da das gewählte methodische Vorgehen (siehe Kapitel I.5, S. 12 ff.) zwar intensiv begrifflich, deskriptiv und explanatorisch argumentiert, der für die praxeologische Entwicklungsstufe geforderte „hohe Bestätigungsgrad" jedoch noch nicht hinreichend erfüllt ist. Die Verfasserin bemüht sich dennoch um praxisorientierte Empfehlungen, welche Zielsetzungen, Massnahmen, Bedingungen und Wirkungen präzisieren. Die Stufe der praxeologischen Aussagen wird infolge der oben genannten Begründung punktuell erreicht. Vgl. in diesem Zusammenhang auch die Ausführungen in Kapitel I.4, S. 10 ff.

16 Vgl. für den konzeptionellen Bezugsrahmen der quantitativen Studie das Kapitel IV.2, S. 154 ff. sowie für den präzisierten konzeptionellen Bezugsrahmen der qualitativen Studie das Kapitel IV.5, S. 203 ff.

Spital selber wesentlich beeinflussbar.[17] *Thom* unterteilt sie in *ausserbetriebliche*, *betriebliche* und *personelle Bedingungsgrössen*.[18] Die Teile II und III der vorliegenden Arbeit dienen dabei u. a. als konzeptionelle Grundlage für die spätere Analyse der Bedingungsgrössen. Die Bedingungsgrössen werden ein erstes Mal in der quantitativen Studie untersucht. Ausgehend von den entsprechenden Ergebnissen werden die Bedingungsgrössen sodann in der qualitativen Studie weiter präzisiert.

Das zweite Element des Bezugsrahmens sind die *Aktionsparameter*. Hierbei handelt es sich um Handlungsgrössen, welche die Spitalleitung „[...] zur zweckadäquaten Verhaltens- und Funktionssteuerung einsetzen [...]“[19] kann. Die vorliegende Arbeit unterscheidet zwei Kategorien von Aktionsparametern, die *„mittelbaren“* und die *„unmittelbaren“ Aktionsparameter*.[20] In der quantitativen Studie handelt es sich bei den mittelbaren Aktionsparametern um das Ziel- und Strategiesystem des Spitals, wobei ins Zielsystem auch die Ziele von Reformprojekten einbezogen werden. Die unmittelbaren Aktionsparameter beinhalten die Instrumente zur Qualitätssicherung und -förderung. In der qualitativen Studie werden die mittelbaren Aktionsparameter aus der quantitativen Studie um ein Element erweitert. Neu hinzu kommt die Spitalkultur. Dabei handelt es sich um die zentralen Werte des Spitals, die ihren Ausdruck u. a. in Dokumenten wie z. B. dem Leitbild oder der Qualitätspolitik finden. Eine wesentliche Differenzierung und Präzisierung erfahren die unmittelbaren Aktionsparameter in der qualitativen Studie. Im Mittelpunkt des Interesses steht das Konzept Total Quality Management (TQM) mit seinen Dimensionen „Fokus“, „Ziele“, „Methodische Merkmale“, „Konzeptionelle Merkmale“, „Prozessphasen“ und „Ermöglicher“.[21]

Mit dem dritten Element des Bezugsrahmens, dem *Effektivitäts- und Effizienzkonzept*, sollen die Wirkung und der Nutzen der jeweiligen Aktionsparameter eingeschätzt werden können. Zu diesem Bereich versucht die vorliegende Arbeit erste Ansätze zu ermitteln, die Ausgangspunkt für weitere Forschungsaktivitäten sein können.

Der Umfang, die Breite sowie die Komplexität der Thematik führen zu Restriktionen, welche die vorliegende Arbeit charakterisieren sowie ihren Geltungsbereich einschränken:

---

17 Vgl. Grochla, Erwin (1978), S. 18.

18 Vgl. Thom, Norbert (1987), S. 343.

19 Grochla, Erwin (1978), S. 30.

20 Vgl. zur Unterscheidung Zaugg, Robert (1996), S. 4, S. 95 ff. sowie S. 113 ff.

21 Vgl. zu den Dimensionen von TQM das Kapitel II.4, S. 40 ff.

- Die vorliegende Arbeit hat primär den Charakter einer *Übersichtsarbeit*, welche auf die vielfältigen Schnittstellen bei der Verwendung des Konzepts TQM innerhalb des Spitals hinweist.
- Bei der Bearbeitung der Themenstellung entstehen Verbindungen zu anderen Wissenschaften wie z. B. der Volkswirtschaftslehre, der Soziologie oder der Medizin. Die Erkenntnisse aus diesen Wissenschaften fliessen punktuell in die Überlegungen ein; die *betriebswirtschaftliche Sichtweise* steht in der vorliegenden Arbeit jedoch klar im Vordergrund.
- Aufgrund der Auseinandersetzung mit dem Managementkonzept TQM werden zahlreiche Teilgebiete innerhalb der Betriebswirtschaftslehre tangiert (z. B. Unternehmensführung, Personalwirtschaft, Organisationslehre, Controlling, Innovationsmanagement). Die Verfasserin berücksichtigt bei ihren Überlegungen die Erkenntnisse aus diesen Teilgebieten; sie konzentriert sich aber vorwiegend auf die *personalwirtschaftlichen und organisatorischen Aspekte*.
- Die Empfehlungen zur erfolgreichen Gestaltung von TQM im Spital sind nur für eine *bestimmte Zeitperiode* in einem *spezifischen Wirtschafts- und Rechtsraum* gültig.[22] Darüber hinaus zeigen die Empfehlungen *mögliche Wege* und *Schwerpunkte* auf und sind nicht im Sinne eines „raum-zeitlich unbeschränkten und damit allgemeingültigen Rezepts“ zu verstehen. Die konkrete Umsetzung bedarf einer Anpassung an die Eigenheiten der jeweiligen Institution und verlangt nach Kreativität und entsprechender Erfahrung der für die Umsetzung verantwortlichen Personen.

3. Zielsetzung der Arbeit und ihre Begründung

Das Ziel der Dissertation besteht in der Erarbeitung von *Empfehlungen* für die erfolgreiche[23] Gestaltung von TQM im Spital.

Ausgehend von dieser generellen Zielsetzung lassen sich für das Forschungsprojekt *vier Unterziele* ableiten, die mit Hilfe von *drei Arbeitsschritten* erreicht werden:

---

22 Die Daten der quantitativen Studie wurden Ende des Jahres 1997 in der Deutschschweiz, die Daten der qualitativen Studie im Frühjahr 1999 (ebenfalls in der Deutschschweiz) erfasst. Bei der qualitativen Studie wurden zudem ausschliesslich Akutspitäler untersucht. Das sich laufend ändernde Umsystem (z. B. KVG, gesellschaftliche Entwicklung) übt einen grossen Einfluss auf den Untersuchungsgegenstand dieser Dissertation aus. Dadurch ist die Gültigkeit der Aussagen auf die Zeitperiode 1997 bis 1999, den geographisch eingeschränkten Raum „Deutschschweiz“ sowie auf Akutspitäler beschränkt.

23 Die Verfasserin meint den Erfolg aus Sicht der Spitalleitung.

Erster Arbeitsschritt: Erarbeiten der konzeptionellen Grundlagen der Managementkonzepte Kaizen, TQM, Business Process Reengineering (BPR) und Lean Management (LM).

Erstes Unterziel: Erkennen der Gemeinsamkeiten und Unterschiede dieser Managementkonzepte (insbesondere der Variablen und Wirkungen) sowie Erarbeiten von Plausibilitätsüberlegungen zur Verwendung von TQM für den Untersuchungsgegenstand „Spital“.

Zweiter Arbeitsschritt: Erarbeiten der Charakteristika des schweizerischen Gesundheitswesens im allgemeinen und die des Spitals im spezifischen.

Zweites Unterziel: Konkretisieren der Bedingungsgrössen im konzeptionellen Bezugsrahmen, indem ein vertieftes Verständnis für das System Gesundheitswesen erlangt und Ansatzpunkte für die Qualitätssteigerung im Spital identifiziert werden.

Dritter Arbeitsschritt: Empirische Studien zum Management von Spitälern sowie zum Stand von TQM in Spitälern der Deutschschweiz (quantitative und qualitative Erhebungen).

Drittes Unterziel (betrifft die quantitative Erhebung): Gewinnung von Antworten u. a. auf folgende Schlüsselfragen: Welche ausserbetrieblichen, betrieblichen und personellen Bedingungsgrössen beeinflussen das Management von Spitälern in der Deutschschweiz? Welche mittelbaren und unmittelbaren Aktionsparameter setzt die Spitalleitung ein? Welche Wirkung und welchen Nutzen erzielen die mittelbaren und unmittelbaren Aktionsparameter? Welche Personen/welche Institutionen (Spitäler) sind für weitergehende Fallstudien in Form von Experteninterviews und Dokumentenanalysen kooperationsbereit und aufschlussreich?

Viertes Unterziel (betrifft die qualitative Erhebung): Ermitteln von Informationen über besonders fortschrittliche TQM-Konzepte sowie weiteres Präzisieren der wesentlichen Bedingungsgrössen von TQM im Spital. Schlüsselfragen in diesem Zusammenhang sind u. a.: Welche ausserbetrieblichen, betrieblichen und personellen Bedingungsgrössen beeinflussen TQM in den Fallspitälern? Welches sind die Auslöser und Ziele für ein TQM-Projekt? Wie gestaltet sich der Ablauf eines TQM-Projekts und wie ist die Projektgruppe organisiert? Wie erfolgt die Handhabung von Information und Kommunikation? Welches sind die verwendeten Instrumente sowie die Kosten des initialen TQM-Projekts? Welche Massnahmen werden zur Umsetzung von TQM im Spital ergriffen (z. B. organisatorische Verankerung, Schulung von Mitarbeitern und Vorgesetzten und Instrumente zur kontinuierlichen Qualitätssicherung und -förderung)?

Abbildung I/ 1 zeigt das Zielsystem der Arbeit.

Abb. I/ 1: Zielsystem der Arbeit[24]

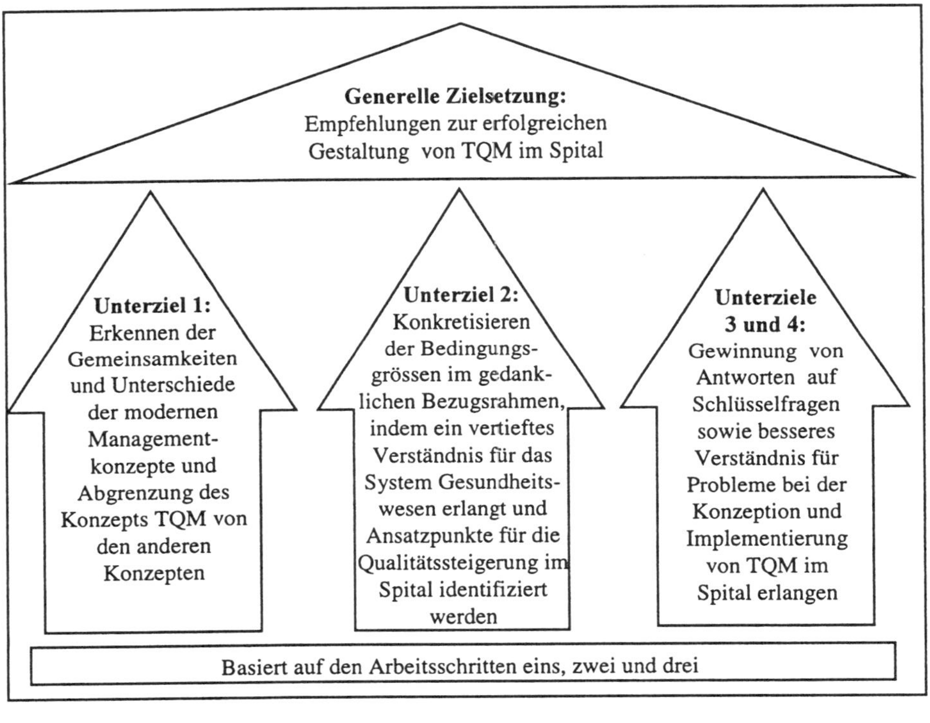

Die oben dargestellten Zielsetzungen erscheinen aus folgenden Gründen erstrebenswert:

- Die Literatur zu den in dieser Arbeit vorgestellten Managementkonzepten kann zwar als sehr umfangreich bezeichnet werden. Es herrscht ein praktisch unüberschaubares Angebot unterschiedlichster Konzepte, die alle bessere Qualität, Kostensenkungen, Effizienzsteigerungen, Zeiteinsparungen und vieles mehr versprechen. Beiträge, welche diese Konzepte gegenüberstellen und Gemeinsamkeiten, Überschneidungen und Unterschiede aufzeigen, sind jedoch selten. Der Teil II der vorliegenden Arbeit soll diese Lücke schliessen. Das Konzept TQM

[24] Quelle: Eigene Abbildung.

muss zunächst präzise definiert und von anderen Konzepten abgegrenzt werden. Darüber hinaus wird in Teil II begründet, warum sich TQM besonders gut für den Untersuchungsgegenstand „Spital" eignet.

- Die Diskussion um das Management im Gesundheitswesen ist im europäischen Sprachraum erst seit kurzer Zeit im Gange. Die US-Amerikaner haben hier einen deutlichen Vorsprung zu verzeichnen. Bereits im Jahre 1934 entstand an der Universität von Chicago der erste Lehrgang für ein „graduate program in hospital administration" und 1976 waren schon 35 solcher Programme in den USA institutionalisert.[25] Die in der deutschsprachigen Literatur existierenden Beiträge betrachten die Qualität als einen zu behandelnden Faktor, stellen sie jedoch selten in den Mittelpunkt. Die Verbindung zwischen TQM und dem Spital ist also eine (noch) wenig diskutierte Problematik. Im Mittelpunkt der Betrachtung steht vielmehr die Frage der Führung der Spitäler, also die Zukunftschancen der bisherigen Beteiligung der Kantone und des Bundes in der Führungsspitze. Einen weiteren Schwerpunkt der aktuellen Diskussion bilden die Kosten, die der Spitalbetrieb verursacht und die Möglichkeiten zur sachgerechten Zuordnung dieser Kosten auf die Leistungsempfänger.
- Die untersuchten Managementkonzepte werden von Beratern auch in Spitälern als Allheilmittel angepriesen. Den Besonderheiten von Spitälern, welche gravierende Auswirkungen auf die Implementierung dieser Konzepte haben, wird jedoch meist zuwenig Aufmerksamkeit geschenkt, d. h. eine situationsgerechte Implementierung wird vielfach nicht vorgenommen. Die Folge davon ist, dass der erwartete Gesamterfolg der Konzepte ausbleibt. Mit Teil III, der sich mit dem Gesundheitswesen beschäftigt, wird diesem Mangel Rechnung getragen, indem die Verfasserin den Untersuchungsgegenstand „Spital" aus betriebswirtschaftlicher Sicht beschreibt und analysiert. Darauf aufbauend wird der Bezugsrahmen für die empirischen Studien erarbeitet, der u. a. die Relevanz der aus Teil III abgeleiteten Bedingungsgrössen des Spitalmanagements überprüft. Zudem dienen die empirischen Studien auch dem Erkenntnisgewinn, welche Bedingungsgrössen und Aktionsparameter für den Erfolg von TQM besondere Berücksichtigung verlangen.
- Aktuelle und umfassende Studien über das Management von Spitälern sowie über TQM in Spitälern der Schweiz sind der Verfasserin keine bekannt. Die Arbeit soll diese Lücke schliessen, indem die quantitative Studie den Fokus auf das Spitalmanagement in der Deutschschweiz legt, während die qualitative Studie das Konzept TQM in ausgewählten Deutschschweizer Fallspitälern untersucht.
- Es gibt in der Schweiz bereits einige Spitäler, die sich aktiv mit dem Thema Qualität auseinandersetzen. Die meisten von ihnen gehen auf völlig unterschiedliche Weise an das Thema heran, was ihrem Erfolg jedoch keinen Abbruch tut. Es gibt also nicht nur einen „richtigen" Weg, um TQM im Spital zu verwirklichen.

---

25 Vgl. Sidamgrotzki, Edgar (1994), S. 40.

Dieses Ergebnis ist ein weiteres Indiz für die Bedeutung von Empfehlungen zur erfolgreichen Gestaltung von TQM im Spital.

4. Wissenschaftstheoretische Positionierung der Arbeit

Die vertiefte Auseinandersetzung mit einer wissenschaftlichen Problemstellung bedingt die Offenlegung der zentralen wissenschaftstheoretischen Grundsatzentscheidungen.

Die Betriebswirtschaftslehre soll als anwendungsorientierte Wissenschaft Hilfe zur Bewältigung realer Problemstellungen bieten.[26] Die Wissenschaftlichkeit impliziert ein theoriegeleitetes Vorgehen. Ausgehend von begrifflichen, deskriptiven und erklärenden Aussagen soll letztlich eine praxeologische Stufe erreicht werden, die einen hohen Informationsgehalt, eine intersubjektive Überprüfbarkeit sowie eine empirische Bestätigung aufweist.[27] Diese praxeologischen Aussagen sind das Fernziel der Theorieentwicklung von *Grochla*. Sie können als Ausgangpunkt zur Lösung von praktischen Gestaltungsproblemen beitragen.[28]

Als Ausgangspunkt für ihre Forschungsarbeit wählte die Verfasserin die wissenschaftstheoretisch-methodologische Richtung des *kritischen Rationalismus*[29] (wenn auch in abgeschwächter Form).[30] Der kritische Rationalismus ist eng mit den Namen *Karl Poppers* verbunden. Kernstück des kritischen Rationalismus ist die grosse Bescheidenheit, wenn es um den Geltungsanspruch von wissenschaftlichen Aussagen geht.[31] Eine wechselseitige Verknüpfung und Folgebeziehung von Vermutung und Zurückweisung, Spekulation und Prüfung kennzeichnet diese Forschungsweise, die überdies stark mit der Methodik der empirischen Sozialforschung verbunden ist. Die Hauptforderung des kritischen Rationalismus ist der empirische Gehalt wissen-

---

26 Vgl. Bellinger, Bernhard (1988), S. 1 und 9.

27 Vgl. Grochla, Erwin (1978), S. 55 f. und ausführlich zu den Stufen der Theorieentwicklung S. 68 ff. Eine übersichtliche Zusammenfassung findet sich bei Zaugg, Robert (1996), S. 10 ff.

28 Vgl. Thom, Norbert (1987), S. 72. Auch "Zwischenbilanzen" auf dem Wege zur praxeologischen Stufe helfen bereits bei der effizienteren Gestaltung. Vgl. ebenda, S. 340.

29 Durch den Begriff „Rationalismus“ wird die Bedeutung des theoretischen Denkens betont. Der Begriff „kritisch“ deutet auf die Notwendigkeit der empirischen Kritik durch Falsifikation (damit ist die Widerlegung von allgemeinen Aussagen durch eine Beobachtung gemeint). Vgl. Behrens, Gerold (1993), Sp. 4765.

30 So warnt z. B. *Petri* vor einer zu engen Interpretation des kritischen Rationalismus, gerade für die Betriebswirtschaftslehre. Vgl. Petri, Klaus (1974), S. 141.

31 Vgl. Grochla, Erwin (1978), S. 60.

schaftlicher Aussagen.[32] Daraus folgt, dass bestimmte logische Fälle durch die gemachten Aussagen ausgeschlossen werden müssen (Falsifikation). Je öfter ein solcher Ausschluss möglich ist, um so gehaltvoller ist die Informativität der Aussagen. Eine Verifikation oder vollständige Begründung von Aussagen kann jedoch prinzipiell nicht erreicht werden; lediglich eine „kritische rationale" Überprüfung an Gegenbeispielen oder Gegengründen ist möglich.[33]

Im Rahmen ihres wissenschaftlichen Lernprozesses hat die Verfasserin auch die Vorzüge eines qualitativen Untersuchungsansatzes kennen gelernt.[34] Dieser erscheint ihr in einem komplexen explorativen Forschungsvorhaben als dem Untersuchungsgegenstand durchaus angemessen. Er hat ausserdem zu einem besseren Verständnis der Denkweise wichtiger Akteure innerhalb des TQM im Spital beigetragen. Im Rahmen der qualitativen Untersuchung geht die Forscherin nicht selbst als Expertin an den jeweiligen Untersuchungsgegenstand heran, sondern versucht als Lernende, die komplexen Zusammenhänge durch Kommunikation mit Experten besser zu verstehen.

Qualitative Forschung basiert letztlich auf einem konstruktivistischen Wissenschaftsverständnis, welches davon ausgeht, dass es eine menschenunabhängige Wirklichkeit nicht gibt.[35] Die Menschen konstruieren in ihrem Bewusstsein eine jeweils individuelle Wirklichkeit. Gerade in der Welt des Spitals, die durch grosse Unterschiede in den betrieblichen Berufsgruppen (berufsständiges Problemverständnis) gekennzeichnet ist, liefert der konstruktivistische Denkansatz und die qualitative Forschungsmethodik einen Zugang zum besseren Verständnis der vielschichtigen Perspektiven zum Thema TQM. Es ist ausserordentlich schwierig, beim gestaltungsoffenen Konzept TQM ein gemeinsames Grundverständnis zu fördern und im Prozess der Gestaltung Konsens für einzelne Instrumente und für die Massstäbe des Erfolgs zu erreichen.

Für die Verfasserin gibt es allerdings keine Unter- oder Überordnung quantitativer und qualitativer Forschung. Die qualitative Studie hat nicht die Funktion, die quantitative lediglich als Illustration zu ergänzen. Vielmehr kann von gleichwertigen Beiträgen zum Gesamterkenntnisgewinn ausgegangen werden, wobei je nach Gegenstandsbereich der einen oder anderen Form der Vorzug gegeben wird.[36]

---

32 Vgl. Grochla, Erwin (1978), S. 60.

33 Vgl. Janich, Peter (1996), S. 70.

34 Vgl. hierzu auch Kapitel I.5, S. 12 ff.

35 Vgl. hierzu ausführlich Cantin, Françoise (1999), S. 13 ff. und die dort zitierte Literatur.

36 Vgl. Flick, Uwe (1995), S. 280 ff.

Den oben dargestellten wissenschaftstheoretisch-methodologischen Richtungen folgend, orientiert sich die Verfasserin am pragmatischen[37] Wissenschaftsziel, welches Forschung als einen zweckbezogenen Erkenntnisgewinnungsprozess versteht.[38] Für die generelle Zielsetzung der Arbeit heisst das, dass für die Gestaltung des TQM den Verantwortlichen im Spital Orientierungshilfen zur Verfügung gestellt werden sollen. Dabei darf aber nicht davon ausgegangen werden, es handle sich schlussendlich um allgemeingültige und absolute Aussagen. Praxeologische Aussagen sind lediglich als Fernziele zu betrachten, welche in einem einzelnen Forschungsprojekt mit exploratorischem Charakter punktuell erreicht werden können.

5. Methodisches Vorgehen

Die *Methodologie* (Theorie der wissenschaftlichen Methoden) hat primär *zwei Funktionen* zu erfüllen. Auf der einen Seite bildet sie die Basis, auf der Forscherinnen und Forscher miteinander diskutieren können (*Kommunikationsfunktion*). Auf der anderen Seite macht die Methodologie Aussagen über die Art und Weise, wie man sich der Realität zu nähern hat, wenn systematische Erfahrungen gewonnen werden sollen. Überdies gibt sie Anweisungen, wie die Ergebnisse zu formulieren sind, damit sie andere verstehen und prüfen können (*kognitive Funktion*).[39]

Die Verfasserin strebt mit ihrer explorativen Forschungsstrategie,[40] beiden Funktionen der Methodologie gerecht zu werden. Die Zielsetzungen der Arbeit verlangen dabei sowohl nach einer sachlich-analytischen (Literatur- und Dokumentenanalyse) als auch nach einer empirischen Teilstrategie (eine quantitative Studie und darauf aufbauend eine qualitative Untersuchung).

Abbildung I/ 2 zeigt die Schritte der explorativen Forschungsstrategie, mit welcher der Weg vom konzeptionellen Bezugsrahmen bis zu den Empfehlungen (als Endziel der Arbeit) bestritten werden soll.

---

37 Was soviel heisst wie: anwendungsbezogen, gestaltend oder auch handlungsorientiert. Vgl. Duden (1990), S. 627.

38 Vgl. hierzu u. a. Grochla, Erwin (1978), S. 53 ff. und Thom, Norbert (1987), S. 71.

39 Vgl. Grochla, Erwin (1978), S. 59.

40 Thom spricht von einem explorativen Vorgehen, wenn der Forschende, gestützt auf kenntlich gemachtes Vorwissen aus der Literatur, unter Verwendung von Methoden der empirischen Sozialforschung zu einem vertieften Verständnis und einer besseren Beherrschung des Untersuchungsgegenstands gelangen will. Vgl. Thom, Norbert (1987), S. 73 f.

Abb. I/ 2: Explorative Forschungsstrategie[41]

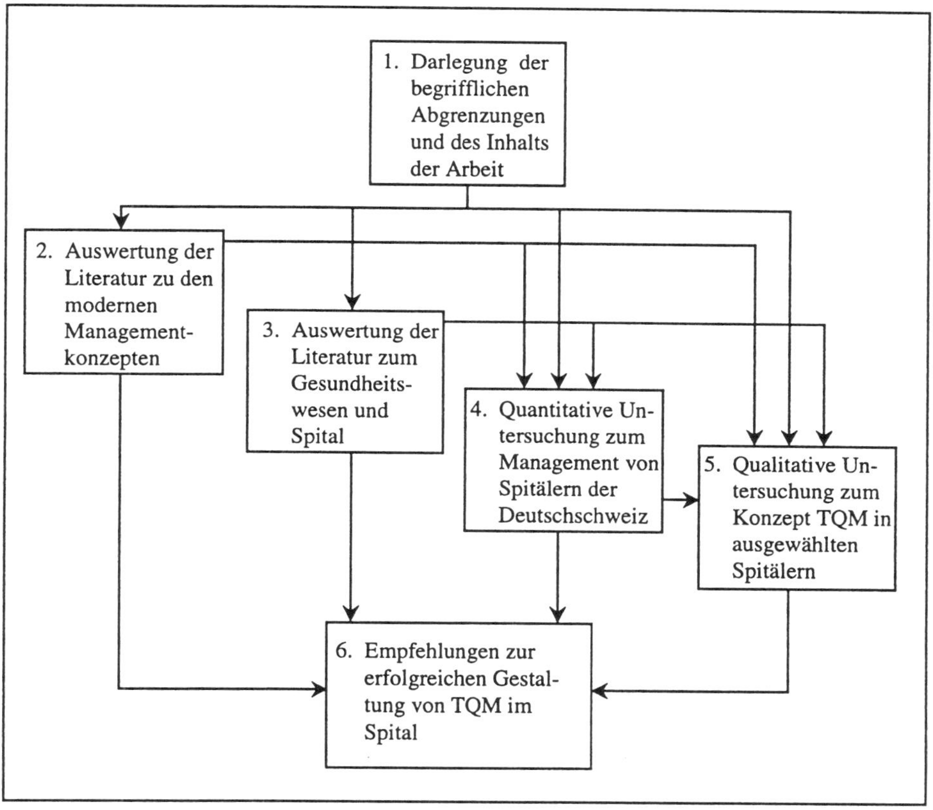

Im *ersten Schritt* erfolgt die Erarbeitung der Ausgangslage, indem eine begriffliche Abgrenzung vorgenommen und der Inhalt der Arbeit dargelegt wird. Mit der Ausarbeitung eines systematischen Literaturüberblicks, einerseits zu den neuen Managementkonzepten und andererseits zum Gesundheitswesen im allgemeinen und zum Spital im speziellen, wird im *zweiten und dritten Schritt* die erste substantielle Grundlage für die Entwicklung des konzeptionellen Bezugsrahmens geschaffen. Dieser konzeptionelle Bezugsrahmen wird im *vierten Schritt* mit Hilfe einer quantitativen Untersuchung zum Management von Spitälern in der Deutschschweiz überprüft und präzisiert. Der präzisierte Bezugsrahmen dient als Grundlage für den *fünften Schritt*. Beim fünften Schritt handelt es sich um eine qualitative Untersuchung zum

41 Quelle: Eigene Abbildung.

Konzept TQM in ausgewählten Spitälern. Im abschliessenden *sechsten Schritt* folgt auf eine kritische Bewertung und Präzisierung der bisherigen Erkenntnisse die Ableitung von vorläufigen Empfehlungen zur erfolgreichen Gestaltung von TQM im Spital.

6. Aufbau der Arbeit

Der Einleitung in *Teil I* folgt in *Teil II* die Darlegung der Managementkonzepte Kaizen, TQM, BPR sowie LM. Die Darstellung der Managementkonzepte orientiert sich an ihrer historischen Entstehung, d. h. die am längsten in der Literatur und Praxis bekannten Konzepte werden zuerst behandelt. Ein Vorteil dieser Vorgehensweise ist, dass Überschneidungen und neue Elemente rasch ersichtlich sind. Der Teil II schliesst mit einer zusammenfassenden Gegenüberstellung der Managementkonzepte und zeigt auf, wieso sich aus Sicht der Verfasserin TQM für den Untersuchungsgegenstand „Spital" besonders gut eignet.

Teil III stellt die Eckpfeiler des Gesundheitswesens in der Schweiz vor. Einerseits wird ein Überblick über die aktuelle Situation im schweizerischen Gesundheitswesen gegeben, andererseits kommt es zu einer vertieften Darstellung des Untersuchungsgegenstands „Spital".

Der *Teil IV* beinhaltet zwei aufeinander abgestimmte empirische Studien. Das erste Teilprojekt ist eine quantitative Breitenbefragung von administrativen Direktoren in der Deutschschweiz mittels eines schriftlichen Fragebogens. Das zweite, qualitative Teilprojekt analysiert mit Hilfe des Fallstudienansatzes das Konzept TQM in fünf ausgewählten Spitälern.

Der *Teil V* beinhaltet die Empfehlungen zur erfolgreichen Gestaltung von TQM im Spital. Wegen der besseren entscheidungstechnischen Verwendbarkeit integriert die Verfasserin ihre Empfehlungen in ein Phasenkonzept zur Gestaltung von TQM im Spital.

Teil VI schliesst die Arbeit mit einem Fazit sowie mit Anregungen für weitere Forschungsprojekte ab.

Abbildung I/ 3 gibt einen zusammenfassenden Überblick über den Aufbau der Arbeit.

Abb. I/ 3: Aufbau der Arbeit[42]

Teil I: Einleitung

- Problemstellung und Relevanz des Themas
- Abgrenzung der Themenstellung
- Zielsetzung der Arbeit und ihre Begründung
- Wissenschaftstheoretische Positionierung der Arbeit
- Methodisches Vorgehen
- Aufbau der Arbeit

↓

Teil II: Überblick und Gegenüberstellung neuer Managementkonzepte

- Kaizen
- Total Quality Management (TQM)
- Business Process Reengineering (BPR)
- Lean Management (LM)
- Gegenüberstellung und Plausibilitätsüberlegungen

↓

Teil III: Das Gesundheitswesen in der Schweiz

- Das Gesundheitswesen im Überblick
- Das Spital als Untersuchungsgegenstand

↓

Teil IV: Empirische Studien

- Bezugsrahmen für die quantitative Studie
- Forschungsdesign der quantitativen Studie
- Ergebnisse der quantitativen Studie
- Bezugsrahmen für die qualitative Studie
- Forschungsdesign der qualitativen Studie
- Ergebnisse der qualitativen Studie

↓

Teil V: Empfehlungen zur erfolgreichen Gestaltung von TQM im Spital

- Effiziente Gestaltung der vier Hauptphasen (Vorbereitungs-, Analyse-, Konzeptions- und Implementierungsphase) unter Integration der Komponenten des Bezugsrahmens

↓

Teil VI: Schlussfolgerungen

- Fazit und Ausblick
- Anregungen für weitere Forschungsprojekte

---

42 Quelle: Eigene Abbildung.

II. Überblick und Gegenüberstellung neuer Managementkonzepte

1. Einleitung

Mit Teil I wurden die Ausgangslage und der formale Rahmen der Arbeit geschaffen. Inhalt des Teils II ist die Erarbeitung der theoretischen Grundlagen. Dabei wird das Ziel verfolgt, einen Überblick über die Managementkonzepte Kaizen, TQM, BPR und LM zu geben, die Gemeinsamkeiten und Unterschiede zu erarbeiten sowie TQM von den anderen Konzepten abzugrenzen. Die Darstellung der Managementkonzepte folgt entsprechend ihrer historischen Entstehung, d. h. die am längsten in der Literatur und Praxis bekannten Konzepte werden zuerst behandelt. Der Hauptvorteil dieser Vorgehensweise ist, dass dadurch Überschneidungen und neue Elemente rasch ersichtlich sind.

Teil II ist in sieben Kapitel unterteilt. Nach der Einleitung wird in Kapitel zwei der Begriff „Managementkonzept" erarbeitet, eine inhaltliche Einordnung vorgenommen sowie ein kurzer Abriss über die geschichtliche Entstehung der Managementkonzepte gegeben. Die kritische Auseinandersetzung mit einer Fülle von Meinungen zur zeitlichen Abfolge der Entstehung und zur Hierarchie der Managementkonzepte schliesst das Kapitel zwei ab.

Kapitel drei bis sechs folgen jeweils dem gleichen Aufbau. Nach den Grundlagen und der begrifflichen Abgrenzung des jeweiligen Konzepts in Abschnitt eins dokumentiert Abschnitt zwei, wie bei der Realisierung eines Managementkonzepts vorzugehen ist. Den Abschluss bildet jeweils die kritische Würdigung des vorgestellten Konzepts.

Kapitel sieben beinhaltet eine zusammenfassende Gegenüberstellung der Managementkonzepte und zeigt auf, wieso sich aus Sicht der Verfasserin TQM für den Untersuchungsgegenstand „Spital" besonders gut eignet.

2. Begriff, inhaltliche Einordnung und Entstehung von Managementkonzepten

2.1. Begriff

Seit ungefähr Mitte der siebziger Jahre hat sich der angelsächsische Begriff „Management" in der deutschsprachigen Literatur und Praxis durchgesetzt, obgleich er nicht immer eindeutig verwendet und verstanden wird.[1] Es scheint deshalb angebracht, vor einer vertieften Auseinandersetzung mit den neuen Managementkonzepten die einzelnen Begriffselemente einer genaueren Betrachtung zu unterziehen.

Managementkonzepte beinhalten die Gesamtheit der Grundannahmen, Einstellungen, Erwartungen und Meinungen über systematische Zusammenhänge organisatorischer und personeller Steuerungsvariabeln in einem sozio-technischen System.[2] Sie dienen der Willensdurchsetzung, indem sie die von der Unternehmensführung vorgegebenen Ziele und Zwecke instrumental unterstützen, so dass diese verwirklicht werden können.[3]

Die Schwierigkeit einer exakten Definition von Managementkonzepten besteht darin, dass sie in ihrer Gesamtheit ein theoretisches Konstrukt darstellen, welches erst über seine konkrete Anwendung für die Unternehmensmitglieder erfahrbar wird.[4]

Ein weiterer Punkt, der in der Literatur keine einheitliche Verwendung findet, ist die Bezeichnung des jeweiligen theoretischen Konstrukts. Einmal ist es ein Managementsystem, dann wieder ein Managementkonzept oder Managementmodell und manchmal findet sich der Begriff des Managementinstruments. Es scheint, dass die Autoren die jeweiligen Bezeichnungen willkürlich verwenden oder sich der exakten Bedeutung nicht bewusst sind.[5]

---

1 Vgl. Wunderer, Rolf/Grunwald, Wolfgang (1980), S. 276.
2 Vgl. Wunderer, Rolf/Grunwald, Wolfgang (1980), S. 276.
3 Vgl. Hermann, Frank (1997), S. 27.
4 Vgl. Hermann, Frank (1997), S. 28.
5 So bezeichnen etwa *Braun* und *Lawrence* (1997) in ihrem Beitrag Benchmarking zuerst als eine Managementmethode, analog zu anderen Managementmethoden wie TQM oder Kaizen. Anschliessend sprechen sie aber vom Instrument Benchmarking. Die logische Folge dieser Begriffsverwendung wäre, dass auch TQM und Kaizen Instrumente sind.

Aus diesem Grund ist eine kurze Erklärung der Begriffe Konzept, Modell und System angebracht:[6]

- *Konzepte*; sie geben die Inhalte einer grundsätzlichen Denkhaltung und Philosophie innerhalb eines Themengebiets wieder. Dabei werden allgemeingültige Vorstellungen, Leitgedanken und Prämissen formuliert (Theoriebildung). Um das Gedankengut eines Konzepts in der Realität des Unternehmens zu nutzen, bedarf es einer Umsetzung in ein System. Doch dieser Schritt von der abstrakten Theorie des Konzepts zum realen System ist gross und birgt die Gefahr des Misserfolgs selbst dann, wenn das Konzept umfassend dokumentiert ist. Die Verwendung eines Modells für die Entwicklung und den Aufbau des Systems kann diesen Schritt vereinfachen.
- *Modelle*; stellen reduzierte und abstrakte Abbilder der Wirklichkeit dar. Sie versuchen, einzelne Elemente, ihre Wirkungsweise und Vernetzung zu erklären und abzubilden. Dabei stützen sie sich auf die Aussagen des Konzepts, indem die darin enthaltenen Leitgedanken, Prämissen und Elemente inhaltlich konkretisiert werden.
- *Systeme*; sie sind die konkrete Verwirklichung von Modellen in der Praxis. Strukturen, Prozesse, Methoden und Instrumente bilden die Elemente des Systems und ermöglichen die Gestaltung, Einführung und Nutzung des Systems im Unternehmen.

2.2. Inhaltliche Einordnung

In der Literatur finden sich verschiedene Systematisierungsversuche der Managementkonzepte.[7] Die in dieser Arbeit untersuchten Managementkonzepte orientieren sich alle am instrumentalen Ansatz. Der instrumentale Ansatz versteht ein Managementkonzept als eine Art „Werkzeugkasten“, welcher für die Mitarbeiter Methoden und Instrumente bereithält, damit sie im Sinne der Aufgabenstellung handeln können.[8]

---

6 Vgl. zur Verwendung und Abgrenzung der Begriffe Hermann, Frank (1997), S. 46, Seghezzi, Hans Dieter (1996), S. 201 f. und Wunderer, Rolf (1997), S. 372 f.

7 Je nach Herkunft der Autoren werden als Ordnungsgesichtspunkte inhaltliche, funktionale, organisatorische oder instrumentale Klassifikationsmerkmale ausgewählt. Vgl. dazu z. B. Grochla, Erwin (1969), Sp. 1636 ff.

8 Vgl. Hermann, Frank (1997), S. 28.

2.3. Entstehung

Betrachtet man die historische Entwicklung der Managementlehre, so lassen sich bis zum heutigen Zeitpunkt vier historische Zeitabschnitte unterscheiden.[9] Seit die Menschheit versucht, die Elementarfaktoren Arbeit, Betriebsmittel und Werkstoffe zu einer produktiven Einheit zu verbinden, gibt es auch Managementprobleme. Die damit verbundenen Führungsaufgaben (z. B. Planen, Organisieren, Entscheiden, Kontrollieren) sind jedoch erst seit Ende des 19. Jahrhunderts Gegenstand systematischer Erfassungen und Beschreibungen, so dass die Phase I nicht explizit als solche wahrgenommen werden kann. Der kurze Überblick beginnt aus diesem Grund mit der Phase II.[10]

In der Phase II, der sog. „wissenschaftlichen Betriebsführung", stand das bürokratische Modell von *Weber* und die Theorie des administrativen Managements von *Taylor* im Mittelpunkt des wissenschaftlichen Interesses. Die Vernachlässigung des menschlichen Faktors in der Theorie von Taylor löste Ende der 20er Jahre in Amerika eine Gegenbewegung aus.

Die daraus entstandene Phase III der „Human-Relations-Bewegung" gilt als Wurzel des prosozialen Aspekts der kooperativen Führung. Die gewonnenen Erkenntnisse bezüglich Gruppenbeziehungen sowie Gruppen- und Individualleistungen bilden die Grundlagen der Kleingruppenforschung.[11]

Zwei Hauptströmungen verkörpern die Phase IV der Managementlehre, die bis in die achtziger Jahre andauerte: Auf der einen Seite gab es den starken Einfluss verhaltenswissenschaftlicher Ansätze, deren Autoren die Notwendigkeit der Befriedigung sozioemotionaler Bedürfnisse der Menschen – vor allem das Bedürfnis nach Selbstverwirklichung – in den Vordergrund stellte. Auf der anderen Seite fanden sich die Verfechter der traditionell betriebswirtschaftlich-pragmatischen Ansätze wieder, die den Leistungsaspekt der formalen Organisation in den Mittelpunkt ihrer Betrachtungen stellten. Diese Ansätze erheben den Anspruch, Lösungshilfen für eine praxisnahe Gestaltung des gesamten Systems einer Organisation zu geben, damit das Ziel der integrierten Unternehmensführung erreicht werden kann.[12]

---

9 Die detaillierte Beschreibung der einzelnen Phasen würde den Rahmen dieser Arbeit sprengen. Deshalb wird nur kurz im Sinne eines Überblicks auf sie eingegangen. Vgl. ausführlich Wunderer, Rolf/Grundwald, Wolfgang (1980), S. 277 ff. und die dort zitierte Literatur.

10 Vgl. Wunderer, Rolf/Grunwald, Wolfgang (1980), S. 278.

11 Vgl. Wunderer, Rolf/Grunwald, Wolfgang (1980), S. 282 f.

12 Vgl. Wunderer, Rolf/Grundwald, Wolfgang (1980), S. 283 f.

Die Inhalte wissenschaftlicher Publikationen der letzten zehn Jahre deuten darauf hin, dass sich eine neue Phase abzeichnet. Sie stellt eine Weiterentwicklung der Phase IV dar, indem sich die wissenschaftlichen Beiträge nicht mehr nur auf die eine oder andere der obenerwähnten Sichtweisen konzentrieren. Es wird vielmehr versucht, beide in einem Ansatz zu verbinden, auch wenn je nach Autor die Prioritäten anders gesetzt werden, wie im folgenden noch zu zeigen ist.

2.4. Meinungen zur zeitlichen Abfolge der Entstehung und zur Hierarchiestruktur der neuen Managementkonzepte

Die Auseinandersetzung mit der Fülle von Literaturbeiträgen zu den neuen Managementkonzepten hat die Vermutung der Verfasserin bestätigt, dass weder in der Wissenschaft noch in der Praxis Einigkeit über die zeitliche Abfolge der Entstehung und die Hierarchiestruktur der Managementkonzepte besteht. Dies ist eigentlich auch nicht weiter erstaunlich, entstanden doch die meisten dieser Konzepte in der Beratungspraxis.[13]

Die folgenden Beispiele zeigen, dass bezüglich Entstehung und Hierarchiestruktur der vier Managementkonzepte in der Fachliteratur Unstimmigkeit herrscht:

- Für *Hammer* und *Champy* unterscheidet sich Business Reengineering durch seine radikale Prozessneugestaltung ganz klar von TQM mit seinen kontinuierlichen aber nur inkrementalen Verbesserungen des Bestehenden. Die Autoren anerkennen aber auch Gemeinsamkeiten wie z. B. die Prozessorientierung.[14]
- *Binder* sieht Business Reengineering als die konsequente Weiterentwicklung anderer wegbereitender Methoden wie TQM, Lean Management etc.[15]
- *Hall*, *Rosenthal* und *Wade* vertreten die Meinung, dass Business Reengineering nur dann Erfolg haben kann, wenn die kontinuierliche Verbesserung (Kaizen) zu einem Grundwert des Unternehmens wird.[16]
- Nach *Kunz* stehen die Konzepte Business Reengineering und Kaizen in einem völligen Kontrast zueinander.[17]

---

13 Führende Vertreter von Business Reengineering, wie z. B. James Champy und Thomas H. Davenport kommen aus der Unternehmensberatung, und namhafte Beratungsunternehmen wie z. B. Ernst & Young oder Andersen Consulting machten 1993 mit Business Reengineering bis zu 27% ihres weltweiten Umsatzes, wobei die Tendenz deutlich steigend ist. Vgl. dazu Wirtz, Bernd W. (1996), S. 1025 f.

14 Vgl. Hammer, Michael/Champy James (1994), S. 69.

15 Vgl. Binder, Beat (1997), S. 60.

16 Vgl. Hall, Gene/Rosenthal, Jim/Wade, Judy (1994), S. 93.

17 Vgl. Kunz, Hans Ulrich (1994), S. 10.

- *Germann* empfiehlt, ein Bewusstsein für Lean Management zu schaffen, indem Werthaltungen wie Teamgeist, TQM etc. in der Unternehmenskultur verankert werden.[18]
- Für *Groth* und *Kammel* bedeutet „schlank" (i. S. von Lean Management) u. a. die Umsetzung des Kaizenprinzips.[19]
- *Womack* und *Jones* betrachten die permanente Verbesserung (Streben nach Perfektion) als letztes der fünf Prinzipien von Lean Management.[20]
- *Klimmer* und *Lay* betrachten TQM und Kaizen als Bestandteile von Lean Management.[21]
- *Limpers* wiederum sieht Lean Management als ein Kerninstrument von TQM.[22]

Die Widersprüche in den obigen Beispielen unterstreichen die Notwendigkeit, einen Überblick über die neuen Managementkonzepte zu geben, die Gemeinsamkeiten und Unterschiede dieser Konzepte zu erarbeiten, und TQM von den anderen Konzepten abzugrenzen.

2.5. Einheitliche Beschreibung der Managementkonzepte

Die folgende einheitliche Beschreibung der Managementkonzepte bezweckt, dem Leser die vergleichende Gegenüberstellung und damit das Erkennen der Gemeinsamkeiten und Unterschiede zu erleichtern. Als Raster zur Darstellung der Managementkonzepte werden die folgenden *drei Kategorien* verwendet:

- Grundlagen und begriffliche Abgrenzungen
- Vorgehensweise
- Kritische Würdigung des Konzepts

Mit den *Grundlagen und begrifflichen Abgrenzungen* soll ein erster Überblick über das jeweilige Managementkonzept gegeben werden. Nach einer kurzen Abhandlung über die Entstehung des Konzepts, seine „Erfinder" sowie seine wichtigsten Vertreter ist die begriffliche Definition mit ihren konstitutiven Elementen Gegenstand der weiteren Erläuterungen. Die Ziele, die mit dem vorgestellten Konzept verfolgt werden, schliessen den ersten Abschnitt ab.

---

18 Vgl. Germann, Hans-Rudolf (1995), S. 12.

19 Vgl. Groth, Uwe/Kammel, Andreas (1993), S. 117.

20 Vgl. Womack, James P./Jones, Daniel T. (1997), S. 29 ff.

21 Vgl. Klimmer, Matthias/Lay, Gunter (1994), S. 819.

22 Vgl. Limpers, Erich (1995), S. 183.

Bei der Beschreibung der *Vorgehensweise* wird versucht, das Konzept in eine Sequenz von Phasen zu zerlegen. Zu den einzelnen Phasen werden sodann substantielle Empfehlungen formuliert. Darunter fallen sowohl die Beschreibung möglicher Wege zur Durchführung als auch die Angabe von wichtigen Massnahmen, die für die erfolgreiche Durchführung einer Phase notwendig sind.

Von besonderer Bedeutung ist die letzte Kategorie *„Kritische Würdigung des Konzepts“*. In diesem letzten Abschnitt ist von Interesse, welche Punkte bei der Konzeption und Implementierung der Konzepte zu beachten sind und welche Grenzen das jeweilige Konzept besitzt.

3. Kaizen

3.1. Grundlagen und begriffliche Abgrenzungen

Vor Ende des zweiten Weltkrieges orientierte sich die japanische Industrie vorwiegend am Preis. Dementsprechend schlecht war die Qualität der Produkte. Durch die amerikanische Besatzungsmacht kam es im Jahre 1946 zur Einführung der statistischen Qualitätskontrolle in einzelnen Unternehmen.[23] Die beiden amerikanischen Qualitätsexperten *Juran* und *Deming* prägten in den fünfziger Jahren den weiteren Weg der Verbreitung des Qualitätsgedankens in Japan. Beide hatten in den USA, dessen Industrie zu diesem Zeitpunkt immer noch ausschliesslich auf das Kostenmanagement ausgerichtet war, keine Beachtung gefunden. Daraufhin wandten sie sich unabhängig voneinander der japanischen Industrie zu, welche die Erkenntnisse aus ihren Vorträgen zum Thema „Statistische Qualitätskontrolle“ sofort implementierte und anschliessend weiterentwickelte.[24] In diesem Zusammenhang ist besonders *Imai*[25] zu erwähnen. Nach seiner Auffassung ist die Steigerung aller Leistungsstandards durch die ständige Optimierung von Abläufen als Erfolgsrezept des japanischen Qualitätsmanagements zu bezeichnen. Er reduziert diese Quintessenz auf das Wort Kaizen,[26] denn Kaizen breite sich wie ein Schirm über all diese „einzigartigen japani-

---

23 Vgl. Ishikawa, Kaoru (1980), S. 14 ff. sowie Zink, Klaus J./Schildknecht, Rolf (1992), S. 75 ff.

24 Vgl. Sebestyen, Otto Gabor (1994), S. 9 f. sowie Seghezzi, Hans Dieter (1996), S. 7.

25 *Masaaki Imai* hat den grossen Erfolg seines Buches „Kaizen. Der Schlüssel zum Erfolg der Japaner im Wettbewerb“ als Anlass genommen, ein weltweit unter dem Namen „Kaizen Institute“ tätiges Beratungs- und Ausbildungscenter zu gründen, welches interessierten Unternehmen die Kenntnisse von Kaizen vermittelt und es bei der Implementierung von Kaizen berät.

26 Mit gleicher inhaltlicher Bedeutung wird Kaizen im deutschen Sprachraum als kontinuierlicher Verbesserungsprozess (KVP) resp. ständige Verbesserung und in der anglo-amerikanischen Übersetzung als Continuous Improvement Process (CIP) bezeichnet. Vgl. Kamiske, Gerd F./Brauer, Jörg-Peter (1993), S. 40.

schen Praktiken" aus.[27] **Abbildung II/ 1** gibt einen Überblick über diese Praktiken und erläutert sie kurz.[28] Die Biographie von *Imai* fand in der westlichen Industriewelt grosse Beachtung und kann inzwischen als Klassiker der Darstellung der japanischen Qualitätsphilosophie bezeichnet werden.

Eine Studie der Unternehmensberatung Agamus Consulting aus dem Jahre 1995 belegt, dass ein eindeutiger Trend zur Anwendung von Kaizen in der deutschen Industrie vorhanden ist. Von den 755 befragten Industrieunternehmen aus verschiedensten Branchen gaben knapp 60 Prozent an, Kaizen bereits eingeführt zu haben. Davon installierte eine überwältigende Mehrheit von 93 Prozent Kaizen in der Produktion. Das Schlusslicht bildet die Abteilung Vertrieb/Kundenbetreuung mit 52 Prozent.[29]

Der Begriff „Kaizen" ist wie bereits erwähnt japanischen Ursprungs. Dabei heisst „kai" Veränderung und „zen" das Gute. Beide zusammen übersetzt bedeuten „Veränderung des Guten".[30] *Imai* definiert Kaizen als „ständige Verbesserung unter Einbeziehung aller Mitarbeiter – Geschäftsleitung, Führungskräfte und Arbeiter."[31] *Kamiske* und *Brauer* erweitern die Definition noch um ein weiteres konzeptionelles Merkmal, indem sie sagen, dass „Kaizen als eine kundenorientierte Verbesserungsstrategie aufgefasst [wird], die davon ausgeht, dass alle Aktivitäten im Unternehmen schliesslich zu einer Steigerung der Kundenzufriedenheit führen sollen."[32]

---

27 Vgl. Imai, Masaaki (1993), S. 24.

28 Vgl. hierzu auch den Abschnitt II.6.2.3, S. 95 ff. Die dort für Lean Management vorgeschlagenen Arbeitspraktiken und Werkzeuge sind zu einem grossen Teil identisch mit den unter Kaizen bekannt gewordenen Praktiken.

29 Vgl. Weck, Leonhard (1997), S. 66.

30 Vgl. o. V. (1993 a), S. 5.

31 Imai, Masaaki (1993), S. 15.

32 Kamiske, Gerd F./Brauer, Jörg-Peter (1993), S. 41. Einschub durch die Verfasserin.

Abb. II/ 1: Kaizen-Schirm[33]

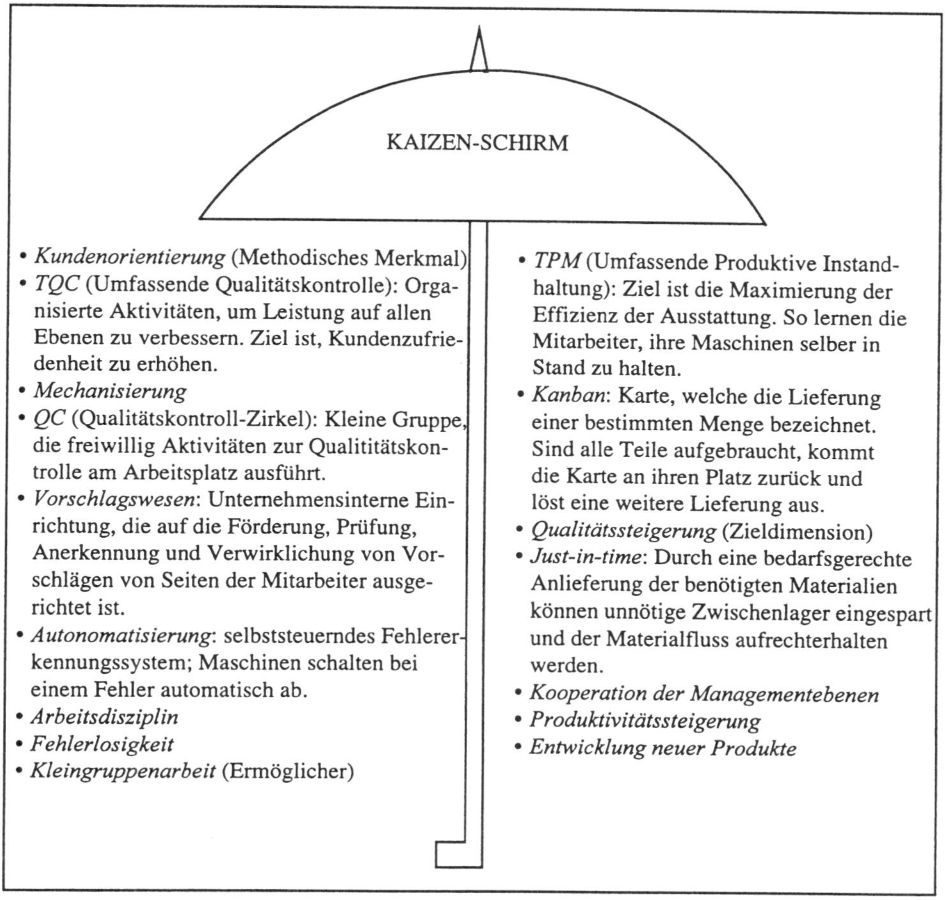

Die Definitionen von Kaizen beinhalten *drei konzeptionelle Merkmale*,[34] die im folgenden kurz erläutert werden:

---

[33] Quelle: Imai, Masaaki (1993), S. 25. Vgl. zu den Erläuterungen auch Imai, Masaaki (1993), S. 301 ff. Einen grundsätzlichen Überblick über die wichtigsten Praktiken liefert auch das Werk von Kamiske, Gerd F./Brauer, Jörg-Peter (1993).

[34] Wie die konzeptionellen Merkmale werden im Laufe des Kapitels die weiteren Dimensionen von Kaizen, die in Abb. II/ 6, S. 37 grafisch dargestellt sind, jeweils kursiv hervorgehoben.

1. *Ständige Verbesserung*; dahinter steht die Überlegung, dass punktuelle, zyklische Innovationen von grossem Umfang, wie sie für westliche Unternehmen kennzeichnend sind, alleine eine nur unzureichende Ausschöpfung von Produktivitäts- und Prozessverbesserungspotentialen erzielen. Aus diesem Grund ist eine kontinuierliche Anstrengung, die betrieblichen Arbeitsabläufe, Produkte, Dienstleistungen sowie das individuelle Arbeitsumfeld in kleinen Schritten zu verbessern, notwendig (*Methodisches Merkmal* „inkrementale Verbesserungen"). Es ist aber nicht die Absicht von Kaizen, Innovationen zu ersetzen. Vielmehr soll es als inkrementale und prozessorientierte Denkweise den Innovationsprozess ergänzen.[35]

2. *Einbeziehung aller Mitarbeiter*; Kaizen geht von der Erkenntnis aus, dass es kein Unternehmen ohne Probleme gibt. Insofern kann die Suche nach Problemen und deren Ausmerzung als *Fokus* von Kaizen betrachtet werden.[36] Das Konzept will eine Unternehmenskultur aufbauen, in der jeder Beteiligte ungestraft das Vorhandensein von Problemen eingestehen darf (*Ermöglicher* „Offene Fehlerkultur"). Nur so lassen sich Verbesserungen erreichen.[37] Auf allen Ebenen müssen daher die Mitarbeiter in einem ständigen Prozess aktiviert werden, indem sie kontrollierende und disponierende Teilfunktionen wahrnehmen.[38] Mängel, Verbesserungspotentiale und Verschwendungsquellen sollen sie selbständig erkennen sowie unverzüglich Lösungsansätze erarbeiten und umsetzen. Diese Vorgehensweise erhöht nebst der Kompetenz und Qualifikation auch die Motivation und Selbstverantwortung jedes Einzelnen. Die **Abbildung II/ 2** verdeutlicht die Aufgabenteilung nach japanischer Auffassung, welche es bei der Anwendung von Kaizen zu verfolgen gilt.[39] Aus der Abbildung ist ersichtlich, dass sich alle Mitarbeiter, unabhängig von ihrer hierarchischen Stufe, an Kaizen beteiligen (*Methodisches Merkmal* „Ganzheitlichkeit").

35 Vgl. Hessenberger, Manfred/Kuhn, Joachim (1996), S. 17 sowie Kreuter, Andreas/Stegmüller, Rudi (1997), S. 111.

36 Vgl. Imai, Masaaki (1996), S. 28 sowie Seeli, Peter (1994), S. 45.

37 Vgl. Imai, Masaaki (1993), S. 18.

38 Vgl. Kreuter, Andreas/Stegmüller, Rudi (1997), S. 112.

39 Vgl. Weck, Leonhard (1997), S. 64.

Abb. II/ 2: Japanische Auffassung von Aufgabenteilung[40]

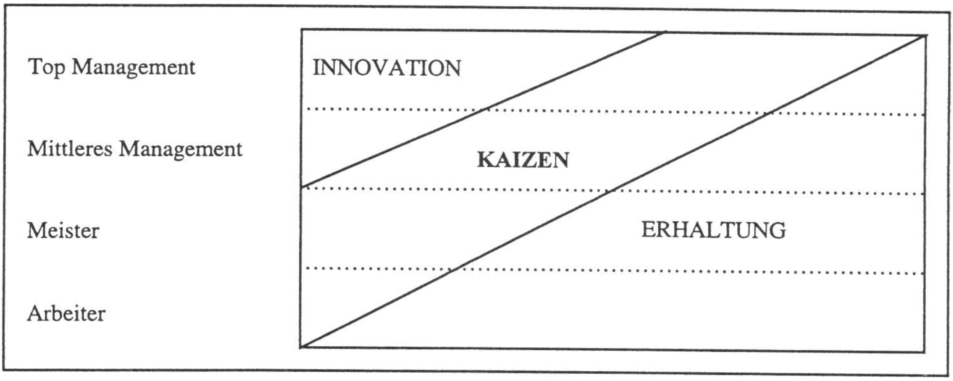

3. *Kundenorientierung*; was auch immer ein Unternehmen tut, bleibt ohne Erfolg, wenn es nicht am Ende zu einer erhöhten Kundenzufriedenheit führt. Der Kundenbegriff erfährt bei Kaizen eine Erweiterung, indem auch die nachfolgende Abteilung oder Fertigungsstufe im eigenen Unternehmen als Kunde betrachtet wird. In diesem Zusammenhang ist die funktionsübergreifende Zusammenarbeit eine wichtige Voraussetzung (*Ermöglicher*).[41] Im Rahmen von Kaizen misst sich die Kundenzufriedenheit an den Grössen Qualität, Kosten und Liefertermin. Es ist Aufgabe des Managements, zwischen diesen Zielen klare Prioritäten zu setzen und für ihre Durchgängigkeit im Unternehmen zu sorgen.[42]

Das letzte konzeptionelle Merkmal beinhaltet zugleich auch die *Zieldimensionen* von Kaizen. Oberstes Ziel ist die Kundenzufriedenheit, welche sich durch die Teilziele Qualität, Kosten der Produkte und/oder Dienstleistungen und dem Liefertermin (Zeit) erreichen lässt.[43]

---

40 Quelle: In starker Anlehnung an Imai, Masaaki (1993), S. 28.

41 Vgl. Jung, Herbert F. (1993), S. 360. Eine ausführliche Darstellung der Kundenorientierung im „Innenverhältnis“ findet sich bei Biermann, Thomas/Dehr, Gunter (1998).

42 Vgl. Imai, Masaaki (1993), S. 247.

43 Vgl. Imai, Masaaki (1993), S. 19. Ein Bespiel aus der Automobilindustrie (Mecedes-Benz-Werk in Sindelfingen) soll die Zielsetzung etwas konkreter illustrieren. Beim Zeitfaktor geht es primär darum, die Durchlaufzeiten über den gesamten Produktionsprozess hinweg zu verkürzen, von der Anlieferung des Materials bis zur Fertigstellung des Produkts und/oder der Dienstleistung. Beim Faktor Kosten sehen sich die Hersteller vor zwei Entwicklungen gestellt: Erstens vollzieht sich eine Verschiebung in der Kostenstruktur, indem sich immer mehr kurzfristig variable Kosten in Fixkosten umwandeln. Dieser Tendenz begegnen sie mit einem konsequenten Outsourcing. Wo dies nicht möglich ist, eröffnet Kaizen die Möglichkeit, den fixen

3.2. Vorgehensweise

3.2.1. Einleitung

Sowohl das Grundlagenwerk von *Imai*, wie auch das Teilnehmerhandbuch des von ihm gegründeten Kaizen Instituts beinhalten klare Aussagen, wie ein interessiertes Unternehmen bei der Einführung von Kaizen vorzugehen hat. Das Phasenschema basiert im wesentlichen auf der Anwendung von zwei „Regelkreisen", dem SDCA-Kreis und dem PDCA-Kreis. Der Einsatz des ersteren dient dem Standardisieren und Stabilisieren der Zustände in einem Unternehmen, während der zweite Kreis nachfolgend zu deren Verbesserung führt.[44]

Einen Überblick über die einzelnen *Prozessphasen* eines Kaizen-Projekts gibt **Abbildung II/ 3**. Der Prozess untergliedert sich in eine Vorbereitungs- und vier Hauptphasen.

Anteil der Leerkosten in Nutzkosten zu überführen. Die zweite Entwicklung betrifft die ständig ansteigenden Gemeinkosten. Abhilfe kann hier z. B. die durch Kaizen angestrebte Verringerung der Hierarchiestufen schaffen. Die Qualität der Produkte umfasst bekanntlich mehrere Dimensionen. Eine sehr wichtige Dimension ist z. B. die Normgenauigkeit. Kaizen fördert die normgerechte Montage, indem Material- oder Montagefehler durch die Mitarbeiter selber erkannt und behoben werden. Vgl. ausführlich Hessenberger, Manfred/Kuhn, Joachim (1996), S. 17 f.

44 Vgl. Imai, Masaaki (1993), S. 90 sowie o. V. (1993a), S. 59.

Abb. II/ 3: Phasen eines Kaizen-Projekts[45]

Vorbereitungsphase (SDCA-Zyklus)

Aktivitäten: - Standardisieren
- Ausführen
- Überprüfen
- Verbessern

Ergebnis: - Stabilisierung der Arbeit mit Hilfe von Standards

Hauptphasen (PDCA-Zyklus)

1. Planen

Aktivitäten: - Ziele und Vorgaben
- Verbesserungsplan (sechs W)
- Prüfpunkte

Ergebnis: - Verbesserungsplan

2. Ausführen

Aktivitäten: - Information und Schulung
- Durchführung

Ergebnis: - Umsetzung Verbesserungsplan

3. Überprüfen

Aktivitäten: - Bestätigung der Ergebnisse
- "Erste Hilfe"
- Wahre Ursachen finden

Ergebnis: - Verbesserte Arbeitsprozesse

4. Kontinuierlich Verbessern

Aktivitäten: - Wiederauftreten von Problemen vorbeugen
- Standardisierung
- Weitere Verbesserungen

Ergebnis: - Kaizen im Unternehmen

---

45 Quelle: Eigene Abbildung.

3.2.2. Vorbereitungsphase

Die **Vorbereitungsphase**[46] ist in **vier Schritte** unterteilt, die dazu dienen, das Unternehmen einer genauen Situationsanalyse zu unterziehen. Die Situationsanalyse bildet den Ausgangspunkt, denn nur wenn für jeden Mitarbeiter, jede Maschine und jeden Prozess der genaue Standard bekannt ist, kann mit einer Verbesserung dieser Standards begonnen werden. **Abbildung II/ 4** verdeutlicht den Prozess der Stabilisierung und Erhaltung von Standards.[47]

Abb. II/ 4: SDCA-Zyklus der Erhaltung[48]

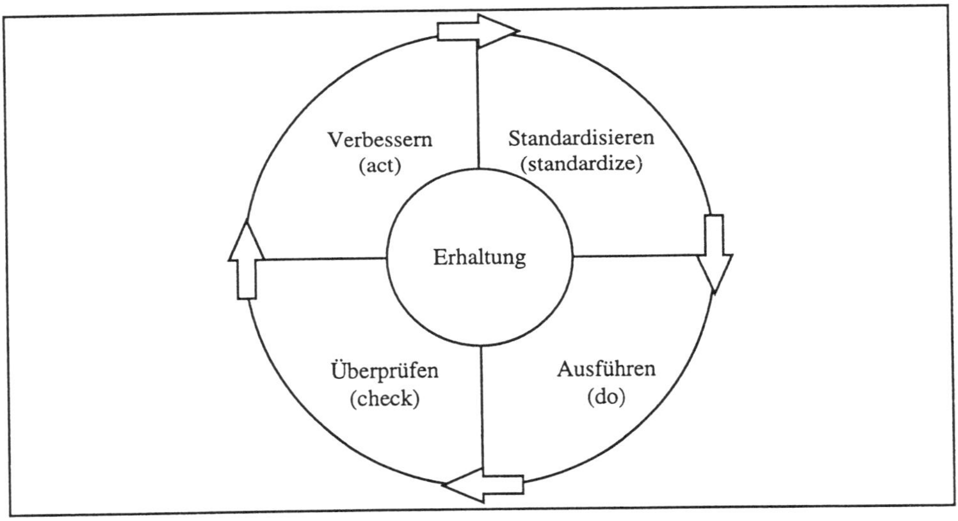

Der **erste Schritt** beinhaltet die „Standardisierung“ sämtlicher Zustände im Unternehmen. Kaizen geht von der Annahme aus, dass nur durch gewaltige Anstrengungen

46 Vgl. o. V. (1993 a), S. 49 ff.

47 Ein Beispiel soll die Bedeutung von Stabilisierung und Erhaltung von Standards verdeutlichen: Wenn in einer Produktionslinie 100 Stück pro Stunde gefertigt werden sollen, tatsächlich aber die Frühschicht 95 und die Spätschicht nur 90, oder dann wieder 105 Teile produziert, sind die Produktionsbedingungen instabil. Der Prozess soll dahingehend stabilisiert werden, dass die stündlich produzierte Menge näher an 100 Teile herankommt. Dies gelingt mit dem SDCA-Kreis. Vgl. ausführlich Imai, Massaki (1993), S. 90.

48 Quelle: In starker Anlehnung an o. V. (1993a), S. 49.

der Status quo zu erhalten ist. In diesem Sinn berücksichtigt Kaizen das Sprichwort „Es muss sich vieles ändern, wenn alles so bleiben soll, wie es ist“.[49]

Die erstmalige Festlegung von Standards erfolgt top-down durch das Management. Dabei wird für jeden Mitarbeiter verbindlich festgelegt, wie die Arbeit zu erledigen ist. Damit die Mitarbeiter die Standards akzeptieren, muss das Management darlegen, welche Ziele mit Kaizen verfolgt werden sollen und wie das Konzept funktioniert. Offene Informations- und Kommunikationswege sind zu Beginn des Projekts sehr wichtig.[50] Die Mitarbeiter sind nicht nur über den Projektverlauf zu informieren, sondern sie müssen auch wissen, dass die weiteren Vorstösse bottom-up erfolgen sollen (*Methodisches Merkmal* „Gegenstromverfahren“).[51]

Der **zweite Schritt** beinhaltet die Umsetzung des ersten, indem die Mitarbeiter die neuen Standards „ausführen“ und mit dem neuen Arbeitsablauf Erfahrungen sammeln.

Der **dritte Schritt** dient dem Überprüfen, ob der neue Standard die gestellten Erwartungen[52] erfüllt. Wenn dies nicht der Fall ist, müssen die drei Schritte so oft wiederholt werden, bis sich ein entsprechendes Ergebnis einstellt.

Der **vierte Schritt** beendet die Vorphase mit dem „Verbessern“ des neuen Standards. Gemäss einer japanischen Redewendung sind Standards dazu da, um von besseren abgelöst zu werden. Insofern gilt der Standard nur so lange als Arbeitsvorschrift, bis ein Mitarbeiter einen Vorschlag zu seiner Verbesserung bringt.

Abschliessend lässt sich festhalten, dass die Standardisierung der Arbeitsabläufe sowohl dem Management wie auch den betroffenen Mitarbeitern zahlreiche Vorteile bietet:

- Es lässt sich der einfachste und sicherste Weg der Arbeitsausführung bestimmen.
- Die Mitarbeiter können ihr Wissen und ihre Erfahrung am Arbeitsplatz einfliessen lassen, wenn sie die Standards einer Verbesserung unterziehen.

---

49 Vgl. Simon, Walter (1996), S. 31.

50 Bei Volkswagen in Wolfsburg werden regelmässig Informationsveranstaltungen und Treffen der Führungskräfte zum Thema „KVP – Unsere Zukunft“ durchgeführt. Der primäre Zweck dieser Treffen ist es, die Bedeutung von KVP zu manifestieren und die Anwesenden über die erzielten Erfolge zu informieren. Vgl. ausführlich Seiffert, Ulrich (1995), S. 199.

51 Vgl. Jung, Herbert F. (1993), S. 361.

52 Im Beispiel in Fussnote 47, S. 30 wäre das die kleinere Abweichung der Produktion von der Soll-Vorgabe „100 Teile pro Stunde“.

- Die Beurteilung der verrichteten Arbeit wird wesentlich vereinfacht, weil genaue Kriterien vorliegen.
- Bei Problemen können rasch Rückschlüsse auf mögliche Ursachen gezogen werden.

Ergebnis der Vorphase ist die Stabilisierung der Arbeitsabläufe mit Hilfe von Standards.

3.2.3. Hauptphasen

Im Anschluss an die Standardisierung der Arbeitsabläufe im Unternehmen, kann mit der eigentlichen Verbesserung begonnen werden. Sie erfolgt in vier Phasen durch Anwendung des von *Deming* entwickelten PDCA-Kreises.[53] Dieser Zyklus bildet das Grundwerkzeug für die Realisierung der Hauptphasen des Kaizen-Projekts. Er besteht aus den **vier Hauptphasen**[54] „Planen" (plan), „Ausführen" (do), „Überprüfen" (check) und „Verbessern" (action). **Abbildung II/ 5** visualisiert den PDCA-Zyklus der ständigen Verbesserung.[55]

53 Vielfach wird er auch als Deming-Kreis bezeichnet. *Deming* selber weist in seinem Buch aber darauf hin, dass dieser Zyklus ursprünglich von seinem Lehrer Shewart stammt. Vgl. ausführlich zu Demings Management Programm Deming, W. Edwards (1986).

54 Vgl. Imai, Masaaki (1993), S. 86 ff., Kamiske, Gerd F./Brauer, Jörg-Peter (1993), S. 124 ff. sowie o. V. (1993a), S. 55 ff.

55 Bei genauerer Betrachtung lassen sich im PCDA-Kreis die Funktionen des von *Fayol* vor acht Jahrzehnten entwickelten Management-Regelkreises wiederfinden. In seiner bekanntesten Publikation „Administration Industrielle et Générale" stellt er fünf Grundelemente vor, aus denen sich die Verwaltungsführung zusammensetzt: Voraussicht, Planung, Organisation, Koordinierung und Kontrolle. Später wurden diese Elemente regelkreisförmig dargestellt und um die Elemente Information und Kommunikation angereichert. Nach Fayols Auffassung ist die Leitung kein ausschliessliches Privileg des Managements, sondern kann in gewissem Umfang auch von den Arbeitern selber ausgeführt werden. Vgl. Fayol, Henri (1929). Diese Sichtweise macht ihn zu einem Vordenker des Kaizen-Ansatzes. Vgl. ausführlich Simon, Walter (1996), S. 33.

Abb. II/ 5: PDCA-Zyklus der ständigen Verbesserung (Deming-Kreis)[56]

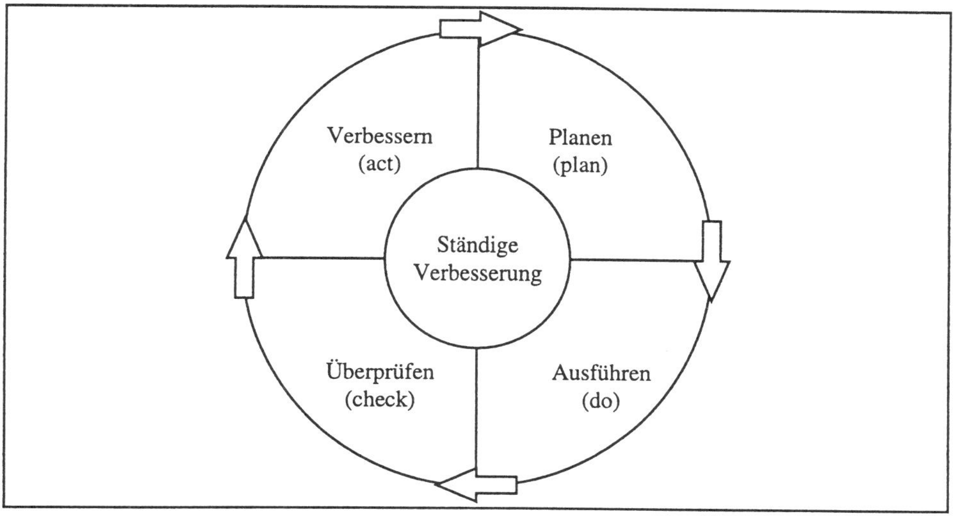

Die **erste Hauptphase** lässt sich mit „Planen“ umschreiben und unterteilt sich in **drei Schritte**. Inhalt des **ersten Schritts** sind die „Ziele und Vorgaben“. Das Management untersucht, inwieweit die Praxis im Unternehmen den Zielen und Vorgaben entspricht. Die Datenerhebung erfolgt mit Hilfe der sieben Basiswerkzeuge von Kaizen, die im folgenden kurz erläutert werden:[57]

- *Pareto-Diagramm* (ABC-Analyse); die Einflussfaktoren eines Problems werden nach ihrer Priorität aufgeführt, um die Hauptursachen zu ermitteln. Dadurch kön-

56 Quelle: Kamiske, Gerd F./Brauer, Jörg-Peter (1993), S. 125. Es ist an dieser Stelle festzuhalten, dass die in der Abbildung als vier gleich grosse Sektoren dargestellten Hauptphasen lediglich eine idealtypische Verteilung darstellen. In der praktischen Anwendung können sie von Fall zu Fall unterschiedlich ausgeprägt sein. So bedarf es z. B. bei der Einführung einer Innovation einer sehr intensiven Planungsphase. Vgl. ausführlich o. V. (1993a), S. 60.

57 Vgl. Sebestyen, Otto Gabor (1994), S. 51 ff. Es gibt Situationen, in denen nicht alle notwendigen Informationen für die Problemlösung zur Verfügung stehen. In diesen Fällen ist es empfehlenswert, den analytischen Ansatz zu verlassen und sich in der Problemlösung dem Planungsansatz hinzuwenden. Diese Qualitäts-Kontroll-Werkzeuge des Planungsansatzes (auch als Neue Sieben bekannt), bewähren sich vor allem bei Aufgabenstellungen wie z. B. Verbesserung der Produktqualität, Kostensenkung oder Entwicklung neuer Produkte. Als Beispiel für die Neuen Sieben sind das Beziehungsdiagramm oder das Baumdiagramm zu nennen. Vgl. ausführlich Imai, Masaaki (1993), S. 283 ff.

nen die Anstrengungen auf die Ursachen und Lösungen fokussiert werden, welche die grössten Auswirkungen haben.

- *Ursache-Wirkungs-Diagramm* (auch Ishikawa- oder Fischgrätdiagramm genannt); dadurch soll die wahrscheinlichste Ursache eines Problems identifiziert werden. Ausgangspunkt bilden die vier Hauptkriterien „Menschen“, „Maschinen“, „Material“ und „Methoden“. Indem diese bis zur zugrunde liegenden Einzelursache zurückverfolgt werden, lässt sich gewährleisten, dass wirklich der Kern des Problems behandelt wird.
- *Histogramm*; Säulendiagramme stellen Häufigkeitsverteilungen dar, aufgrund derer das Management ein klares und vollständiges Bild der Informationen erhält.
- *Kontrollkarte*; sie dient der Prozessüberwachung. Dieses Formblatt lässt rasch Abweichungen in einem Prozess erkennen. Ausserdem zeigt die Kontrollkarte den Handlungsumfang auf, indem bei einer Überschreitung der Warngrenze eine häufigere Prozesskontrolle erforderlich wird, bei einer Überschreitung der Eingriffsgrenze dagegen Sofortmassnahmen zu ergreifen sind.
- *Streuungsdiagramm*; die Beziehungen zwischen zwei Grössen werden beobachtet und in einem Koordinatennetz eingetragen. Die Lage der Punkte ermöglicht Rückschlüsse zwischen der Wirkung einer Beziehung und ihren möglichen Ursachen.
- *Kurven*; hierbei handelt es sich um Balken-, Linien-, Kreis- oder Spinnendiagramme, welche eine übersichtliche Darstellung von Informationen erlauben.
- *Prüfformulare*; sie dienen der Visualisierung von Ergebnissen von routinemässigen Prüfungen und werden in Form von Tabellen erstellt (z. B. Strichliste).

Im **zweiten Schritt** erarbeitet das Management den „Verbesserungsplan“. Dabei helfen die „sechs W“: *Wer* macht was? (Festlegen der Verantwortlichkeiten); *wo* soll verbessert werden? (Abgrenzung des Aktionsfeldes); *warum* erfolgt eine Verbesserung? (plausible Begründung der Verbesserungsnotwendigkeit); w*as* genau soll verbessert werden? (Spezifikation des Projekts und der Zielsetzung); bis *wann* soll sich die Situation verbessert haben? (Festlegen eines detaillierten Zeitplans); *wie* soll verbessert werden? (Festlegen der Methoden und Massnahmen).

Im abschliessenden **dritten Schritt** legt das Management sog. „Prüfpunkte“ fest. Ein wichtiges Merkmal von Kaizen ist der intensive Gebrauch von Informationen. Das Sammeln und Erheben von Informationen darf jedoch nicht zum Selbstzweck verkommen. Wenn vorgängig keine Kriterien im Sinne von Benchmarks[58] feststehen, kann auch keine Überprüfung der erreichten Resultate erfolgen. Die Prüfpunkte stellen sicher, dass die Ergebnisse vergleichbar sind und eine Verbesserung sofort ersichtlich wird.

---

[58] Vgl. zum Begriff des Benchmarking die Erläuterungen in Abschnitt II.4.2.3, S. 51 ff.

Ergebnis der ersten Phase ist der Verbesserungsplan für das Unternehmen.

Inhalt der **zweiten Hauptphase** ist das „Ausführen" des in der ersten Hauptphase erarbeiteten Verbesserungsplans. Sie unterteilt sich in **zwei Schritte**.

Der **erste Schritt** lässt sich mit „Information und Schulung" (*Ermöglicher*) umschreiben. Der durch das Management erarbeitete Verbesserungsplan soll nun durch die Mitarbeiter vorwiegend in Teamarbeit (*Ermöglicher*) umgesetzt werden. Bevor dies aber geschehen kann, müssen die Betroffenen mit ihrer Aufgabe vertraut gemacht werden. Die Schulung und Qualifizierung der Mitarbeiter für den Umgang mit den oben dargestellten Basiswerkzeugen und weiteren Kaizen-Instrumenten[59] ist Voraussetzung für die erfolgreiche Umsetzung des Verbesserungsplans. Weitere wichtige Punkte des Schulungsprogramms sind Teamfähigkeit, soziales Verhalten und Kenntnisse in der Moderation von Sitzungen und Workshops.

Entscheidend für den Erfolg von Kaizen sind weniger die Kenntnisse der einzelnen Methoden und Instrumente. Grösstenteils handelt es sich dabei um verhältnismässig einfache Werkzeuge. Viel effektiver für den langfristigen Erfolg von Kaizen ist die durch Schulung und Information einsetzende Veränderung in der Einstellung der Mitarbeiter, kontinuierliche Verbesserungen als selbstverständlichen und wesentlichen Bestandteil ihrer Arbeitsaufgabe anzusehen.[60]

Der **zweite Schritt** heisst „Durchführung" und beinhaltet die Realisierung der geplanten Verbesserungen durch die betroffenen Mitarbeiter.

Ergebnis der zweiten Hauptphase ist die Umsetzung des Verbesserungsplans.

In der **dritten Hauptphase** geht es an das „Überprüfen" der erzielten Resultate aus der Umsetzung des Verbesserungsplans. Sie ist in **drei Schritte** unterteilt. Der **erste Schritt** erfolgt, nachdem die geplanten Verbesserungen vor Ort erprobt wurden. Es gilt zu kontrollieren, ob sich die gewünschten „Ergebnisse aus der Planungsphase einstellen".

Der **zweite Schritt** heisst „Erste Hilfe". Wenn sich im Verlauf der Arbeitsausführung Probleme ergeben, sind von den betroffenen Mitarbeitern Massnahmen zu deren Lösung zu ergreifen. An dieser Stelle soll noch einmal betont werden, wie wichtig eine Schulung der Mitarbeiter in den Kaizen-Techniken ist. Sie sollten selber in der Lage sein, auftretende Probleme auszumerzen. Dieses Vorgehen hat zwei wesentliche Vorteile: Erstens kommt es so viel seltener zu Unterbrüchen im Arbeitsablauf. Zwei-

59 Vgl. auch die Abb. II/ 1, S. 25.

60 Vgl. Kreuter, Andreas/Stegmüller, Rudi (1997), S. 112.

tens erhöht sich die Motivation der Mitarbeiter, weil sie durch ihre Kenntnisse nicht mehr auf Hilfe von ausserhalb angewiesen ist.

Im **dritten Schritt** geht es darum, die „wahren Ursachen zu finden". Nachdem die Symptome von auftretenden Problemen im zweiten Schritt mittels erster Hilfe-Massnahmen beseitigt werden konnten, ist jetzt nach den tieferen Ursachen zu suchen. Eine Möglichkeit, den Kern eines Problems herauszufinden, ist die von *Taiichi Ohno* entwickelte Technik „Fünf mal Warum".[61] Das fünfmalige Nachfragen ermöglicht in den meisten Fällen das Finden der wahren Ursache des Problems und eine wirksame Problemlösung. Reine Symptombekämpfungen lassen sich so vermeiden.

Ergebnis der dritten Hauptphase sind die durch den Verbesserungsplan und dessen sukzessive Überprüfung verbesserten Arbeitsprozesse.

Das „Kontinuierliche Verbessern" ist Inhalt der **vierten** und somit letzten **Hauptphase**. Sie ist in **drei Schritte** gegliedert. Der **erste Schritt** sichert den verbesserten Arbeitsprozess, damit es zu keinerlei Rückfällen kommen kann. Er lässt sich mit „Wiederauftreten von Problemen vorbeugen" umschreiben und bildet die Voraussetzung für den **zweiten Schritt** „Standardisierung". Erst wenn die Betroffenen den Arbeitsprozess kennen, also keine Ausfälle infolge mangelnder Routine mehr auftreten, erfolgt die verbindliche Festschreibung des neuen Ablaufs.[62] Der **dritte Schritt** heisst „weitere Verbesserungen". Er bringt den PCDA-Zyklus und somit Kaizen wieder ins Rollen.

Ergebnis der vierten Hauptphase ist die Verwirklichung von Kaizen im gesamten Unternehmen.

An dieser Stelle ist noch eine wichtige Bemerkung anzubringen: Trotz der Einteilung in vier Hauptphasen, muss der PDCA-Zyklus immer als Kreis im Sinne eines Prozesses ohne Anfang- und Endpunkt verstanden werden. Jeder Beteiligte, unabhängig von seiner hierarchischen Stellung, leistet seinen Beitrag zu Kaizen. Es gibt keinen festgesetzten Beginn, denn die angestrebten Verbesserungen sind ständig und kontinuierlich.

Abbildung II/ 6 fasst die oben dargestellten Dimensionen von Kaizen grafisch zusammen.

---

61 Taiichi, Ohno arbeitet für Toyota und entwickelte dort u. a. auch das Just-in-Time-Prinzip. Vgl. o. V. (1993a), S. 77.

62 Vgl. auch die Ausführungen zum SDCA-Kreis in Abschnitt II.3.2.2, S. 30 ff.

Abb. II/ 6: Dimensionen von Kaizen[63]

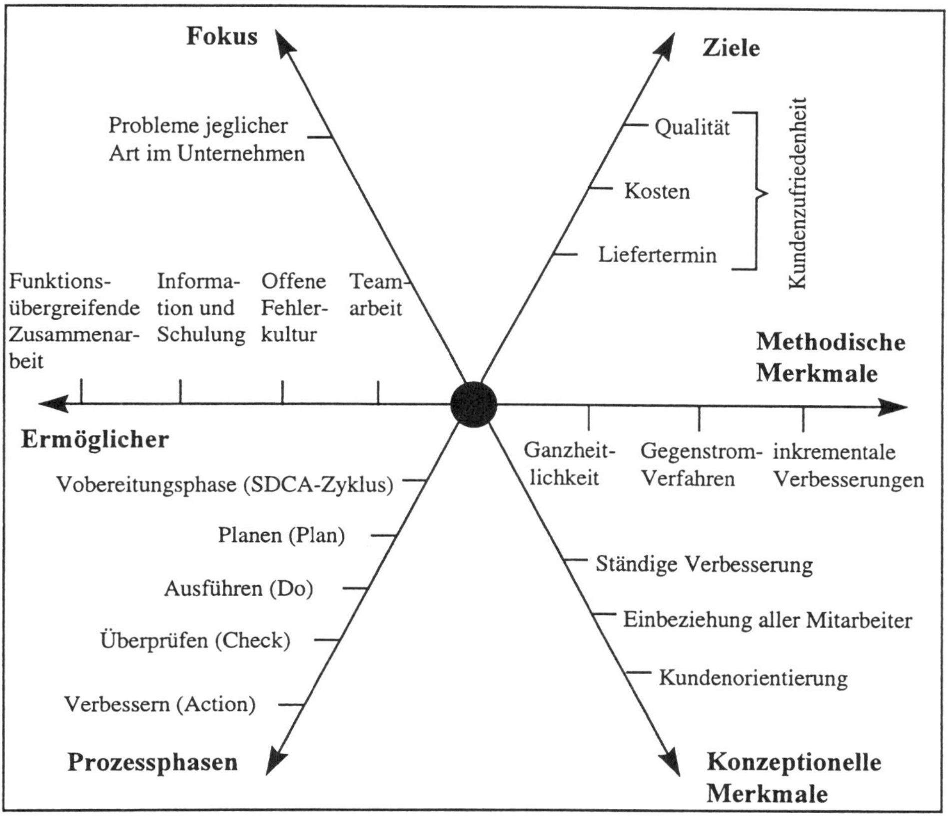

3.3. Kritische Würdigung des Konzepts

Die Auseinandersetzung mit den Phasen eines Kaizen-Projekts lässt die Vermutung aufkommen, es handle sich um ein einfaches und rasches Vorgehen. Obwohl sich ein Kaizen-Projekt im Gegensatz zu den noch vorzustellenden Konzepten Total Quality Management, Business Process Reengineering und Lean Management in der betrieblichen Praxis tendenziell eher problemloser darstellt, gilt es, einige Punkte für

63 Quelle: Eigene Abbildung in methodischer Anlehnung an Homburg, Christian/Hocke, Gregor (1996), S. 5.

den nachhaltigen Erfolg zu berücksichtigen:[64]

- *Zeithorizont muss langfristig angelegt sein*; wenn sich das Management bei der Einführung einen zu engen Zeitrahmen im Sinne einer „Bombenwurfstrategie" setzt, wird das Projekt zwangsläufig scheitern. Wie bereits erwähnt, ist die Information und Schulung der Betroffenen ein wichtiger *Ermöglicher* von Kaizen. Dieser benötigt vor allem Ressourcen in Form von Geld und Arbeitszeit. Das Ergebnis zeigt sich jedoch erst viel später. Während also am Anfang die durchschlagenden Erfolge noch fehlen, sind die Kosten des Projekts relativ hoch. Ein kurzfristiger Erwartungsdruck führt dann selbstverständlich zu einer (wenn auch unberechtigten) Ernüchterung oder sogar zu einem Abbruch des Projekts.[65] Erfahrene Kaizen-Manager wie z. B. Dieter Maier von Bosch sprechen von bis zu drei Jahren, die nötig sind, um die neue Denkweise im Unternehmen zu verankern.[66]

- *Initiative geht vom Management aus*; die Unternehmensspitze muss geschlossen hinter Kaizen stehen und diese Führungsaufgabe täglich wahrnehmen.[67] Sie muss ebenfalls darlegen, dass sie bereit ist, nicht nur die Ergebnisse, sondern auch die Bemühungen um Verbesserungen zu würdigen und anzuerkennen.[68] Dem Management kommt eine wichtige Vorbildfunktion zu, indem es durch unterstützendes und stimulierendes Handeln den Prozess der ständigen und kontinuierlichen Verbesserung in Gang hält.[69] Es wäre allerdings falsch zu glauben, Kaizen sei ein reines top-down-Vorgehen. Lediglich die Initiierung erfolgt von oben nach unten. Die anschliessenden Schritte beruhen immer auf dem *Gegenstromverfahren.*[70]

- *Anerkennung als wichtiger Motivator;*[71] die Anerkennung durch Vorgesetzte,

---

64 Vgl. auch die Empfehlungen zu den einzelnen Projektphasen in Abschnitt II.3.2, S. 28 ff. Dort sind ebenfalls zahlreiche Punkte aufgeführt, die es für die erfolgreiche Einführung von Kaizen zu berücksichtigen gilt.

65 Vgl. Jung, Herbert F. (1993), S. 361 und Sebestyen, Otto Gabor (1994), S. 143 ff.

66 Vgl. Sommer, Christiane (1997), S. 116.

67 Vgl. Sommer, Christiane (1997), S. 116 sowie Weck, Leonhard (1997), S. 68.

68 Vgl. Jung, Herbert F. (1993), S. 361.

69 Vgl. Seiffert, Ulrich (1995), S. 198.

70 Vgl. auch die Ausführungen zum ersten Schritt der Vorbereitungsphase in Abschnitt II.3.2.2, S. 30 ff.

71 Die Bedeutung der Motivation im Arbeitsleben verdeutlicht u. a. die Motivationstheorie von *Herzberg*. Dieser unterscheidet die Begriffe „Hygienefaktoren" und „Motivatoren", die nach seiner Auffassung die Motivation ausmachen. „Motivatoren" sind für ihn noch nicht gesättigte Bedürfnisse, die einen Menschen von einer Nicht-Zufriedenheit in den Zustand der Zufriedenheit führen können. Solche Faktoren liegen vor allem in der Möglichkeit, sich in der Arbeit bestätigen und entfalten zu können sowie Lob und Anerkennung zu erfahren. Dagegen handelt es sich bei den „Hygienefaktoren" um zur Selbstverständlichkeit gewordene „Aspekte" des

Mitarbeiter und Dritte, welche die Bearbeiter von Verbesserungsprojekten erfahren, tragen wesentlich zum Erfolg ihrer Bestrebungen bei. Die Möglichkeiten, Anerkennung auszusprechen, sind zahlreich, so z. B. das Lob durch den Vorgesetzten, die Publikation von Ergebnissen, die Information der Belegschaft oder die Auszeichnung durch Preise. Aber auch Zeit und Interesse, welche die Führungskräfte dem Projekt entgegenbringen, wirken sich als Fremdmotivation im positiven Sinne aus.[72]

- *Einbezug des mittleren Managements*; diese Ebene erfährt im Zuge eines Kaizen-Projekts den wohl grössten Wandel und dementsprechend wichtig ist ihre Beachtung. Gegenüber Veränderungen, wie ein Kaizen-Projekt sie zwangsläufig verursacht, ist das mittlere Management oftmals negativ eingestellt. Die Unternehmensleitung sieht Veränderungen als notwendig an und die beteiligten Mitarbeiter wirken gerne mit, weil sie die Chance haben, das Unternehmen mitzugestalten.[73] Das mittlere Management widersetzt sich eher solchen Veränderungen, weil sein Macht- und Einflussbereich infolge der Abgabe von Verantwortung an die unteren Ebenen eingeschränkt wird.[74] Im Gegenzug werden sie aber mit neuen Aufgaben betraut, so z. B. der Transferierung der Unternehmensziele in die Gruppenarbeit, die Leitung von Kaizen-Teams oder die Durchführung der Schulung in Kaizen-Techniken. Es bedarf einer ausführlichen Information von Seiten der Unternehmensleitung, damit das mittlere Management seine neue Rolle kennenlernt, sich mit ihr vertraut machen und sie akzeptieren kann.[75]

- *Hohe Umsetzungsrate der initiierten Verbesserungen*; erfolgreich umgesetzte Projekte führen zur Motivation im Team und zur Bereitschaft, sich auch weiterhin für Kaizen zu engagieren. Erstrebenswert ist eine Umsetzungsrate von 80 Prozent. *Seghezzi* geht davon aus, dass eine Umsetzungsrate von weniger als 50 Prozent das Ende von Kaizen bedeutet.[76] Ein Grund für die Ablehnung gegenüber Verbesserungen ist vor allem die Angst des mittleren und unteren Managements vor Fehlentscheiden. Die Unternehmensleitung kann solche Schwierigkeiten über-

---

Umfeldes der eigentlichen Arbeit. Sie führen den Betroffenen von einem Zustand der Unzufriedenheit in einen Zustand der Nicht-Unzufriedenheit. Bsp. hierfür sind der Lohn oder die Nutzung eines Firmenwagens. Vgl. Etienne, Michèle (1997), S. 43 f. und ausführlich zur Herzberg-Theorie Herzberg, Frederik (1969).

72 Vgl. Seghezzi, Hans Dieter (1996), S. 119 sowie Volk, Hartmut (1993), S. 78.

73 Vgl. Seghezzi, Hans Dieter (1996), S. 121.

74 Vgl. Sommer, Christiane (1997), S. 114.

75 Vgl. Hessenberger, Manfred/Kuhn, Joachim (1996), S. 22 f. und ausführlich zur Rolle des mittleren Managements bei Kaizen Bielefeld, Birgit/Winter, Michael (1998).

76 Vgl. Seghezzi, Hans Dieter (1996), S. 118.

winden helfen, indem sie eine offene Fehlerkultur unterstützt und fördert.[77]

- *Genügend Freiraum für die Teams*; durch die radikale Standardisierung der Arbeit kann bei den Mitarbeitern der Eindruck eines Uniformitäts- und Konformitätsdrucks entstehen. Daraus entstehende Konflikte innerhalb eines Teams oder zwischen Prozessstufen können den Erfolg gefährden.[78] Dem lässt sich durch die Gewährung ausreichender Möglichkeiten zur Selbstorganisation für die einzelnen Gruppen in den Bereichen Aufgabenteilung und Kontrolle, Aufgabenrotation und Umsetzung von Zielvorgaben entgegenwirken.[79] Durch den gewährten Freiraum innerhalb des Teams entsteht ein Gefühl der Selbständigkeit, und diese wirkt sich positiv auf die Motivation aus.[80]

4. Total Quality Management (TQM)

4.1. Grundlagen und begriffliche Abgrenzungen

Wie bereits im Kapitel über Kaizen dargelegt, beschäftigte man sich nach Ende des zweiten Weltkrieges zunächst vor allem in Japan mit dem Qualitätsgedanken. Die propagierten Ansätze stammen nach der Idee jedoch aus den USA.[81] Die Entwicklung des Qualitätsmanagements erfolgte grob betrachtet in vier Stufen:[82] Auf der ersten Stufe befindet sich das Inspektions-System. Es ist das am wenigsten ausgebaute Qualitätskonzept und beruht auf einer Endkontrolle der Erzeugnisse durch eine eigens dafür geschaffene Abteilung Qualitätswesen. Der Grundsatz des Inspektions-Systems kann mit „Qualität ist zu erprüfen" umschrieben werden.

Auf der zweiten Stufe befindet sich der von *Feigenbaum* in den 60er Jahren entwickelte Total-Quality-Control-Ansatz (TQC).[83] Der Ansatz geht einen Schritt weiter und versucht, Qualität in ein Unternehmen „hineinzuproduzieren". Dies soll mit Hilfe von Wareneingangs- und Prozesskontrollen erreicht werden, die von den betroffenen Mitarbeitern selber durchzuführen sind. Das hierfür benötigte Wissen wird in Aus-

---

77 Vgl. Sommer, Christiane (1997), S. 114.

78 Vgl. Groth, Uwe/Kammel, Andreas (1993), S. 119 f.

79 Vgl. Kreuter, Andreas/Stegmüller, Rudi (1997), S. 113.

80 Vgl. Seghezzi, Hans Dieter (1996), S. 119.

81 Vgl. auch die Ausführungen zu den Grundlagen von Kaizen in Abschnitt II.3.1, S. 23 ff.

82 Vgl. Engelhardt, Werner H./Schütz, Peter (1991), S. 396 f. sowie Kamiske, Gerd F./Brauer, Jürg-Peter (1993), S. 144. Ein Überblick über die „Qualitäts-Gurus" findet sich bei Flood, Robert L. (1995), S. 12 ff.

83 Vgl. ausführlich Feigenbaum, Armand V. (1983).

und Weiterbildungsveranstaltungen vermittelt. Daneben existiert aber immer noch die Abteilung Qualitätswesen, welche die Kontrollen steuert und prüft. Die Qualitätsbemühungen bei TQC sind somit auf die operative Ebene beschränkt. Nichtsdestoweniger kann TQC als Grundstein von Total Quality Management betrachtet werden. Der Ansatz verbreitete sich in Japan sehr rasch in der herstellenden Industrie und im Dienstleistungsbereich, wozu der begehrte Deming-Prize[84] sicherlich auch beigetragen hat.

Aufbauend auf TQC präsentierte der Japaner *Ishikawa* das Company-Wide Quality Control Konzept (CWQC), welches im Vergleich zu TQC die Mitarbeiter auf sämtlichen Hierarchiestufen in die Verfolgung des Qualitätsgedankens mit einbezieht.[85] Dies kann als die dritte Entwicklungsstufe betrachtet werden.

Der Begriff TQM taucht in der Literatur erstmals Mitte der achtziger Jahre auf. TQM beinhaltet als bislang letzte Stufe des Qualitätsmanagements die Elemente von CWQC und geht noch darüber hinaus, indem ebenfalls die übergeordnete Unternehmensphilosophie auf das Qualitätsziel ausgerichtet und die Umwelt des Unternehmens in die Qualitätsbemühungen mit einbezogen werden. Das Konzept TQM stiess nun, nach einer Anpassung an die kulturellen Gegebenheiten, auch in Amerika und in Europa auf breite Zustimmung.[86]

Wie ist es zu erklären, dass plötzlich auch die westliche Welt die Bedeutung der Qualität als eigenständiges betriebswirtschaftliches Themengebiet erkannt hat? Grundsätzlich lässt sich festhalten, dass der Qualität auch im Westen bereits seit jeher grosse Bedeutung beigemessen wurde.[87] Diese hat sich in jüngster Vergangenheit nochmals gesteigert. *Vier Aspekte*[88] sind hierfür in erster Linie verantwortlich:[89]

---

84 Der Deming-Prize wird in Japan an die Unternehmen verliehen, welche TQC erfolgreich einführen konnten und das Konzept mustergültig anwenden und beherrschen. Der Deming-Preis basiert auf dem modellhaften Ansatz einer qualitätsorientierten Unternehmensführung. Vgl. Imai, Masaaki (1993), S. 196 und Radtke, Philipp/Wilmes, Dirk (1997), S. 11.

85 Vgl. ausführlich Ishikawa, Kaoru (1980).

86 Vgl. Kreuter, Andreas (1994), S. 684, Niederhäuser, Paul (1992), S. 16 sowie Seghezzi, Hans Dieter (1996), S. 213.

87 Vgl. Seghezzi, Hans Dieter (1997), S. 4.

88 Die Ansatzpunkte, die sich primär auf die veränderten Bedingungen im Industriesektor beziehen, lassen sich ohne weiteres auf das Gesundheitswesen im allgemeinen resp. das Spital übertragen. Wie Teil III zeigt, werden die Verantwortlichen ebenfalls mit veränderten Wettbewerbsbedingungen (z. B. Einführung von Fallpauschalen anstelle des Globalbudgets), erhöhten Patientenerwartungen (was z. B. das Ausmass der Deckung von Behandlungsmethoden betrifft) und gesetzlichen Auflagen (neues Krankenversicherungsgesetz seit 1.1.1996) konfrontiert.

89 Vgl. Engelhardt, Werner H./Schütz, Peter (1991), S. 394, Gerberich, Claus W. (1993), S. 217 f., Klinkenberg, Ulrich (1995), S. 600 sowie Witzig, Thomas/Breisig, Thomas (1994), S. 738 f.

1. *Verschärfte Wettbewerbsbedingungen*; u. a. bedingt durch die Internationalisierung der Märkte und die Reduktion der Fertigungstiefe.
2. *Erhöhte Kundenerwartungen*; das Preis-Leistungsverhältnis wird immer mehr zum Kriterium für den Kaufentscheid, und Probleme mit der versprochenen Qualität sind für den Kunden mit Nutzenverlust gleichzusetzen.
3. *Gesetzliche Auflagen*; als Beispiele sind die Verschärfung der rechtlichen Anforderungen an die Produktqualität sowie die Übertragung der Beweislast vom Kunden auf den Hersteller zu nennen.
4. *Unternehmensziele*; die Qualität hat sich zu einem wichtigen Differenzierungsmerkmal zur Erlangung von Wettbewerbsvorteilen entwickelt.

In einer von der Beratungsfirma Ernst & Young im Jahre 1991 in Japan, USA, Kanada und Deutschland initiierten Studie[90] wird untersucht, inwieweit TQM in der Computer- und Automobilbranche, im Bankenbereich und im Gesundheitswesen bereits vertreten ist. Zu diesem Zweck wurden 588 Unternehmen schriftlich befragt, wobei im Bankenbereich und im Gesundheitswesen lediglich Daten aus den USA und Kanada vorliegen. Am meisten wurde TQM zum Zeitpunkt der Datenerhebung mit knapp 17% in der Automobilindustrie angewendet. Beim Ländervergleich kam Japan mit 28% an erster Stelle. In Deutschland gaben lediglich 6.5% der antwortenden Firmen an, TQM bereits eingeführt zu haben. Für das Gesundheitswesen zeigt die Untersuchung ebenfalls kein überzeugendes Bild: Sowohl in Kanada wie auch in den USA war TQM nur bei 4% der befragten Institutionen vertreten. Die aktuelle empirische Studie, welche Bestandteil der vorliegenden Arbeit ist, attestiert den Spitälern der Deutschschweiz ein wesentlich positiveres Ergebnis.[91] Gut 16% der befragten Spitäler geben an, TQM bereits eingeführt zu haben. Bei weiteren 47% ist die Einführung des Konzepts geplant.[92]

TQM wird in der Literatur mit grosser Übereinstimmung als Führungsphilosophie resp. Führungsmodell und somit als wesentliche Managementaufgabe angesehen.[93]

---

90 Vgl. Kochan, Thomas A./Gittel Hoffer, Judy/Lautsch, Brenda A. (1995), S. 209 ff.

91 Vgl. das Kapitel IV.4, S. 163 ff. Es ist allerdings an dieser Stelle festzuhalten, dass Vergleiche und Interpretationen verschiedener Studien nur bedingt aussagekräftig sind. Zum einen ist nicht klar, ob von der gleichen Fragestellung ausgegangen wird (mit grosser Wahrscheinlichkeit nicht), zum anderen handelt es sich bei der Studie von Ernst & Young um eine Wiedergabe von Sekundärliteratur. Inwieweit diese Ergebnisse bereits gerundet, zusammengefasst und interpretiert wurden, ist aus der Quelle nicht ersichtlich. Eine weitere Relativierung der Ergebnisse erfolgt bedingt durch die zeitliche Differenz, in der die beiden Studien durchgeführt wurden.

92 Vgl. hierzu den Abschnitt IV.4.4.7, S. 198 ff. sowie im Detail Thom, Norbert/Etienne, Michèle/König, Günther (1999), S. 68 f.

93 Vgl. u. a. Bruch, Heike/Kuhnert, Birgit (1994), S. 100, Kamiske, Gerd F./Malorny, Christian (1992), S. 274, Kreuter, Andreas (1994), S. 684 sowie Niederhäuser, Paul (1992), S. 18.

Oberstes Ziel der Unternehmensleitung ist es, das langfristige Überleben des Unternehmens sicherzustellen.[94] TQM generiert eine hochstehende Unternehmensqualität und trägt damit zur Erfolgssicherung bei.[95] TQM ist jedoch nicht als oberstes Unternehmensziel zu verstehen, sondern vielmehr als ein Schritt auf dem Weg zu diesem Ziel.[96] *Wunderer* sieht TQM in diesem Zusammenhang als „eine Differenzierungsstrategie zur fortwährenden Verbesserung der Unternehmensleistung auf allen Ebenen".[97]

TQM lässt sich über eine Analyse des Inhalts der drei Begriffe – die gleichzeitig auch als *konzeptionelle Merkmale*[98] aufzufassen sind – besser verstehen:

1. Total; der erste Begriff bringt zwei Aspekte zum Ausdruck. Zum einen basiert TQM wesentlich auf dem Potential und dem Engagement der Mitarbeiter auf *allen* Führungsebenen und in allen Fachabteilungen. Durch Übertragung von Qualitätsverantwortung auf den einzelnen Mitarbeiter soll eine höhere Leistungsmotivation und eine Mitverantwortlichkeit erreicht werden.[99] Langfristig wird angestrebt, die Einstellung der Mitarbeiter dahingehend zu ändern, dass sie Qualitätsverbesserungen als ständige Herausforderung betrachten. Ein wichtiger *Ermöglicher* zur Verwirklichung dieser Vorstellung ist die umfassende „Information und Schulung" der Betroffenen im Hinblick auf Qualitätsverständnis, statistische Methoden und Instrumente sowie Fähigkeiten zur Kommunikation und Problemlösung.[100] Zum anderen bedeutet „Total" die Involvierung des ganzen Unternehmens am Projekt TQM (*Methodisches Merkmal* „Ganzheitlichkeit"). Sicherlich kann zu Beginn mit einem Bereich begonnen werden. Endziel ist es aber, TQM im *ganzen* Unternehmen zu verankern und zu praktizieren. Der Begriff „Total" bedeutet jedoch nicht die maximale Qualität; diese Interpretation erscheint aus dem nächsten Abschnitt eindeutig ableitbar zu sein.

---

94 Vgl. Wunderer, Rolf (1997), S. 370.

95 Vgl. Bullinger, Hans-Jörg/Meitner, Helmut/Krämer, Markus (1994), S. 27.

96 Vgl. Wunderer, Rolf (1997), S. 370.

97 Wunderer, Rolf (1997), S. 370.

98 Wie die konzeptionellen Merkmale werden im Laufe des Kapitels die weiteren Dimensionen von TQM, die in Abb. II/ 11, S. 59 grafisch dargestellt sind, jeweils kursiv hervorgehoben.

99 Vgl. Wunderer, Rolf (1997), S. 370. Falls jedoch die strategische Positionierung (Produkt-Markt-Kombination) eines Unternehmens misslingt, können aus Sicht der Verfasserin auch exzellente Leistungen im Qualitätsmanagement den Fortbestand dieses Unternehmens nicht sichern. Diese Erfahrung wurde mit einem ursprünglichen Fallspital gemacht. Dort ist das Qualitätsmanagement gut und weit fortgeschritten; trotzdem wurde die Institution von der durch den Kanton erstellten Spitalliste gestrichen und wurde Ende 1999 geschlossen.

100 Vgl. Kreuter, Andreas (1994), S. 684.

2. *Quality*; der zweite Begriff verdeutlicht die „Erfüllung der Kundenbedürfnisse" (*Fokus*), indem der Kunde genau die Qualität bekommt, die er verlangt.[101] Dabei wird Qualität verstanden als „Übereinstimmung mit den Anforderungen des Kunden – Anforderungen bezüglich Funktion, Preis, Lieferzeit, Sicherheit, Zuverlässigkeit, Umweltverträglichkeit, Wartbarkeit, Kosten, Beratung etc."[102] Es steht also nicht die Maximierung der Qualität im Vordergrund, sondern vielmehr ihre Optimierung aus Kundensicht. Qualität beschränkt sich jedoch nicht nur auf das Produkt oder die Dienstleistung. Sie umfasst auch die Qualität der Arbeitserfüllung, der Prozesse und des Unternehmens als Ganzes.[103]

Der Kundenbegriff ist, wie auch schon bei Kaizen, in einem erweiterten Sinne zu verstehen. Jeder Mitarbeiter ist gleichzeitig (interner) Lieferant (L) und (interner) Kunde (K). Wie **Abbildung II/ 7** verdeutlicht, sind sämtliche Mitarbeiter Glied einer Kette, die vom externen Lieferanten bis zum externen Kunden führt. Jedes Mitglied führt einen Wertzuwachs herbei. Dieser wird durch die Fläche des grösseren Dreieckes symbolisiert. Ohne Wertzuwachs wäre die Arbeit des jeweilig betroffenen Mitarbeiters wertlos, da sie den Arbeitsprozess lediglich verlängern würde, ohne aber gleichzeitig das Produkt oder die Dienstleistung zu verbessern.[104]

---

101 Zur Verdeutlichung, was „Erfüllung der Kundenbedürfnisse" heisst, eine kleine Anekdote: A und B werden im Wald von einem hungrigen Bären überrascht. Darauf beginnt A sich rasch warmzulaufen. Als ihn B darauf hinweist, dass er für den Bären sowieso zu langsam sei, antwortet ihm A: „Ich muss auch nicht schneller sein als der Bär, sondern nur schneller sein als Du!". Mit dieser Geschichte kommt klar zum Ausdruck, dass A und B eine unterschiedliche Situationsanalyse vorgenommen haben. Während sich B mit den Fähigkeiten des Bären misst, vergleicht A die Bedürfnisse des Bären mit den Möglichkeiten, diese zu befriedigen. Genauso verhält sich ein TQM-Unternehmen. Es orientiert sich lediglich an der Wahrnehmung und den Wünschen des Kunden, welcher die Produkte und Dienstleistungen aus seiner Sicht beurteilt. Vgl. Cornaz, Jean-Luc (1994), S. 16.

102 Haist, Friedrich/Fromm, Hansjörg (1991), S. 5.

103 Vgl. Kamiske, Gerd F./Malorny, Christian (1992), S. 276.

104 Vgl. Frehr, Hans-Ulrich (1994), S. 86 ff. und o. V. (1993), 14 f.

Abb. II/ 7: Kunden-Lieferanten-Kette[105]

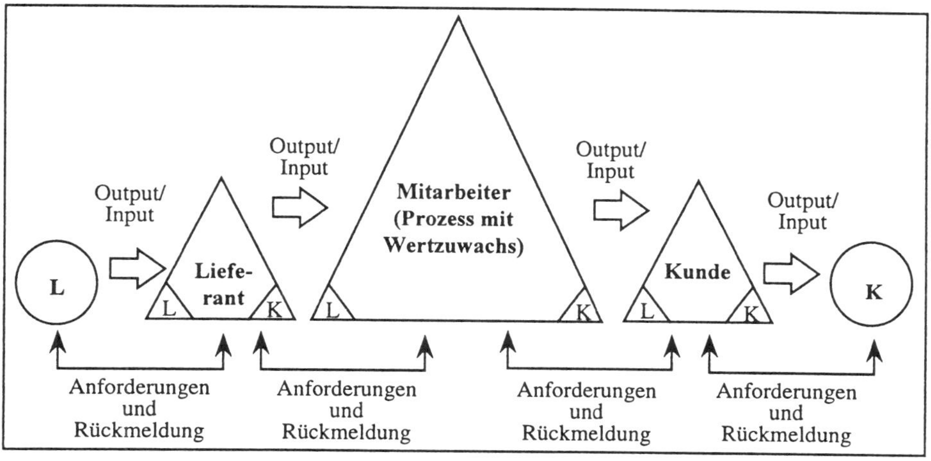

3. *Management*; mit dem dritten Begriff wird die Führungskomponente im Rahmen von TQM angesprochen. Das Management (auf allen Ebenen) muss TQM als umfassende Führungsaufgabe verstehen und auch vorleben.[106] Weiter verdeutlicht der Begriff auch den in der Startphase eines TQM-Projekts verfolgten Top-down-Ansatz.[107] Die Initiative für das Projekt geht von der obersten Führungsebene aus.[108] Konkret heisst das, dass die Führungskräfte die Qualität vorleben und Mut zeigen, Bekanntes zu bezweifeln sowie Ideen aufzugreifen und umzusetzen.[109] Der Top-down-Ansatz gilt jedoch, wie bereits erwähnt, nur in der Startphase. In der Umsetzungsphase eines TQM-Projekts wird auch bottom-up kommuniziert und gearbeitet (*Methodisches Merkmal* „Gegenstromverfahren").[110] Die folgenden Punkte geben einen groben Überblick, welche strukturellen Voraussetzungen für eine hohe Führungsqualität, wie sie für die erfolgreiche Umsetzung von TQM notwendig ist, erfüllt sein sollten:[111]

---

105 Quelle: O. V. (1993), S. 14.

106 Vgl. Seghezzi, Hans Dieter (1996), S. 214 sowie Sencar, Peter M. (1996), S. 37. Ein umfassender Beitrag zur Schlüsselrolle der Vorgesetzten in „Change-Projekten" findet sich bei Nicolet Schuppli, Ursula (1998).

107 Vgl. Kirstein, Henning (1994), S. 29.

108 Vgl. Scherrer, Clemens (1997), S. 25.

109 Vgl. Wunderer, Rolf (1997), S. 371 f.

110 Vgl. Nicolet Schuppli, Ursula (1998), S. 47.

111 Vgl. Malorny, Christian/Kassebohm, Kristian (1994), S. 87 ff. Bei der Betrachtung der verlangten Eigenschaften wird deutlich, dass es sich hier in Anlehnung an das Promotorenmodell von

- Wille zum Führen
- Verzicht auf zu strikte Regeln
- Offene Fehlerkultur
- Aktive Kommunikation mit den Mitarbeitern
- Achtung und Anerkennung der Mitarbeiterleistungen
- Information der Mitarbeiter
- Führen von Mitarbeitergesprächen
- Selbstdisziplin üben und Vorbild sein

Oben Gesagtes wird eindrücklich durch die Ergebnisse aus den Fallstudien von *Wilkinson*, *Godfrey* und *Marchington* bestätigt. Das Verhalten des Managements ist einer der Haupteinflussfaktoren auf die Einstellung der Mitarbeiter gegenüber TQM. Interviewte Personen, die den durch TQM bedingten Veränderungen positiv gegenüberstehen, gaben gleichzeitig an, dass sich das Verhalten des Managements stark verbessert hätte. Umgekehrte Aussagen machten Personen, die TQM ablehnen.[112]

Abbildung II/ 8 visualisiert die drei Buchstaben des Begriffs TQM und deren Aspekte im Verständnis der Autoren *Kamiske* und *Malorny*.

Witte um einen Prozesspromotor handelt. Witte unterscheidet – primär für Innovationsprozesse – drei Typen von Promoteren (er versteht darunter Personen, die den Innovationsprozess aktiv und intensiv fördern), den Macht-, Fach- und Prozesspromotor. Weil die Anforderungen an die einzelnen Promotoren unterschiedlich sind, treten sie kaum je in Personalunion auf. Der hier erwähnte Prozesspromotor ist bei Projekten, also z. B. bei einem TQM-Projekt meistens in Gestalt des Projektleiters anzutreffen. Er übernimmt die integrierende und koordinierende Funktion zur Unterstützung der Zusammenarbeit zwischen dem Top-Management (Machtpromotoren) und dem Projektteam (Fachpromotoren). Vgl. grundsätzlich zum Promotorenmodell Witte, Eberhard (1998), S. 11 ff. und für die Ausführungen im Zusammenhang mit einem Projekt Lechler, Thomas (1998), S. 181 ff., hier S. 183 und 187.

112 Die Studie setzt sich aus sechs Unternehmen in England zusammen. Die Unternehmen wurden derart ausgewählt, dass sie eine möglichst grosse Diversifikation der Unternehmenstypen in den Kriterien Eigentümer, Grösse und Produkt-Markt-Verhältnisse aufweisen. Zudem variieren sie auch in ihrem Qualitätsmanagement-Ansatz. Das Forschungsdesign bestand aus halbstrukturierten Interviews mit dem oberen und mittleren Management, mit Mitarbeitern und Repräsentanten der Gewerkschaften. Ziel der Fallstudien ist, Zusammenhänge zwischen TQM und Human-Resource-Praktiken aufzuzeigen. Vgl. ausführlich Wilkinson, Adrian/Godfrey, Graham/Marchington, Mick (1997), S. 799 ff. Zur Aussage im Text vgl. S. 812.

Abb. II/ 8: Total Quality Management - Aspekte des Führungsmodells[113]

- bereichs- und funktionsübergreifend
- dialog- und mitwirkungsorientierte Öffentlichkeitsarbeit (Gesellschaftsorientierung)
- partnerschaftliche Kommunikation mit dem Kunden (Kundenorientierung)
- Einbeziehung aller Unternehmensangehörigen (Mitarbeiterorientierung)

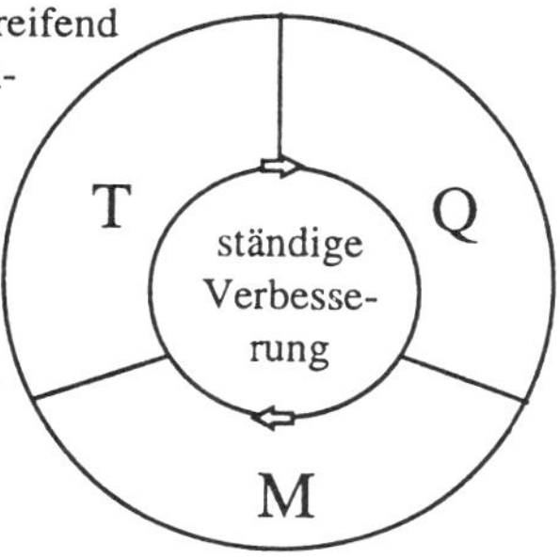

- Qualität der Arbeit
- Qualität der Prozesse
- Qualität der Produkte
- Qualität des Unternehmens

- Qualitätspolitik, -ziele
- Führungsqualität (Vorbildfunktion)
- Team- und Lernfähigkeit
- Beharrlichkeit

Oberstes Ziel von TQM ist die kontinuierliche Verbesserung der Qualität zum Nutzen der Kunden, Mitarbeiter, Kapitalgeber und der Gesellschaft (*Zieldimensionen*).[114] Somit beschränkt sich das Konzept nicht nur auf das Unternehmen als abgeschlossene Einheit. Es bezieht die Bedürfnisse des Marktes ebenso in die Betrachtung ein wie auch die Handlungsauswirkungen auf die Gesellschaft und die Umwelt.[115]

4.2. Vorgehensweise

4.2.1. Einleitung

TQM unterscheidet sich in einem Punkt wesentlich von anderen Managementkonzepten der jüngeren Zeit. Das Konzept verfügt über konkrete und weltweit anerkannte Umsetzungsmodelle. Diese Modelle entstanden aus der Erkenntnis heraus, dass die Unternehmen bei der Umsetzung von TQM Mühe bekunden, den richtigen Ansatz zu

113 Quelle: In starker Anlehnung an Kamiske, Gerd F./Malorny, Christian (1992), S. 276.

114 Vgl. Wunderer, Rolf (1996), S. 39.

115 Vgl. Seghezzi, Hans Dieter (1996), S. 214 sowie Cornaz, Jean-Luc (1994), S. 16.

finden und diesen systematisch zu verfolgen.[116] Zwei dieser Modelle, der bereits erwähnte Deming Application Prize und der Malcolm Baldrige National Quality Award (MBNQA) bilden schon seit einiger Zeit die Grundlage für die Bewertung der TQM-Bestrebungen in japanischen und US-amerikanischen Unternehmen.[117] Beide Auszeichnungen enthalten jedoch kultur- und länderspezifische Merkmale, die eine Akzeptanz in Europa erschweren.[118] Aus diesem Grund hat die European Foundation for Quality Management (EFQM) – eine europäische Stiftung namhafter Industrieunternehmen – in Zusammenarbeit mit der EU-Kommission und der European Organization for Quality (EOQ) ein europäisches Referenzmodell entwickelt. Die Funktionsweise des EFQM-Modells, welches die Basis für den alljährlich zu verleihenden European Quality Award (EQA) bildet, ist Inhalt des Abschnitts II.4.2.4, S. 60 ff.[119]

Zunächst werden jedoch – im Sinne der Einheitlichkeit bei der Vorstellung des Vorgehens bei den anderen Managementkonzepten – die Empfehlungen der wissenschaftlichen Literatur untersucht und auf deren Basis ein allgemeines TQM-Phasenschema erarbeitet.[120] **Abbildung II/ 9** gibt einen Überblick über die einzelnen *Prozessphasen* eines TQM-Projekts, welches sich in eine Vorbereitungs- und drei Hauptphasen gliedert.

---

116 Zur Unterscheidung der Begriffe TQM als Konzept und TQM als Modell vgl. Hermann, Frank (1997), S. 46, Seghezzi, Hans Dieter (1996), S. 201 f. und Wunderer, Rolf (1997), S. 372 f. Eine Auseinandersetzung mit der unterschiedlichen Verwendung der Begriffe Konzept, Modell und System in der Literatur zu den neuen Managementkonzepten enthält Abschnitt II.2.1, S. 18 f.

117 Aus einer Befragung der 100 grössten Industrieunternehmen der USA resultiert, dass 88 Prozent der befragten Unternehmen die Baldrige-Kriterien für sich nutzen. Ihrer Meinung nach geben die Kriterien und Subkriterien gute Hinweise auf mögliche Konkretisierungen der TQM-Prinzipien und eignen sich daher als Managementinstrumente. Vgl. Stauss, Bernhard/Friege, Christian (1996), S. 28.

118 Vgl. Radtke, Philipp/Wilmes, Dirk (1997), S. 4.

119 Vgl. hierzu Radtke, Philipp/Wilmes, Dirk (1997), S. 6 ff., Wunderer, Rolf (1996), S. 41 ff. und Wunderer, Rolf (1997), S. 374 ff.

120 Das von der Verfasserin vorgestellte Phasenschema ist eine Synthese aus Beiträgen von Ehrhart, Josef/Cichon, Klaus Udo/Malorny, Christian (1996), S. 44 ff., Frehr, Hans Ulrich (1994), S. 167 ff., Niederhäuser, Paul (1992), S. 23 f., Witzig, Thomas/Breisig, Thomas (1994), S. 742 und Wolf, Guido (1996), S. 241 ff.

Abb. II/ 9: Phasen eines TQM-Projekts[121]

Vorbereitungsphase

Aktivitäten: - Sensibilisierung der Führungskräfte durch die Geschäftsleitung
- Information der Mitarbeiter

Ergebnis: - Grundsatzentscheidung bezüglich der Projekt-Durchführung. Falls der Entscheid positiv ausfällt, werden folgende Aktivitäten durchgeführt:
- Bildung der TQM-Steuergruppe
- Ernennung des TQM-Promotors

Hauptphasen

1. Beschaffen von internen und externen qualitätsrelevanten Informationen

Aktivitäten: - Beschaffen interner Informationen
• Stärken-/Schwächenanalyse
• Analyse der Prozesse im Unternehmen
• Mitarbeiterzufriedenheit
- Beschaffen externer Informationen
• Kundenzufriedenheit
• Lieferantenbeziehungen
• Benchmarking (bei Bedarf)

Ergebnis: - Selbstbewertung des Unternehmens

2. Konzepterarbeitung

Aktivitäten: - Formulierung der Qualitätsbotschaft und Qualitätsziele
- Bestimmen von einzelnen Projekten und Massnahmen
- Erarbeitung eines Kommunikationskonzepts

Ergebnis: - TQM-Konzept

3. Implementierung

Aktivitäten: - Schulung der Vorgesetzten und Mitarbeiter
- Umsetzung von Projekten und geplanten Massnahmen
- Erneute Selbstbewertung des Unternehmens und kontinuierliche Verbesserung der Ergebnisse

Ergebnis: - Unternehmen auf dem Weg zum TQM

[121] Quelle: Eigene Abbildung.

4.2.2. Vorbereitungsphase

Der Start für ein TQM kann nur gelingen, wenn durch systematische Planung die notwendigen Voraussetzungen geschaffen werden. Die **Vorbereitungsphase** ist in **zwei Schritte** unterteilt und dauert – je nach Grösse und Komplexität des Unternehmens – bis zu einem Jahr.[122] Im **ersten Schritt** geht es um die „Sensibilisierung der Führungskräfte durch die Geschäftsleitung". In vorwiegend informellen Gesprächen während der täglichen Arbeit wird zwischen der Geschäftsleitung und den anderen Führungskräften der Bedarf nach einer verstärkten präventiven Qualitätsausrichtung des Unternehmens vermittelt. Der Zweck dieser Gespräche liegt darin, die subjektiven Meinungen und Erfahrungen der Führungskräfte schrittweise durch objektive Daten, wie z. B. Vergleichszahlen von anderen Unternehmen, zu ersetzen. Der Kommunikationsprozess soll die kritischen Personen (damit sind diejenigen gemeint, die eine kritische Haltung gegenüber TQM einnehmen) von der Notwendigkeit eines TQM überzeugen oder sie zumindest für das Projekt verpflichten.

Das gleiche Ziel verfolgt der **zweite Schritt** „Information der Mitarbeiter". Bei den Mitarbeitern soll nicht das Gefühl entstehen, sie würden vor vollendete Tatsachen gestellt und hätten keinerlei Einfluss auf das Unternehmensgeschehen. Indem die Geschäftsleitung die Belegschaft über den notwendigen Handlungsbedarf des Unternehmens, mögliche Alternativen und die favorisierte Alternative TQM informiert, kann sie möglichen Skeptikern zuvorkommen. Die offene Informationspolitik reduziert den Widerstand und gibt den Mitarbeitern schon frühzeitig die Gelegenheit, sich mit den bevorstehenden Änderungen auseinanderzusetzen.

Ergebnis der Vorphase ist der Grundsatzentscheid der Geschäftsleitung bezüglich der definitiven Projektdurchführung. Dieser Entscheid sollte vorzugsweise einstimmig getroffen werden. TQM ist ein laufender Prozess, der eine aktive Unterstützung von Seiten der Geschäftsleitung erfordert. Unstimmigkeiten würden von den Mitarbeitern sofort erkannt und hemmen den Projekterfolg nachhaltig.[123]

Falls sich die Verantwortlichen für das Projekt entscheiden, folgen zwei weitere Aktivitäten.[124] Die erste Aktivität umfasst die „Bildung der TQM-Steuergruppe", welche sich aus Mitgliedern der Geschäftsleitung zusammensetzt. Ihre primäre Aufgabe ist die Planung und Steuerung sowie die überwachende Begleitung des TQM-Projekts. Als Bespiele für konkrete Tätigkeiten sind zu nennen: Planung der Einführungsschritte, Überwachung der erreichten Meilensteine sowie laufende Promotion des

---

122 Vgl. Witzig, Thomas/Breisig, Thomas (1994), S. 741.

123 Vgl. auch die Ausführungen zum konzeptionellen Merkmal „Management" in Abschnitt II.4.1, S. 40 ff.

124 Vgl. Frehr, Hans Ulrich (1994), S. 56 ff.

Projekts. Die Steuergruppe kann im übertragenen Sinn als „Motor“ für die Realisierung von TQM angesehen werden.

Im Zusammenhang mit der Einführung von TQM im Unternehmen fallen in der Geschäftsleitung auch viele Detailaufgaben an, welche sie zweckmässigerweise nicht selber erledigen sollte. In der zweiten Aktivität wird deshalb durch die Steuergruppe die „Ernennung des TQM-Promotors“ vorgenommen. Sein Aufgabengebiet umfasst z. B. die Detailplanung des Einführungsprogramms, Schulung der Führungskräfte und Mitarbeiter oder Vorbereitung von Promotions- und Informationsveranstaltungen der Geschäftsleitung. Der ausgewählte Mitarbeiter muss sich für diese anspruchsvolle Promotionstätigkeit durch folgende Eigenschaften und Kenntnisse auszeichnen (bzw. muss sie durch vorhergehende Schulung erwerben):

- Erfahrung in einer höheren Führungsfunktion
- Akzeptanz bei Vorgesetzten und Mitarbeitern
- Überzeugungskraft und Begeisterungsfähigkeit
- Moderation von (heterogenen) Gruppen
- Kenntnisse der Grundlagen und Methoden von TQM

Das TQM-Projekt kann nun in die Hauptphasen eintreten.

4.2.3. Hauptphasen

Das TQM-Projekt besteht aus **drei Hauptphasen**. Die **erste Hauptphase** lässt sich mit „Beschaffen von internen und externen qualitätsrelevanten Informationen“ umschreiben und unterteilt sich in **zwei Schritte**. Im **ersten Schritt** geht es um das „Beschaffen der internen Informationen“. Zunächst wird eine Bestandsaufnahme der Ressourcen und Fähigkeiten (z. B. Qualität eines Produktes oder Kosten bestimmter Rohstoffe) des eigenen Unternehmens vorgenommen. Die Ressourcen und Fähigkeiten werden anschliessend mit denjenigen der wichtigsten Konkurrenten verglichen. Ergebnis dieser Methode sind Aussagen über die Stärken und Schwächen des Unternehmens im Vergleich zur relevanten Konkurrenz.[125]

Der zweite Punkt betrifft die Analyse der Prozesse im Unternehmen. Die prozessorientierte Denkweise setzt sich bei der Gestaltung und Optimierung von Unternehmensstrukturen immer häufiger durch und wird bei den neuen Manage-

---

[125] Vgl. Kreikebaum, Hartmut (1991), S. 44. Eine detailliertere Darstellung der Stärken-/Schwächenanalyse findet sich bei Aeberhard, Kurt (1996), S. 171 ff.

mentkonzepten implizit oder sogar explizit verlangt.[126] Die Prozesse im Unternehmen sollten in einem möglichst einfachen Ablaufschema auf maximal ein bis drei Seiten festgehalten werden. Zudem beinhaltet das Ablaufschema alle wesentlichen Prozessschritte, Entscheidungspunkte und Verantwortlichkeiten. Ein prozessorientierter Aufbau ist bei TQM zwar nicht Bedingung. Trotzdem wird er von den meisten Autoren empfohlen,[127] da er verschiedene Vorteile mit sich bringt: [128]

- *Bessere Verständlichkeit*; Prozesse sind tatsächliche Ereignisse, wie z. B. die Bearbeitung einer Kundenanfrage oder die Produktion eines Auftrages. Diese Prozesse werden von allen Mitarbeitern verstanden und bilden eine wichtige Voraussetzung für die Förderung der Akzeptanz und des Engagements bei den betroffenen Mitarbeitern.
- *Klare Prozessverantwortlichkeiten*; jedem Prozess wird ein Verantwortlicher zugeteilt. Er ist für die Regelung, Anwendung, Schulung und Weiterentwicklung seines Prozesses verantwortlich.

Wie gut ein Unternehmen seine Prozesse beherrscht, kann mit Hilfe eines von *Ernst & Young* entwickelten Instruments gemessen werden. Ernst & Young hat ein Fünf-Stufen-Prozess-Beherrschungs-System erarbeitet, wobei jede höhere Anforderungsstufe die Erfüllung der Vorstufen bedingt. Mit zunehmender Einstufung des Prozesses in diesem System steigt auch dessen Beherrschung durch die betroffenen Mitarbeiter. **Abbildung II/ 10** gibt die fünf Qualitäts-Stufen nach Ernst & Young wieder.

Der dritte Punkt betrifft die Ermittlung der Mitarbeiterzufriedenheit.[129] Dieser Punkt wird zwar in der aktuellen Fachliteratur nicht explizit erwähnt. Nach Meinung der Verfasserin ist die Erhebung der Mitarbeiterzufriedenheit jedoch aus drei Gründen ein sehr wichtiger Schritt. Zum ersten, weil TQM den Einbezug sämtlicher Mitarbeiter fordert. Zum zweiten wird im Umsetzungsmodell von TQM, dem EFQM-Modell,[130] die Mitarbeiterzufriedenheit explizit verlangt. Zum dritten ist es die logische Folge aus dem zweiten methodischen Merkmal „Quality“. Dort wird der Kundenbegriff in einem erweiterten Sinn verstanden, d. h. die Mitarbeiter sind als

[126] Business Process Reengineering verlangt ausdrücklich die Prozessorientierung. In den anderen Managementkonzepten ist sie implizit vorhanden. Vgl. hierzu u. a. Hieber, Ralf/Alard, Robert (1999).

[127] Vgl. u. a. Jacobi, Hans-Joachim (1996), S. 39 ff., Kamiske, Gerd F./Brauer, Jörg-Peter (1993), S. 145 und Scherrer, Clemens (1997), S. 26.

[128] Vgl. Scherrer, Clemens (1997), S. 26.

[129] Siehe hierzu auch die Ausführungen zum methodischen Merkmal „Total“ in Abschnitt II.4.1, S. 40 ff.

[130] Vgl. hierzu den Abschnitt II.4.2.4, S. 60 ff.

(interne) Kunden zu betrachten. Damit lässt sich die Erhebung der Mitarbeiterzufriedenheit nicht mehr in Frage stellen, schliesslich ist die Kundenzufriedenheit als Punkt bei der Beschaffung von externen Informationen ebenfalls explizit aufgeführt.

Abb. II/ 10: Fünf Qualitäts-Stufen nach Ernst & Young[131]

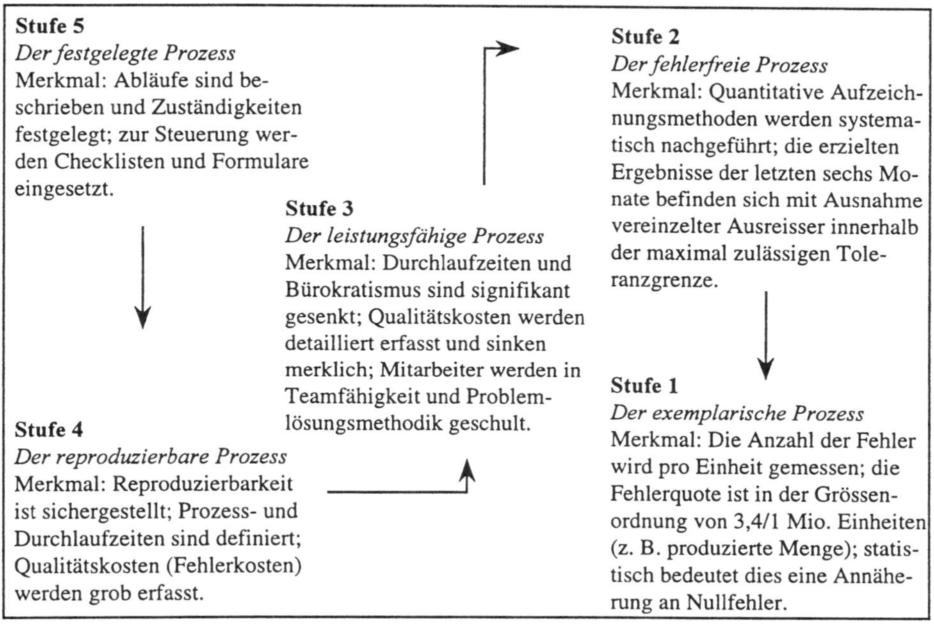

Der **zweite Schritt** dient der „Beschaffung externer Informationen". Hierzu gehört die Erhebung der Kundenzufriedenheit, die Untersuchung der Lieferantenbeziehungen sowie bei Bedarf das Durchführen einer Benchmarkanalyse. Der Fokus von TQM ist bekanntlich die Erfüllung der Kundenbedürfnisse. Voraussetzung dafür ist die Kenntnis der Kundenzufriedenheit. Nur auf ihrer Basis lässt sich die gewünschte Qualität der Produkte oder Dienstleistungen verbessern. Folgende Möglichkeiten bieten sich dem Unternehmen zur Analyse der Kundenzufriedenheit (Auswahl):[132] Direkte Befragung bei bekannten oder potentiellen Kunden, neutrale Marktstudie auf den wichtigsten Märkten, systematische Auswertung von Verkaufsgesprächen, Kundenanfragen und Reklamationen. Bei der Auswertung und Ableitung von Massnah-

131 Quelle: Niederhäuser, Paul (1992), S. 22.
132 Vgl. Frehr, Hans Ulrich (1994), S. 197.

men aufgrund der Resultate ist jedoch immer zu beachten, dass der Zeitpunkt, die Befragungsform, die Auswahl der befragten Personen etc. einen starken Einfluss auf die gewonnenen Daten haben. Vor einer unsystematischen und unreflektierten Methodenanwendung ist daher abzuraten.

Die Bewertung der Qualität steht bei der Untersuchung der Lieferantenbeziehungen im Mittelpunkt. Dabei wird das Ziel verfolgt, die besten Lieferanten zu identifizieren und eine engere Zusammenarbeit mit ihnen einzugehen, da sie durch ihre Bemühungen die Qualität der Produkte und Dienstleistungen im eigenen Unternehmen massgeblich beeinflussen. Mögliche Bestandteile einer solchen Untersuchung können sein: Liefertreue, Preisverhalten, Zusammenarbeit in der Entwicklungsphase, Reklamationsbearbeitung oder die Reaktion bei Spezialaufträgen.[133]

Ein geeignetes Instrument, das eigene Unternehmen im Verhältnis zur Konkurrenz zu untersuchen, ist das Benchmarking. Der Begriff Benchmarking kommt ursprünglich aus dem Sprachgebrauch der Landesvermessung. Dort bezeichnet eine Benchmark einen Orientierungspunkt. Aber auch in der Unternehmensführung liefert Benchmarking Orientierungspunkte. Indem man Produkte, Dienstleistungen, Prozesse und Methoden betrieblicher Funktionen über mehrere Unternehmen hinweg vergleicht, können Anhaltspunkte für Verbesserungsmöglichkeiten im eigenen Unternehmen gefunden werden. Der Vergleich findet dabei meist mit Unternehmen statt, die den Untersuchungsgegenstand hervorragend beherrschen (es muss nicht notwendigerweise ein Konkurrenzunternehmen oder ein Angehöriger derselben Branche sein).[134] Da es sich beim Benchmarking aber um ein zeit- und kostenintensives Instrument handelt, ist seine Anwendung sicher nicht in allen Fällen empfehlenswert. Die im ersten Schritt vorgenommene Stärken-/Schwächenanalyse gibt bereits erste Hinweise auf das Verhalten der Konkurrenz.

Ergebnis der ersten Hauptphase ist die „Selbstbewertung des Unternehmens“.[135]

Die **zweite Hauptphase** beinhaltet die TQM-„Konzepterarbeitung“ und ist in **drei Schritte** gegliedert. Im **ersten Schritt** geht es um die „Formulierung der Qualitätsbotschaft und Qualitätsziele“. Dazu dienen die in der ersten Hauptphase

133 Vgl. Frehr, Hans Ulrich (1994), S. 104.

134 Vgl. hierzu Gloger, Axel (1996), S. 65 und Braun, Karlheinz/Lawrence, Christian (1997), S. 17. Ein Überblick über die Benchmarkingbestrebungen im öffentlichen Sektor (Schweizer Gemeinden) findet sich bei Thom, Norbert/Steiner, Reto (1999).

135 Unter Selbstbewertung wird eine umfassende, systematische und regelmässige Überprüfung von Aktivitäten und Ergebnissen des Unternehmens verstanden. Dabei wird das Ziel verfolgt, die eigenen Leistungen zu evaluieren sowie die Informationsgrundlage für eine ständige Verbesserung zu schaffen. Vgl. Radtke, Philipp/Wilmes, Dirk (1997), S. 115.

gewonnen internen und externen Informationen als Basis. Die Qualitätsbotschaft ist unternehmensumfassend und im Sinne eines Leitsatzes allgemein zu halten. Die aus dem Leitsatz abgeleiteten Qualitätsziele bilden wiederum die Grundlage für die Planung der qualitätsverbessernden Massnahmen. Die Qualitätsbotschaft und -ziele werden in Zusammenarbeit mit der obersten Führungsebene durch die TQM-Steuergruppe formuliert. Das schriftliche Festhalten der Ziele sollte möglichst knapp, einfach und konkret ausfallen, damit die Mitarbeiter sich diese gut einprägen können.[136]

Inhalt des **zweiten Schritts** bildet das „Bestimmen von Projekten und einzelnen Massnahmen". In diesem Schritt geht es darum, einen detaillierten und terminierten Einführungsplan zu erarbeiten. Er sollte in Form eines Projektablaufplans in schriftlicher Form vorliegen. Es ist zudem sinnvoll, bestimmte Meilensteine festzulegen, die angeben, bis wann welcher Projektschritt/welches Teilprojekt abzuschliessen ist. Bei TQM handelt es sich um einen langfristigen Prozess: Bis zur vollständigen Verankerung ist in Mittel- und Grossbetrieben mit einer Zeitspanne von zwei bis drei Jahren zu rechnen. Wenn die Einführung von TQM jeweils nur bis zum nächsten Schritt festgelegt wird, besteht die Gefahr, dass zum einen der Überblick verloren geht. Zum anderen werden planungsintensive Schritte, wie z. B. das Schulungsprogramm zu spät begonnen und führen zu unbefriedigenden Resultaten.

Die TQM-Steuergruppe, welche die Verantwortung für den zweiten Schritt trägt, wählt auch einen geeigneten Bereich als Pilotprojekt aus. Das Pilotprojekt dient dazu, erste Erfahrungen mit TQM zu sammeln, ohne dass allfällige Fehler oder Probleme Auswirkungen auf das ganze Unternehmen haben.

Der **dritte Schritt** umfasst die „Erarbeitung eines Kommunikationskonzepts". Dieses hat primär zwei Aufgaben zu erfüllen. Einerseits soll es innerhalb des Unternehmens sämtliche Mitarbeiter informieren. Es gilt auch als definitive Zusage von Seiten der Geschäftsleitung zur Durchführung des TQM-Projekts. Die Informationen sind jetzt – im Gegensatz zur „Information der Mitarbeiter" in der Vorbereitungsphase – viel konkreter und detaillierter. Andererseits soll das Kommunikationskonzept auch nach aussen signalisieren, dass das Unternehmen TQM einführen will. Zielgruppen dieser Information nach aussen sind primär die Kunden und Lieferanten. Denkbar ist aber

---

136 Delta Dental Plan, ein Zahnkrankenversicherer aus Massachusetts (USA), formulierte seine Qualitätsbotschaft wie folgt: „Delta Dental Plan ist ein kundenorientiertes Unternehmen, in dem jeder einzelne mitverantwortlich ist für ausgezeichnete Leistung – durch aktives Führungsverhalten und Teamarbeit in einem förderlichen, dynamischen Umfeld, das jeden stolz auf das Unternehmen sein lässt." Raffio, Thomas (1993), S. 87. Ein Beispiel für ihre Qualitätsziele ist die umgehende Bearbeitung der Versicherungsansprüche innerhalb von 15 Kalendertagen. Vgl. Raffio, Thomas (1993), S. 93.

auch die Information weiterer Kreise (siehe auch die Zieldimensionen), wie z. B. Kapitalgeber und Gesellschaft. Der Imageeffekt steht hier im Vordergrund.

Ergebnis der zweiten Hauptphase ist das umsetzungsreife „TQM-Konzept".

In der **dritten Hauptphase** geht es um die „Implementierung" des erarbeiteten TQM-Konzepts. Sie ist in **drei Schritte** unterteilt. Der **erste Schritt** umfasst die „Schulung der Vorgesetzten und Mitarbeiter". In diesem Zusammenhang empfiehlt *Frehr* ein Vorgehen in zwei Phasen.[137] In einer ersten Phase werden die Vorgesetzten einem intensiven Schulungsprogramm von zwei bis drei Tagen unterzogen. Die Anwesenheit eines Mitglieds der Unternehmensleitung ist von Vorteil, weil oftmals Fragen zum Sinn von TQM, zu den Zielen, zu den Kosten usw. auftauchen, die vom Top-Management unverzüglich beantwortet werden sollten. Nach einer Einführung ins TQM und einem detaillierten Vorstellen des vorgängig erarbeiteten TQM-Konzepts stehen die Projekt- und Gruppenarbeit sowie die Methoden und Verfahren von TQM im Mittelpunkt der Schulung. Bereits während der Schulung sollten die Führungskräfte erste Erfahrungen in der Gruppenarbeit sammeln. Dabei sind die Bearbeitung von Themen wie z. B. der Qualitätspolitik des jeweiligen Bereichs oder die Definition erster Verbesserungsprojekte wichtige Voraussetzungen für einen erfolgreichen Start von TQM.

Wie bereits erwähnt, gehören die Methoden und Verfahren (*Ermöglicher*) von TQM ebenfalls zum Schulungsinhalt. Bei der konkreten Umsetzung von TQM werden sie zwar vorwiegend von den Mitarbeitern verwendet. Es hat sich aber gezeigt, dass Methoden und Verfahren,[138] wie z. B. Fehlerverhütung, Fehleranalysen oder Zuverlässigkeitsuntersuchungen nur in den Bereichen konsequent zum Einsatz kommen, in denen die Führungskräfte über Nutzen und Grenzen dieser Methoden umfassend informiert sind. Wenn die Führungskräfte ihre Mitarbeiter schulen lassen, selber aber den Inhalt der Schulungen nicht kennen, entwickeln sie i. d. R. weniger Verständnis für das, was ihre Mitarbeiter gelernt haben.[139]

---

137 Vgl. Frehr, Hans-Ulrich (1994), S. 171 ff. sowie S. 180 ff. *Frehr* setzt sich detailliert mit der Schulung im Rahmen von TQM auseinander. An dieser Stelle werden nur ausgewählte Aspekte behandelt.

138 Die Methoden und Verfahren unterteilen sich in quantitative Verfahren (z. B. Zuverlässigkeitsuntersuchungen) und qualitative Verfahren (z. B. Fehlerverhütung und Fehleranalysen, sieben Basiswerkzeuge von Kaizen, Quality Function Deployment). Vgl. Frehr, Hans-Ulrich (1994), S. 225 ff., Schmalzl, Bernhard/Schröder, Jakob (1998), S. 123 ff., Seghezzi, Hans Dieter (1996), S. 246 ff. und auch die Ausführungen in der ersten Hauptphase von Kaizen in Abschnitt II.3.2.3, S. 32 ff. und die dort angegebene Literatur in der Fussnote 57, S. 33.

139 Vgl. Ehrhart, Karl Josef/Cichon, Klaus Udo/Malorny, Christian (1996), S. 48 sowie Frehr, Hans-Ulrich (1994), S. 186.

Bei der Vorgesetztenschulung sind auch Beispiele von Unternehmen mit erfolgreichen TQM-Projekten wirksam, weil sie die Glaubwürdigkeit und Wirksamkeit des TQM-Ansatzes unterlegen.

In einer zweiten, zeitlich nachgelagerten Phase werden die Mitarbeiter geschult. Eine zu lange Schulung der Mitarbeiter ist nicht sehr effizient, da sie zu viel abstraktes Wissen vermitteln würde. Besser sind praxisnahe Informationen, die rasch und einfach in der täglichen Arbeit anzuwenden sind. Die Schulung lässt sich auf einen Tag begrenzen. Sie ist Aufgabe des jeweiligen Vorgesetzten, der durch den TQM-Promotor unterstützt wird. Im Mittelpunkt stehen das TQM-Konzept, die Qualitätspolitik des eigenen Bereichs sowie erste gemeinsame Arbeiten an Verbesserungen. Dieses Programm ist gleichzeitig auch der Beginn der regelmässigen Teilnahme der Mitarbeiter an Verbesserungsgruppen resp. Qualitätszirkeln.

Vielfach wird der Zeitaufwand für die Schulung unterschätzt. Vor allem die zeitliche Verzögerung zwischen Vorgesetzten- und Mitarbeiterschulung stösst in der Praxis nicht selten auf wenig Verständnis. Sie hat aber durchaus ihre Berechtigung. Die Änderung des Verhaltens und der Arbeitsweise von Führungskräften ist ein langsamer Prozess. Wenn er nicht genügend fortgeschritten ist, bestehen für die Ausdehnung des Programms auf alle Mitarbeiter wenig Erfolgsaussichten.[140]

Der **zweite Schritt** knüpft mit der „Umsetzung von Projekten und geplanten Massnahmen" direkt an die Schulungen und das dort Gelernte an. Die Projekte und Massnahmen werden vorwiegend in Gruppenarbeit realisiert (*Ermöglicher*). Eine mögliche Form der Gruppenarbeit sind die Qualitätszirkel (QZ).[141] Beim QZ handelt es sich um kleine, institutionalisierte Gruppen von max. zwölf Mitarbeitern, die sich regelmässig während der Arbeitszeit treffen, um Probleme aus dem eigenen Arbeitsbereich zu bearbeiten. Die Moderation des QZ erfolgt durch den direkten Vorgesetzten oder einen ausgewählten Mitarbeiter. Die Umsetzung der erarbeiteten Lösung wird ebenfalls durch die Gruppe vorgenommen, die auch den erzielten Erfolg kontrolliert.

Erste Ansätze und Grundlagen des QZ-Konzepts gab es bereits in den 20er Jahren in den USA. Ursprünglich waren die QZ auf die Erhaltung und Verbesserung der Produktqualität ausgerichtet. Positive Erfahrungen und die Einbindung ins TQM haben die Zielsetzungen erweitert, so dass sich folgende Einteilung ergeben hat: qualitätsorientierte Zielsetzungen (z. B. Steigerung der Zufriedenheit der internen und externen Kunden, ständige Verbesserung der Qualität), produktivitätsorientierte Zielsetzungen (z. B. Kostensenkung, Senkung der Anzahl fehlerhafter Teile) und mitarbei-

140 Vgl. Frehr, Hans-Ulrich (1994), S. 186.

141 Vgl. Kamiske, Gerd F./Brauer, Jörg-Peter (1993), S. 103 ff. sowie grundsätzlich Deppe, Joachim (1991) und Thom, Norbert/Vonlanthen, Jean-Marc (1994).

terorientierte Zielsetzungen (z. B. Steigerung der Arbeitsmotivation, Nutzung von Kreativität, Verbesserung der sozialen Beziehungen, Beherrschen von Methoden und Verfahren von TQM).

Mit dem **dritten Schritt** schliesst sich der Kreislauf des TQM-Projekts, indem eine „Erneute Selbstbewertung des Unternehmens und kontinuierliche Verbesserung der Ergebnisse“ vorgenommen wird. Mit der Selbstbewertung wird wiederum der Ist-Zustand des Unternehmens bestimmt. Vergleicht man diesen mit der Selbstbewertung aus Hauptphase eins, lassen sich die gemachten Fortschritte erkennen. Vergleicht man ihn dagegen mit den in der zweiten Hauptphase formulierten Qualitätszielen, kann die Soll-Ist-Abweichung ermittelt werden. Diese bildet die Grundlage für die „kontinuierliche Verbesserung“ (*Methodisches Merkmal*).

Ergebnis der dritten Hauptphase ist das „Unternehmen auf dem Weg zum TQM“.

Abbildung II/ 11 fasst die oben dargestellten Dimensionen von TQM grafisch zusammen.

Abb. II/ 11: Dimensionen von TQM[142]

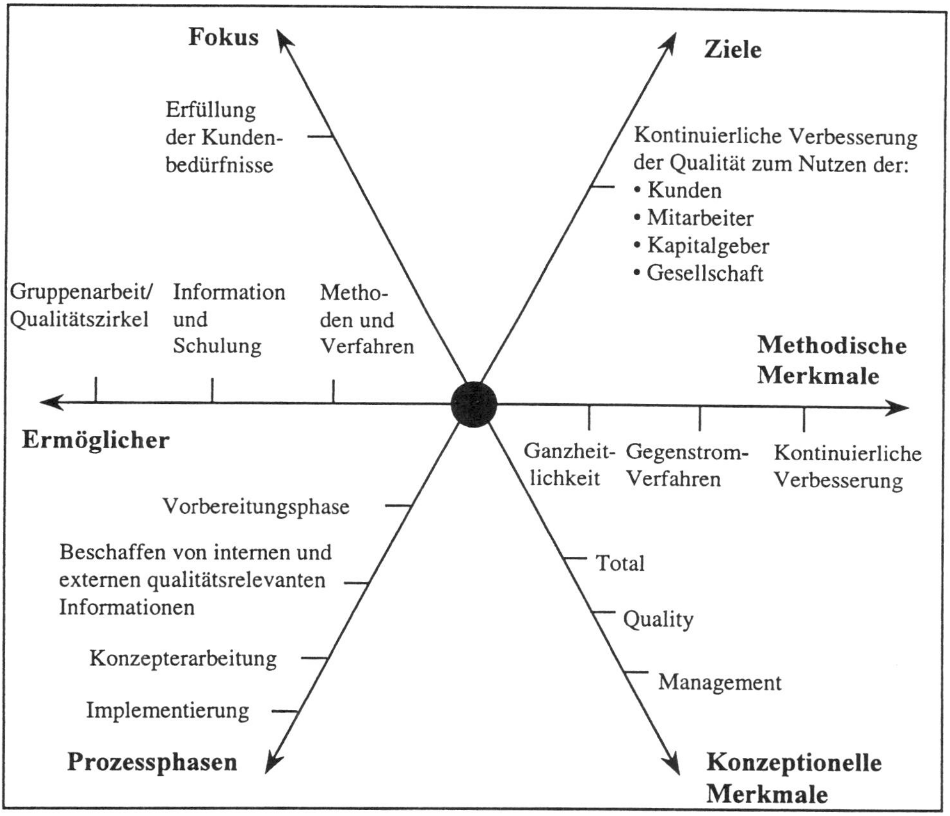

142 Quelle: Eigene Abbildung in methodischer Anlehnung an Homburg, Christian/Hocke, Gregor (1996), S. 5.

4.2.4. European Quality Award als beispielhaftes Modell zur Umsetzung von TQM

4.2.4.1. *Einleitung*[143]

Unternehmensbewertungen auf Basis von Finanzergebnissen, Bilanzen, internen und externen Revisionen existieren in der Praxis schon seit geraumer Zeit. In den achtziger Jahren wurden neue Instrumente und Modelle entwickelt, bei welchen vor allem die Qualität des Unternehmens, seiner Produkte und/oder Dienstleistungen im Mittelpunkt des Interesses stehen. Diese neue Entwicklung begann mit sog. Audits,[144] denen Modelle wie die ISO-Normen zugrunde liegen. Später kamen sog. Assessments, nach Modellen wie z. B. der hier vorgestellte EQA, hinzu. Häufig werden die internen Assessments angewendet, bei denen sich das Unternehmen selber bewertet.[145] Darüber hinaus haben sich auch noch drei Formen der externen Beurteilung herausgebildet, nämlich die Auditierung durch den Kunden, die Zertifizierung und die Auszeichnung in Wettbewerben.

Vor allem die Zertifizierung nach der ISO-Normen-Reihe 9000 ff.[146] hat in Europa in den letzten Jahren einen sehr grossen Anklang gefunden.[147] Solche Zertifikate werden von neutralen Institutionen als Dienstleistung für die Wirtschaft angeboten. Die erfolgreiche Zertifizierung eines Unternehmens stellt sicher, dass es über ein funktionierendes Qualitätssicherungssystem verfügt und fähig ist, eine gleichbleibende Qualität zu liefern.[148] Hieraus zeigen sich aber auch klar die Grenzen der Zertifizierung nach den ISO-Normen. Die Qualität wird an einem bestimmten Stichtag gemessen und aufgrund dieses Ergebnisses erhält das Unternehmen die Auszeichnung, welche

143 Vgl. Seghezzi, Hans Dieter (1996), S. 222 ff.

144 Der Begriff „Audit“ kommt aus dem englischen Sprachgebrauch und wird dort synoym für den deutschen Begriff „Revision“ verwendet. Die Tätigkeit des „Auditing“ kann als eine prozessunabhängige und neutrale Prüfungsfunktion innerhalb oder ausserhalb eines Unternehmens zur Überwachung der Aktivitäten und zur Unterstützung der Unternehmensführung definiert werden. Vgl. Lechner, Karl/Egger, Anton/Schauer, Reinbert (1992), S. 124 f. sowie Thom, Norbert/Cantin, Françoise (1992), S. 192.

145 Vgl. hierzu auch die Ausführungen zur ersten Hauptphase in Abschnitt II.4.2.3, S. 51 ff.

146 Bei der ISO-Normen-Reihe 9000 ff. handelt es sich um Regelwerke, welche die Standardisierung und Zertifizierung von Qualität und Qualitätssicherungssystemen zum Ziel haben. Dabei beinhaltet die ISO-Norm 9000 einen Leitfaden zur Auswahl und Anwendung, während die ISO-Normen 9001 ff. jeweils Modelle zur Darlegung der Qualitätssicherung in ausgewählten Bereichen beinhalten (z. B. Produktion, Montage und Kundendienst, Endprüfung). Vgl. Brettreich-Teichmann, Werner (1994), S. 38.

147 Es gibt in der Schweiz auch schon Spitäler, die sich nach den ISO-Normen haben zertifizieren lassen, so z. B. das Tiefenau-Spital in Bern oder das Sanitas in Kilchberg.

148 Vgl. Seghezzi, Hans Dieter (1996), S. 222 ff.

drei Jahre lang Gültigkeit hat. Die Frage der Weiterentwicklung resp. Verbesserung der Qualität bleibt genauso unbeantwortet wie die Frage, inwieweit sich das erreichte Qualitätsniveau auf die Ergebnisse (z. B. Kosteneinsparung) auswirkt.[149] Diese Defizite sind u. a. auch der Grund dafür, dass sich in Expertenkreisen immer mehr die Meinung durchsetzt, dass eine Zertifizierung alleine nicht ausreicht, sondern vielmehr strategisch orientierte und unternehmensumfassende Qualitätskonzepte (wie z. B. TQM) grössere Bedeutung finden müssen.[150] Auch in der Praxis erkennen immer mehr Unternehmen die Grenzen der ISO-Normen und betrachten die Auszeichnung nicht als Endziel, sondern vielmehr als eine Etappe auf dem Weg zu TQM.[151]

Während Zertifikate einen Nachweis der Erfüllung von Anforderungen darstellen, bilden Wettbewerbe eine vollständig andere Art von Anreizen, um die Qualität im Unternehmen zu verbessern. Der in den 50er Jahren in Japan ins Leben gerufenen Deming Application Price ist die erste Auszeichnung, die in einem Qualitätswettbewerb erworben werden konnte. Erst in den 80er Jahren entstanden in den USA und in Europa Referenzmodelle mit dem MBNQA und dem EQA. Die Teilnahme am Wettbewerb soll den Unternehmen den strengen Vergleich untereinander ermöglichen, sowie eine inhaltliche Hilfestellung bei der Umsetzung von TQM darstellen.

Der Vergleich ist allerdings mit erheblichem Aufwand verbunden, unabhängig davon, ob man sich letztendlich dem Wettbewerb stellt, oder das Unternehmen nach den EQA-Kriterien einer Selbstbeurteilung unterzieht. Was sind die Gründe der Unternehmen, sich einen solchen Aufwand zuzumuten? Einerseits weisen die Unternehmen darauf hin, dass die Zielsetzung einer Teilnahme resp. einer Selbstbeurteilung und die damit einher gehende Erreichung einer möglichst hohen Punktzahl für die Weiterentwicklung des Unternehmens von hoher Bedeutung ist. Andererseits kann ein Gewinn des Awards intensiv durch Public Relation Aktionen genutzt werden.

---

149 Vgl. u. a. Homburg, Christian (1994), S. 25. Einen kritischen Beitrag zum Nutzen der ISO-Zertifizierung findet sich bei Staute, Jörg (1997), S. 163 ff.

150 Vgl. Koller, Karl (1997), S. 7, Stauss, Bernd/Friege, Christian (1996), S. 32 sowie Stern, Christian J. (1995), S. 227.

151 So z. B. IBM Schweiz. Vgl. Liedtke, Heinz/Zuberbühler, Max (1994), S. 20. Auch Firmen wie Bosch oder Sulzer gehen in ähnlicher Weise vor, indem sie ein TQM-Konzept implementiert haben, in dessen Rahmen ebenfalls in weiten Teilen des Unternehmens die ISO-Normen eingeführt wurden. Vgl. hierzu Seghezzi, Hans Dieter (1996), S. 213 und Seghezzi, Hans Dieter/Dahlem, Stephan (1997), S. 10.

4.2.4.2. *Komponenten des EQA*

Der EQA, der auf dem EFQM-Modell basiert, besteht aus neun Komponenten und beschreibt übersichtlich, welche Inhalte unter „Business Excellence“ zu verstehen sind.[152] Die im EFQM-Modell angegebenen Prozentzahlen stellen die Gewichtung der einzelnen Kriterien dar. Sie wurden in umfangreichen Beratungen von Industrie und Wissenschaft erarbeitet.[153] Insgesamt können 1'000 Qualitätspunkte erreicht werden, wobei je 500 Punkte für die 5 Potentialfaktoren (Befähiger) und je 500 Punkte für die 4 Ergebniskriterien zu vergeben sind. Während die Befähiger das „Wie“, also das Potential im Sinne von Leistungsvoraussetzungen und Leistungsfähigkeit im Hinblick auf umfassende Qualität beinhalten, thematisieren die Ergebnisse, „was“ das Unternehmen in bezug auf umfassende Qualität für die Bezugsgruppen Kunden, Mitarbeiter, Öffentlichkeit und Kapitalgeber getan hat.[154]

Die neun Kriterien werden jeweils zusätzlich in Unterkriterien aufgeteilt, die den Unternehmen als Mess- und Orientierungshilfen dienlich sein sollen. Das EFQM-Modell verlangt kein starres Vorgehen, sondern überlässt es den Unternehmen, ein eigenes Vorgehen zur Erfüllung der Kriterien zu finden.[155] Darüber hinaus ist die Gewichtung der Komponenten nur für die Bewerber des EQA verbindlich. Unternehmen, die lediglich an der Anwendung des Modells interessiert sind, können die Gewichtung der Komponenten je nach Bedarf der einzelnen Kategorien für die Wettbewerbsfähigkeit und Weiterentwicklung des Unternehmens selber gewichten.[156] **Abbildung II/ 12** zeigt die Komponenten des EFQM-Modells.

---

152 Der MBNQA kann als Grundlage des EQA aufgefasst werden. Im EQA haben jedoch Mitarbeiterführung und -zufriedenheit sowie Mitarbeiterorientierung den höheren Stellenwert, wenn man die Gewichtung und die Unterkriterien im Detail analysiert. Die Gewichtung der Kriterien wurde des weiteren an die europäischen Gegebenheiten angepasst. Die Komponente „Kundenzufriedenheit“ erhält beim EQA eine etwas geringere Gewichtung. Dafür lässt sich über die Komponente „Gesellschaftliche Verantwortung“ und die explizite Darlegung des Umgangs mit Ressourcen eine neue Dimension erreichen. Vgl. Niederhäuser, Paul (1992), S. 20, Radtke, Philipp/Wilmes, Dirk (1997), S. 12 sowie Wunderer, Rolf (1996), S. 39.

153 Vgl. Radtke, Philipp/Wilmes, Dirk (1997), S. 7.

154 Vgl. Wunderer, Rolf (1997), S. 375.

155 Bei einer Bewertung durch die Jury ist der Nachweis des konsequenten eigenen Vorgehens und des sich daraus ergebenden Erfolges zu erbringen. Vgl. Radtke, Philipp/Wilmes, Dirk (1997), S. 9 f.

156 Vgl. Seghezzi, Hans Dieter (1996), S. 217.

Abb. II/ 12: Der European Quality Award[157]

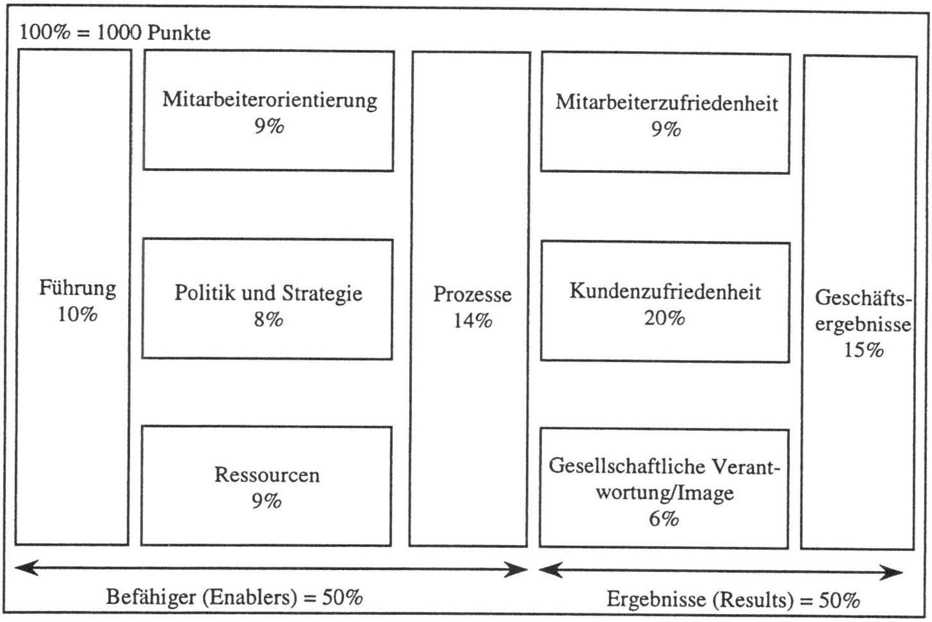

Im folgenden werden die Komponenten des EFQM-Modells kurz erläutert:[158]

1. Befähiger:

- *Führung*; Verhalten sämtlicher Führungskräfte bei der Realisierung von TQM im Unternehmen (z. B. sichtbares Engagement und Vorbildfunktion).
- *Politik und Strategie*; Wiederspiegelung einer umfassenden Qualitätsphilosophie (z. B. Information und Bekanntmachung von Qualitätsbotschaft und Qualitätszielen im Unternehmen).
- *Mitarbeiterorientierung*; Nutzung des Mitarbeiterpotentials zum Zweck der ständigen Verbesserung aller Aktivitäten (z. B. gemeinsame Vereinbarung von Zielen in den Gruppen).
- *Ressourcen*; effektiver und effizienter Einsatz von Ressourcen zur Umsetzung von Unternehmenspolitik und -strategie (z. B. Auswahl und Umgang mit Lieferanten).

157 Quelle: Radtke, Philipp/Wilmes, Dirk (1997), S. 6.

158 Vgl. Djawari, Susan/Fies, Nicole (1998), S. 4 f. und Wunderer, Rolf (1997), S. 376 ff. Eine praxisnahe und detaillierte Umschreibung der neun Kriterien und der jeweiligen Unterpunkte findet sich bei Radtke, Philipp/Wilmes Dirk (1997), S. 16 ff.

- *Prozesse*; Management aller wertschöpfenden Tätigkeiten (z. B. Art und Weise der Definition, Evaluation und Verbesserung von Prozessen).

2. Ergebnisse

- *Kundenzufriedenheit*; Leistungen des Unternehmens bezüglich der Befriedigung der Bedürfnisse und Erwartungen seiner externen Kunden (z. B. Beurteilung der Produkte und Dienstleistungen durch die Kunden).
- *Mitarbeiterzufriedenheit*; Leistungen des Unternehmens bezüglich der Befriedigung der Bedürfnisse und Erwartungen seiner internen Kunden (z. B. Beurteilung des Unternehmens durch die Mitarbeiter).
- *Gesellschaftliche Verantwortung/Image*; Leistungen des Unternehmens bezüglich der Befriedigung der Bedürfnisse und Erwartungen der Öffentlichkeit (z. B. sozialer Arbeitgeber oder schonender Umgang mit nicht regenerierbaren Ressourcen).
- *Geschäftsergebnisse*; Leistungen des Unternehmens bezüglich der geplanten Geschäftsziele (z. B. finanzielle Leistungen).

Zusammengefasst sagt das Qualitätsmodell der EFQM Nachstehendes aus: „Kundenzufriedenheit, Mitarbeiterzufriedenheit und positive gesellschaftliche Verantwortung/Image werden durch ein Managementkonzept erzielt, das durch eine spezifische Politik und Strategie, eine geeignete Mitarbeiterorientierung sowie das Management von Ressourcen und Prozessen zu herausragenden Geschäftsergebnissen führt."[159]

4.3. Kritische Würdigung des Konzepts

TQM verfügt als einziges der in der vorliegenden Arbeit vorgestellten Managementkonzepte über konkrete Umsetzungsmodelle. Diese Tatsache kann die Verantwortlichen eines TQM-Projekts zu der Annahme verleiten, es handle sich bei TQM um ein problemloses Konzept. Die betriebliche Praxis zeigt aber, dass dies nicht der Fall ist. Empirische Untersuchungen sprechen von hohen Misserfolgsraten[160] und die Meinungen zu Sinn und Nutzen der Umsetzungsmodelle gehen weit auseinander.[161]

---

159 O. V. (1995b), S. 7.

160 Es dürfte jedoch im Einzelfall nicht immer einfach sein, ein Projekt klar den Kategorien „erfolgreich" oder „gescheitert" zuzuordnen. Man müsste die jeweiligen Projektziele und den späteren Erreichungsgrad genau kennen.

161 Vgl. zu den Misserfolgen Homburg, Christian (1994a), S. 11. Wie weit die Meinungen bei den Umsetzungsmodellen divergieren, zeigt eine Debatte verschiedener Experten aus Theorie und Praxis, welche sich sehr kontrovers zu einem Artikel von *Garvin* äussern. Der Autor nimmt in seinem Beitrag Stellung zu häufig angebrachten Kritikpunkten bezüglich des MBNQA. Vgl. Garvin, David A. (1991) sowie zu der anschliessenden Debatte o. V. (1992).

Die folgenden Punkte bilden eine Auswahl der Faktoren, die für den Erfolg eines TQM-Projekts ausschlaggebend sind:[162]

- *Der Fokus liegt bei der Kundenorientierung*; dass die Kundenorientierung[163] heutzutage eine Selbstverständlichkeit darstellt, bestätigt praktisch jedes Management. Zahlreiche Unternehmen kennen das Instrument der Kundenbefragung aber gar nicht oder wenden es nicht systematisch an.[164] Erst die professionell und systematisch durchgeführten Zufriedenheitsbefragungen können die wichtigen Informationen liefern, welche die Produkte und/oder Dienstleistungen verbessern.[165] Nebst diesem Instrument gibt es noch zahlreiche andere Möglichkeiten, um von den Kunden ein Feedback zu erhalten. Bei IBM gibt es u. a. Ideenworkshops, Fokusgruppen, Grosskundenbesuche, Kundenberatungsgremien, Ad-hoc-Befragungen und Telefonaktionen. Aber auch das Beschwerdenmanagement besitzt in den vorbildlichen Unternehmen einen hohen Stellenwert. Wenn sich z. B. bei Federal Express ein Kunde über das Ausbleiben einer Sendung beschwert, wird innerhalb einer halben Stunden festgestellt, wo sich die Sendung befindet, und alles Notwendige veranlasst, damit sie möglichst rasch ihren Bestimmungsort erreicht.[166]

---

162 Vgl. auch die Empfehlungen zu den einzelnen Projektphasen in Abschnitt II.4.2, S. 47 ff. Dort sind ebenfalls zahlreiche Punkte aufgeführt, die es für die erfolgreiche Einführung von TQM zu berücksichtigen gilt.

163 Zumindest die externe Kundenorientierung. TQM geht jedoch von einem erweiterten Kundenbegriff aus und bezieht damit die Mitarbeiter als interne Kunden in die Betrachtungsweise ein. Hier lässt sich ebenfalls ein grosser Nachholbedarf feststellen. Zum einen wurde bis anhin die Befragung der Mitarbeiter als ein Element eines TQM-Projekts gar nicht explizit in der Fachliteratur gefordert (siehe auch die Bemerkungen in Abschnitt II.4.2.3, S. 51 ff. Zum anderen zeigen auch die Ergebnisse der quantitativen Studie, dass die Erhebung der Mitarbeiter-Zufriedenheit in lediglich 45.3% der befragten Institutionen mehr oder weniger systematisch als Instrument angewendet wird. Vgl. hierzu auch Abschnitt IV.4.4.3, S. 189 ff.

164 Vgl. Stauss, Bernd/Friege, Christian (1996), S. 26. Die empirische Studie zum Management von Spitälern in der Deutschschweiz hat ein deutlich anderes Bild ergeben. Über 80 Prozent der befragten Spitaladministratoren geben an, Patientenzufriedenheitsbefragungen durchzuführen. Dabei dominiert der schriftliche Fragebogen, der in knapp 70 Prozent der Fälle jedem Patienten vorgelegt wird. Wie professionell die Patientenbefragungen durchgeführt werden, konnte aus den Antworten jedoch nicht abgeleitet werden. Vgl. ausführlich Thom, Norbert/Etienne, Michèle/König, Günther (1999), S. 57 ff. Allerdings ist in diesem Zusammenhang eine kritische Anmerkung angebracht: Bei der Patientenzufriedenheit handelt es sich um ein multidimensionales Konstrukt. Ein Globalmass kann unterschiedliche Urteile zu Teilaspekten der Behandlung verdecken. Hinzu kommt, dass Patienten generell wenig Kritik äussern, was eine objektive Messung erschwert. Neben der Messproblematik spielen auch soziale, demographische, ethnische, Geschlechts- und Bildungsvariablen eine bedeutende Rolle. So geben z. B. ältere Patienten eher positivere Antworten. Vgl. ausführlich Wengle, Hanspeter (1998), S. 169 ff.

165 Vgl. Kordupleski, Raymond E./Rust, Roland T./Zahorik, Anthony J. (1994), S. 66.

166 Vgl. Stauss, Bernd/Friege, Christian (1996), S. 26.

- *TQM ist als Führungsaufgabe anzusehen*; es kann nicht genug betont werden, welchen Einfluss das Management auf den Erfolg eines TQM-Projekts hat! Die volle Unterstützung des Managements muss spürbar und sichtbar sein. Selbstverständlich ist die Belastung des Managements durch das Tagesgeschäft gross. Es muss jedoch gelingen, den Mitarbeitern plausibel zu vermitteln, dass TQM durch die Führungsebene voll unterstützt wird.[167] Diese Aufgabe erfordert nicht unbedingt Vorgesetzte in der Rolle des operativen „Machers", welcher sein eigenes Handeln in den Mittelpunkt stellt; kaum ein Mitarbeiter wird solchen Führungskräften Glauben schenken. Vielmehr sind Personen in der Rolle des Leaders/Visionärs notwendig, welche die Grundidee hinter dem TQM erkennen, gleichzeitig aber handlungsorientiert bleiben und auch bereit sind, ein gewisses Risiko einzugehen.[168] Diese werden zu Vorbildern für die Mitarbeiter und sorgen für die notwendige Begeisterung und Unterstützung der Belegschaft.

- *Vermittlung gemeinsamer Werte im Unternehmen*; vielen Unternehmen fällt es schwer, ein einheitliches Verständnis der Unternehmensziele und der zur Durchsetzung dieser Ziele notwendigen Wertvorstellungen zu erarbeiten. Gerade bei umfangreichen und langfristig orientierten Projekten, wie z. B. TQM ist diese Gefahr besonders vorhanden, weil durch eine Vielzahl von Teilprojekten und -massnahmen der Blick für das Ganze verloren gehen kann.[169] Daher ist die Formulierung der Qualitätsbotschaft und der Qualitätsziele zu Beginn der Konzepterarbeitung (vgl. die zweite Hauptphase des TQM-Projekts) sehr wichtig. Durch ihre regelmässige Überprüfung kann sichergestellt werden, dass das ganze Unternehmen ein konsistentes Zielsystem besitzt. Das Erreichen der gesteckten Ziele bedarf der Vermittlung entsprechender, gemeinsamer Werte aller Mitarbeiter.

- *Mitarbeiter stehen hinter dem Konzept*; Wenn das TQM-Projekt ohne intensive Information und Schulung der Betroffenen realisiert wird, führen die technischen, organisatorischen und personellen Neuerungen unumgänglich zu Ängsten und Irritationen der Belegschaft. Im schlimmsten Fall ergibt sich ein passiver oder sogar aktiver Widerstand. Daher ist der einzelne Mitarbeiter mit den Konsequenzen von TQM zu konfrontieren und während der TQM-Umsetzung zu beraten, damit TQM als neue Herausforderung und nicht als Kampfaufforderung aufgefasst wird.[170]

- *Das TQM-Konzept unternehmensindividuell anpassen*; gerade in Europa, wo die Zertifizierung nach der ISO-Normen-Reihe 9000 ff. eine grosse Verbreitung

---

167 Vgl. Schmid, Zeno (1994), S. 22 und Schuster, Leo (1994), S. 32.
168 Vgl. Nicolet Schuppli, Ursula (1998), S. 52 f.
169 Vgl. Braun, Karlheinz/Lawrence, Christian (1993), S. 77 ff.
170 Vgl. Homburg, Christian (1994a), S. 13 und Limpens, Erich (1995), S. 185.

gefunden hat, sind viele Führungskräfte der Auffassung, TQM sei ein Standardprodukt, welches sich extern beschaffen liesse. TQM hat zwar allgemein definierte Ziele und Grundprinzipien (vgl. auch die Dimensionen von TQM) und besitzt auch spezifische Instrumente, doch darf es nicht als „Kurmittel" für eine einheitliche Behandlung angesehen werden. Bei jedem Unternehmen gilt es, eine Fülle von individuellen Einflussfaktoren zu beachten, wie z. B. Kunden- und Marktstruktur, Anzahl der Kunden, Art und Anzahl der Produkte/Dienstleistungen, Diversifikationsgrad sowie Grösse des Unternehmens. Selbstverständlich kann der Vergleich mit dem TQM-Konzept eines anderen Unternehmens Anregungen für die Ausgestaltung des eigenen geben. Vor einer einfachen Übernahme ist allerdings aufgrund der oben genannten Einflussfaktoren abzuraten.[171]

- *Langfristige Orientierung*; neben der Tatsache, dass es sich bei TQM um einen kontinuierlichen Prozess handelt (vgl. die dritte Hauptphase des TQM-Projekts), dauert die umfassende Implementierung mehrere Jahre. Daraus ergeben sich zwei Forderungen: Einerseits ist im ganzen Unternehmen ein langfristig tragfähiger Konsens über das angestrebte TQM herzustellen. Eine wesentliche Hilfe dabei bieten die gemeinsamen Ziele und Wertvorstellungen. Andererseits braucht es immer wieder kurzfristige Erfolge, z. B. durch den Abschluss von Teilprojekten, die für alle Unternehmensangehörigen sichtbar sind. In diesem Zusammenhang spricht das Versicherungsunternehmen MetLife bildhaft von der „Ernte der tiefhängenden Früchte". Die kurzfristigen Erfolge geben den weiteren TQM-Bemühungen genügend Auftrieb und verhindern, dass die kaum vermeidbaren Rückschläge sich sogleich entmutigend auf die Betroffenen auswirken und Zweifel an der Richtigkeit des verfolgten Ansatzes aufkommen lassen.[172]

---

171 Vgl. Stauss, Bernd/Friege, Christian (1996), S. 29 f.

172 Vgl. Stauss, Bernd/Friege, Christian (1996), S. 30 f.

5. Business Process Reengineering

5.1. Grundlagen und begriffliche Abgrenzungen

Der Ursprung des Begriffs „Reengineering“ geht auf den Sommer des Jahres 1990 zurück.[173] Damals erschien in der Harvard Business Review der Artikel von *Hammer* mit dem Titel „Reengineering Work: Don't Automate, Obliterate“[174] und fast zeitgleich auch die Arbeit von *Davenport* und *Short* in der Sloan Management Review mit der Überschrift „Industrial Engineering: Information Technology and Business Process Redesign“.[175] Kurz darauf veröffentlichte *Hammer*, zusammen mit *Champy* den weltweiten Bestseller „Reengineering the Corporation“.[176]

Business Process Reengineering (BPR)[177] kann als Antwort der USA auf die japanische Herausforderung angesehen werden.[178] Die Japaner stellten in den 80er Jahren immer wieder unter Beweis, wie leistungsfähig ihre Arbeitsprozesse sind. Die Automobilindustrie befand sich zu dieser Zeit in den USA in einer Krise und

---

173 Reengineering an sich wurde aber bereits viel früher betrieben, wie *Binder* in einem Beispiel der US Navy aus dem 19. Jahrhundert illustriert. Gegen Ende des 19. Jahrhunderts traf eine Kanone der Navy ein Zielschiff in einer Meile Entfernung zweimal in 25 Minuten. Das war damals ein Spitzenresultat und verhalf den Amerikanern zum Sieg gegen die Spanier. Doch kaum drei Jahre später traf die Navy ein ähnliches Ziel mit jedem Schuss! Was war geschehen? Ein junger Seeoffizier veränderte die Kräfteverhältnisse auf dem Meer mit einer Methode, die man heute als Reengineering bezeichnen würde. Es gelang ihm nämlich, das Richten der Geschütze mit einer Methode zu revolutionieren, welche die Wellenkadenz und die Wellenhöhe ausglich. Die starken Bewegungen des Schiffes waren bis anhin der Grund für den hohen Anteil an Fehlschüssen gewesen. Mit Hilfe einer Getriebeveränderung bei Kanonen und einer Trennung der Zieleinrichtung von den Kanonen, verbesserte er die Leistung um 3'000 Prozent. Dies gelang ihm ohne zusätzliche Kosten, Technologie oder menschliche Ressourcen. Der Seeoffizier hatte das Richten und Abfeuern von Schiffkanonen lediglich als Prozess betrachtet, um den „Kundennutzen“ (Trefferquote) zu erhöhen. Vgl. ausführlich Binder, Beat R. (1997), S. 55.

174 Vgl. Binder, Beat R. (1997), S. 54.

175 Vgl. Wirtz, Bernd W. (1996), S. 1023.

176 Vgl. Binder, Beat R. (1997), S. 54.

177 In der aktuellen Managementliteratur werden unterschiedliche Begriffe verwendet. *Hammer* und *Champy* sprechen von Business Reengineering, *Harrington* verwendet den Begriff Business Process Improvement, für *Davenport* geht es um Process Innovation. Die Verfasserin hat sich in Anlehnung an *Cooper* und *Markus* für Business Process Reengineering entschieden, da dieser Begriff ihrer Meinung nach die dahinterstehende Kernidee der Prozessorientierung am besten zum Ausdruck bringt. Vgl. u. a. Addor, Peter (1995), S. 14, Cooper, Robin/Markus, Lynne M. (1996), S. 77 und Zeyer, Ulrich (1995), S. 283. Zu den unterschiedlichen Begriffsverwendungen vgl. Brecht, Leo/Hess, Thomas/Österle, Hubert (1995), S. 118.

178 Vgl. Binder, Beat R. (1997), S. 55.

Handlungsbedarf war dringend notwendig. Daraufhin untersuchte Ford seine Abteilungen nach möglichen Kosteneinsparungen und sah, dass z. B. die Buchhaltung 500 Mitarbeiter beschäftigte, wogegen Mazda gerade mit fünf Personen auskam, auch wenn Mazda vom Umfang her natürlich kleiner ist als Ford.[179] Ford konnte, nachdem sie den Prozess in der Buchhaltung völlig neu gestalteten, die Mitarbeiterzahl um 75 Prozent reduzieren.[180] *Hammer* und *Champy* beobachteten ähnliche Vorgehensweisen bei zahlreichen anderen Unternehmen und benannten sie BPR.[181]

Die intensive Auseinandersetzung der unternehmerischen Praxis mit dem Konzept BPR – zu Beginn vor allem in den USA – ist zu einem grossen Teil auf die Forcierung des Ansatzes durch Beratungsunternehmen zurückzuführen.[182] Auch in Europa beschäftigen sich immer mehr Beratungsunternehmen mit der Optimierung von Geschäftsprozessen.[183]

In einer Ende 1993 durchgeführten Studie des Organisationsseminars der Universität Köln in Zusammenarbeit mit der Droege & Co. Internationale Unternehmensberatung Düsseldorf, gaben rund 80 Prozent der befragten Unternehmen an, sie wollen in den nächsten Jahren verstärkt prozessorientierte Organisationsformen realisieren.[184] Zu einem ähnlichen Ergebnis gelangt zwei Jahre später die IAO-Studie des Fraunhofer Instituts für Arbeitswissenschaft und Organisation: 85 Prozent der untersuchten Unternehmen befürworten ein BPR-Projekt.[185]

Die oben erwähnte Prozessorientierung[186] bildet das Kernstück von BPR. *Hammer* und *Champy* definieren BPR als „fundamentales Überdenken und radikales Redesign von Unternehmen oder wesentlichen Unternehmensprozessen. Das Resultat sind Verbesserungen um Grössenordnungen in entscheidenden, heute wichtigen und messbaren Leistungsgrössen in den Bereichen Kosten, Qualität, Service und Zeit."[187] Die

---

179 Vgl. Hammer, Michael (1995), S. 96.

180 Vgl. Hammer, Michael (1995), S. 97.

181 Vgl. Hammer, Michael/Champy, James (1994), S. 15.

182 Die führenden Vertreter von BPR kommen selber aus dem Bereich der Unternehmensberatung, wie z. B. Champy (CSC Index) oder Davenport (Ernst & Young). Vgl. Wirtz, Bernd W. (1996), S. 1025 f.

183 Vgl. Theuvsen, Ludwig (1996), S. 66.

184 Vgl. Heppner, Karsten (1995), S. 65.

185 Vgl. o. V. (1995), S. 34.

186 *Hammer* und *Champy* verstehen einen Unternehmensprozess als „Bündel von Aktivitäten, für das ein oder mehrere unterschiedliche Inputs benötigt werden und das für den Kunden ein Ergebnis von Wert erzeugt." Hammer, Michael/Champy, James (1994), S. 53. Beispiele für Unternehmensprozesse sind: Auftragsabwicklung, Materialbeschaffung resp. Einkauf oder die Produktentwicklung.

187 Hammer, Michael/Champy, James (1994), S. 48.

Definition enthält *vier konzeptionelle Merkmale,*[188] die im folgenden kurz erläutert werden:[189]

1. *Fundamentales Überdenken*; bei BPR konzentriert man sich auf das, was sein sollte und ignoriert das, was ist. Fragen wie: „Warum machen wir die Dinge auf diese Art und Weise?“ zwingen die Betroffenen, ihr Augenmerk auf Regeln und Annahmen zu lenken, die ihrer Geschäftstätigkeit zugrunde liegen. Dabei kann sich herausstellen, dass bisher verfolgte Regeln falsch, veraltet oder ungeeignet sind. *Hammer* und *Stanton* betonen in diesem Zusammenhang, dass BPR eines einzelnen Prozesses nicht möglich ist (*Methodisches Merkmal* „Ganzheitlichkeit“). Alles im Unternehmen muss zur Disposition gestellt werden. Der Versuch, einen Teil des alten Systems zu bewahren, lässt das Projekt mit Sicherheit scheitern, da sich die Betroffenen dadurch ermutigt fühlen, zu ihren alten Arbeitsweisen zurückzukehren.[190]

2. *Radikales Redesign*; radikal kommt aus dem Lateinischen und bedeutet soviel wie „an die Wurzel gehend“. BPR versteht darunter, dass man einen klaren Trennstrich zur Vergangenheit zieht. Die Arbeit soll auf eine vollständig neue Art und Weise erledigt werden; bestehende Strukturen und Verfahrensweisen finden keine Berücksichtigung mehr (*Methodisches Merkmal* „Tabula-rasa-Prinzip“). Oder anders ausgedrückt: Die Prozesse im Unternehmen werden buchstäblich auf einem leeren Blatt Papier neu gestaltet.[191]

3. *Prozesse*; die Prozessorientierung ist das wichtigste Element und kann als Grundidee bezeichnet werden.[192] Sie besteht darin, dass Unternehmen nicht mehr vertikal

---

188 Wie die konzeptionellen Merkmale werden im Laufe des Kapitels die weiteren Dimensionen von BPR, die in Abb. II/ 15, S. 83 grafisch dargestellt sind, jeweils kursiv hervorgehoben.

189 Vgl. Hammer, Michael/Champy, James (1994), S. 48 ff. und Hammer, Michael/Stanton, Steven A. (1995), S. 19 ff.

190 Vgl. Hammer, Michael/Stanton, Steven A. (1995), S. 45. Völlig gegensätzlicher Meinung sind bei diesem methodischen Merkmal *Jaspert* und *Müffelmann*. Sie propagieren die Notwendigkeit zur Fokussierung auf einige wenige Prozesse als eine der grundsätzlichen Anforderungen an ein erfolgreiches BPR. Diese Erkenntnis ziehen sie aus Erfahrungen aus Beratungsprojekten ihres Arbeitgebers Roland Berger & Partner International Management Consultants. Vgl. Jaspert, Till/Müffelmann, Jens (1996), S. 174.

191 Vgl. Dixon, Robb J./Arnold, Peter/Heineke, Janelle/Kim, Jay S./Mulligan, Paul (1995), S. 106. In diesem Zusammenhang bemerkt auch *Jensen*, dass man sich beim BPR neben das Unternehmen stellen und es wie ein Fremder betrachten muss. Vgl. Jensen, Eckart E. (1994), S. 51.

192 Die Prozessorientierung steht im Gegensatz zur Auffassung des Nationalökonomen *Adam Smith*, der vor über 200 Jahren das Prinzip der industriellen Organisation begründete, nämlich Produktivitätssteigerung durch Spezialisierung. Vgl. Osterloh, Margit/Frost, Jetta (1994), S. 22. Zum Prinzip der industriellen Organisation sei verwiesen auf Smith, Adam (1978). Als Vorteil der Spezialisierung ist die Aufteilung der Gesamtaufgabe in viele Zuständigkeitsbereiche zu

nach Funktionen, sondern horizontal nach Prozessen zu gliedern sind. **Abbildung II/ 13** veranschaulicht die prozessorientierte Organisationsform. Es findet also ein Paradigmenwechsel hinsichtlich der Arbeitsorganisation statt.[193] Vorteil dieser Vorgehensweise ist die Vermeidung von Schnittstellen, die jeweils Abstimmungsprobleme in zeitlicher und sachlicher Hinsicht mit sich bringen.[194] Der *Fokus* liegt bei den Kernprozessen, die aus der Gesamtunternehmensstrategie abzuleiten sind.[195] Sie werden als die wichtigsten kompetitiven Faktoren des Unternehmens betrachtet und dominieren die Unternehmensstruktur.[196] Das neue organisatorische Gestaltungsprinzip kann wie folgt umschrieben werden: Statt „process follows structure" heisst es nun „structure follows process follows strategy".[197]

---

nennen. Mit zunehmender Spezialisierung entstehen zwischen den Teilaufgaben jedoch immer mehr Schnittstellen, die durch die Notwendigkeit der Koordination in sachlicher und zeitlicher Hinsicht organisatorische Probleme (z. B. Effizienzverlust) erzeugen. Vgl. Osterloh, Margit/Frost, Jetta (1996), S. 22 f. *Hammer* und *Stanton* bezeichnen in ihrem Werk BPR als „wichtigste Radikalkur für das Unternehmen seit Beginn der industriellen Revolution vor 150 Jahren." Hammer, Michael/Stanton, Steven A. (1995), S. 26. Mit dieser Aussage messen sie ihrem Konzept die gleiche Bedeutung zu wie dem von Smith. Siehe hierzu auch Hammer, Michael/Champy, James (1994), S. 17.

193 Vgl. Homburg, Christian/Hocke, Gregor (1996), S. 3.

194 Vgl. Osterloh, Margit/Frost, Jetta (1994), S. 27.

195 Vgl. Thom, Norbert (1997), S. 204.

196 Vgl. Osterloh, Margit/Frost, Jetta (1994), S. 28.

197 Vgl. Thom, Norbert (1997), S. 204.

Abb. II/ 13: Prozessorientierte Organisationsform[198]

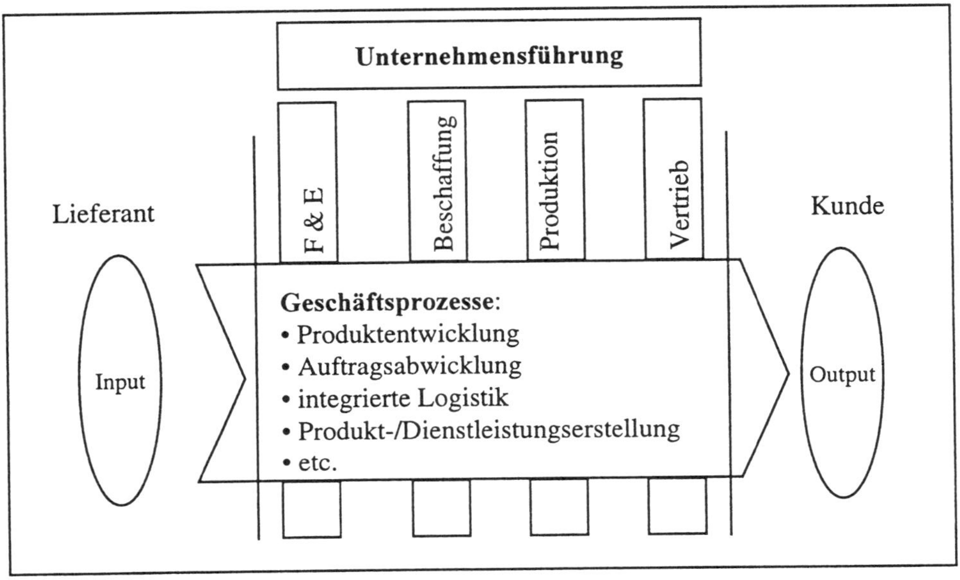

4. *Verbesserungen um Grössenordnungen*; bei BPR geht es nicht um geringfügige Verbesserungen.[199] Es werden Quantensprünge verlangt, d. h. Verbesserungen von weit mehr als fünf oder zehn Prozent.[200]

Das letzte Kernelement beinhaltet zugleich auch die *Zieldimensionen* von BPR. Es geht um nachhaltige Effizienzsteigerungen in den ökonomischen Kenngrössen Kosten, Qualität, Service und Zeit.[201]

198 Quelle: Stadelmann, Martin/Lux, Wilfried (1995), S. 32.

199 *Hammer* und *Champy* distanzieren sich ganz klar von den Konzepten der Qualitätsbewegung, wie z. B. TQM oder Kaizen. Diese würden ihrer Meinung nach im Rahmen des Bestehenden nach kontinuierlichen Verbesserungsmöglichkeiten suchen, wogegen BPR die bisherigen Unternehmensprozesse abschafft und durch neue ersetzt. Weitere Gemeinsamkeiten und Unterschiede der neuen Managementkonzepte finden sich in Kapitel II.7, S. 107 ff.

200 *Hammer* und *Champy* sind der Meinung, dass für eine zehnprozentige Kostenssenkung oder eine Qualitätsverbesserung in derselben Grössenordnung kein BPR notwendig sei. In so einem Fall reiche ein konventionelles Vorgehen wie z. B. die Ermahnung der Mitarbeiter oder die Einführung eines Qualitätsprogrammes. Vgl. Hammer, Michael/Champy, James (1994), S. 50.

201 Vgl. Hammer, Michael/Champy, James (1994), S. 48, Thom, Norbert (1996), S. 9 sowie Thom, Norbert (1997), S. 204.

5.2. Vorgehensweise

5.2.1. Einleitung

Im Grundlagenwerk von *Hammer* und *Champy* gibt es keine konkrete Vorgehensweise für BPR im Sinne eines Phasenschemas.[202] Die Autoren geben in den einzelnen Kapiteln lediglich verstreute Hinweise. So z. B. welche besonderen Eigenschaften die Projektmitglieder vorzugsweise mitzubringen haben, oder welche Prozesse sich besonders für ein Reengineering eignen.[203] Andere Beiträge zum Thema BPR haben diesen Mangel erkannt und verschiedene Phasenmodelle erarbeitet. Die Verfasserin hat diese Vorschläge aufgegriffen und untersucht. Das Resultat ist ein eigener Verfahrensvorschlag, welcher Gegenstand der weiteren Ausführungen ist.[204]

Abbildung II/ 14 gibt einen Überblick über die einzelnen *Prozessphasen* eines Reengineering-Projekts, welches sich in eine Vorbereitungs- , drei Haupt- und eine Nachbereitungsphase gliedert.

[202] Vgl. hierzu auch Kieser, Alfred (1996), S. 180.

[203] Vgl. Hammer, Michael/Champy, James (1994), S. 134 ff. und S. 158 ff.

[204] Das von der Verfasserin vorgestellte Phasenschema ist eine Synthese aus Beiträgen von Al Ani, Ayad (1997), S. 9, Hehli, Jos/Isler, Jürg/Naumann, Frank (1995), S. 13 ff., Jensen, Eckart E. (1994), S. 52, Kamiske, Gerd F./Füermann, Timo (1995), S. 143 f. und Schmidt, Sascha L./Treichler, Christoph (1996), S. 120.

Abb. II/ 14: Phasen eines BPR-Projekts[205]

Vorbereitungsphase

Aktivitäten:
- Bestimmung der Krisenart
- Überprüfen der grundsätzlichen Kooperationsbereitschaft der Mitarbeiter
- Überprüfen der Verfügbarkeit der Ressourcen (Zeit, Geld, Mitarbeiterkapazität etc.)
- Identifikation des Verbesserungspotentials

Ergebnis:
- Entscheidung bezüglich der Durchführung eines BPR-Projekts. Falls der Entscheid positiv ausfällt, werden folgende Aktivitäten durchgeführt:
  - Auswahl der mitwirkenden Personen
  - Präzisierung der Projektorganisation
  - Kick-off Sitzung
  - Informationsveranstaltungen
  - Erstellen einer provisorischen Verbesserungsagenda

Hauptphasen

1. Ausgangslage bestimmen

Aktivitäten:
- Analyse des Ist-Zustands
- Wertschöpfungsanalyse (aufzeigen der Kernkompetenzen)

Ergebnis:
- Ziele und Erwartungen an das BPR-Projekt

2. Neugestaltungsphase

Aktivitäten:
- Gestaltung der optimalen Prozesse auf Papier
- Kalkulation von Kosten, Nutzen und ev. Risiken der Prozesse
- Entwurf eines Prozessmodells

Ergebnis:
- Neugestaltung des Unternehmens auf Papier

3. Realisierungsphase

Aktivitäten:
- kurzfristige Sofortmassnahmen
- Wellenförmige Einführung der neuen Prozesse

Ergebnis:
- Neugestaltung des Unternehmens in der Realität

Nachbereitungsphase

Aktivitäten:
- Kontrolle der erzielten Resultate
- Systematisches internes und externes Benchmarking

Ergebnis:
- Langfristige Erfolgssicherung mittels kontinuierlicher Verbesserung der neuen Prozesse

[205] Quelle: Eigene Abbildung.

5.2.2. Vorbereitungsphase

Die **Vorbereitungsphase** ist in **vier Schritte** unterteilt, die dazu dienen, die Handlungsnotwendigkeit für ein BPR zu überprüfen. Der **erste Schritt** beinhaltet die „Bestimmung der Krisenart". Gemäss *Thom* eignet sich BPR vor allem, wenn sich das Unternehmen in einer Liquiditäts- oder Erfolgskrise befindet.[206] Durchaus denkbar ist aber auch, dass sich ein Unternehmen im Sinn der Krisenprophylaxe für ein BPR-Projekt entschliesst.[207]

Im **zweiten Schritt** muss die „grundsätzliche Kooperationsbereitschaft der Mitarbeiter" überprüft werden. Die Ausrichtung des Unternehmens anhand der Prozesse bedingt eine Veränderung des Verhaltens der Mitarbeiter und ihrer Wertvorstellungen. Diese Vorabklärungen können informell erfolgen und sollen einen Hinweis auf die „Grundstimmung" im Unternehmen liefern.[208]

Es ist in diesem Zusammenhang aber darauf hinzuweisen, dass *Hammer* und *Stanton* BPR primär als ein „top-down-Vorgehen" (*Methodisches Merkmal*) betrachten. Die Initiative, das Engagement und der notwendige Druck (z. B. gegen Widerstände seitens der Belegschaft) muss von der obersten Führungsebene aus kommen. BPR ist zum Scheitern verurteilt, wenn das Top-Management die aktive Führungsrolle nicht übernimmt.[209]

Ebenfalls zur Vorphase gehört der **Schritt drei** „Überprüfung der Verfügbarkeit der

---

206 Die Liquiditätskrise ist durch die akute Gefahr der Insolvenz gekennzeichnet und rasches Handeln ist von Seiten des Unternehmens gefordert, da es ansonsten zum Ausscheiden aus dem Wirtschaftsgeschehen kommen kann. Bei der Erfolgskrise kommt es zu manifesten Abweichungen zwischen den Ist- und den Soll-Zuständen (z. B. Kosten- oder Rentabilitätsziele). Vgl. ausführlich Thom, Norbert (1997), S. 203.

207 *Dixon et al.* machten bei der Analyse von BRP-Projekten die Erfahrung, dass lediglich drei der 15 untersuchten BPR-Fälle durch eine Krise veranlasst wurden. Die restlichen zwölf Projekte initiierte das Management, weil seine Vision für das Unternehmen mit den derzeitigen operativen Fähigkeiten nicht realisierbar war. Vgl. Dixon, Robb J./Arnold, Peter/Heineke, Janelle/Kim, Jay S./Mulligan, Paul (1995), S. 108 f.

208 Vgl. auch Jaspert, Till/Müffelmann, Jens (1996), S. 176.

209 Vgl. Hammer, Michael/Stanton, Steven A. (1995), S. 39. Nicht alle Autoren teilen diese Meinung. So schreiben z. B. *Schmidt* und *Treichler*: „[...] einige Autoren plädieren ganz für einen ausgeprägten Top-down-Ansatz. Da wird dann empfohlen, das mittlere Management von vornherein auszuschalten und die Veränderungen durch eine starke Führung von oben her zu erzwingen. Dabei muss Business Reengineering doch viel stärker mit den Ideen der partizipativen Organisationsentwicklung verknüpft werden. Schliesslich scheitert der perfekte Reorganisationsplan an der Implementation, wenn die Betroffenen im Planungsprozess nicht zu Beteiligten gemacht werden." Schmidt, Sascha L./Treichler, Christoph (1996), S. 120. Vgl. hierzu auch Abschnitt II.5.3, S. 83 ff., in dem das Konzept kritisch gewürdigt wird.

Ressourcen". Ein BPR-Projekt ist sehr arbeits- und zeitaufwendig und dementsprechend teuer.[210] Es bedarf eines klaren Zeitplans mit konkreten Aufgaben, Kompetenzen und Verantwortlichkeiten. Nur so lassen sich zeitliche und finanzielle Aufwände abschätzen und das Projekte effizient und effektiv durchführen.

Den ersten Teil der Vorphase beendet der **vierte Schritt** „Identifikation des Verbesserungspotentials". Im Mittelpunkt dieses Teilschritts steht die Beurteilung der Produkte und/oder Dienstleistungen, der Informationskanäle, der Distributionskanäle und der dahinter stehenden Mitarbeiter sowie die Ausrichtung all dieser Punkte auf die Unternehmensstrategie und die Kundenanforderungen.

Das **Ergebnis** der Vorphase ist die Entscheidung bezüglich der Durchführung eines BPR-Projekts. Falls sich die verantwortlichen Personen im Unternehmen für das Projekt aussprechen, folgen weitere Aktivitäten.

Für den Erfolg von entscheidender Bedeutung ist die „Bestimmung der mitwirkenden Personen". *Hammer* und *Champy* gehen noch weiter und sagen: „Der Erfolg des Business Reengineering steht und fällt mit der Auswahl und der Organisation der Menschen, die das Business Reengineering durchführen."[211] Die beiden Autoren haben im Rahmen ihrer Beratertätigkeit *fünf Rollen* im Rahmen eines BPR-Projekts beobachtet:[212]

- *Leader*; diese Rolle übernimmt im Idealfall eine Führungskraft aus dem Top-Management. Der Leader initiiert das Projekt und motiviert die Reengineering-Anstrengungen. Ohne Leader verliert das Projekt bis zum Zeitpunkt seiner Implementierung an Dynamik und scheitert. Die Leaderrolle kann nicht einer Person formal zugewiesen werden. Es handelt sich vielmehr um eine selbst gewählte Position. Die Rolle sollte von jemandem übernommen werden, der genügend Autorität gegenüber allen Gruppen besitzt, damit die Durchführung von BPR sichergestellt ist. Zudem muss er über die benötigten Ressourcen verfügen.[213]
- *Prozessverantwortlicher*; auch hier kommt wiederum eine Führungskraft zum Zuge, welche die Verantwortung für das Reengineering eines Kernprozesses trägt und das Reengineering-Team für diesen Prozess benennt. Hierzu werden Führungskräfte der oberen Managementebene benötigt, die sich durch Glaubwürdigkeit und Durchsetzungsvermögen auszeichnen.[214]

---

210 Vgl. Hammer, Michael/Stanton, Steven A. (1995), S. 67.
211 Hammer, Michael/Champy, James (1994), S. 134.
212 Vgl. Hammer, Michael/Champy, James (1994), S. 134 f.
213 Vgl. Hammer, Michael/Champy, James (1994), S. 135 ff.
214 Vgl. Hammer, Michael/Champy, James (1994), S. 140 f.

- *Reengineering-Team*; dieses umfasst eine Gruppe von Personen (meistens interne Mitarbeiter und externe Berater), die für das Reengineering eines bestimmten Kernprozesses zuständig sind.
- *Lenkungsausschuss*; hierbei handelt es sich um ein Gremium, bestehend aus Führungskräften des Top-Managements, welches Richtlinien für das gesamte BPR-Projekt formuliert und den Fortschritt überwacht.
- *Reengineering-Zar*; er kann als „Stabschef des Leaders" betrachtet werden. Seine Rolle beinhaltet die Entwicklung der Techniken und Werkzeuge des BPR, die Koordination der Teilprojekte und die Realisierung der Synergien zwischen den Teilprojekten sowie die Unterstützung und Förderung der Prozessverantwortlichen und ihrer Reengineering-Teams.[215]

Nachdem die mitwirkenden Personen bestimmt sind, folgt eine weitere Aktivität, welche als „Präzisierung der Projektorganisation" umschrieben werden kann. Hier geht es um die möglichst optimale Zusammensetzung des Reengineering-Teams. Die Teammitglieder müssen sich in erster Linie drei Dingen verschreiben: Dem neu zu gestaltenden Prozess, den Anforderungen der Prozesskunden und dem Team selbst.[216] Das Zusammengehörigkeitsgefühl innerhalb des Teams ist von grosser Bedeutung. Nur wenn das Team sich intern stark fühlt, kann es gemeinsam gegen Skeptiker, Bremser und Verhinderer vorgehen, die sich dem entstehenden Prozess entgegenstellen.

In der anschliessenden „Kick-off-Sitzung" wird das BPR-Projekt offiziell gestartet. Zugleich finden im Unternehmen „Informationsveranstaltungen" statt, in denen sämtliche Mitarbeiter vom BPR-Projekt in Kenntnis gesetzt werden. Diese Veranstaltungen sind für die Meinungsbildung der Betroffenen von grosser Wichtigkeit.[217] Ein hohes Mass an Unsicherheit und Unruhe (z. B. in Form von Gerüchten) von Seiten der Belegschaft stellt nicht nur die Umsetzung des Projekts ernsthaft in Frage sondern auch die Erfüllung der Kundenerwartungen und als Folge davon auch den Erfolg des Unternehmens.[218] Dementsprechend ist die Information äusserst sorgfältig vorzubereiten. Die Notwendigkeit des Projekts ist ebenso zur Sprache zu bringen wie auch die grobe Funktionsweise von BPR.[219] Die Informationsveranstaltungen sollten

215 Vgl. Hammer, Michael/Champy, James (1994), S. 150 f.

216 Vgl. Hammer, Michael/Stanton, Steven A. (1995), S. 72.

217 Vgl. Dähler, Stefan/Mannes, Ernst (1994), S. 40 und zur Wahl des optimalen Zeitpunkts für das Informieren der Belegschaft Zeyer, Ulrich (1995), S. 284.

218 Vgl. Gresch, Thomas (1997), S. 48.

219 *Dixon et al.* haben in ihren Untersuchungen aber auch die Erfahrung gemacht, dass mit der Bekanntmachung des Projekts eine Transparenz einhergeht, die gewisse Risiken in sich birgt, sollte das Projekt scheitern. Vgl. Dixon, Robb J./Arnold, Peter/Heineke, Janelle/Kim, Jay S./Mulligan, Paul (1995), S. 113.

in regelmässigen Abständen wiederholt werden, damit die Mitarbeiter wissen, in welcher Phase sich das Projekt gerade befindet, welche Erfolge bereits zu verzeichnen sind und welche weiteren Meilensteine kurz- bis mittelfristig existieren.[220]

Das „Erstellen einer provisorischen Verbesserungsagenda" schliesst die Vorbereitungsphase ab. Die Verbesserungsagenda kann als erster Arbeitsschritt des Reengineering-Teams betrachtet werden und leuchtet Schwachstellen des Unternehmens prozessbezogen aus, schlägt Sofortmassnahmen vor und beurteilt diese nach Kosten, Nutzen und Risiken.[221] Mögliche Methoden und Instrumente, eine provisorische Verbesserungsagenda zu erarbeiten, sind z. B. Interviews und Brainstormings mit Betroffenen, grobe Benchmarkinganalysen und das Betriebliche Vorschlagswesen.[222]

5.2.3. Hauptphasen

Das BPR-Projekt besteht aus **drei Hauptphasen**. Die **erste Hauptphase** lässt sich mit „Ausgangslage bestimmen" umschreiben und unterteilt sich in **zwei Schritte**.

In einem **ersten Schritt** wird eine „Analyse des Ist-Zustands" des Unternehmens durchgeführt. Dieser beinhaltet die Vertiefung der Vorstudie und der darin erstellten Verbesserungsagenda. Ist-Analysen haben den Vorteil, dass man sieht, welche bestehenden Fehler zu vermeiden und welche Massnahmen bereits kurzfristig umsetzbar sind und mithelfen, der nachfolgenden Prozessneugestaltung den Weg zu ebnen.[223] Eine geeignete Methode hierzu ist die Stärken-/Schwächenanalyse des Unternehmens[224] sowie gezielte explorative Interviews mit Branchenexperten zum vorgegebenen Thema.

Im anschliessenden **zweiten Schritt** werden mit Hilfe einer „Wertschöpfungsanalyse" die Geschäftsprozesse des Unternehmens ermittelt. Dabei unterscheidet man

220 Vgl. Addor, Peter (1995), S. 14 sowie Schnopp, Reinhard (1995), S. 8 und 9.

221 Vgl. Hehli, Jos/Isler, Jürg/Naumann, Frank (1995), S. 13.

222 Brainstorming gehört zu den Instrumenten der Ideenfindung. Vgl. zur Funktionsweise z. B. Thom, Norbert (1992), S. 38 ff. Das Betriebliche Vorschlagswesen (BVW) ist als eine unternehmungsinterne Einrichtung zu verstehen, die auf die Förderung, Prüfung, Anerkennung und Verwirklichung von Vorschlägen von Seiten der Mitarbeiter ausgerichtet ist. Vgl. Thom, Norbert (1979), Sp. 2223. Eine umfassende Darstellung des BVW findet sich bei Etienne, Michèle (1997).

223 Vgl. Hehli, Jos/Isler, Jürg/Naumann, Frank (1995), S. 15.

224 Die Stärken-/Schwächenanalyse ermittelt die unternehmensinternen Potentiale (Ressourcen und Fähigkeiten) eines Unternehmens im Vergleich zu seinen wichtigsten Konkurrenten. Vgl. Aeberhard, Kurt (1996), S. 171 ff.

zwei Arten von Prozessen. Einerseits die primären Geschäftsprozesse (auch Kernprozesse genannt), welche die Erstellung von Produkten und/oder Dienstleistungen zum Inhalt haben. Es sind Prozesse, die für die Kundenzufriedenheit von zentraler Bedeutung sind und/oder einen hohen Anteil der verfügbaren Ressourcen binden.[225] Andererseits die sekundären Prozesse (auch Hilfsprozesse genannt), welche intern Führungs- und Unterstützungsleistungen für die primären Geschäftsprozesse erbringen.[226] Eine wirksame Methode zur Identifikation der zwei Prozesskategorien ist die Wertschöpfungskette nach Porter.[227]

Schröder nennt als Beispiel für einen Kernprozess die Auftragsabwicklung. Diese ist für das Unternehmen direkt wertschöpfend, beeinflusst die Kundenzufriedenheit und kann Wettbewerbsvorteile verschaffen. Die Verwaltung ist aus seiner Sicht ein Hilfsprozess, weil er für den Kunden nicht unmittelbar wertschöpfend ist, für die Erhaltung der Betriebsbereitschaft von Kernprozessen jedoch benötigt wird.[228]

Aus der Ist-Analyse und der Wertschöpfungsanalyse lassen sich als erstes **Ergebnis** die Kernkompetenzen[229] des Unternehmens ableiten. Die Kernprozesse, welche den Kernkompetenzen zugrunde liegen, bilden den Ausgangspunkt für ein BPR, weil sie das grösste Veränderungspotential beinhalten.[230] Ein weiteres Resultat dieser ersten Hauptphase bilden die schriftlich festgehaltenen Ziele und Erwartungen an das BPR-Projekt. Dazu gehören u. a. Terminvorgaben, d. h. bis zu welchem Zeitpunkt erste Erfolge sichtbar sein sollen. Das Feiern von ersten Teilerfolgen zu einem frühen Zeitpunkt des Projekts ist für die Motivation der Beteiligten von grosser Bedeutung.[231]

Die **zweite Hauptphase** ist die „Neugestaltungsphase". Sie unterteilt sich in **drei Schritte**. Inhalt des **ersten Schritts** ist die „optimale Gestaltung der Prozesse auf Papier". Primär geht es darum, eine Vision der zukünftigen Soll-Prozesse zu erarbeiten. Das Reengineering-Team entwickelt in einer Serie von Workshops die unterschiedlichsten Versionen des Soll-Zustands. Dazu bezieht es möglichst viele technologi-

---

225 Vgl. Ryf, Balz (1996), S. 31.

226 Vgl. Al-Ani, Ayad (1997), S. 8.

227 Vgl. ausführlich Aeberhard, Kurt (1996), S. 176 ff.

228 Vgl. Schröder, Andreas (1997), S. 15.

229 Einen Überblick über den Begriff „Kernkompetenz" findet sich bei Krüger, Wilfried/Homp, Christian (1998), S. 529 ff. Die Autoren definieren den Begriff wie folgt: „Eine Kernkompetenz ist die dauerhafte und transferierbare Ursache für einen Wettbewerbsvorteil einer Unternehmung, die auf Ressourcen und Fähigkeiten basiert." Ebenda, S. 530.

230 Es muss an dieser Stelle darauf hingewiesen werden, dass die Identifikation der Kernprozesse sich in der Praxis nicht immer einfach gestaltet, weil nicht jede Haupttätigkeit eines Unternehmens mit einem Kernprozess gleichzusetzen ist. Vgl. hierzu Osterloh, Margit/Frost, Jetta (1997), S. 28 sowie Schmidt, Sascha/Treichler, Christoph (1996), S. 120.

231 Vgl. u. a. Hehli, Jos/Isler, Jürg/Naumann, Frank (1995), S. 16.

schen, organisatorischen und personellen Möglichkeiten in die Überlegungen mit ein.[232] Der Teilschritt beantwortet überdies die Frage nach den notwendigen Anpassungen der Informatik an die neuen Prozesse.

Die Informations- und Kommunikationstechnologie ist ein wesentlicher „*Ermöglicher*“ des BPR, da sie dem Unternehmen die Voraussetzung für eine Neugestaltung der Prozesse schafft.[233] Die dezentrale Nutzung der Informatik (z. B. Zugriffe zu Datenbanken, Nutzung von Expertensystemen, Telekommunikationsnetzwerke), ermöglicht den Betroffenen, Entscheidungen selber zu treffen.[234] Die verbesserte Informationsbasis bleibt aber wertlos, wenn nicht auch die Kompetenzen der Betroffenen ausgebaut werden, es zu einem eigentlichen „empowerment“ (*Ermöglicher*) der Mitarbeiter kommt.[235] Die Entscheidungen werden nicht mehr von der eigentlichen Arbeit getrennt, sondern sind ein integrierter Bestandteil der Arbeit.

Die simultane vertikale und horizontale Komprimierung der Arbeit bietet zahlreiche Vorteile, wie z. B. niedrigere Gemeinkosten, weniger Verzögerungen sowie schnellere Reaktion auf Kundenwünschen und Mitarbeiterbedürfnisse.[236]

Im **zweiten Schritt** werden für jeden Prozess die Kosten der Umstellung resp. Neugestaltung geschätzt.[237] Diese Schätzung dient der Kontrolle und gibt Hinweise, ob die vorhandenen Ressourcen[238] für das geplante Projekt ausreichen. Sollte sich dabei ein Engpass, z. B. bei den personellen Kapazitäten, abzeichnen, müssen Prioritäten bezüglich der neu zu gestaltenden Prozesse gesetzt werden.

Nachdem sämtliche Soll-Prozesse feststehen und Schätzungen bezüglich Kosten, Nutzen und möglichen Risiken vorliegen, wird im **dritten Schritt** ein „Prozessmodell entworfen“, welches die Soll-Prozesse (primäre und sekundäre) abbildet.

Ergebnis der zweiten Hauptphase ist die Neugestaltung des Unternehmens auf dem Papier.

---

232 Vgl. u. a. Hehli, Jos/Isler, Jürg/Naumann, Frank (1995), S. 16.

233 Vgl. Kunz, Hans Ulrich (1994), S. 10 und S. 12 sowie Hammer, Michael/Stanton, Steven A. (1995), S. 112.

234 Vgl. Hammer, Michael/Stanton, Steven A. (1995), S. 122 ff.

235 Vgl. Thom, Norbert (1997), S. 205.

236 Vgl. Hammer, Michael/Champy, James (1994), S. 74 f. sowie S. 96 f. und Hammer, Michael (1990), S. 102.

237 Vgl. Hehli, Jos/Isler, Jürg/Naumann, Frank (1995), S. 16 und Jaspert, Till/Müffelmann, Jens (1996), S. 176.

238 Vgl. hierzu auch die Ausführungen zur Vorbereitungsphase in Abschnitt II.5.2.2, S. 75 ff.

In der **dritten Hauptphase** geht es um die Umsetzung des Ergebnisses aus der zweiten Hauptphase. Die „Realisierungsphase" gliedert sich in **zwei Schritte**. Im **ersten Schritt** „kurzfristige Sofortmassnahmen" setzt das Reengineering-Team erste Verbesserungsvorschläge aus der in der Vorbereitungsphase erstellten Verbesserungsagenda um. Dieser erste Schritt dient u. a. der Motivation sämtlicher Beteiligten und soll dazu beitragen, die Veränderungsbereitschaft im Unternehmen aufrecht zu erhalten. Die eigentliche Implementierung der neu gestalteten Prozesse ist sehr zeitaufwendig und Erfolge sind nicht selten erst nach Jahren erkennbar.[239]

Der **zweite Schritt** beinhaltet die „wellenförmige Einführung der neuen Prozesse". *Hehli*, *Isler* und *Naumann* sprechen sich für dieses Vorgehen aus, weil es nach ihren Erfahrungen weitaus wirksamer ist als der traditionelle Ansatz, mit dem man auf Anhieb die „perfekte Lösung" anstrebt.[240]

Ergebnis der dritten Hauptphase ist die Neugestaltung des Unternehmens in der betrieblichen Praxis.

5.2.4. Nachbearbeitungsphase

Die **Nachbearbeitungsphase** eines BPR-Projekts unterteilt sich in **zwei Schritte**. Diese können auch parallel ablaufen. Im **ersten Schritt** geht es um die „Kontrolle der erzielten Resultate". Dieser Schritt vergleicht die in der Hauptphase erarbeiteten Soll-Prozesse mit den realisierten Ist-Prozessen. Abweichungen können so frühzeitig erfasst und entsprechende Korrekturmassnahmen in Angriff genommen werden.

Der **zweite Schritt** ist nicht zwingend und wird selektiv durchgeführt, da er vom finanziellen und zeitlichen Aspekt her sehr aufwendig ist. Sofern der Soll-Ist-Vergleich keine eindeutigen Ergebnisse liefert, werden in diesem Schritt die Prozesse mit Hilfe eines „systematischen internen und externen Benchmarkings[241]" untersucht. Auch hier geht es darum, Abweichungen möglichst rasch festzustellen und zu beseitigen. *Schröder* weist drauf hin, dass es sich gerade bei der Optimierung der Kernprozesse lohnen kann, Unternehmen aus anderen Branchen (also externes Benchmarking) mit ähnlichen Rahmenbedingungen zu untersuchen. Er nennt dabei das Beispiel eines Logistikprozesses eines Handelskonzerns für elektronische Konsumgüter, der durch den Vergleich desselben Prozesses in einem Grossverlag, einem Lebensmittel-

---

239 Vgl. Addor, Peter (1995), S. 17, Schnopp, Reinhard (1995), S. 8, Vansina, Leopold S./Taillieu, Tharsi (1995), S. 14 und Thom, Norbert (1997), S. 209.

240 Vgl. ausführlich Hehli, Jos/Isler, Jürg/Naumann, Frank (1995), S. 17 f.

241 Vgl. zum Begriff des Benchmarking den Abschnitt II.4.2.3, S. 51 ff.

handel und einem Warenhauskonzern wesentlich optimiert werden konnte.[242]

Ergebnis der Nachbearbeitungsphase ist die „langfristige Erfolgssicherung mittels kontinuierlicher Verbesserung der Prozesse".[243] Diese Forderung weist auf die Bedeutung der Verbindung des „revolutionären" Ansatzes BPR mit dem eher „evolutionären" Vorgehen von Kaizen resp. dem kontinuierlichen Verbesserungsprozess hin. BPR-Projekte zielen auf eine radikale Neuausrichtung der Unternehmensprozesse. Diese radikale Veränderung kann mit einem zeitlich begrenzten organisatorischen Kraftakt verglichen werden. Für eine langfristige Leistungsfähigkeit muss jedoch eine ständige Optimierung der Prozesse stattfinden.[244] Kaizen und BPR sind also nicht Konzepte, die sich konkurrenzieren oder sogar ausschliessen, sondern können in der betrieblichen Praxis durchaus als komplementär betrachtet werden.[245] Eine kombinierte Anwendung verhilft dem Unternehmen zu einer Verstärkung der positiven Auswirkungen der Neuerungen. **Abbildung II/ 15** fasst die oben dargestellten Dimensionen von BPR grafisch zusammen.

242 Vgl. Schröder, Andreas (1997), S. 14.

243 Kapitel II.3, S. 23 ff. befasst sich ausführlich mit dem Konzept der kontinuierlichen Verbesserung.

244 Vgl. u. a. Ayad, Al-Ani (1996), S. 143, Hall, Gene/Rosenthal, Jim/Wade, Judy (1994), S. 86 und S. 93 sowie Kamiske, Gerd F./Füermann, Timo (1995), S. 144.

245 Zu diesem Resultat ist die Verfasserin nach eingehender Literaturlektüre gelangt. Sie ist sich aber durchaus bewusst, dass nicht alle Autoren diese Meinung vertreten. Vgl. z. B. Kunz, Hans Ulrich (1994), S. 10 oder Emrich, Christian (1996), S. 53.

Abb. II/ 15: Dimensionen von BPR[246]

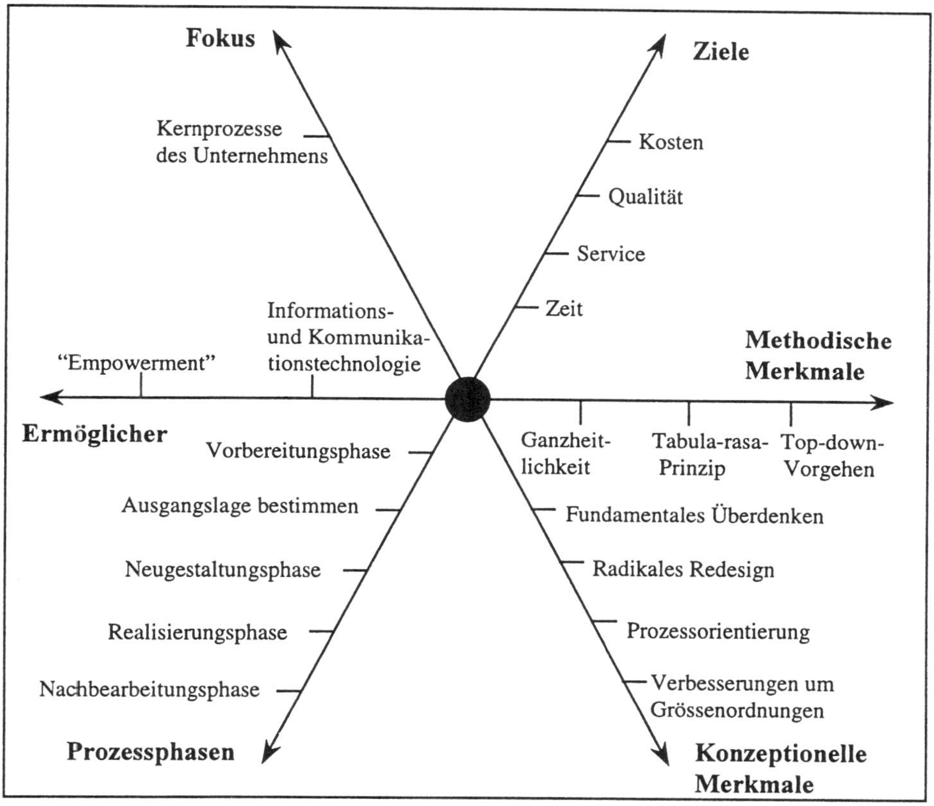

5.3. Kritische Würdigung des Konzepts

Von allen neuen Managementkonzepten birgt BPR – wie zahlreiche Beiträge der aktuellen Literatur zeigen – das grösste Risiko eines Scheiterns. Einige Autoren sprechen von Misserfolgsraten bis zu 70% der initiierten Projekte.[247] Zudem gibt es

---

246 Quelle: Mit Ergänzungen und Änderungen in Anlehnung an Homburg, Christian/Hocke, Gregor (1996), S. 5.

247 Vgl. u. a. Brecht, Leo/Hess, Thomas/Österle, Hubert (1995), S. 118, Homburg, Christian (1994), S. 27, Schmidt, Sascha L./Treichler, Christoph (1996), S. 118 und Stauss, Bernd/Friege, Christian (1996), S. 20. Sogar *Hammer* und *Champy* sind der Meinung, dass bei 50 bis 70 Pro-

Beispiele erfolgreicher BPR-Projekte, die höchst widersprüchliche Resultate aufweisen.

In der Untersuchung von *Hall, Rosenthal* und *Wade*[248] zeigte sich, dass in der Finanzabteilung einer Computerfirma die Produktionskosten mit Hilfe von BPR zwar um 34 Prozent gesenkt werden konnten, das Betriebsergebnis gleichzeitig jedoch auch sank. In einem anderen Unternehmen verkündete die Geschäftsleitung eine Senkung der Kosten um 20 Prozent, eine Verkürzung der Bearbeitungszeit von 50 Prozent und eine markante Verbesserung der Qualität um 25 Prozent – die Betriebskosten stiegen aber, und die Gewinne sanken.[249]

Was machen die erfolgreichen Unternehmen bei der Durchführung eines BPR-Projekts anders als Unternehmen, die erfolglos bleiben? Die folgende Übersicht beinhaltet die wichtigsten Faktoren, die bei einem BPR-Projekt zu beachten sind:[250]

- *Eine klare Vision*; es ist wichtig, zu Beginn eines BPR-Projekts einen Zukunftsentwurf für das ganze Unternehmen oder einzelne Bereiche zu erarbeiten. Dieser muss konkret sein und Innovationen herausfordern. Zudem sollte er leicht in operative Handlungsempfehlungen übersetzt werden können.[251]

- *Zusammenspiel von Unternehmensstrategie und Fähigkeiten im Unternehmen*; Die durch das BPR verfolgten Ziele müssen erreichbar und für die Wettbewerbsposition relevant sein. Es ist nicht sinnvoll, Ziele zu setzen, die mit den vorhandenen Ressourcen nicht realisierbar sind.[252]

---

zent der BPR-Projekte der Erfolg ausbleibt. Ihrer Ansicht nach ist die Ursache dafür jedoch weniger beim Konzept selber als vielmehr in der Art und Weise zu suchen, wie BPR durchgeführt wird. Vgl. Hammer, Michael/Champy, James (1994), S. 260.

248 Gene Hall, Jim Rosenthal und Judy Wade sind Unternehmensberater im New Yorker Büro von Mc Kinsey & Company. Sie untersuchten 20 BPR-Projekte im Detail und sahen, wie schwierig die geplanten Umstrukturierungen durchzuführen sind und wie oft sie ohne langfristigen Erfolg für die betroffene Geschäftseinheit bleiben. Vgl. ausführlich Hall, Gene/Rosenthal, Jim/Wade, Judy (1994), S. 82.

249 Um im Einzelfall ein Projekt klar den Kategorien „erfolgreich“ oder „gescheitert“ zuzuordnen, müssten die jeweiligen Projektziele und der spätere Erreichungsgrad bekannt sein.

250 Vgl. auch die Empfehlungen zu den einzelnen Projektphasen in Abschnitt II.5.2, S. 73 ff. Dort sind ebenfalls zahlreiche Punkte aufgeführt, die für die erfolgreiche Einführung von BPR zu berücksichtigen sind.

251 Vgl. Jaspert, Till/Müffelmann, Jens (1996), S. 175. Der erste Teilschritt der zweiten Hauptphase beinhaltet diese Forderung. Dort geht es primär darum, eine Vision der Soll-Prozesse zu entwickeln.

252 Vgl. Hout, Thomas M./Carter, John C. (1996), S. 64.

- *Balance zwischen Oberflächlichkeit und Perfektion bei der Konzeption und Durchführung von BPR*; auf der einen Seite kann es geschehen, dass die Ergebnisse zu oberflächlich sind und die wahren Probleme nicht beheben können. Auf der anderen Seite besteht die Gefahr des Verzettelns, d. h. die Projektmitarbeiter verlieren sich in den Details, die sehr viel Zeit kosten, aber nur unwesentlich zur Zielerreichung beitragen.[253]

- *Uneingeschränkte Unterstützung durch das Top-Management*; es gibt primär vier Gründe, warum die Unterstützung für den BPR-Erfolg so bedeutsam ist: Erstens kann nur das Top-Management das zu Ende bringen, was mit BPR beginnt, weil sie die dem Wandel entgegenstehenden Widerstände beseitigen können. Zweitens sind sie in der Lage ihre Autorität zu nutzen, um zum Kern eines Problems und seiner Lösung vorzudringen. Drittens gelingen ihnen Durchbrüche im Wandel, indem sie die neuen resp. verbesserten Verfahren mit der Strategie verbinden. Viertens haben sie die Vorbildfunktion inne. Durch ihr Verhalten können sie die Mitarbeiter von der Notwendigkeit von BPR überzeugen und zur Mitarbeit motivieren.[254]

- *Kombination des top-down- und bottom-up-Ansatzes*; Die Meinung, Veränderungen von grosser Tragweite seien Sache des Top-Managements, ist noch stark verbreitet.[255] Die Wirkung bleibt aus diesem Grund oft auf die obersten Führungsebenen beschränkt. Eine Kombination von top-down und bottom-up kann wesentlich zur Akzeptanz und Qualität der angestrebten Lösung beitragen.[256] Zudem kennen die Mitarbeiter ihre Arbeit am besten und können mit ihrem Wissen dazu beitra-

253 Vgl. Jaspert, Till/Müffelmann, Jens (1996), S. 175. Dieser Aspekt spricht für das in Abschnitt II.5.2.3, S. 78 ff. empfohlene „wellenförmige Einführen" der neuen Prozesse. Es ist sinnvoller, die zweitbeste Lösung rasch zu realisieren als die perfekte Lösung zu spät bereitzustellen.

254 Vgl. Dähler, Stefan/Mannes, Ernst (1994), S. 40, Hall, Gene/Rosenthal, Jim/Wade Judy (1994), S. 86, Hout, Thomas M./Carter, John C. (1996), S. 59 f. und Osterloh, Margit/Frost, Jetta (1997), S. 21.

255 Vgl. auch die Ausführungen zu Teilschritt zwei der Vorbereitungsphase in Abschnitt II.5.2.2, S. 75 ff. Nach Auffassung von *Vansina* und *Thaillieu* ist das bei BPR anzutreffende hohe Risiko des Misserfolgs zu einem grossen Teil auf das sture top-down-Vorgehen zurückzuführen, weil die „verbleibende" Belegschaft die schmerzhaften psychologischen Auswirkungen verarbeiten muss. Als Beispiel nennen sie den Abbruch von Beziehungen oder die Angst, der Nächste zu sein, für den es keinen Arbeitsplatz mehr gibt. Vgl. Vansina, Leopold S./Taillieu, Tharsi (1995), S. 18.

256 Vgl. Fischer, Dieter/Hafen, Urs (1997), S. 44 f. und Osterloh, Margit/Frost, Jetta (1997), S. 21. *Witt* und *Klaus* gehen sogar noch weiter und kommen aufgrund der Ergebnisse ihrer Fallstudie in einem Versandhandel zum Schluss, dass der Erfolg von BPR nur dann eintreten wird, wenn die Betroffenen in den Entscheidungs- und Gestaltungsprozess einbezogen werden. Vgl. Witt, Tania/Klaus, Hans (1997), S. 23 und S. 27.

gen, dass Fehlermöglichkeiten bei der Einführung der neuen Prozesse eliminiert werden.[257]

- *Qualifikation der Mitarbeiter*; *Dixon et al.* haben in ihrer Studie festgestellt, dass bei zwei Drittel der untersuchten BPR-Projekte ein erhebliches Mass an Schulung notwendig war. Nebst der Vermittlung von Wissen über die Analyse von Prozessen mussten die Mitarbeiter in Teamarbeit geschult werden.[258] Erfolgreiches Prozessmanagement im Sinne einer kundenorientierten Rundumbearbeitung ist nur durch Teamarbeit zu realisieren. Denn erst die Teams ermöglichen die Integration von Spezialisten und erhöhen die Qualität der Entscheidung, weil im Team das Wissen mehrere Personen aktiviert werden kann.[259]

6. Lean Management

6.1. Grundlagen und begriffliche Abgrenzungen

Die Veröffentlichung einer Studie des Massachusetts Institute of Technology (MIT) mit dem Titel „The Machine That Changed The World"[260] löste im Jahr 1990 eine breite Diskussion über die Notwendigkeit neuer Arbeits- und Organisationsformen aus.[261] Die Ergebnisse dieser Studie dokumentieren mit Hilfe eines internationalen Vergleichs von Automobilunternehmen die überlegene Wettbewerbsposition Japans dank eines aussergewöhnlichen Produktionskonzepts.[262] Sie wurde vom MIT-Forscher *Krafcik* mit dem Begriff „Lean Production" (deutsche Übersetzung „schlanke Produktion"[263]) versehen.[264]

---

257 Vgl. Kamiske, Gerd F./Füermann, Timo (1995), S. 144.

258 Vgl. Dixon, Robb J./Arnold, Peter/Heineke, Janelle/Kim, Jay S. und Mulligan Paul (1995), S. 112 sowie Kamiske, Gerd F./Füermann, Timo (1995), S. 144.

259 Vgl. Osterloh, Margit/Frost, Jetta (1997), S. 21.

260 Vgl. Womack, James P./Jones, Daniel T./Roos, Daniel (1994).

261 Vgl. Authenrieth, Christine/Pfeiffer, Petra (1994), S. 71.

262 Die Veröffentlichung der Studie traf eine Phase, in der viele amerikanische und europäische Unternehmen aufgrund konjunktureller und struktureller Probleme vor drastische Umstrukturierungen gestellt wurden. Das Konzept weckte in vielen Unternehmen berechtigte Hoffnungen auf eine erfolgreichere Zukunft und die Wiedererlangung der Wettbewerbsfähigkeit. Vgl. Klimmer, Matthias/Lay, Gunter (1994), S. 818.

263 Vgl. Womack, James P./Jones, Daniel T./Roos, Daniel (1994), S. 10.

264 Über den eigentlichen Ursprung dieses Managementkonzepts herrscht in der Literatur keine einheitliche Meinung. Nach Auffassung einiger Autoren handelt es sich um ein in Japan entwickeltes Konzept, andere wiederum bezeichnen die ursprüngliche Idee als aus den USA kommend. In Kapitel II.7, S. 107 ff., welches die kritische Würdigung von Lean Management

Lean Production, weil „[...] sie von allem weniger einsetzt als die Massenfertigung – die Hälfte des Personals in der Fabrik, die Hälfte der Produktionsflächen, die Hälfte der Investitionen und Werkzeuge, die Hälfte der Zeit für die Entwicklung eines neuen Produktes. Sie erfordert auch weit weniger als die Hälfte des notwendigen Lagerbestandes, führt zu weniger Fehlern und produziert eine grössere und noch wachsende Vielfalt von Produkten.“[265]

Durch Generalisierung ist aus Lean Production das Konzept Lean Management als Grundphilosophie entstanden.[266] Der weiter gefasste Ausdruck „Lean Management“ (LM) verdrängt immer mehr den Begriff „Lean Production“, weil nicht nur die Fabrik (Produktionsbereich), sondern das ganze Unternehmen nach Lean-Prinzipien gestaltet wird. LM deckt also sämtliche Bemühungen um schlankere Leistungsprogramme und Organisationsstrukturen über die gesamte Wertschöpfungskette ab.[267]

Wyatt Management Consultants und die Deutsche Bank führten 1994 in Deutschland eine Explorationsstudie durch, die Trends und Erfahrungen von Unternehmen verschiedenster Branchen mit Lean Management untersucht. Knapp 60 Prozent der befragten Unternehmen gaben an, sich mit LM zu beschäftigen. Als Ursachen für die Auseinandersetzung mit diesem Managementkonzept nannten sie in erster Linie den steigenden Wettbewerbsdruck, die hohen Gemeinkosten und die zu verbessernde Kundenorientierung.[268]

LM zu definieren, gestaltet sich nicht einfach. *Womack* und *Jones* verzichten in ihrer Publikation sogar auf eine explizite Definition des Konzepts. Sie beginnen sogleich mit dem Hauptanliegen von LM, nämlich der Vermeidung jeglicher Verschwendung.[269] In einem Interview bringt *Jones* diesen Aspekt als eigentlichen Kerngedan-

---

(LM) beinhaltet, wird im Detail auf diese Ursprungskontroverse und die damit verbundene Kompatibilität auf andere Kulturkreise eingegangen.

265 Womack, James P./Jones, Daniel T./Roos, Daniel (1994), S. 19. Reiss spricht in diesem Zusammenhang auch von der 50%-Company als eine Art Lean-Vision. Vgl. Reiss, Michael (1993), S. 173.

266 Vgl. Scholz, Christian (1994), S. 180. Nebst dem umfassenden Begriff Lean Management existiert mittlerweile eine verwirrende Vielfalt an weiteren Begriffen wie z. B. Lean Administration, Lean Banking, Lean Insurance, Lean Computing, Lean Selling oder Lean Controlling. Vgl. hierzu Klimmer, Matthias/Lay, Gunter (1994), S. 818 und Schmitz, Christof (1993), S. 5.

267 Vgl. Hentze, Joachim (1994), S. 426 sowie Reiss, Michael (1993), S. 172.

268 Vgl. ausführlich Kleb, Ralf-Hendrik/Svoboda, Michael (1994a), S. 249 ff. Weitere Ergebnisse dieser Explorationsstudie finden sich bei Kleb, Ralf-Hendrik/Svoboda, Michael (1994b), S. 299 ff.

269 Die Autoren betonen auch, dass muda, das japanische Wort für Verschwendung, das einzige Wort ist, das die Leser ihres Buches wirklich kennen müssen. Vgl. Womack, James P./Jones, Daniel T. (1997), S. 15.

ken von LM zum Ausdruck, indem er sagt: „Schlank werden in unserem Sinne bedeutet nur Verschwendung eliminieren."[270]

Abbildung II/ 16 zeigt das Spektrum der Verschwendungsformen nach *Reiss*.

Abb. II/ 16: Spektrum der Verschwendungsformen[271]

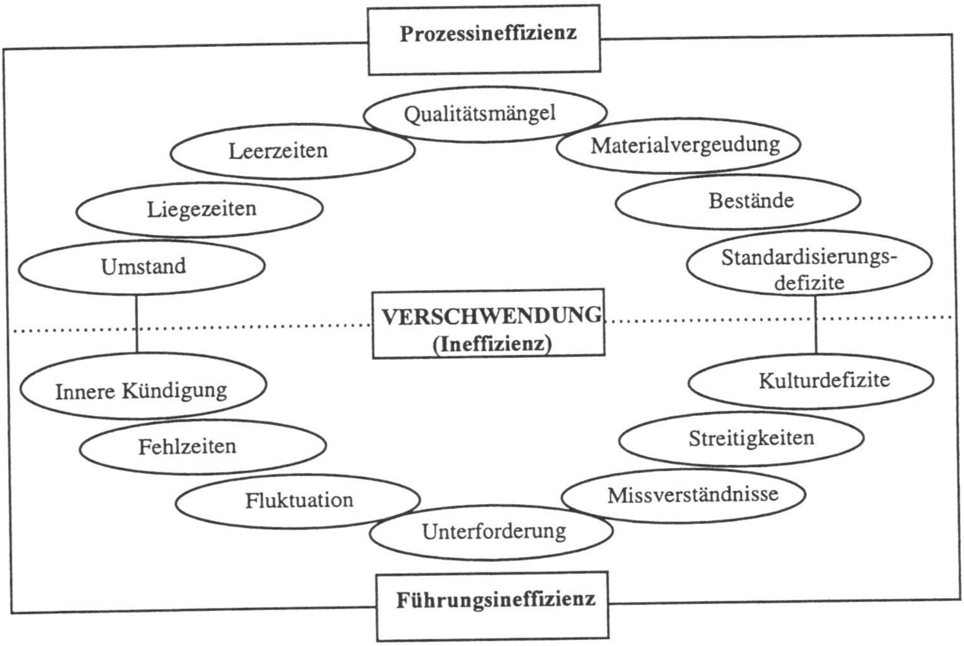

Wesentlich konkreter ist die Definition, welche die Begriffsauffassungen nach *Klimmer/Lay* und *Freund* vereint und LM bezeichnet als: „Ein System von Massnahmen und Methoden, welches die effektive und effiziente Planung, Gestaltung und Kontrolle des Wertschöpfungsstromes anstrebt, und die Kundenanforderungen mit möglichst wenig Verschwendung erfüllt."[272]

270 Heuser, Uwe J./Lamparter, Dietmar H. (1997), S. 94.

271 Quelle: Reiss, Michael (1993), S. 176. *Reiss* erweitert in seiner Abbildung die Prozessineffizienzen mit sog. Führungsineffizienzen, da seiner Meinung nach auch hier die verschiedensten Formen der Verschwendung existieren, die es zu elimineren gilt.

272 Vgl. Freund, B. (1993), S. 66, Klimmer, Matthias/Gunter, Lay (1994), S. 819 und Meister, Holger (1993), S. 8.

Diese Definition beinhaltet *drei konzeptionelle Merkmale*,[273] die im folgenden kurz erläutert werden:

1. *Wertschöpfungsstrom*; damit sind sämtliche Aktivitäten gemeint, die notwendig sind, um ein bestimmtes Produkt (oder eine Dienstleistung) von der Entwicklung über die physikalische Transformation bis zur Fertigstellung und Übergabe beim Kunden zu ermöglichen. Der Wertschöpfungsstrom kann als *Fokus* des LM bezeichnet werden. Seine Analyse zeigt, dass in der Regel drei Tätigkeitstypen existieren: (1) Eindeutige Wertschöpfung[274] im Sinne von Nutzleistung,[275] (2) unvermeidbare unterstützende Tätigkeiten, die jedoch nicht direkt wertschöpfend sind (muda Typ I) und (3) vermeidbare Tätigkeiten, da sie gar keinen Wert erzeugen (muda Typ II).[276]

2. *Kundenanforderungen*; sie bilden den Ausgangspunkt des LM. Dem Konzept liegt ein umfassendes Kundenverständnis zugrunde. Jedes Glied des Wertschöpfungsstroms wird als Kunde betrachtet. Die Anforderungen der internen Kunden (damit sind die Mitarbeiter gemeint) sind ebenso wichtig wie die der externen Kunden (Abnehmer, Lieferanten etc.).[277]

3. *Verschwendung*; ihre Vermeidung kann als oberstes Ziel von LM betrachtet werden. „Muda", das japanische Wort für Verschwendung, entsteht überall dort, wo menschliche Aktivitäten Ressourcen verbrauchen, aber keinen Wert erzeugen.[278] In der Definition ist von „möglichst wenig Verschwendung" die Rede. Damit ist gemeint, den muda Typ I so gering wie möglich zu halten und den muda Typ II zu eliminieren.

Das Hauptziel Verschwendung zu elimineren, soll auf folgenden *Zieldimensionen* erreicht werden:[279]

---

273 Wie die konzeptionellen Merkmale werden im Laufe des Kapitels die weiteren Dimensionen von LM, die in Abb. II/ 20, S. 104 grafisch dargestellt sind, jeweils kursiv hervorgehoben.

274 *Bösenberg* und *Metzen* verstehen unter wertschöpfenden Tätigkeiten „Tätigkeiten, die den Wert der Produkte oder die Effizienz der Prozesse erhöhen." Bösenberg, Dirk/Metzen, Heinz (1995), S. 92 f.

275 Beispiele für Nutzleistungen sind: das Zusammenschweissen der Rohre eines Fahrradrahmens, das Ziehen eines Zahnes beim Zahnarzt oder die Beförderung eines Passagiers von A nach B mit dem Zug.

276 Vgl. Womack, James P./Jones, Daniel T. (1997), S. 21 f.

277 Vgl. Keidel, Stephan (1995), S. 115.

278 Vgl. Womack, James P./Jones, Daniel T. (1997), S. 15.

279 Vgl. Womack, James P./Jones, Daniel T. (1997), S. 31 f. und Womack, James P./Jones Daniel T. (1996), S. 158.

- Verdoppelung der Arbeitsproduktivität
- Verkürzung der Durchlaufzeiten bis zu 90 Prozent
- Verringerung der Lagerbestände bis zu 90 Prozent
- Fehlerreduktion von 50 Prozent
- Reduktion der Zeit für Produktenwicklung von 50 Prozent
- Niedrige bis negative Kaptialinvestitionen

6.2. Vorgehensweise

6.2.1. Einleitung

Soweit der Verfasserin bekannt, gibt es in der umfangreichen Literatur zu LM keinen Beitrag über ein Phasenschema, welches bei der Durchführung eines LM-Projekts einen Leitfaden bietet. *Womack* und *Jones* führen aber fünf „schlanke" LM-Prinzipien auf, mit deren Hilfe das Ziel von LM erreicht werden kann. Die fünf Grundprinzipien lauten (1) „Spezifikation des Wertes", (2) „Identifikation des Wertschöpfungsstroms", (3) „Flow", (4) „Pull" und (5) „Perfektion".[280] Eine grafische Darstellung dieser LM-Prinzipien zeigt **Abbildung II/ 17**.

[280] Vgl. Womack, James P./Jones, Daniel T. (1997), S. 9.

Abb. II/ 17: Die fünf schlanken Prinzipien von LM[281]

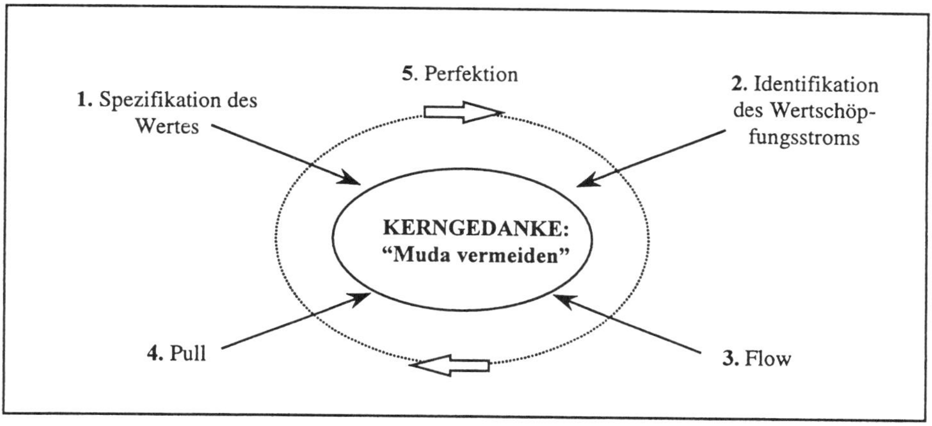

Die Verfasserin hat mangels geeigneter Alternativen einen eigenen Vorgehensvorschlag für die Einführung von LM erarbeitet. Ausgangspunkt des Vorgehens sind die fünf Grundprinzipien, welche – in einer chronologischen Reihenfolge aufgeführt – im weitesten Sinne einer Art Projektablauf entsprechen. Im folgenden werden die fünf Prinzipien aufgeführt, im Detail erläutert sowie mit Aspekten ergänzt, die es aus Sicht anderer Autoren für den Erfolg des LM-Projekts zu berücksichtigen gilt.

Abbildung II/ 18 gibt einen Überblick über die einzelnen *Prozessphasen* eines LM-Projekts, welches sich in eine Vorbereitungs- und fünf Hauptphasen gliedert.

281 Quelle: Eigene Abbildung.

Abb. II/ 18: Phasen eines LM-Projekts[282]

Vorbereitungsphase

Aktivitäten:
- Change Agent (intern oder extern) suchen
- Schulung sämtlicher Führungskräfte in den fünf LM-Prinzipien
- Dringlichkeitsgefühl im Unternehmen vermitteln
- Projektteam zusammenstellen

Ergebnis:
- Leitbild, mit dem sich alle Mitarbeiter identifizieren

Hauptphasen

1. Spezifikation des Wertes

Aktivitäten:
- Kundenorientierung
- Erweiterung des Kundenbegriffs
- Festlegen der Zielkosten

Ergebnis:
- Zielkosten der Produkte und/oder Dienstleistungen

2. Identifikation des gegenwärtigen Wertschöpfungsstroms und Wertschöpfungsnetzwerks

Aktivitäten:
- Ist-Analyse des Wertschöpfungsstroms des eigenen Unternehmens
- Ist-Analyse des Wertschöpfungsnetzwerks

Ergebnis:
- "Karte" des Wertschöpfungsstroms sowie des Wertschöpfungsnetzwerks der Produkte und/oder Dienstleistungen

3. Flow

Aktivitäten:
- Optimierung des Wertschöpfungsstroms des eigenen Unternehmens
- Optimierung der Schnittstellen innerhalb des Wertschöpfungsnetzwerks
- Reorganisation des Unternehmens
- Anpassung der Arbeitspraktiken und Werkzeuge

Ergebnis:
- Implementierung der Fliessfertigung im Unternehmen

4. Pull

Aktivitäten:
- Just-in-Time für die Produktion
- Just-in-Time für den Verkauf

Ergebnis:
- Stufenförmiges Produktions- und Auslieferungssystem

5. Perfektion

Aktivitäten:
- Keikaku der gesamten Wertschöpfung
- Kaizen der gesamten Wertschöpfung

Ergebnis:
- Das Unternehmen auf dem Weg zum Lean Enterprise

282 Quelle: Eigene Abbildung.

6.2.2. Vorbereitungsphase

Die **Vorbereitungsphase** lässt sich in **vier Schritte** unterteilen. Nach Meinung von *Womack* und *Jones* ist es der schwierigste Schritt, die „Trägheit“ in einer Organisation zu überwinden. Dies kann nur einem Change Agent gelingen. Im **ersten Schritt** geht es also darum, einen geeigneten „Change Agent“ für das LM-Projekt zu suchen. Diese Person kann sowohl aus dem Unternehmen selbst kommen, wie auch extern rekrutiert werden. Wichtigste Voraussetzung für die Übernahme dieser Rolle ist das Wissen über die Funktionsweise von LM. Bei kleineren Unternehmen ist es nicht selten der Fall, dass der Geschäftsführer selbst die Rolle des Change Agent übernimmt. Im Falle eines Entscheids für eine interne Person muss jedoch dafür gesorgt werden, dass die Belastung durch das Tagesgeschäft in der Startphase wegfällt oder zumindest sehr gering gehalten wird.[283]

LM-Projekte dauern in der Regel mehrere Jahre. Eine der wichtigsten Herausforderungen des Change Agents ist es, die Bedeutung von LM über die gesamte Projektdauer immer wieder zu unterstreichen und sicherzustellen, dass es mit dem Projekt vorwärts geht.[284]

Eine weitere Aufgabe des Change Agents ist die Umsetzung des **zweiten Schritts** „Schulung sämtlicher Führungskräfte in den fünf LM-Prinzipien.“ Dabei wird das Ziel verfolgt, dem LM-Projekt auch in Krisen genügend Rückhalt zu geben. Wenn die Führungskräfte über das notwendige Know-how verfügen, können sie selber die Ursachen einer Stagnation des Fortschritts im Projekt analysieren und beheben.[285] Das Wissen über die Ergebnisse erfolgreicher LM-Projekte gibt ihnen darüber hinaus die Möglichkeit, die Beteiligten zu motivieren und in ihrer Veränderungsbereitschaft zu unterstützen.

Die Erarbeitung eines groben Leitbilds, welches die immateriellen Werte in den Vordergrund bringt, ist für die Führungskräfte ein zusätzliches Hilfsmittel. Das Leitbild muss jedoch einfach und verständlich sein, wenn sich die Mitarbeiter damit identifizieren sollen.[286]

Ein häufiges Problem im Zusammenhang mit den Führungskräften ist das mangelnde Zusammengehörigkeitsgefühl. Vor allem das Top-Management sieht sich nicht als ein Team, sondern vielmehr als eine Gruppe von Hierarchien, welche aufs genaueste ihre jeweiligen Einflussbereiche pflegt. Hier setzt die Schulung der Führungskräfte

[283] Vgl. Womack, James P./Jones, Daniel T. (1997), S. 313 ff.
[284] Vgl. Lietz, Jürgen H. (1992), S. 71.
[285] Vgl. Womack, James P./Jones, Daniel T. (1997), S. 316.
[286] Vgl. Groth, Uwe/Kammel, Andreas (1993), S. 118 f. sowie Lietz, Jürgen H. (1992), S. 71.

durch den Change Agent an. Die Führungskräfte müssen lernen, Vorbild für ihre Mitarbeiter zu sein, ganzheitlich zu führen und das durch LM geschaffene Leitbild aktiv zu leben.[287] Von Führungskräften, welche diese Änderungen nicht akzeptieren, sollte man sich möglichst rasch trennen.[288]

Im **dritten Schritt** geht es darum, ein „Dringlichkeitsgefühl im Unternehmen zu schaffen." Um die Notwendigkeit eines LM-Projekts zu unterstreichen, braucht es nicht notwendigerweise ein Krise. Vielfach nehmen auch stabile und erfolgreiche Unternehmen ein LM-Projekt im Sinne einer Krisenprophylaxe in Angriff. Gerade diese Unternehmen sehen sich aber mit einer gewissen Skepsis von Seiten der Mitarbeiter konfrontiert. Diese verweisen nämlich auf die „gute" Ist-Situation und glauben nicht, dass sich die Dinge in der Zukunft drastisch ändern können.

Es gibt verschiedene Möglichkeiten, die Handlungsnotwendigkeit trotz der momentan positiven Ergebnisse des Unternehmens zu verdeutlichen: Möglicherweise ist eine Untereinheit oder eine Abteilung in der Krise, die man mit LM erfolgreich bewältigen kann. Oder es existiert ein Konkurrent, der LM einführt und dessen Erfolge eine Gegenreaktion bedingen. Möglicherweise gibt es auch einen „schlanken" Kunden oder Zulieferer, anhand dessen man die Vorteile von LM aufzeigen kann.[289]

Mit Hilfe des geschaffenen Dringlichkeitsgefühls wird anschliessend die gesamte Belegschaft über die grobe Funktionsweise von LM informiert.[290]

Im Gegensatz zum Vorgehen bei BPR, wo das Reengineering-Team für das ganze BPR-Projekt verantwortlich ist, wird im LM nicht ein festes LM-Projektteam zusammengestellt.[291] Der Change Agent bildet im **vierten Schritt** zwar auch ein „Projektteam"; dieses besteht aber jeweils aus direkt betroffenen Mitarbeitern, welche durch die LM-Aktivitäten/Massnahmen direkt tangiert sind. Die starke Teamorientierung[292] vom LM-Konzept führt dazu, dass die direkt betroffene Arbeitsgruppe von Beginn weg in die LM-Aktivitäten mit einbezogen wird.

---

287 Vgl. Lietz, Jürgen H. (1992), S. 71.

288 Vgl. Hinterhuber, Hans H./Krauthammer, Eric (1994), S. 296 sowie Womack, James P./Jones, Daniel T. (1997), S. 324.

289 Vgl. Womack, James P./Jones, Daniel T. (1997), S. 317 f.

290 Siehe auch die Bemerkungen zur Vorbereitungsphase von BPR in Abschnitt II.5.2.2, S. 75 ff. Dort wird im Detail auf die Bedeutung der umfassenden Information der Mitarbeiter eingegangen.

291 Vgl. zu den mitwirkenden Personen in einem BPR-Projekt die Ausführungen zur Vorbereitungsphase von BPR in Abschnitt II.5.2.2, S. 75 ff.

292 Vgl. zur Teamorientierung resp. Teamarbeit die ausführlichen Erläuterungen zu den LM-Prinzipien „Flow" und „Pull".

Das **Ergebnis** der Vorphase ist das LM-Leitbild sowie das geschaffene Dringlichkeitsgefühl, welches einen wichtigen Beitrag leistet, möglichst viele Unternehmensmitglieder von diesem Managementkonzept zu überzeugen.

6.2.3. Hauptphasen

Die Hauptphasen eines LM-Projekts werden mindestens zweimal durchlaufen. Der erste Durchgang erfolgt in einem ausgewählten Bereich. *Womack* und *Jones* empfehlen, mit einer Produktionsaktivität zu beginnen, da die Veränderungen dort für alle Mitarbeiter am besten ersichtlich sind. Der Bereich sollte bis anhin eine eher schwache Leistung erbringen, für das Unternehmen aber gleichzeitig eine grosse Bedeutung haben. Dadurch ist einerseits ein grosses Verbesserungspotential vorhanden, andererseits ist der Erfolgsdruck des Pilotprojekts genügend gross.[293]

Nachdem dieser ausgewählte Bereich mit Hilfe des Change Agents und den dort tätigen Mitarbeitern einer markanten Verbesserung unterzogen wurde,[294] dehnt man anschliessend den Bereich der Aktivitäten aus, indem systematisch die fünf Prinzipien von LM auf das ganze Unternehmen angewendet werden (*Methodisches Merkmal* „Ganzheitlichkeit").

Das LM-Projekt besteht – analog zu den fünf Prinzipien – aus **fünf Hauptphasen**. Die **erste Hauptphase** lässt sich mit „Spezifikation des Wertes"[295] umschreiben und unterteilt sich in **drei Schritte**. In einem **ersten Schritt** erfolgt die Definition des Wertes eines Produktes und/oder einer Dienstleistung[296] aus Kundensicht. Die „Kundenorientierung" wird damit zu einer Schlüsselfunktion in der praktischen Umsetzung von LM. Die Auseinandersetzung mit Fragen wie z. B. „Wer sind meine Kunden?" oder „Was würde mein Kunde für dieses Produkt bezahlen?" muss zu einer Selbstverständlichkeit werden.[297] Dass vielen Unternehmen auch heute noch die konsequente Kundenorientierung Mühe bereitet, zeigt die Diskussion zum LM-Konzept. Vielerorts herrschen erstaunliche Lücken bezüglich Informationen über die Bedürfnisse, Probleme, Organisation etc. der eigenen Kunden.[298]

293 Vgl. Womack, James P./Jones, Daniel T. (1997), S. 321.

294 *Womack* und *Jones* sprechen von „dramatischen" Verbesserungen wie z. B. Halbierung der erforderlichen Arbeitszeit, Halbierung des Raumbedarfs und 90prozentigem Rückgang der unfertigen Arbeit. Vgl. Womack, James P./Jones, Daniel T. (1997), S. 322.

295 Vgl. Womack, James P./Jones, Daniel T. (1997), S. 35 ff.

296 Der Begriff „Produkt" umfasst fortan auch Dienstleistungen.

297 Vgl. Deppe, Joachim (1994), S. 960.

298 Vgl. Pfeiffer, Werner/Weiss, Enno (1993), S. 26.

Die „Erweiterung des Kundenbegriffes“ ist Inhalt des **zweiten Schritts**. Dabei wird die Kundenorientierung auch auf die Art und Weise, wie die interne Zusammenarbeit und Kommunikation zu verstehen ist, übertragen. Jeder Mitarbeiter betrachtet den Träger der jeweils nächsten Aktivität, für den seine Arbeit ein Input darstellt, als seinen Kunden. Seine Aufgabe ist, diesen internen Kunden in allen Belangen zufriedenzustellen: die richtige Materie und Information zum gewünschten Zeitpunkt in der erwarteten Qualität.[299]

Der **dritte Schritt** umfasst die wichtigste Aufgabe bei der Bestimmung des Wertes eines Produkts, nämlich das „Festlegen der Zielkosten“. In zahlreichen Unternehmen herrscht immer noch die Praxis, zuerst einen Verkaufspreis auf Basis des erzielbaren Marktpreises zu bestimmen. Anschliessend berechnet man die akzeptablen Kosten, die noch einen Gewinn zulassen. Im Gegensatz hierzu bildet im LM-Konzept derjenige Soll-Aufwand die Basis der Kostenkalkulation, der „muda“ Typ I minimiert und „muda“ Typ II eliminiert. Die eigenen Herstellkosten liegen bei diesem Vorgehen weit unter denjenigen der Konkurrenz. Dadurch befindet sich das Unternehmen in der komfortablen Situation, dass es auswählen kann zwischen: Preissenkung, hinzufügen zusätzlicher Produktmerkmale resp. -eigenschaften, hinzufügen zusätzlicher Dienstleistungen oder Finanzierung neuer Produkte mit den erzielten Mehrgewinnen.

Ergebnis der ersten Hauptphase ist die Kenntnis der „Zielkosten (oder Soll-Kosten) für sämtliche Produkte“ des Unternehmens. Sie sind fortan als „Benchmark“ anzusehen, der nur erreicht wird, wenn sämtliche Aktivitäten entlang des Wertschöpfungsstroms auf ihren Beitrag zum Wertgewinn für den Kunden – und damit zum Erreichen der Soll-Kosten – hinterfragt werden.

Die **zweite Hauptphase** lässt sich als „Identifikation des gegenwärtigen Wertschöpfungsstroms und Wertschöpfungsnetzwerks“[300] bezeichnen. Sie besteht im wesentlichen aus **zwei Schritten**.

Im **ersten Schritt** wird zunächst eine „Ist-Analyse des Wertschöpfungsstroms des eigenen Unternehmens“ vorgenommen. Die Analyse des Wertschöpfungsstroms ist keine Erfindung von LM. Bereits in den 80er Jahren wurde der Begriff „Wertkette“ von der Beratungsfirma McKinsey kreiert und später insbesondere von *Porter*[301] in die Diskussion gebracht. Bei der Wertkette handelt es sich um eine Analysemethode, die es dem Unternehmen erlaubt, seinen Innenbereich systematisch auf Quellen von

---

299 Vgl. Pfeiffer, Werner/Weiss, Enno (1993), S. 26.
300 Vgl. Womack, James P./Jones, Daniel T. (1997), S. 45 ff.
301 Vgl. grundlegend Porter, Michael (1986), S. 59 ff.

Wettbewerbsvorteilen zu untersuchen.[302] Die Wertkette nach *Porter* zerlegt die Tätigkeiten eines Unternehmens in strategisch wichtige Aktivitäten, die Wertaktivitäten. Wenn ein Unternehmen diese Aktivitäten billiger oder besser als seine Konkurrenz ausübt, schafft es sich einen Wettbewerbsvorteil.[303] Die Wertkette gelangt häufig im Rahmen von Rationalisierungs- bzw. Konstensenkungsmassnahmen zum Einsatz, indem nach Aktivitäten gesucht wird, welche einen besonders hohen Anteil der Kosten verursachen.[304]

Eine ähnliches Vorgehen verfolgt die Ist-Analyse des Wertschöpfungsstroms. *Womack* und *Jones* gehen von der Prämisse aus, dass Tätigkeiten, die zur Herstellung eines Produkts notwendig sind, genau identifiziert, analysiert und zueinander in Beziehung gesetzt werden müssen. Nur so können sie auch verbessert oder allenfalls vermieden werden. Bei der praktischen Durchführung empfiehlt es sich, zunächst eine „Karte" des Wertschöpfungsstroms innerhalb des Unternehmens zu erarbeiten.

Die „Ist-Analyse des Wertschöpfungsnetzwerks" bildet den Inhalt des **zweiten Schritts**. Die Wertschöpfung eines Produkts beginnt meistens nicht erst im Unternehmen und endet auch nicht dort, d. h. die Beeinflussungsgrenze reicht weit über das eigene Unternehmen hinaus. Aus diesem Grund ist es gemäss LM erforderlich, den gesamten Prozess der Wertschöpfung für ein Produkt zu betrachten, weil dessen Gesamtoptimum – so die dahinterstehende Überlegung – mehr als die Summe der Einzelteile darstellt.[305]

Abbildung II/ 19 zeigt, wie sich der Wertschöpfungsstrom eines Unternehmens in das Wertschöpfungsnetzwerk einer gesamten Branche eingliedert.

302 Vgl. Aeberhard, Kurt (1996), S. 176.
303 Vgl. Kreikebaum, Hartmut (1991), S. 111.
304 Vgl. Aeberhard, Kurt (1996), S. 185.
305 Vgl. Pfeiffer, Werner/Weiss, Enno (1993), S. 27.

Abb. II/ 19: Gestaltung des Wertschöpfungsnetzwerks industrieller Güter[306]

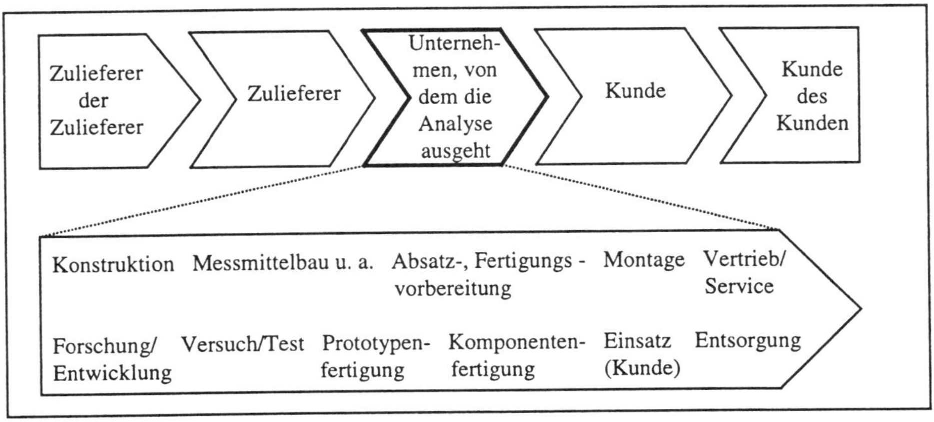

Ergebnis der zweiten Hauptphase ist die „'Karte' des Wertschöpfungsstroms sowie des Wertschöpfungsnetzwerks“ des Unternehmen.

In der **dritten Hauptphase** geht es darum, die Aktivitäten muda Typ II zu identifizieren und anschliessend zu beseitigen, sowie die noch verbleibenden werterzeugenden und nicht werterzeugenden (aber notwendigen) Aktivitäten in einen optimalen „Flow“[307] zu bringen. In einer Unternehmenswelt, die vorwiegend aus Funktionen und Abteilungen besteht und in der die weitverbreitete Überzeugung vorherrscht, man müsse Aktivitäten nach Typen ordnen und diese anschliessend stapelweise bearbeiten, ist dies mit Sicherheit eine anspruchsvolle Aufgabe.[308] Die herkömmliche Produktionsweise führt zu langen Wartezeiten und zu einem erhöhten Bedarf an Nacharbeit. Sei es, weil sich Fehler einschleichen oder das Endprodukt nicht mehr den Erwartungen des Kunden genügt. LM will diese Arten von Verschwendung beseitigen, indem sämtliche Aktivitäten wie z. B. Entwicklung, Bestellung und Bereitstellung von Gütern und Dienstleistungen in einen fliessenden Ablauf gebracht werden. Dazu ist ein Vorgehen in **vier Schritten** notwendig.

306 Quelle: Pfeiffer, Werner/Weiss, Enno (1993), S. 27.

307 Vgl. Womack, James P./Jones, Daniel T. (1997), S. 61 ff.

308 *Ohno* weist die Schuld für das stapelförmige Denken, welches zu langen Wartezeiten führt, den ersten Bauern unserer Zivilisation zu. Diese haben nach seiner Meinung die Verhaltensweise der Jäger, nämlich eines nach dem anderen zu tun, verloren, als sie sich von der Idee des Stapelns (einjährige Kornernte) und der Lagerbestände (Kornkammer) faszinieren liessen. Vgl. Ohno, Taiichi (1988), S. 47.

Im **ersten Schritt** erfolgt die „Optimierung des Wertschöpfungsstroms". Die im zweiten Hauptschritt vorgenommene Analyse des Wertschöpfungsstroms und die hierzu erarbeitete „Karte" des Wertschöpfungsstromes bilden die Grundlage. Die Karte ist ein Hilfsmittel, um sämtliche Tätigkeiten eines Unternehmens zu identifizieren und den drei Kategorien wertschöpfend, unvermeidbare unterstützende Tätigkeiten jedoch nicht wertschöpfend (muda Typ I) und nicht direkt wertschöpfend (muda Typ II) zuzuordnen. Einerseits können nun Verschwendungen des Typs muda II eliminiert werden. Andererseits kann mit der Überarbeitung bzw. Optimierung der wertschöpfenden Tätigkeiten und der Tätigkeiten muda Typ I begonnen werden.

Analog wird im **zweiten Schritt** bei der „Optimierung der Schnittstellen des Unternehmens innerhalb des Wertschöpfungsnetzwerks" vorgegangen. Ausgangsbasis hierfür ist die Analyse des Wertschöpfungsnetzwerks. Das Bestreben nach der Optimierung der Schnittstellen, d. h. der Schnittstellen zwischen dem Unternehmen und seinen Zulieferern sowie der Schnittstellen zwischen dem Unternehmen und seinen Kunden, deckt sich ebenfalls mit der im ersten Hauptschritt erwähnten Kundenorientierung. Weil man nicht an kurzfristigen Verkaufserfolgen interessiert ist, sondern vielmehr an einer langfristigen Kundenbeziehung, braucht es ein enges Beziehungsgeflecht zwischen Unternehmen, Zulieferer und Kunden.[309] Das vielerorts praktizierte Outsourcing von Tätigkeiten führt dazu, dass die Unternehmen immer weniger selber machen. Eine freiwillige Allianz aller interessierter Parteien kann die desintegrierte Wertschöpfung wieder überblickbar machen. Diese Allianz bleibt solange bestehen, wie das Produkt hergestellt resp. die Dienstleistung erbracht wird.[310]

Der **dritte Schritt** ermöglicht die Verwirklichung der ersten beiden und kann umfassend als „Reorganisation des Unternehmens" bezeichnet werden. Er besteht im wesentlichen aus drei Massnahmen, die im folgenden kurz erläutert werden:

- *Organisation des Unternehmens nach Produktfamilien*[311]
- *Schaffung und Etablierung von Teams im ganzen Unternehmen*; die „Teamarbeit" und die damit einher gehende „Dezentralisierung" sind ein wesentlicher *Ermöglicher* von LM. Arbeiten im Team bedeutet, gemeinsam die Gestaltung, Steuerung

309 Vgl. Bittner, Andreas/Reisch, Bernhard (1993), S. 68 sowie Hentze, Joachim/Kammel, Andreas (1992), S. 321 f. Als Beispiel sei die Beziehung zwischen einem Konfekthersteller und seinem Zulieferer genannt: Indem die Lieferung grosser Mengen Schokolade in Tankwagen anstatt in festen Riegeln vereinbart wird, spart die Schokoladenfabrik Kosten des Formens und Verpackens, während der Konfekthersteller die Kosten für die Handhabung und das Schmelzen der eingehenden Schokolade senken kann. Vgl. Aeberhard, Kurt (1996), S. 183.

310 Vgl. Womack, James P./Jones, Daniel T. (1997), S. 23.

311 Vgl. Womack, James, P./Jones, Daniel T. (1997), S. 324 ff.

und (teamübergreifende) Koordination von Arbeitsabläufen zu übernehmen.[312] Ein Team ist jeweils für ein Produkt zuständig. Es muss deshalb multidisziplinär zusammengesetzt und mit weitreichenden Entscheidungsbefugnissen ausgestattet sein, damit sämtliche anfallenden Aufgaben eigenständig bearbeitet werden können.[313] Die Anforderungen an die Teammitarbeiter sind hoch gesteckt: Neben einer breit gefächerten Qualifikation und einem umfassenden Aufgabenverständnis sind auch eine ausgeprägte Arbeitseinsatzflexibilität und überdurchschnittliche kommunikative Fähigkeiten von Bedeutung.[314] Die Teams werden von einem Gruppenleiter geführt, der vorwiegend in der Rolle des „Coaches“ und weniger als „Aufpasser“ auftritt.[315]

- *Abflachung der Hierarchien* (*Ermöglicher*); die intensive Teamarbeit trägt zu flacheren Hierarchien im Unternehmen bei. Die Organisation verläuft stärker horizontal als bisher. Dadurch kommt es zu einer Reduktion des mittleren Managements, was sich flexibilitätsfördernd auf das Unternehmen auswirkt.[316]

Die „Anpassung der Arbeitspraktiken und Werkzeuge“ (Ermöglicher) an die neue Organisation, d. h. Flow-Struktur, bildet den Inhalt des **dritten Schritts**. Die in der Fachliteratur diskutierten Arbeitspraktiken und Werkzeuge beziehen sich vorwiegend auf den Bereich der Produktion. Im folgenden werden einige Arbeitspraktiken und Werkzeuge kurz vorgestellt:[317]

- *Quality Function Deployment*; durch die enge Zusammenarbeit von Forschung/Entwicklung, Produktion und Vertrieb werden die Kundenbedürfnisse systematisch in Produktspezifika umgesetzt.
- *Taktzeit*; synchronisiert die Produktionsquote mit der Verkaufsquote, weil im LM die Terminüberwachung abgeschafft wird. Entscheidend ist, die Taktzeit immer in Relation zur Nachfrage zu definieren und die gesamte Produktionsabfolge nach

---

312 Vgl. Hentze, Joachim/Kammel, Andreas (1992), S. 321.

313 Vgl. Haist, Friedrich/Fromm, Hansjörg (1991), S. 108 ff.

314 Vgl. Friedrich, Artur (1993), S. 105 f. sowie Groth, Uwe/Kammel, Andreas (1993), S. 116.

315 Vgl. Germann, Hans-Rudolf (1995), S. 13 sowie Hentze, Joachim/Kammel, Andreas (1992), S. 324.

316 Vgl. Groth, Uwe/Kammel, Andreas (1992), S. 511 sowie Piepel, Ulrich (1993), S. 60 f. Nicht nur die Reduktion der Hierarchiestufen führt zu überzähligen Mitarbeitern. *Womack* und *Jones* gehen davon aus, dass durch die konsequente Einführung von LM der Personalbestand bis um die Hälfte reduziert wird. Sie empfehlen, sich zu Beginn des Projekts von den betroffenen Mitarbeitern zu trennen und anschliessend für die verbleibende Belegschaft eine Arbeitsplatzgarantie auszusprechen. Ansonsten besteht die Gefahr, dass die Mitarbeiter LM als „Mean“ Management ansehen werden und mit Sabotage reagieren. Vgl. Womack, James P./Jones, Daniel T. (1997), S. 327 f.

317 Vgl. Hagen, Rudolph, (1996), S. 42, Münch, Joachim (1997), S. 31 sowie Scholz, Christian (1994), S. 182.

dieser Taktzeit zu organisieren.

- *Just-in-Time*; durch eine bedarfsgerechte Anlieferung der benötigten Materialien werden unnötige Zwischenlager eingespart und der Materialfluss aufrechterhalten.
- *Total Productive Maintenance*; damit die Fliessfertigung funktioniert, müssen die Maschinen zu 100 Prozent betriebsbereit und funktionstüchtig sein. Dazu wird die Arbeit radikal standardisiert und die Mitarbeiter lernen, ihre Maschinen selber in Stand zu halten.
- *Simultaneous Engineering*; dient der Beschleunigung der Innovationsgeschwindigkeit, indem zeitgleich die Komponenten, die Fertigungsprozesse sowie die benötigten Werkzeuge und Maschinen entwickelt werden.

Ergebnis der dritten Hauptphase ist die „Implementierung der Fliessfertigung im Unternehmen".

Die **vierte Hauptphase** ist gekennzeichnet durch das Prinzip „Pull".[318] Pull bedeutet, dass kein Mitarbeiter auf der vorgelagerten Stufe ein Produkt herstellen oder eine Dienstleistung erbringen sollte, bevor der nachgelagerte Kunde diese nicht nachfragt.[319] Dieses Prinzip ist in der Theorie leicht verständlich und plausibel. Die Umsetzung in der Praxis[320] dauert jedoch mehrere Jahre und ist von zahlreichen Voraussetzungen abhängig. Die vierte Hauptphase umfasst **zwei Schritte**.

Der **erste Schritt** beinhaltet die Einführung von „Just-in-Time für die Produktion". Das Beispiel von Toyota soll das Vorgehen kurz aufzeigen. Der erste Schritt zur Einführung eines Abrufssystems in der Lagerhaltung erfolgte im Jahr 1989 mit der Verkleinerung der Fläche und der Plazierung der Teile nach Grösse und Nachfragehäufigkeit. Die besonders häufig benötigten Teile wurden am Anfang der Lagergänge plaziert und die Länge der Gänge insgesamt stark verkleinert. In einem zweiten Schritt führte das Unternehmen das Konzept der Standardarbeit und der visuellen Kontrolle durch die Aufteilung des Arbeitstages in Zwölf-Minuten-Einheiten ein. Während jedem Zyklus (entspricht einer Zwölf-Minuten-Einheit) ist ein Mitarbeiter für eine bestimmte Anzahl „Gänge" zuständig. Die Anzahl „Gänge" ist abhängig von der Grösse der Teile, die ein Mitarbeiter aus dem Lager holen muss. Magnetschilder (kanban), die nach Beendigung des Zyklus im entsprechenden Feld der Kontrolltafel befestigt werden, ermöglichen jedem Teammitglied die visuelle Kontrolle über die Einhaltung des Zyklus. Bei Engpässen hilft sich das Team gegenseitig. Nach sechs Jahren konnte Toyota von wöchentlichen zu täglichen Bestellungen seiner Händler übergehen, und dies ohne zusätzlichen Personalbedarf.

---

318 Vgl. Womack, James P./Jones, Daniel T. (1997), S. 83 ff.

319 Vgl. Womack, James P./Jones, Daniel T. (1996), S. 141.

320 Vgl. hierzu auch den Abschnitt II.6.3, S. 104 ff., welcher die kritische Würdigung des Konzepts beinhaltet.

Der **zweite Schritt** strebt an, „Just-in-Time für den Verkauf" zu verwirklichen. Die bereits erwähnte Kundenorientierung und das starke Interesse, langfristige Kundenbeziehungen aufzubauen, sollen dazu beitragen, Nachfrageschwankungen zu beseitigen. Zukünftige Folgekäufe lassen sich einfacher prognostizieren und tragen dazu bei, Just-in-Time in der Produktion zu ermöglichen. Im Idealfall würde die Nachfrage des Kunden eine Reihe von Nachlieferungsschleifen bewirken, die dazu führen, dass die Zulieferer mehr Teile fertigen. Eine Situation, die sich wie folgt umschreiben lässt: „Erst der Verkauf eines Produktes/einer Dienstleistung führt zu einem Kauf" oder „Erst die Lieferung eines Produktes/einer Dienstleistung führt zur Herstellung". Die Voraussetzung für diesen zweiten Schritt ist die Kooperation der vor- und nachgelagerten Stufen im gesamten Wertschöpfungsprozess.

Ergebnis der vierten Hauptphase ist ein stufenförmiges Produktions- und Auslieferungssystem von den vor- zu den nachgelagerten Stellen.

Die **fünfte Hauptphase** lässt sich mit „Perfektion" [321] umschreiben und schliesst das Phasenschema von LM ab. „Perfektion" soll in **zwei Schritten** erreicht werden.

Der **erste Schritt** ist im Prinzip das Resultat der vorangehenden vier Hauptphasen von LM, nämlich das „kaikaku der gesamten Wertschöpfung". Indem die vier LM-Prinzipien „Spezifikation des Wertes", „Identifikation des gegenwärtigen Wertschöpfungsstroms und Wertschöpfungsnetzwerks", „Flow" und „Pull" konsequent auf alle Aktivitäten angewendet werden, lässt sich keikaku (eine radikale Verbesserung) (*Methodisches Merkmal*) erreichen. Sobald diese Prinzipien auf den ganzen Wertschöpfungsstrom und die Schnittstellen des Unternehmens innerhalb des Wertschöpfungsnetzwerks angewendet werden, vollzieht sich bei den Beteiligten ein wichtiger Erkenntnisgewinn. Sie realisieren, dass der Prozess nie aufhören wird, weil die vier Prinzipien in einem Regelkreis zusammenwirken und sich gegenseitig bedingen.[322]

Diese Erkenntnis führt zum **zweiten Schritt**, der sich „Kaizen[323] der gesamten Wertschöpfung" nennt. Es geht um die ständige, inkrementale Verbesserung (*Methodisches Merkmal*) sämtlicher Aktivitäten.[324] Kaizen soll das tägliche Denken der Beteiligten bestimmen. Endgültige Ziele gibt es nicht, sondern nur Schritte in die richtige Richtung.[325] Ein Hilfsmittel für diesen zweiten Schritt ist die sog. Policy Deployment Matrix. In dieser Matrix, welche für alle Mitarbeiter einsehbar ist, sind die Ziele und Projekte des laufenden Jahres zusammengefasst. Bei der ersten Zielsetzung verläuft

321 Vgl. Womack, James P./Jones, Daniel T. (1997), S. 112 ff.

322 Vgl. Womack, James P./Jones, Daniel T. (1996), S. 141 f.

323 Kapitel II.3, S. 23 ff. setzt sich ausführlich mit dem Managementkonzept Kaizen auseinander.

324 Vgl. Hentze, Joachim/Kammel, Andreas (1992), S. 325.

325 Vgl. Bösenberg, Dirk/Metzen, Heinz (1995), S. 68 sowie Reiss, Michael (1992), S. 60.

der Prozess noch top-down; im nächsten Jahr erfolgt der Prozess dann aber top-down/bottom-up (*Methodisches Merkmal*: „Gegenstromverfahren"). Die benötigten Ressourcen sowie der Beginn der jeweiligen Projekte werden miteinander abgesprochen. Dieses partizipative Vorgehen entspricht der Teamorientierung von LM und führt zu einer verstärkten Identifikation der Mitarbeiter mit dem Projekt sowie der kontinuierlichen Aufrechterhaltung des Gedankenguts von LM.

Ergebnis der fünften Hauptphase ist das Unternehmen auf dem Weg zur Lean Enterprise.

Abbildung II/ 20 fasst die oben dargestellten Dimensionen von LM grafisch zusammen.

Abb. II/ 20: Dimensionen von LM[326]

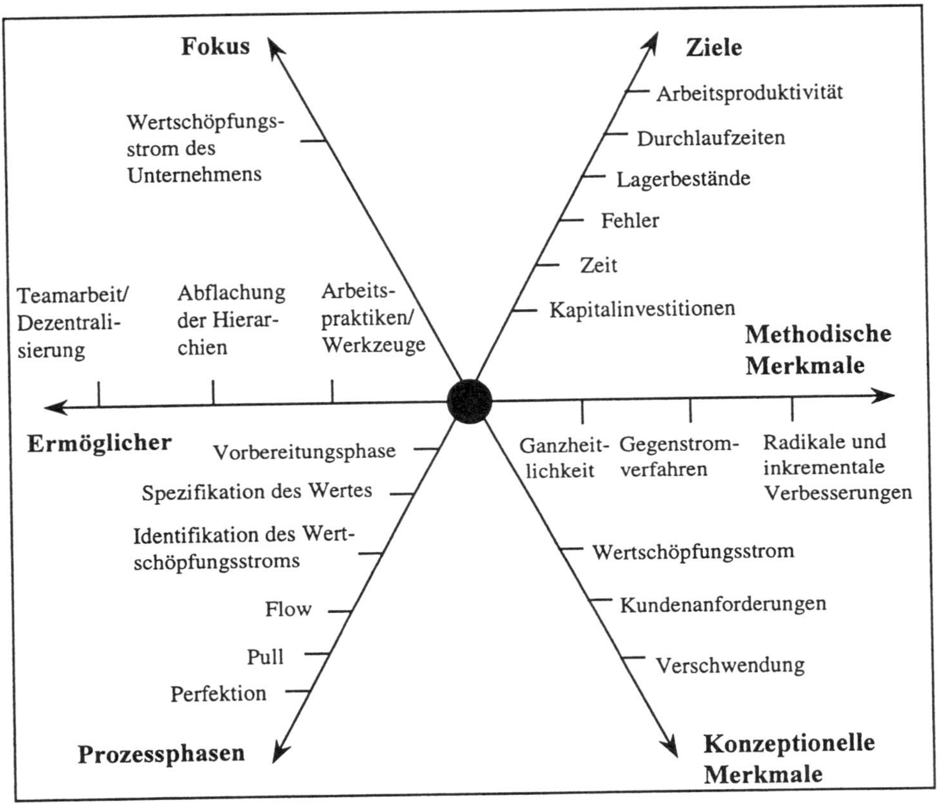

6.3. Kritische Würdigung des Konzepts

Wie bereits zu Beginn dieses Kapitels dargelegt, wurde LM in dieser Form erstmals in der japanischen Automobilindustrie angewendet. Dieser Umstand wirft natürlich die Frage auf, inwieweit LM kulturkreisabhängig ist. Lässt sich das Konzept überhaupt in der westlichen Welt anwenden oder sind die versprochenen Erfolge nur in Japan möglich?

---

326 Quelle: Eigene Abbildung in methodischer Anlehnung an Homburg, Christian/Hocke, Gregor (1996), S. 5.

Diese Frage spaltet die Autoren der Fachbeiträge in zwei Meinungslager. Die einen sind der Ansicht, LM komme zwar aus Japan, dies würde jedoch die Adaption im westlichen Kulturkreis nicht verhindern. Stellvertretend für diese Gruppe ein Zitat von *Hentze* und *Kammel*: „LM ist hinsichtlich der Einzelbausteine weder ein völlig neuartiges noch ein „typisch japanisches" Managementkonzept. Es handelt sich um eine gelungene Adaption und Implementation von Methoden vorwiegend westlichen Ursprungs in das japanische kulturelle Umfeld."[327] Für die andere Gruppe sind die kulturspezifischen Besonderheiten von LM, wie z. B. das Prinzip der lebenslangen Anstellung, das Senioritätenprinzip, die Gruppenloyalität oder die Arbeitszeitflexibilität Barrieren, welche eine vorbehaltlose Anwendung im westlichen Wirtschaftsraum zwar nicht gerade verhindern, aber doch erheblich erschweren.[328]

Einigkeit herrscht in der Fachliteratur dagegen bezüglich eines anderen Aspekts: LM wird als ein äusserst anspruchsvolles und umfassendes Managementkonzept bezeichnet. Seine Implementierung nimmt mehrere Jahre in Anspruch, und der Erfolg hängt von mehreren Faktoren ab. Die folgende Übersicht beinhaltet die wichtigsten Punkte, die bei einem LM-Projekt zu beachten sind:[329]

- *Überzeugung des oberen und mittleren Managements*; die Unternehmensspitze muss hinter den Methoden und Elementen von LM stehen, sonst ist das Konzept von vornherein zum Scheitern verurteilt.[330] Nicht selten stossen die Diskussionen um die Einführung von LM auf Gruppierungen im oberen und mittleren Management, die seine Implementierung verhindern wollen. Diese Gruppierungen sind durch eine starke Eigendynamik der Interessen und Absichten der beteiligten Personen gekennzeichnet.[331] Sie entstehen, weil die betroffenen Führungskräfte Einbussen an Macht und Prestige sowie ein verändertes eigenes Arbeitsumfeld und -verhalten befürchten. Diese Ängste sind nicht ganz unbegründet. LM verändert das Arbeitsumfeld und -verhalten durch die flacheren Hierarchien und die starke Teamorientierung nachhaltig. Darum muss es, wenn die „Reorganisation des Unternehmens" (vgl. den zweiten Schritt der dritten Hauptphase) einmal vollzogen ist, Anreize zur Karriereförderung, Führungskräfteentwicklung und Schritte zur

---

327 Hentze, Joachim/Kammel, Andreas (1992), S. 331. Der gleichen Ansicht sind z. B. auch Piepel, Ulrich (1993), S. 60 und Schmitz, Christof (1993), S. 6 ff. Die Verfasserin schliesst sich in ihrer Meinung dieser ersten Gruppe an.

328 Vgl. u. a. Bittner, Andreas/Reisch, Bernhard (1993), S. 66 ff. und Kinias, Constantin (1992), S. 48.

329 Vgl. auch die Empfehlungen zu den einzelnen Projektphasen in Abschnitt II.6.2, S. 90 ff. Dort sind ebenfalls zahlreiche Punkte aufgeführt, die es für die erfolgreiche Einführung von LM zu berücksichtigen gilt.

330 Vgl. Piepel, Ulrich (1993), S. 63.

331 Vgl. Schmitz, Christof (1993), S. 10.

Vertrauensbildung geben, welche die betroffenen Personen mit ihren neuen Rollen versöhnen können.[332]

- *Der Mensch steht bei LM im Vordergrund*; LM geht von McGregors „Menschenbild“ Y aus.[333] Dementsprechend muss der Führungsstil partizipativ sein, denn der so gewährte Handlungsspielraum fördert die Kreativität und den Einfallsreichtum der Mitarbeiter. Er bildet auch die Voraussetzung, um in den LM-Teams zusammenzuarbeiten.[334]

- *Kommunikation und Kooperation zwischen den Beteiligten*; im westlichen Wirtschaftsraum, der sich durch ein ausgeprägtes „Einzelkämpfertum“ auszeichnet, kann nicht selbstverständlich von Teamfähigkeit und ausgeprägtem Gemeinschaftssinn ausgegangen werden. Mit Hilfe geeigneter Massnahmen der Personalentwicklung und -führung müssen die fehlenden kommunikativen Fähigkeiten behoben werden, sollen die Störungen in der Zusammenarbeit untereinander nicht die Effizienz der Teamarbeit behindern.[335]

- *LM darf nicht als ausschliessliches Kosteneinsparungs- und Entlassungsprogramm missbraucht werden*; ein solches Vorgehen wird nicht nur dem LM-Gedanken nicht gerecht, sondern führt sicherlich auch zu keinem nachhaltigen Erfolg.[336] Wenn die Betroffenen merken, dass die Versprechungen wie Dezentralisierung, Delegation von Verantwortung, Teamarbeit etc. nur leere Worthülsen sind, kann mit der Kooperation und Motivation der verbleibenden Mitarbeiter kaum gerechnet werden. LM führt zwar zu Personaleinsparungen, diese sollten jedoch am Anfang des Projekts realisiert werden. Anschliessend sollte den verbleibenden Mitarbeitern eine Arbeitsplatzgarantie zugesichert werden.[337] Nur mit einer offenen und ehrlichen Informationspolitik lässt sich das Vertrauen der Mitarbeiter in das Unterneh-

---

332 Vgl. Groth, Uwe/Kammel, Andreas (1993), S. 121.

333 *McGregor* stellte in den 60er Jahren fest, dass sich der Führungsstil von Vorgesetzten vor allem unterscheidet, weil ihre Mitarbeiter tatsächlich oder aus Sicht des Vorgesetzten eine ungleiche Leistungsbereitschaft aufweisen. Aus dieser Erkenntnis heraus definierte er Idealtypen von Menschenbildern: Die „Theorie X“ beschreibt Mitarbeiter, die grundsätzlich arbeitsscheu sind. Sie sind nur durch Strafandrohung zur Arbeit bereit und müssen straff geführt und kontrolliert werden. Als Gegensatz dazu steht die „Theorie Y“. Diese geht davon aus, dass jeder Mitarbeiter gerne arbeitet, in anspruchsvollen Arbeitsinhalten seine Fähigkeiten und Neigungen ausleben möchte und nach Selbstverwirklichung strebt. Identifiziert er sich mit den Unternehmenszielen, zeigt er Engagement und Selbstdisziplin und übernimmt Verantwortung. Vgl. McGregor, Douglas (1960), S. 33 ff.

334 Vgl. Reiss, Michael (1993), S. 178.

335 Groth, Uwe/Kammel, Andreas (1993), S. 119.

336 Vgl. Reiss, Michael (1993), S. 188.

337 Vgl. auch die Bemerkungen in Fussnote 316, S. 100.

men gewinnen, und Vertrauen ist die Voraussetzung für Kooperation und Motivation.

- *Notwendigkeit eines minimalen „Organizational Slacks"*; „Organizational Slack" lässt sich am besten mit Redundanz oder Überschuss an Ressourcen, der über das organisatorisch unbedingt erforderliche Mass hinausgeht, übersetzen. Derartige Überschüsse können z. B. in Form von Zeit, Geld oder Mitarbeitern existieren. Im LM-Grundverständnis sind solche „Slacks" zu vermeiden, da sie reine Verschwendung sind.[338] Das Null-Puffer-Prinzip, welches sowohl bei der Produktionssteuerung wie auch bei der Personalplanung Anwendung findet, zwingt die Betroffenen zu ständiger Wachsamkeit. Zeit oder Personalreserven sind nicht vorhanden; z. T. wird sogar gezielt mit personeller Unterbesetzung gearbeitet.[339] Allerdings gibt es auch eindeutige Grenzen der Schlankheit. Das Unternehmen braucht ein Mindestmass an Reservekapazität, um bspw. Innovationsprozesse zu durchlaufen, Strategien zu ändern, Krisen und Konflikte zu bewältigen oder Förderungsaufgaben bei erweiterten Leitungsspannen erfüllen zu können.[340]

7. Zusammenfassende Gegenüberstellung der Managementkonzepte und Plausibilitätsüberlegungen zur Verwendung des Managementkonzepts TQM für den Untersuchungsgegenstand

7.1. Einleitung

Das letzte Kapitel des zweiten Teils verfolgt zwei Ziele. Zum einen werden die in den vorangehenden Kapiteln dargestellten Managementkonzepte Kaizen, TQM, BPR und LM miteinander verglichen. Diese Gegenüberstellung erfolgt in tabellarischer Form. Damit soll dem Leser der Vergleich vereinfacht werden, da mit Hilfe dieser Darstellungsweise sehr rasch die wesentlichen Gemeinsamkeiten resp. Unterschiede ersichtlich sind. Ein Grossteil der für den Vergleich verwendeten Kriterien wurde im Rahmen der vorangegangenen systematischen Darstellung der vier Managementkonzepte bereits im Sinne eines Rasters verwendet. Zusätzliche Kriterien sind im folgenden die jeweilige Herkunft der Managementkonzepte, wichtige Autoren (damit sind einerseits die „Schöpfer" und andererseits bedeutende Verfechter des jeweiligen Konzepts gemeint), der Zeithorizont (dieses Kriterium zeigt auf, wie lange die Implementierung dauert) sowie wesentliche Stärken und Schwächen aus Sicht der Verfasserin.

338 Vgl. Fallgatter, Michael (1995), S. 215.
339 Vgl. Hagen, Rudolph (1996), S. 42.
340 Vgl. Thom, Norbert (1994), S. 75.

Im abschliessenden Abschnitt wird begründet, warum TQM sich besonders gut für den Untersuchungsgegenstand der vorliegenden Arbeit eignet.

7.2. Zusammenfassende Gegenüberstellung der Managementkonzepte

Tabelle II/ 1 visualisiert die Gegenüberstellung der vier Managementkonzepte (MK) Kaizen, TQM, BPR und LM.[341]

Tab. II/ 1: Zusammenfassende Gegenüberstellung der Managementkonzepte[342]

MK / Kriterium	Kaizen	TQM	BPR	LM
Herkunft	Statistische Qualitätskontrolle der US-amerikanischen Besatzungsmacht in Japan nach dem 2. Weltkrieg	80er Jahre in den USA. Weiterentwicklung des Total Quality Control Ansatzes aus den 60er Jahren	90er Jahre in den USA. Entstanden aus den Bemühungen der US-amerikanischen Automobilindustrie, sich gegen die japanische Konkurrenz zu behaupten (Beraterkonzept)	90er Jahre in den USA. Entstanden aus den Bemühungen der US-amerikanischen Automobilindustrie, sich gegen die japanische Konkurrenz zu behaupten
Wichtige Autoren	Deming, Imai, Juran	Feigenbaum, Ishikawa	Davenport/Short, Hammer/Champy	Krafcik, Womack/Jones
Fokus	Probleme jeglicher Art im Unternehmen	Erfüllung der Kundenbedürfnisse	Kernprozesse im Unternehmen	Wertschöpfungsprozess im Unternehmen
Ziel	Steigerung der Kundenzufriedenheit	Kontinuierliche Verbesserung der Qualität zum Nutzen der Stakeholder[343]	Effizienzsteigerungen bei den Messgrössen Kosten, Qualität, Zeit und Service	Verschwendung eliminieren

[341] Eine detaillierte Gegenüberstellung von TQM und BPR findet sich bei Schmalzl, Bernhard/Schröder, Jakob (1997), S. 277 ff.

[342] Quelle: Eigene Tabelle.

[343] Mit dem Oberbegriff der Stakeholder sind die vier Anspruchsgruppen eines Unternehmens, Kunden, Mitarbeiter, Kapitalgeber und Gesellschaft gemeint.

Methodische Merkmale	Ganzheitlichkeit, Gegenstromverfahren, inkrementale Verbesserungen	Ganzheitlichkeit, Gegenstromverfahren, kontinuierliche Verbesserung	Ganzheitlichkeit, Tabula-rasa-Prinzip, Top-down-Vorgehen	Ganzheitlichkeit, Gegenstromverfahren, radikale und inkrementale Vebesserungen
Konzeptionelle Merkmale	Kontinuierliche Verbesserung, Einbezug aller Mitarbeiter (MA)	Total (Einbezug aller MA), Quality (Kundenorientierung), Management (Unternehmensphilosphie, Engagement des Managements)	Fundamentales Überdenken, radikales Redesign, Prozessorientierung, Verbesserung um Grössenordnungen	Wertschöpfungsstrom, Kundenanforderungen, vermeiden von Verschwendung
Ermöglicher	Funktionsübergreifende Zusammenarbeit, Information und Schulung, offene Fehlerkultur, Teamarbeit	Gruppenarbeit, Qualitätszirkel, Information und Schulung, Methoden und Verfahren	Empowerment, Informations- und Kommunikationstechnologie	Teamarbeit, Dezentralisierung (Verflachung der Hierarchien), Arbeitspraktiken und Werkzeuge
Zeithorizont	Kontinuierlich, langfristig	Kontinuierlich, langfristig	Radikal, („Bombenwurfstrategie"), kurzfristig	Kontinuierlich, langfristig
Stärken	Instrumente und Verfahren vorhanden, verständlich, langfristige Optik, sozialverträglich, Einbezug der MA, eigenständige Umsetzung möglich, nachhaltiger Erfolg	Umsetzungsmodelle vorhanden, Instrumente und Verfahren vorhanden, Einbezug der MA, langfristige Optik, Aufbau einer gemeinsamen Wertordnung, nachhaltiger Erfolg, Anpassung an Besonderheiten des Unternehmens möglich	Neuanfang möglich, Empowerment einzelner MA, rasche Änderung auf Umweltveränderungen	Arbeitspraktiken und Werkzeuge vorhanden, Einbezug der MA, Empowerment der MA, Neuanfang z. T. möglich
Schwächen	Erfolg kurzfristig kaum sichtbar, Verbesserung des Bestehenden	Erfolg kurzfristig kaum sichtbar, vorwiegend Verbesserung des Bestehenden, grosser Schulungsaufwand	Mangelnde Sozialverträglichkeit, Nachhaltigkeit fraglich, geringer Einbezug der MA, eigene Umsetzung nur z. T. möglich (Beraterkonzept)	Konkrete Umsetzung z. T. unklar, Gefahr des Boykotts durch das Middle Management, Erfolg kurzfristig kaum sichtbar

Das Kriterium *Herkunft* zeigt, dass alle vier Konzepte ursprünglich aus den USA stammen, auch wenn Kaizen und TQM zuerst in Japan angewendet wurden. Sowohl Kaizen wie auch TQM sind in ihren Ansätzen bereits seit mehreren Jahrzehnten bekannt. Dagegen handelt es sich bei BPR und LM um wesentlich jüngere Konzepte, die in den 90er Jahren als Antwort auf die japanische Herausforderung in der US-amerikanischen Automobilindustrie entwickelt wurden. Bei BPR handelt es sich ausdrückliches um ein Beraterkonzept.[344]

Beim *Fokus* der vier Ansätze zeigen sich bei BPR und LM Parallelen, geht es doch bei beiden um diejenigen Prozesse, die für das Unternehmen zu einem Wettbewerbsvorteil führen. BPR verwendet den Begriff des „Kernprozesses“, bei LM ist vom „Wertschöpfungsprozess“ im Unternehmen die Rede. Einen anderen Schwerpunkt setzt Kaizen, welches sich auf „Probleme jeglicher Art im Unternehmen“ fokussiert. Bei TQM konzentrieren sich die Bestrebungen auf die „Erfüllung der Kundenbedürfnisse“.

Die *Ziele* der vier Konzepte sind: „Steigerung der Kundenzufriedenheit“ bei Kaizen, „kontinuierliche Verbesserung der Qualität zum Nutzen der Stakeholder“ bei TQM, „Effizienzsteigerungen bei den Messgrössen Kosten, Qualität, Zeit und Service“ bei BPR und „Verschwendung eliminieren“ bei LM. Die Betrachtung dieser Ziele lässt erkennen, dass interne und externe Merkmale bei den vier Ansätzen unterschiedlich gewichtet werden. Während bei Kaizen (Kundenzufriedenheit) und TQM (Qualität zum Nutzen der Stakeholder) die externe Sichtweise im Vordergrund steht, dominiert bei BPR (Effizienzsteigerung) und LM (Verschwendung eliminieren) die interne Sichtweise.[345] Letztendlich verfolgen jedoch alle Ansätze das gleich generelle Ziel, nämlich langfristig die Überlebensfähigkeit des Unternehmens sicherzustellen.

Zahlreiche Gemeinsamkeiten weisen die *methodischen Merkmale* auf. So beruhen alle Konzepte auf dem Prinzip der „Ganzheitlichkeit“ (das Unternehmen als Ganzes ist vom jeweiligen Projekt betroffen). Ausser beim BPR kommt ausserdem bei allen Ansätzen das „Gegenstromverfahren“ (Veränderungen erfolgen sowohl top-down als auch bottom-up) zur Anwendung. Unterschiede zeigen sich bei der Intensität der angestrebten Verbesserungen. Bei Kaizen und TQM geht es vorwiegend um kontinuierliche und inkrementale Verbesserungen, die auf den bestehenden Strukturen

---

344 Führende Vertreter (siehe auch das Kriterium „Autoren“) von BPR kommen aus dem Bereich der Unternehmensberatung, wie z. B. *Champy* (CSC Index) oder *Davenport* (Ernst & Young). Vgl. Wirtz, Bernd W. (1996), S. 1025 f.

345 Der Begriff Effizienz ist als Messgrösse der wirtschaftlichen Zielerreichung (Input-Output-Relation) zu verstehen. Vgl. u. a. Witte, Eberhard (1995), Sp. 264. Durch die Verbesserung dieser Relation kommt es, wenn auch indirekt, zu einer Nutzenstiftung für den Kunden. Dasselbe gilt bei der Eliminierung von Verschwendung (benötigter Input wird kleiner, was sich auf das Input-Output-Verhältnis positiv auswirkt).

basieren. LM strebt radikale und inkrementale Verbesserungsarten an. Mit Hilfe der ersten vier Prinzipien von LM soll eine radikale Verbesserung erreicht werden.[346] Anschliessend folgt die kontinuierliche Verbesserung der gesamten Wertschöpfung. BPR will mit dem „Tabula-rasa-Prinzip" (bestehende Strukturen und Verfahrensweisen finden keine Berücksichtigung mehr) gänzlich neu anfangen und sieht folglich radikale Verbesserungen vor.

Bei den *konzeptionellen Merkmalen* lassen sich Gemeinsamkeiten bei jeweils zwei Ansätzen erkennen. Bei Kaizen und TQM geht es um den „Einbezug aller Mitarbeiter" bei der Implementierung und anschliessenden Anwendung des Konzepts. Die „Kundenorientierung" ist bei TQM und LM vorhanden. Die „Prozessorientierung" resp. der „Wertschöpfungsstrom" lässt sich bei BPR und LM finden. Weitere Einzelnennungen von konzeptionellen Merkmalen finden sich darüber hinaus bei allen vier Ansätzen. Hierbei handelt es sich um die „kontinuierliche Verbesserung" bei Kaizen, den Oberbegriff „Management" (damit ist v. a. das Engagement des Managements sowie die gemeinsame Unternehmensphilosophie gemeint) bei TQM, das „fundamentale Überdenken", „radikale Redesign" und die „Verbesserung um Grössenordnungen" bei BPR und die „Verschwendung" bei LM.

Zahlreiche Übereinstimmungen weisen die Ansätze beim Kriterium *Ermöglicher* auf. Am grössten sind sie bei der „Gruppen- resp. Teamarbeit" und bei der „Information und Schulung". „Gruppen- resp. Teamarbeit" findet sich bei Kaizen (und geht hier sogar noch darüber hinaus, indem die Zusammenarbeit funktionsübergreifend sein soll), TQM und LM. „Information und Schulung" ist Bestandteil von Kaizen, TQM und ansatzweise auch von BPR. Weitere Parallelen sind bei den „Methoden und Verfahren"[347] resp. „Arbeitspraktiken und Werkzeuge"[348] auszumachen, die sowohl bei TQM als auch bei LM von Bedeutung sind. Ähnlichkeiten zwischen BPR und LM finden sich bezüglich „Empowerment" (damit ist die Übertragung von Verantwortung, Kompetenzen und neuen Aufgaben auf tiefer liegende Hierarchiestufen gemeint), welches bei BPR genannt wird und der „Dezentralisierung" und „Abflachung der Hierarchien", die bei LM als wichtiger Ermöglicher bezeichnet werden und letztendlich auch ein Empowerment der betroffenen Mitarbeiter mit sich bringen.

Ein Bestandteil von TQM sind die „Qualitätszirkel". Bei BPR ist es die „Informations- und Kommunikationstechnologie", welche als zusätzlicher Ermöglicher genannt wird.

Die Betrachtung des *Zeithorizonts* zeigt, dass lediglich BPR nicht kontinuierlich und

---

[346] Vgl. die Abb. II/ 17, S. 91.

[347] Vgl. für Bsp. von Methoden und Verfahren die Ausführungen in der Fussnote 138, S. 56.

[348] Vgl. für Bsp. von Verfahren und Werkzeugen die Ausführungen zur Fussnote 317, S. 100.

langfristig ausgerichtet ist. BPR strebt an, kurzfristig und radikal, im Sinne einer „Bombenwurfstrategie“, das Unternehmen neu zu gestalten.

Die *Stärken* und *Schwächen* der an dieser Stelle diskutierten Managementkonzepte sind ebenfalls in der **Tabelle II/ 1** aufgeführt. Ihre Betrachtung zeigt, dass sowohl die Stärken wie auch die Schwächen der drei, eher als gemässigt zu bezeichnenden Konzepte, Kaizen, TQM und LM, zahlreiche Übereinstimmungen aufweisen.

Zu nennen sind bei den *Stärken* die vorhandenen Instrumente und Verfahren resp. Arbeitspraktiken und Werkzeuge, die eine konkrete Umsetzung der Philosophie eines Ansatzes bedeutend erleichtern. Weiter wird der Ressource „Mensch“ eine hohe Bedeutung beigemessen. Dies manifestiert sich u. a. im Einbezug bei der Implementierung, in der Teamarbeit oder durch das angestrebte Empowerment.

Weitere *Stärken* der „gemässigten“ Konzepte (Kaizen, TQM und LM) sind: die Möglichkeit der „eigenständigen Umsetzung“ bei Kaizen, das Vorhandensein von konkreten „Umsetzungsmodellen“, der Aufbau einer „gemeinsamen Werteordnung“ und die Möglichkeit der „Anpassung an Besonderheiten eines Unternehmens“ bei TQM sowie die zumindest „teilweise Möglichkeit eines Neuanfangs“ bei LM.

Die *Schwächen*, die diesen Ansätzen gemein sind, zeigen sich v. a. im Bereich des kurzfristigen Erfolgs (ausgedrückt in quantitativen Grössen, wie z. B. Kosteneinsparungen durch Fehlerreduktion, aber auch qualitativen Grössen, wie z. B. ein verbessertes Arbeitsklima durch Teamarbeit). Weil vorwiegend kontinuierliche und inkrementale Verbesserungen angestrebt werden, ist der Erfolg kurzfristig kaum oder nur ansatzweise sicht- und messbar. Demotivation und Frustrationen bei den Betroffenen sind eine mögliche Folge. Im Extremfall kann es sogar zum Boykott des Projekts kommen.

Weitere *Schwächen* sind der „grosse Schulungsaufwand“ bei TQM, die Gefahr eines „Boykotts durch das Middle Management“ (als Folge der Dezentralisierung und des Abbaus von Hierarchien) und die „z. T. unklare Umsetzung“ bei LM.

Die herausragenden *Stärken* von BPR, welches sich selber als radikales Konzept bezeichnet, sind die Möglichkeit eines Neuanfangs verbunden mit einem raschen und entschlossenen Vorgehen. Allerdings führen gerade diese Stärken zu schwerwiegenden Folgen (*Schwächen*) im Unternehmen. So muss dem Konzept eine mangelnde Sozialverträglichkeit vorgeworfen werden, weil es die Bedürfnisse der Mitarbeiter weitgehend vernachlässigt. Der Grossteil der Belegschaft eines Unternehmens wird bei der Implementierung ausgeschlossen (vom Empowerment kann nur eine Minderheit profitieren; zudem handelt es sich um ein explizites Beraterkonzept). Es muss berechtigterweise die Frage gestellt werden, wie gross die Nachhaltigkeit eines solchen Ansatzes sein kann, wenn bisherige Strukturen aufgebrochen werden, bevor sich neue Abläufe eingespielt haben.

7.3. Plausibilitätsüberlegungen zur Verwendung des Managementkonzepts TQM für den Untersuchungsgegenstand „Spital"

Nachdem die in dieser Arbeit untersuchten Managementkonzepte systematisch dargestellt und miteinander verglichen wurden, dient der letzte Abschnitt von Teil II der Begründung, warum gerade TQM für den Untersuchungsgegenstand „Spital" als besonders geeignet erscheint. Teilweise wird dabei auf den Teil III der vorliegenden Arbeit, der sich mit dem Gesundheitswesen der Schweiz allgemein und dem Untersuchungsgegenstand „Spital" auseinandersetzt, vorgegriffen:

- *TQM stellt die Kundenbedürfnisse in den Mittelpunkt der Betrachtung*; dabei wird nicht die Maximierung der Qualität angestrebt, sondern ihre Orientierung an den effektiven Kundenbedürfnissen. Ein Beispiel soll die Bedeutung einer verstärkten Orientierung an den Kundenbedürfnissen verdeutlichen: Die Kosten im Gesundheitswesen verzeichneten in den letzten 20 Jahren alljährlich ein- bis zweistellige Zuwachsraten.[349] TQM kann dazu beitragen, unnötige (d. h. vom Kunden nicht ausdrücklich verlangte) Leistungsangebote zu eliminieren. Ein Instrument, um die Bedürfnisse der Kunden (im Spital scheint der Begriff des Patienten eher angebracht) systematisch zu eruieren, ist die „Patienten-Zufriedenheitsbefragung". Wie die Ergebnisse der quantitativen Studie zeigen (vgl. Teil IV), wird dieses Instrument in den Deutschschweizer Spitälern bereits sehr oft angewendet. Allerdings bestehen noch Lücken bei der konkreten Umsetzung der Verbesserungsvorschläge. Die Eingliederung des Instruments in ein TQM fördert die Umsetzung von Änderungen/Verbesserungen und gibt der Führungsebene zudem ein Werkzeug für die gezielte Wirkungskontrolle an die Hand.

- *Bei TQM haben die Mitarbeiter einen sehr hohen Stellenwert*; TQM basiert auf dem Potential und Engagement der Mitarbeiter. Durch den starken Einbezug der Mitarbeiter bei der Implementierung von TQM sowie der Übertragung von Qualitätsverantwortung entsteht eine hohe Leistungsmotivation und Mitverantwortlichkeit. Das Spital ist ein Erbringer von Dienstleistungen, die sehr personalintensiv sind. Darüber hinaus ist die Personalstruktur durch eine mittlere bis hohe durchschnittliche Qualifikation gekennzeichnet. Bisher war der Handlungsspielraum beim Grossteil des Spitalpersonals (insbesondere den Mitarbeitern aus dem Pflegebereich) nicht sehr weitreichend. Die Arbeit bestand vorwiegend aus Routine-

349 Vgl. die Abb. III/ 3, S. 122.

aufgaben, die durch das Pflegekader (z. B. Stationsschwester oder Oberschwester) und die Ärzteschaft vorgegeben wurden. Mit der Einführung von TQM verändert sich die Arbeit, steigen die Kompetenzen und Verantwortlichkeiten, weil jeder Mitarbeiter seinen Teil zur Qualität beitragen kann.

- *Gruppenarbeit ist ein wesentlicher „Ermöglicher" von TQM*; Die Projekte und Massnahmen von TQM werden vorwiegend in Gruppenarbeit realisiert. Eine mögliche Form der Gruppenarbeit sind Qualitätszirkel.[350] Die Ergebnisse aus der quantitativen Studie zeigen, dass QZ bereits heute eine grosse Verbreitung in den befragten Spitälern finden. Diese Tatsache erleichtert eine Einführung von TQM wesentlich.

- *TQM ist auf „Ganzheitlichkeit" bedacht*; TQM strebt nicht Verbesserungen in lediglich einem Bereich oder in einer Abteilung an. Endziel ist immer die Anwendung auf die ganze Institution. Das ganzheitliche Vorgehen entspricht der Charakteristik eines Spitals. Die einzelnen Bereiche und Abteilungen lassen sich nicht ohne weiteres trennen. Der Patient durchläuft i. d. R. die verschiedensten Bereiche von der Aufnahme über die Pflegestation und den Operationsbereich bis hin zum Austritt. Die Ausrichtung auf die Kundenbedürfnisse (vgl. mit dem ersten Punkt) bedingt daher die Optimierung der Schnittstellen, da der Patient den Aufenthalt als Ganzes im Spital als Massstab für seine Zufriedenheit nimmt und die Qualität der Leistungen nicht unbedingt nach einzelnen Bereichen unterscheidet.

- *TQM kann an die Besonderheiten einer Institution angepasst werden*; die Spitäler unterschieden sich stark bezüglich Leistungsangebot (z. B. Klinik für plastische Chirurgie versus Akutspital), Struktur (z. B. Chefarztsystem versus Belegarztsystem), Kultur, Strategie, Finanzierungsform, Führungsgrundsätzen etc. Die Anwendung eines normierten, einheitlichen Konzepts könnte diesen Differenzen nicht gerecht werden. Die Folge sind Widerstände von Seiten der Mitarbeiter, die Verzögerungen bei der Umsetzung mit sich bringen und letztlich den Gesamtnutzen und –erfolg gefährden.

- *Konkrete Umsetzungmodelle vereinfachen die Implementierung*; TQM verfügt als einziges der modernen Managementkonzepte über konkrete Umsetzungsmodelle, wie z. B. das EFQM-Modell, welches dem European Quality Award zugrunde liegt. Der Vorteil der Umsetzungsmodelle ist, dass sie im Gegensatz zu den Konzepten, die sich noch auf einer eher abstrakten und strategischen Ebene befinden, konkrete Instrumente und Massnahmen beinhalten. Die mit der Implementierung betraute operative Ebene kann auf dieses Hilfsmittel zurückgreifen und zum gros-

---

350 Vgl. zu den QZ die Ausführungen in der dritten Hauptphase von TQM in Abschnitt II.4.2.3, S. 51 ff.

sen Teil eigenständig das TQM-Projekt umsetzen. Die Eigenständigkeit fördert wiederum die Motivation und Teilnahmebereitschaft der Beteiligten und ist zudem von den Kosten her günstiger als die Alternative, in der das ganze Konzept durch externe Berater erarbeitet und implementiert wird.

- *TQM ist durch ein evolutionäres Vorgehen gekennzeichnet*; bis zur Einführung des neuen Krankenversicherungsgesetzes KVG am 1.1.1996 bestand im schweizerischen Gesundheitswesen kaum Wettbewerb unter den Systemelementen. Diese Situation hat sich seitdem schlagartig geändert. Spitallisten, die neu festlegen, welche Spitäler ihre Leistungen durch die Grundversicherung abgedeckt erhalten, sind nur eine Folge des neuen Gesetzes (vgl. im Detail Abschnitt III.2.3, S. 121 ff.). Spitäler erhalten ihren Leistungsauftrag nicht mehr automatisch. Ihre Überlebensfähigkeit ist gefährdet, wenn sie nicht ihre Effizienz steigern, ihre Leistungen den Bedürfnissen ihrer Stakeholder (Kunden, Mitarbeiter, Kapitalgeber und Gesellschaft) anpassen und gleichzeitig ihre Kosten senken können. Trotz dieses Handlungsdrucks ist das evolutionäre Vorgehen, also die kontinuierliche und langfristige Ausrichtung, wie sie TQM verfolgt, sicher besser geeignet als eine radikale Änderung, wie sie z. B. BPR fordert. Die Änderungen können nur erfolgreich sein, wenn sie von den Beteiligten auch getragen werden. Gerade im personalintensiven Spital sind die Gefahren eines radikalen Vorgehens nicht zu unterschätzen. Widerstände und Ängste seitens der Belegschaft – ausgelöst durch eine „Bombenwurfstrategie“ wie sie BPR propagiert – könnten sich verheerend auf das Leistungsergebnis (Wiederherstellung resp. Stabilisierung der Gesundheit des Menschen) im Spital auswirken.

- *Der Qualitätsnachweis wird ausdrücklich vom KVG gefordert*; eine weitere Neuerung dieses KVG ist die ausdrückliche Forderung des Gesetzes, dass die Leistungserbringer Konzepte über die Anforderungen an die Qualität der Leistungen und die Förderung von Qualität erarbeiten.[351] TQM ist ein in der Industrie weit verbreitetes Konzept. Die Erfahrungen der Anwender (positive wie negative) können in angepasster Form dem Spital wichtige Hinweise für eine erfolgreiche Implementierung liefern.

---

[351] Vgl. im Detail Abschnitt III.2.3, S. 121 ff.

III. Das Gesundheitswesen in der Schweiz

1. Einleitung

Das Ziel des dritten Teils der vorliegenden Arbeit besteht darin, einen Überblick über die aktuelle Situation im Schweizerischen Gesundheitswesen zu geben, sowie das Spital als primären Untersuchungsgegenstand vertieft darzustellen.

Der Teil III ist in drei Kapitel unterteilt. Der Einleitung folgt im zweiten Kapitel der Überblick über das Gesundheitswesen in der Schweiz. Nach einer kurzen Begriffsbestimmung in Abschnitt eins werden die drei Elemente des Systems Gesundheitswesen, (1) die „Leistungserbringer", (2) die „Leistungsempfänger" und (3) die „Kostenträger" in Abschnitt zwei näher untersucht. Mit den aktuellen Entwicklungen, welche einen grossen und unmittelbaren Handlungsbedarf bei allen Systemelementen ausgelöst haben, setzt sich Abschnitt drei auseinander. Eine Antwort auf die aktuellen Entwicklungen im Gesundheitswesen ist „Managed Care". Ausgewählte Modelle von Managed Care werden in Abschnitt vier vorgestellt. Die „Besonderheiten des Gesundheitsmarktes" sind Inhalt von Abschnitt fünf und schliessen das Kapitel ab.

Das dritte Kapitel beschäftigt sich mit der Institution „Spital" und ist in vier Abschnitte unterteilt. Nach einer kurzen Erläuterung zu der Entstehungsgeschichte des Spitals in Abschnitt eins wird in Abschnitt zwei auf die Dienstleistungserstellung eingegangen. Die Auseinandersetzung mit den personellen und organisatorischen Aspekten des Spitals erfolgt in Abschnitt drei. Der letzte Abschnitt dient dazu, den Qualitätsbegriff und das Qualitätsverständnis im Spital näher zu untersuchen.

2. Das Gesundheitswesen im Überblick

2.1. Begriffsbestimmung[1]

Eine gute Gesundheit ist für die Menschheit von jeher ein erstrebenswerter Zustand. Diese Tatsache belegen auch Umfragen nach dem grössten Wunsch für das kommende Jahr. Gesundheit steht jeweils an erster Stelle: 1970 wünschten sich 67 Prozent der befragten Personen eine gute Gesundheit, 1980 waren es 59 Prozent und 1990 65 Prozent. Was genau ist aber Gesundheit?

---

1 Vgl. Häfner, Heinz (1996), S. 304 f.

Die Weltgesundheitsorganisation (WHO) definiert Gesundheit wie folgt: *„Gesundheit ist ein Zustand völligen körperlichen, seelischen und sozialen Wohlbefindens und nicht nur das Freisein von Krankheit und Gebrechen*“.[2] Diese Definition wird zwar wegen ihrer Realitätsferne nicht selten kritisiert; die Bestandteile körperlich, seelisch und sozial bezeichnen jedoch treffend die drei Funktionsbereiche, welche für die freie Entfaltung eines gesunden Lebens von Bedeutung sind. Gesundheit ist somit nicht als Gegenteil von Krankheit zu verstehen, sondern geht viel weiter, indem der Mensch ganzheitlich betrachtet wird. Darüber hinaus zeigt die Definition deutlich, dass in unserer demokratischen Gesellschaft viele Kräfte und Institutionen – und nicht zuletzt auch das Individuum selber – sich mit der Annäherung an dieses schwer fassbare Gut „Gesundheit“ beschäftigen. Im weiteren sollen die Kräfte und Institutionen, welche sich direkt mit der Gesundheit befassen, näher untersucht werden.

2.2. Elemente und Leistungskategorien des Systems Gesundheitswesen

Aus Gründen der Praktikabilität beschränkt sich die volkswirtschaftliche und gesetzliche Praxis auf eine enge Definition des Systems Gesundheitswesen und unterscheidet im wesentlichen die *drei Elemente (1) „Leistungserbringer“, (2) „Leistungsempfänger“ und (3) „Kostenträger“.*[3]

Bei den *Leistungserbringern* handelt es sich um all jene Anbieter, welche in direktem Kontakt zum Patienten stehen, also Ärzte, Therapeuten, Pflegepersonal etc. sowie ihre Absatzorganisationen (z. B. Spitäler, Arztpraxen, Spitex). Ebenfalls dazugezählt werden die Apotheken, Drogerien und medizinische Labors. Die Leistungserbringer erfahren eine weitere Unterteilung nach *Leistungskategorien.* Insgesamt werden fünf Kategorien unterschieden:[4] Erbrachte Leistungen der Spitäler[5] sind der Kategorie *stationäre Behandlung* zuzuordnen, sofern der Patient in der Institution übernachtet. Ansonsten sind die Leistungen als *teilstationäre Behandlung* zu bezeichnen. *Ambulante Behandlung* werden all diejenigen Leistungen genannt, welche ausserhalb vom Spital erbracht werden. Beispiele hierfür sind die selbständigen Ärzte oder die durch die Gemeinden betriebenen Gesundheitszentren mit eigenem Pflegepersonal. Eine

---

2 WHO (1978). Kursivschrift durch die Verfasserin.

3 Vgl. Burckhardt, Jürg/Engler, Conrad/Salinas, Luis (1997), S. 42 ff. und Trill, Roland (1996), S. 28 ff.

4 Vgl. Maurer, Alfred (1996), S. 70.

5 Der Einfachheit halber wird an dieser Stelle nur von Spital gesprochen, unabhängig davon, ob es sich z. B. um ein öffentliches oder privates Spital handelt. Inwieweit die Rechtsform und die Trägerschaft (als betriebliche Bedingungsgrössen) das Spitalmanagement beeinflussen, wird in Abschnitt IV.7.3.2.2, S. 234 f. im Rahmen der Expertengespräche untersucht.

gesonderte Erfassung erfolgt für die Gruppe der *Arzneimittel*. Leistungen, die der Vorbeugung von Krankheiten dienen, wie z. B. Drogen- oder Alkoholprävention sowie der Schulgesundheitsdienst fallen unter die Kategorie *Prävention*.

Das zweite Element im System sind die *Leistungsempfänger*. In erster Linie sind dies die Patienten. Sie befinden sich im System Gesundheitswesen in einer Doppelrolle. Einerseits empfangen sie die Leistungen. Andererseits finden sie sich indirekt in den Kostenträgern wieder, indem sie die Prämien für ihre Versicherung an die Krankenkassen resp. die Steuern an den Staat entrichten. Darüber hinaus begleichen sie gewisse Leistungen, welche von ihrer Krankenkasse nicht vergütet werden, direkt an die Leistungserbringer. So haben z. B. Versicherte ohne Familienangehörige im gleichen Haushalt für den Spitalaufenthalt zehn Franken pro Tag zu entrichten. Aber auch der Selbstbehalt, gewisse Medikamente, Leistungen des Zahnarztes oder durch die Krankenkasse nicht abgedeckte Leistungen der Alternativmedizin bezahlen die privaten Haushalte selber.[6] Es gibt aber auch andere Personengruppen und/oder Institutionen, die Leistungen erhalten. Ein selbständiger Arzt z. B., der keine Instrumente für komplizierte Blutuntersuchungen hat, schickt das Blut in ein dafür spezialisiertes Labor zur Analyse.

Leistungserbringer und -empfänger sind miteinander durch das dritte Element, die *Kostenträger*, verbunden. Zu den Kostenträgern gehören die Krankenkassen und der Staat.[7] Die Krankenkassen rückvergüten oder begleichen direkt die in Anspruch genommenen Leistungen (ganz oder teilweise). Seit der Einführung des neuen Krankenversicherungsgesetzes (KVG) auf den 1. Januar 1996 bezahlen Bund und Kantone keine Subventionen mehr an die Krankenversicherer.[8] Hingegen verbilligen sie die Prämien von Familien oder Einzelpersonen mit geringem Einkommen.[9] Auf der Seite der Kostenträger hat sich noch eine weitere Veränderung manifestiert. Die Branche der Krankenversicherungen befindet sich in einem grundlegenden Umbruch. Von den insgesamt 1'100 Krankenversicherern im Jahre 1960 sind 1998 gerade 120 übriggeblieben. Die Gründe für die Konzentration liegen vor allem im Kostendruck sowie im KVG, welches den Krankenversicherern eine aktivere Rolle zuweist als bisher. Es wird von ihnen erwartet, dass sie den marktwirtschaftlichen Kräften im

6 Vgl. o. V (o. J.), S. 8.

7 Der Begriff „Kostenträger" ist also nicht im engeren Sinne des betrieblichen Rechnungswesens zu verstehen.

8 Weitere Besonderheiten des neuen KVG sind in Abschnitt III.2.3, S. 121 ff. aufgeführt.

9 Vgl. o. V. (o. J.), S. 7. Insgesamt machten die Subventionen im alten Gesetz in etwa zwölf Prozent des Prämienvolumens aus. Die Subventionen haben die Prämien für alle verbilligt. Die im heutigen KVG vorgesehenen Prämienverbilligungen an Bedürftige liegen dagegen im Kompetenzbereich der Kantone. Diese schöpfen ihre Möglichkeiten jedoch sehr unterschiedlich aus. Die Folge davon ist, dass z. T. einkommensschwächere Haushalte durch diese neue Regelung finanziell übermässig belastet werden. Vgl. Ernst, Synes (1998), S. 25.

Gesundheitswesen zum Durchbruch verhelfen.[10] Nach Meinung von Manfred Manser, Geschäftsführer der zur Zeit grössten Schweizer Krankenkasse Helsana, wird die Konzentration sogar noch weiter gehen: „Ich gehe davon aus, dass es höchstens noch acht nationale Krankenversicherer gibt, welche die gesamte Palette bei den Grund- und Zusatzversicherungen anbieten. Dann wird es 10 bis 15 Nischenkassen geben, die in bestimmten Regionen tätig sind. Unter dem Strich werden in den nächsten 5 bis 8 Jahren also 100 Kassen vom Markt verschwinden."[11]

Abbildung III/ 1 zeigt die Entwicklung der „Anteile der Direktzahler im Gesundheitswesen" der Schweiz für den Zeitraum zwischen 1960 und 1995 in Prozent.

Abb. III/ 1: Anteile der Direktzahler für den Zeitraum 1960 – 1995 in Prozent[12]

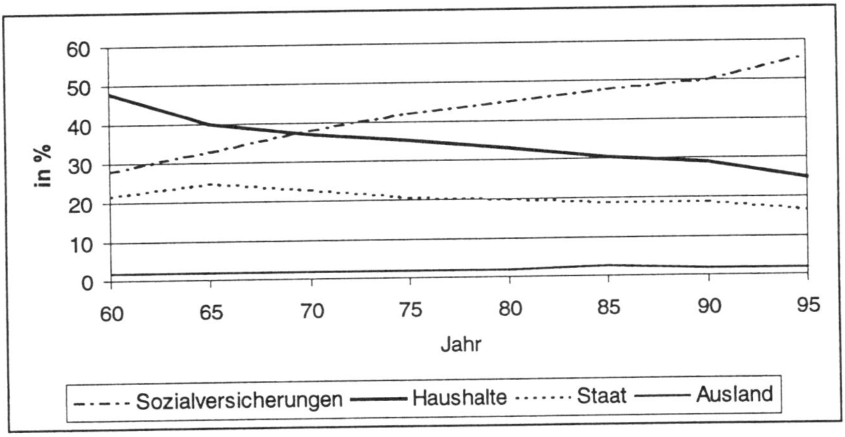

Aus der Abbildung ist ersichtlich, dass sich in den vergangenen Jahren die Anteile der einzelnen Gruppen stark verschoben haben. Während in den 60er Jahren der Staat

10 Vgl. Kropf, Beat (1997), S 64. Wie weit einige Kassen bei der Realisierung marktwirtschaftlicher Kräfte gehen, zeigt das Beispiel der Visana, welche die Grundversicherung in acht Kantonen in Zukunft nicht mehr anbieten wird. Die Ankündigung des Rückzugs hat hohe Wellen geworfen. Allerdings verhält sich die Visana damit im Sinne des KVG, wenn sie Mittel und Wege sucht, die sog. schlechten Risiken aus dem Kreis ihrer Klienten zu eliminieren. Auf der anderen Seite haben neu auch die Kunden die Möglichkeit, sich die Kasse mit der für sie günstigsten Variante auszusuchen und die vorhandenen Vorteile zu nutzen. So hindert bspw. die verbliebenen Visana-Kunden niemand daran, von ihrer Mobilität zu profitieren und zu einer günstigeren Kasse zu wechseln.

11 Barmettler, Stefan/Spogat, Iris (1998), S. 71.

12 Quelle: Hill, Stefan (1997), S. 8.

(v. a. Bund und Kantone) einen Grossteil der Gesundheitsausgaben finanzierte, sind es heute die Sozialversicherungen (Krankenkassen und Unfallversicherungen). Dadurch hat sich die finanzielle Belastung der Haushalte zusätzlich erhöht, weil diese den grössten Teil der Krankenkassenprämien aufbringen. Darüber hinaus steuern die Haushalte – wie bereits erwähnt – auch direkt etliches zum Gesundheitswesen bei (z. B. Medikamente und Selbstbehalte).

Die drei Elemente des Systems Gesundheitswesen haben völlig unterschiedliche Anforderungen, Erwartungen und Bedürfnisse, was zu einem Spannungsverhältnis führt. **Abbildung III/ 2** zeigt eine Auswahl von typischen Grundannahmen der jeweiligen Elemente, die zu einem Spannungsverhältnis führen.

Abb. III/ 2: Unterschiedliche Anforderungen, Erwartungen und Bedürfnisse im Gesundheitswesen[13]

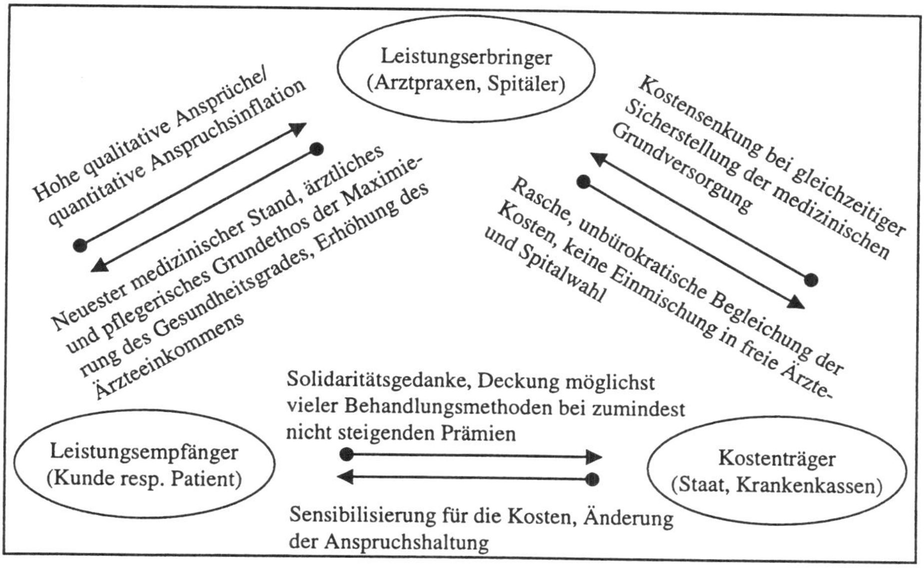

2.3. Aktuelle Entwicklungen

Wie bereits in Teil I dieser Arbeit erwähnt, haben der überproportional steigende Anteil finanzieller Aufwendungen am Bruttosozialprodukt zur Sicherung des

[13] Quelle: Eigene Abbildung.

Gesundheitswesens (mit den damit einher gehenden Folgen steigender Krankenkassenprämien und Einkommensabgaben) zu einem sofortigen Handlungsbedarf geführt. Es ist nicht von der Hand zu weisen, dass sich das schweizerische Gesundheitswesen in einem grundsätzlichen Umbruch befindet, der Anpassungen von Seiten aller Akteure erfordert.

Abbildung III/ 3 zeigt einen Überblick über die prozentualen Zuwachsraten im Gesundheitswesen der Schweiz im Zeitraum von 1988 bis 1997.

Abb. III/ 3: Prozentuale Zuwachsraten im Gesundheitswesen in der Schweiz[14]

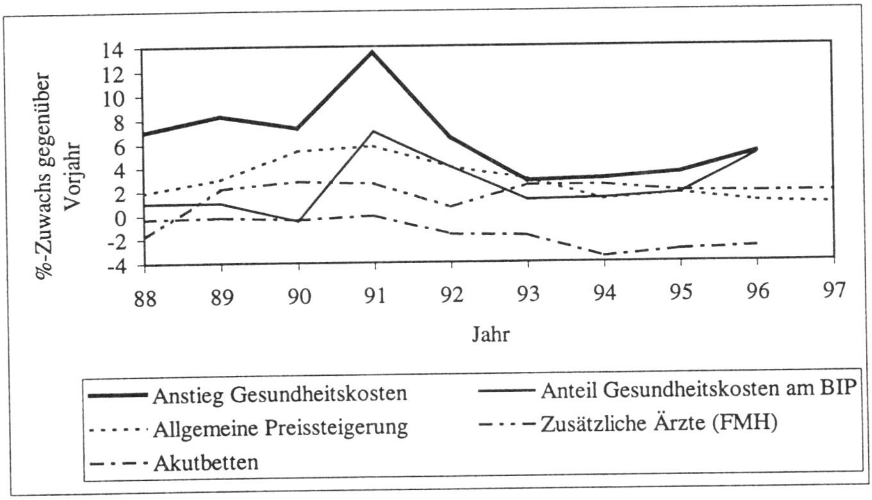

Die *Gründe* für den starken Anstieg der Ausgaben sind vielfältig: Die *demographische Entwicklung* d. h. die gestiegene Lebenserwartung und das erhöhte Durchschnittsalter der Bevölkerung haben zu einer Zunahme der medizinischen Leistungen geführt. Die Durchschnittsausgaben aller Schweizer Krankenkassen betrugen 1997 pro Kopf der Versicherten (ab 19 Jahre) 1'826 Franken. Die bei weitem höchsten Krankenkosten pro Kopf entfallen auf die Gruppe der Hochbetagten. In der Altersklasse zwischen 81 und 85 Jahren betrugen die durchschnittlichen Ausgaben für das

14 Quelle: Baschek, Eckhard (1998), S. 3. Aus der Abbildung ist ersichtlich, dass die Gesundheitskosten in den letzten Jahren jeweils deutlich höher stiegen als die allgemeine Preissteigerung in der Schweiz.

Referenzjahr rund 6‘197 Franken,[15] in der Altersklasse 91 Jahre und älter beziffern sich die Kosten mit 10‘405 Franken. Mit dem absolut und relativ deutlich wachsenden Anteil Betagter nimmt auch das Ausmass der als typisch zu bezeichnenden „Alterskrankheiten“ zu. Im Vordergrund stehen dabei chronische Erkrankungen der Gefässe, des Herz-Kreislauf-Systems, des Atmungssystems, des Stoffwechsels etc. Die in den meisten Fällen verbundene Langzeitbehandlung und –pflege der daran erkrankten Personen ist besonders kostenintensiv.[16]

Ein weiterer Grund der Kostensteigerung ist der *medizinisch-technische Fortschritt.* Bei der Behandlung einer Krankheit werden in der Regel sämtliche Innovationen angewendet, die durch den Fortschritt der Medizin, der Medizintechnik und Pharmazie zur Verfügung stehen. Diese sind jedoch infolge ihrer Aufwendigkeit, Entwicklung und Herstellung, ihres Prototypcharakters oder auch ihrer Monopolstellung sehr teuer.[17]

Zusätzlich zum medizinisch-technischen Fortschritt, der eine Ausweitung der beanspruchten Medikamente, Präparate und Behandlungsmethoden zu Folge hat, steigt auch die *Anzahl der angebotenen Dienstleistungen* und ihrer Erbringer. In der Schweiz kommen jedes Jahr knapp 400 praktizierende Ärzte zu den bestehenden rund 13‘000 (im Jahr 1997) hinzu, und alle sind darum bemüht, ihre Existenz zu sichern.[18] Gerade die Ärzteschaft steht im Zusammenhang mit der aktuellen Situation im Kreuzfeuer der Kritik. 1997 machten Ärzteschaft und Medikamente rund 37 Prozent der Kosten im Gesundheitswesen aus. Sie sind nach den Spitalkosten der weitaus grösste Kostenfaktor und wirken sich direkt auf die Krankenkassenprämien aus, weil

---

15 Die Aufteilung nach dem Geschlecht zeigt, dass mit zunehmendem Alter die Kosten für die Frauen höher liegen als die der Männer (in der Altersklasse 81 bis 85 Jahre sind es 5‘913 Franken für die Männer und 6‘481 Franken für die Frauen). Eine mögliche Erklärung dafür ist, dass hochbetagte Frauen häufiger auf professionelle Krankenpflege angewiesen sind, weil sie ihren Partner überleben und deshalb alleinstehend sind. Dagegen können pflegebedürftige Männer vermehrt von ihren Partnerinnen zu Hause betreut werden.

16 Vgl. Müller, Klaus (1998), S. 13. Interessante Ergebnisse liefert auch eine Studie der Ökonomen *Stefan Felder* und *Peter Zweifel.* Sie können nachweisen, dass mit Abstand der grösste Kostenaufwand kurz vor dem Tod eines Patienten entsteht, vorausgesetzt er ist zu diesem Zeitpunkt älter als 65 Jahre. Diese Kosten steigen zur Zeit explosionsartig, da jedes Jahr den Ärzten neue Diagnose- und Therapiemöglichkeiten zur Verfügung stehen. Vgl. ausführlich Schärli-Reinhard, Markus (1997), S. 53.

17 Die hohen Kosten von modernen Apparaturen und Behandlungstechniken verlangen nach einer hohen Auslastung, damit diese innerhalb eines möglichst kurzen Zeitraums amortisiert werden können. Eine Folge davon ist, dass Behandlungen durchgeführt werden, auch wenn sie für den Patienten nicht zwingend notwendig sind. Vgl. u. a. das Beispiel des Nierensteinzertrümmerers bei Oyon, Daniel/Cardinaux, Pierre-Alain (1998), S. 2.

18 Vgl. Pharma Information (1998), S. 40 f.

sie vollumfänglich von den Kassen übernommen werden.[19] Von verschiedenen Seiten wird den Ärzten vorgeworfen, sie würden ihr Einkommen mit unnötigen Verfahren oder Doppeluntersuchungen aufbessern. Zu weiterer Kritik gibt Anlass, dass je nach Versicherungsart des Patienten für Behandlung und Therapie mit unterschiedlichen Tarifen gerechnet wird.[20]

Das *Spannungsverhältnis zwischen kollektiver Finanzierung des Gesundheitswesens und privater Leistungserbringung bei einem gleichzeitigen Fehlen des Äquivalenzprinzips*[21] ist ein weiterer Faktor, der zu einem Anstieg der Gesundheitskosten führt. Für den Leistungsempfänger besteht in der Regel kein ausgeprägtes Bedürfnis nach Kosteneffizienz, da sein subjektiv empfundener Gesundheitszustand im Vordergrund steht. Gleichzeitig wird er jedoch (noch) nicht wesentlich mit den individuellen Kosten seiner Behandlung konfrontiert. Dadurch neigt er zu einem vermehrten Konsum von medizinischen Leistungen, bis dass diese keine (subjektiv) positive Wirkung mehr zeigen.[22]

Auf der Seite der Leistungserbringer entsteht durch das fehlende Äquivalenzprinzip eine sehr attraktive *Behandlungsfreiheit*, die, gekoppelt mit dem ärztlichen Ethos der Maximierung des Gesundheitsgrades (vgl. Abbildung III/ 2, S. 121), zu einer ausschliesslichen Betrachtung der Effektivität einer Behandlung führt. Die Kosteneffizienz rückt dagegen in den Hintergrund.[23]

Nicht zuletzt ist auch das *Anspruchsniveau der Patienten* gestiegen. Die Ansprüche messen sich bei der Beurteilung der Hotellerie im stationären Bereich am Standard, den die Patienten im täglichen Leben gewohnt sind. Es ist davon auszugehen, dass die Erwartungen bezüglich der Hotelinfrastruktur und –leistungen von Spitälern in

---

19 Vgl. o. V. (1997b), S. 15. Im Gegensatz dazu machen zwar die Spitalkosten den grössten Kostenblock im Gesundheitswesen aus, doch nur etwa die Hälfte muss von den Krankenkassen direkt übernommen werden und schlägt sich dementsprechend in den Prämien nieder. Die andere Hälfte wird den Kantonen und damit den Steuerzahlern belastet.

20 Vgl. Röthlisberger, Daniel/Böhlen, Claudine (1997), S. 15 sowie Aschinger, Richard (1997), S. 8. Dass diese Vorwürfe nicht aus der Luft gegriffen sind, bestätigt eine Studie zur Haltung der schweizerischen Ärzte gegenüber einer Kostensenkung im Gesundheitswesen. 47 Prozent der befragten Ärzte gaben an, sie hielten die angebotsinduzierte Ausweitung medizinischer Leistungen als Massnahme gegen die Konkurrenz von Berufskollegen oder sonstigen wirtschaftlichen Druck als sehr wahrscheinliches Verhalten, um die eigene Existenz zu sichern. Vgl. ausführlich Hoffmann, Barbara (1997), S. 14. Ein Überblick über die Diskussion zum geplanten neuen Ärztetarif findet sich bei Thalmann, Verena (1998), S. 29.

21 Damit ist der Grundsatz der Gleichwertigkeit von Leistung und Gegenleistung gemeint. Vgl. Duden (1990), S. 77.

22 Vgl. Troche, C. J./Dietlein, M./Geckle, L./Lauterbach, K. W. (1997), S. 144.

23 Vgl. Troche, C. J./Dietlein, M./Geckle, L./Lauterbach, K. W. (1997), S. 144.

Zukunft noch weiter steigen werden. Ein Beispiel hierfür ist die Zunahme von Ein- und Zweibettzimmern in den Spitälern sowie die bessere Ausstattung der Zimmer mit Kommunikations- und Informationsmitteln.[24]

Die hier geschilderte Auswahl von Gründen für den starken Kostenanstieg hat im schweizerischen Gesundheitswesen zu einem sich alljährlich wiederholenden Ritual geführt: Durch das Beziehen von immer mehr Leistungen, steigen die Kosten kontinuierlich. Jeden Herbst verkünden die Krankenkassen eine weitere Erhöhung der Prämien. Die Versicherten klagen darauf über den unzumutbar gestiegenen Preisdruck und die Politiker fordern eine Lösung, wie man die Kostenschübe eindämmen kann.[25]

Bereits 1991 kam man zur Erkenntnis, dass sich die Schweiz ihr Gesundheitswesen bald nicht mehr wird leisten können. Im Frühjahr 1992 verabschiedete der Bundesrat rückwirkend per 1. Januar 1992 den „dringlichen Bundesbeschluss über befristete Massnahmen gegen die Kostensteigerung in der Krankenversicherung“. Der Erfolg dieses Beschlusses blieb jedoch weitgehend aus, weil man mit seiner Hilfe in erster Linie die Symptome zu bekämpfen versuchte. Die Ursachen (z. B. die zunehmende Nachfrage nach medizinischen Leistungen) konnten nicht beseitigt werden. Die Kosten stiegen weiterhin rasch an. In einer Initiative verlangten der Gewerkschaftsbund und die Sozialdemokratische Partei der Schweiz (SPS) darauf die weitgehende Verstaatlichung des Gesundheitswesens. Im Dezember 1994 stimmten die Schweizer Stimmbürger über diese Initiative und den Gegenvorschlag des Bundesrats ab. Der Gegenvorschlag wurde mit einer knappen Mehrheit von 51.8 % angenommen und trat per 1. Januar 1996 als neues KVG in Kraft.[26] Sämtliche Akteure erhofften sich davon grundlegende Reformen und vor allem spürbare Spareffekte. Die wesentlichen Neuerungen des KVG sind:[27]

- Die Grundversicherung wird für alle Einwohner der Schweiz obligatorisch. Sie untersteht dem Sozialversicherungsrecht und ist nach dem Grundsatz der Solidarität aufgebaut.[28]

---

24 Vgl. Sidamgrotzki, Edgar (1994), S. 78. Die qualitative Studie bestätigt die gestiegene Erwartungshaltung von Seiten der Patienten. Vgl. hierzu den Abschnitt IV.7.3.2.1, S. 223 f.

25 Vgl. Schöchli, Hansueli (1998), S. 17.

26 Vgl. Baschek, Eckhard (1998), S. 3.

27 O. V. (o. J.), S. 2.

28 Die obligatorische Grundversicherung (auch Krankenpflegeversicherung genannt) hat das Ziel, jede in der Schweiz wohnhafte Person gegen die medizinischen Behandlungskosten im Falle von Mutterschaft, Krankheit und Unfall (falls keine andere Unfallversicherung vorhanden ist) zu schützen und damit eine lückenlose medizinische Grundversicherung zu vertretbaren Kosten sicherzustellen. Innerhalb einer Krankenkasse ist für alle Mitglieder dieselbe Versicherungsprämie anzuwenden (Einheitsprämie). Als einzige Ausnahme können die Versicherer regionale

- Alle Versicherten können für die Grundversicherung ihren Krankenversicherer ohne Einschränkung wechseln (Grundsatz der vollen Freizügigkeit).
- Das Gesetz schreibt vor, welche Leistungen zur Grundversicherung gehören.
- Erwachsene Versicherte, die in der gleichen Region wohnen, bezahlen bei ihrem Versicherer die gleiche Prämie.
- Die Versicherten müssen sich bei einem Spitalaufenthalt in gleicher Weise wie beim Arztbesuch an den Kosten beteiligen.
- Die staatlichen Subventionen an die Krankenversicherer fallen weg. Statt dessen werden die Prämien von Versicherten mit kleinem Einkommen verbilligt.
- Es findet eine klare Trennung zwischen Grundversicherung und Zusatzversicherung statt.
- Die Zusatzversicherungen sind freiwillig und werden dem Privatrecht unterstellt. Die Krankenversicherer können hier die Leistungen individuell zusammenstellen und die Prämien risikogerecht gestalten.
- Neue Versicherungsmodelle helfen Prämien sparen.

Der Leistungsinhalt der Grundversicherung wurde vom Gesetzgeber verbindlich festgelegt. Eine Anpassung durch die einzelnen Krankenversicherer ist nicht möglich. Der Leistungsumfang hat im Gegensatz zum vorher geltenden Bundesgesetz über die Kranken- und Unfallversicherung (KUVG) insgesamt eine erhebliche Erweiterung erfahren. Im KVG sind neu auch die ambulanten Pflegeleistungen (Spitex), diverse Präventiv-, Alternativ-, Rehabilitations- und Therapiebehandlungen sowie Unfall-, Transport- und Rettungskosten in der Grundversicherung enthalten. Darüber hinaus sind stationäre Behandlungen während einer unbegrenzten Dauer versichert. Mit Hilfe von gezielten Lenkungsmassnahmen möchte das KVG erreichen, dass vermehrt ambulante Dienste anstelle der stationären Behandlung in Anspruch genommen werden.[29]

Die Massnahmen zur Kostensenkung betreffen vor allem die Spitäler. Auf der einen Seite forderte das KVG von den Kantonen, dass sie bis Ende Dezember 1997 Listen darüber erstellen, welche ihrer privaten und öffentlichen Akutspitäler, psychiatrischen Kliniken, Krankenheime und sonstigen stationären Einrichtungen einem Bedürfnis entsprechen und durch die Grundversicherung abgedeckt sind (Spitallisten,

---

Unterschiede geltend machen. Für die Anbieter besteht auch ein sog. „Aufnahmezwang". Kündigungen und Vorbehalte seitens der Anbieter sind nicht zulässig. Vgl. Maurer Alfred (1996), S. 37 und 153 f.

29 Wie bereits erwähnt, kommt die private Kostenbeteiligungspflicht auch bei der stationären Behandlung zum Zuge. In Pflegeheimen sind nur noch diejenigen Behandlungen abgedeckt, die auch ambulant erbracht werden können.

Pflegeheimlisten).[30] Auf der anderen Seite schreibt das KVG den Kantonen vor, dass sie nur noch 50 Prozent der in den allgemeinen Abteilungen anfallenden Kosten auf die Krankenversicherer überwälzen können. Den Rest müssen sie selber finanzieren. Ziel dieser Klausel ist, die Kantone zu einem effizienteren Spitalmanagement zu veranlassen.[31]

Zur Eindämmung der Kosten gibt das KVG dem Bund und den Kantonen *zwei weitere Instrumente* an die Hand. Jeder Kanton hat die Möglichkeit, den Betrag, der während eines Jahres durch die Grundversicherung und den Kanton an die stationären Institutionen zu entrichten ist, zum voraus zu bestimmen (Globalbudget). Des weiteren haben die Kantone und der Bund das Recht, die Tarife für Gesundheitsleistungen auf einem bestimmten Niveau zu fixieren.[32]

Als letzte Neuerung ist zu erwähnen, dass das KVG dem *Aspekt der Qualität* einen sehr grossen Stellenwert beimisst. Das Gesetz verlangt ausdrücklich, dass die Leistungserbringer Konzepte über die Anforderungen an die Qualität der Leistungen und die Förderung von Qualität erarbeiten. Die Spezifika der Durchführung werden in den Tarifverträgen oder in speziellen Qualitätssicherungsverträgen mit den Versicherern oder deren Verbänden ausgehandelt. Der Bundesrat ist dazu verpflichtet, systematische wissenschaftliche Kontrollen zur Sicherung der Qualität oder des zweckmässigen Einsatzes der Leistungen durchzuführen.[33]

30 Dieser Forderung sind zwar viele Kantone fristgerecht nachgekommen, von einem konsequenten Vorgehen hat die überwiegende Mehrheit jedoch abgesehen. Einzige Ausnahme bildet der Kanton Zürich, dessen Gesundheitsdirektorin Verena Diener die Schliessung von sieben Spitälern ankündigte. Sofortige Beschwerden beim Bundesrat waren die Folge. Dieses Ergebnis zeigt die Interessenkollision, in der sich die Kantone befinden: Ihre Gesundheitsdirektoren fungieren auf der einen Seite mit der Spitalliste als Schiedsrichter, auf der anderen Seite befinden sie sich als oberste Führungskräfte der kantonalen Spitäler gleichzeitig im Wettbewerb mit der privaten Konkurrenz. Nicht zuletzt sind sie Politiker, die mit unpopulären Entscheiden die eigene Wiederwahl gefährden. Vgl. Schöchli, Hansueli (1998), S. 19 sowie Schoch, Otto (1997), S. 17.

31 Vgl. Maurer, Alfred (1996), S. 63 ff.

32 Vgl. Maurer, Alfred (1996), S. 93 ff.

33 Vgl. o. V. (1994a), Art. 58 und 77. Der Verband der Leistungserbringer „H+ Die Spitäler der Schweiz“ hat in einer Arbeitsgruppe ein Qualitätskonzept erarbeitet, welches als Basis für die Qualitätsförderung im Spital dienen soll. Vgl. für die Grundsätze des Qualitätskonzepts o. V. (1997), S. 8 ff.

2.4. Managed Care[34]

Wie bereits im letzten Punkt des obigen Abschnitts erwähnt, will das KVG mittels alternativer Versicherungsmodelle der Bevölkerung helfen, Prämien zu sparen. Prämienreduktionen können erreicht werden bei einer Erhöhung der Franchise (Selbstbehalt), bei einer Einschränkung in der Wahl der Leistungserbringer, bei Personen unter 18 Jahren, bei Auszubildenden unter 25 Jahren und bei Versicherten, die während mehreren Jahren keine Leistungen beansprucht haben („Bonussystem“).[35]

Bei der freiwilligen Einschränkung in der Wahl der Leistungserbringer stehen den Leistungsempfängern verschiedene Modelle zur Auswahl, die sich unter dem Begriff „Managed Care“ zusammenfassen lassen. Übersetzt bedeutet der Begriff soviel wie „geführte Behandlung“ und meint die medizinische Behandlung unter Einbezug von betriebswirtschaftlichen Kosten-Nutzen-Überlegungen. Sie soll nicht nur aus medizinischer Sicht qualitativ hochstehend sein, sondern auch effizient erbracht werden. Managed Care strebt auch die Abkehr vom traditionellen Denken an, gemäss dem v. a. die rein medizinische Betreuung im Vordergrund steht.

Oberstes Ziel, der unter Managed Care subsummierten Organisations- und Versicherungsformen ist, mittels Kontrolle und Steuerung des Leistungsgeschehens Kosten zu senken, Effizienz zu erhöhen und die Qualität zu verbessern. Durch Abschluss von Verträgen mit ausgewählten Leistungserbringern soll dieses Ziel erreicht werden.

Die geläufigsten Formen[36] von Managed Care sind das Hausarzt-Modell[37] sowie die Health Maintenance Organization (HMO). Beide Modelle werden im folgenden kurz vorgestellt:

- *Hausarzt-Modell*: Eine Gruppe von Hausärzten (in den meisten Fällen handelt es sich um Allgemeinpraktiker) schliesst sich zu einem Verein zusammen und handelt mit interessierten Krankenkassen Verträge aus. Die Verträge beinhalten konkrete Einsparungsziele für den Verein. Kann das Ziel nicht erreicht werden, betei-

---

34 Vgl. Burger, Stephan (1997), S. 13 ff., Hill, Stephan (1997), S. 6 ff. sowie Voigt, Birgit (1997), S. 45 ff.

35 Vgl. Widmer, Dieter/Wolffers, Felix (1996), S. 14 und S. 23 ff.

36 Weitere Ansätze von Managed Care sind *Case Management* (Betrachtung und Optimierung des Falles eines einzelnen Patienten), *Disease Management* (Betrachtung einer einzelnen Krankheit, wie z. B. Krebs oder Diabetes) sowie *Care Management* (Betrachtung der Gesundheit einer gesamten Bevölkerungsgruppe, z. B. Frauen in einer Region oder die Versicherten einer Krankenkasse). Diese Konzepte sind in der Schweiz allerdings noch kaum vorhanden, weshalb an dieser Stelle auf ihre ausführliche Darstellung verzichtet wird. Vgl. hierzu u. a. Hill, Stephan (1997), S. 11 und Voigt, Birgit (1997), S. 47.

37 In den USA spricht man in diesem Fall von Prefered Provider Organization (PPO).

ligen sich die Ärzte am Verlust. Andererseits erhalten sie bei einer überdurchschnittlichen Einsparung einen Bonus. Der Patient wendet sich – ausser in einem Notfall – an seinen Hausarzt. Dieser erfüllt damit die sog. „Gatekeeper-Funktion“,[38] indem er dem Patienten nach seinem medizinischen Ermessen die Türe zu weiteren Gesundheitsleistungen öffnet. Dieses Vorgehen bringt Einsparungen, weil der Hausarzt soweit als möglich den Patienten selber untersucht und behandelt. Teurere Spezialisten, aufwendige Laboruntersuchungen und lange Spitalaufenthalte können auf das notwendige Mass reduziert werden. Als Gegenleistung erhält der Versicherte von seiner Krankenkasse einen Prämienrabatt von 10 bis 15 Prozent.

- *HMO*: Hierbei handelt es sich um eine ärztliche Gruppenpraxis, die häufig von einer Krankenkasse eingerichtet und betrieben wird. Der Versicherer stellt die benötigten Ärzte an und übernimmt das Geschäftsrisiko.[39] Bei den Ärzten handelt es sich um verschiedene Spezialisten, die ein möglichst grosses Spektrum der am weitest verbreiteten medizinischen Probleme abdeckt. Diese Zusammensetzung stellt sicher, dass Überweisungen an andere Leistungserbringer (z. B. Spezialärzte) die Ausnahme bilden. Gegen eine im voraus fixierte monatliche Prämie erbringen die in der HMO angestellten Ärzte sämtliche benötigten ambulanten medizinischen Leistungen für die eingeschriebenen Versicherten. Die HMO kann mit ihrem Vorgehen zusätzliche Marktkräfte in Gang bringen, indem sie die extern benötigten Leistungen möglichst günstig einkauft. Eine weitere Besonderheit der HMO ist die fehlende Rechnungsstellung nach erbrachter Einzelleistung, weil die Abrechnung direkt mit der Krankenkasse erfolgt. Die Krankenkasse gibt die entsprechend tieferen Kosten als Prämienverbilligungen an die Versicherten weiter.[40]

---

38 Der Begriff „Gatekeeper“ kommt aus dem Englischen und heisst übersetzt Torhüter/Wegweiser (gate = Gatter/Tor).

39 Bei dem hier geschilderten Vorgehen handelt es sich um eine Grundform des Hausarztmodells. Es gibt selbstverständlich Varianten, in denen z. B. das unternehmerische Risiko des Vereins grösser ist. Die Zürcher Medix-HMO, die erste Ärzte-eigene HMO der Schweiz, funktioniert nach diesem Prinzip. An Stelle des festen Einkommens, welches die Ärzte in den von den Krankenkassen betriebenen HMO zugesichert bekommen, erhalten die in der Medix-HMO zusammengeschlossenen Ärzte lediglich eine Pauschale pro Versicherten. Ob ein Patient einmal im Jahr oder jede Woche zur Konsultation kommt, spielt also keine Rolle mehr. Die Medix-HMO muss mit dem durchschnittlichen Betrag von 2‘000 Franken pro Patient pro Jahr auskommen. Vgl. ausführlich Voigt, Birgit (1997a), S. 49.

40 In einer Umfrage des Instituts Prognos zur Zufriedenheit der Betroffenen mit den Leistungen der HMOs erklärten sich rund zwei Drittel als „sehr zufrieden“ und 28 Prozent als „ziemlich zufrieden“. Die restlichen 7 Prozent waren mit den Leistungen nur „teilweise zufrieden“ und begründeten dies mit dem Verhalten der Ärzte. Die niedrigeren Prämien waren für die Hälfte der Befragten der Hauptgrund für die Wahl einer HMO. Vgl. Voigt, Birgit (1997), S. 47. Dieses Resultat deckt sich mit Erkenntnissen aus den USA. Dort mehren sich die Befürchtungen der Patienten, dass die Managed Care Anbieter weniger daran interessiert sind, die bestmögli-

Insgesamt lassen sich *drei Vorteile* von Managed Care für die Versicherten herausstreichen:

1. Die Möglichkeit, sich nach den eigenen Bedürfnissen zu versichern und damit auch die Entwicklung der eigenen Kosten im Gesundheitswesen zu beeinflussen.
2. Die Chance, eine spezifisch auf die eigenen Person abgestimmte und integrierte Gesamtbehandlung zu erhalten.
3. Die Gewähr, dass die Qualität der erbrachten Leistungen und im Gesundheitswesen als Ganzes – bei gleichzeitiger Steigerung der Effizienz – auf breiter Basis gesichert ist.

Tabelle III/ 1 zeigt einen Überblick über die vorgestellten Modelle HMO und Hausarztmodell in der Schweiz.

Der Marktanteil von Managed Care lag Ende 1997 bei lediglich sechs Prozent aller Versicherten. Aus diesem Grund hat der Bundesrat im September 1997 beschlossen, das bei HMO und Hausarztmodell auf die Erhebung des Selbstbehalts verzichtet werden darf, um die Attraktivität zusätzlich zu erhöhen.[41] Ein ganz anderes Bild präsentiert sich in den USA. Dort haben die Managed Care Organisationen in den letzten Jahren einen sehr grossen Zulauf erfahren, während die traditionellen Krankenversicherer deutliche Marktanteilsverluste zu verzeichnen hatten. 1995 waren 73 Prozent der US-amerikanischen Beschäftigten in einer solchen Organisation versichert gegenüber 51 Prozent zwei Jahre zuvor. Gleichzeitig verlangsamten sich in dieser Zeitspanne die Gesundheitsausgaben: 1994 betrug das Wachstum 6.4 Prozent und war damit niedriger als in den drei Jahrzehnten zuvor. 1995 und 1996 war der Ausgabenanstieg mit 2.1 resp. 0.5 Prozent sogar niedrigerer als der Einkommenszuwachs der Beschäftigten und die Inflationsrate.[42]

che Behandlung zu verschreiben. Vielmehr wäre ihr einziges Interesse, die Kosten möglichst niedrig zu halten. Als Beleg dafür gilt, dass Patienten in nicht seltenen Fällen bereits kurze Zeit nach komplizierten Operationen nach Hause entlassen werden. Diesen Praktiken soll nun in zahlreichen US-Bundesstaaten mit Hilfe eines Gesetzes, welches Mindestzeiten für den Krankenhausaufenthalt vorschreibt, entgegengewirkt werden. Vgl. o. V. (1997d), S. 30.

41 Vgl. o. V. (1997c), S. 238.

42 Vgl. Burger, Stephan (1997), S. 16.

Tab. III/ 1: Versicherte je Versicherungsform in der Schweiz (Stand 1997)[43]

Anbieter	**Krankenversicherer**	**Modell HMO**		**Hausarztmodell**	
		Name, Ort	*Anzahl Versi-cherte*	*Name, Ort*	*Anzahl Versi-cherte*
Arcovita	CSS, Visana	BS, BE, GE	16'000	13 Netzwerke Medinet	30'000
Cosama	Diverse Westschweizer Krankenversicherer			GE, VD	20'000
Helsana	Helvetia, Artisana			Helsana light: BE, TI Qualitmed: BS, BE, GE, SG, VD	15'000 10'000
	Artisana			Pionier: BE, SO	7'000
ÖKK	ÖKKs	BS, LU, ZH, Bündner Gesundheitszentren	20'000		
Sanacare	Konkordia, Wincare, Helsana	5 HMOs	25'000	23 Netzwerke Caremed: AG, AI, AR, GR, SG, TG	120'000
Swica	Swica	15 Gesundheits-Zentren / HMO	45'000		
Unimedes	KPT, ÖKK, Innova, kleinere Kassen			Casamed, 28 Netzwerke: AG, BE, SG, SH, TG, ZG	75'000
Total			*106'000*		*227'000*

Im Zusammenhang mit dem Erfolg von Managed Care Organisationen in den USA sind jedoch zwei Punkte zu erwähnen, die das wesentlich schlechtere Bild in der Schweiz relativieren: Zum einen läuft die Krankenversicherung in den USA über den Arbeitgeber. Die Versicherer schliessen mit den Unternehmen sog. Kollektivverträge ab. Je nach Grösse des Unternehmens können auf einmal bis zu mehrere Tausend Personen einer Managed Care Organisation angeschlossen werden. Im Gegensatz dazu verläuft das Anwerben von neuen Kunden in der Schweiz auf individueller Basis, was die Ausweitung des Marktanteils aufwendiger gestaltet.[44] Zum anderen

43 Quelle: Hill, Stephan (1997), S. 9. Bis zu Beginn des Jahres 1996 verfügten die HMO's insgesamt über mehr Kunden als die Hausarztmodelle, während diese seither sehr stark gewachsen sind und nun die Mitgliederzahlen der HMO deutlich übersteigen.

44 Vgl. Morra, Francesco (1996), S. 73.

sind die Managed Care Modelle in den USA bereits seit längerer Zeit bekannt, wogegen sie sich in der Schweiz erst in der „Pionierphase" befinden.[45]

Als *Fazit* lässt sich festhalten, dass die vorhandenen Modelle von Managed Care in der Schweiz zum jetzigen Zeitpunkt noch nicht sehr weit entwickelt und verbreitet sind. So sind nur unvollständige Aussagen bezüglich der Wirkungsweise der Modelle möglich, weil systematische Datenanalysen und Controlling-Instrumente fehlen. Ein weiterer Mangel der meisten Modelle ist das geringe oder sogar gänzlich fehlende unternehmerische Risiko der beteiligten Ärzte (fixes Honorar, geringe Konsequenzen bei einer Nichterreichung der angestrebten Ziele). Die Chancen, die aktuellen Modelle zu verbessern und die Position der Leistungserbringer und Krankenkassen neu zu definieren, stehen jedoch gut. Vor allem auch deshalb, weil 1998 in einer grössere Anzahl von Hausarztmodellen die Zusammenarbeit zwischen Ärzten und Krankenversicherern neu ausgehandelt werden musste und sich daraus mehrere Tendenzen herauskristallisiert haben. Wichtige Entwicklungen sind z. B. die aktivere Rolle der Leistungserbringer, die Standardisierung von Hausarztmodellen und Spitalverträgen (vereinfacht den Vergleich), die Entwicklung von zweckmässigen Controlling-Instrumenten und die systematische Datenanalyse (wird durch die obenerwähnte Standardisierung ebenfalls erleichtert).

2.5. Besonderheiten des Gesundheitsmarktes

Der Gesundheitsmarkt lässt sich nur schwer mit anderen Märkten vergleichen. Im Gesundheitswesen bestehen erhebliche Besonderheiten hinsichtlich marktwirtschaftlicher Grundsätze und Lenkungsprinzipien.[46] So lassen sich z. B. die Leistungen, welche durch den Gesundheitsmarkt erbracht werden, nicht ohne weiteres in öffentliche und private Güter unterteilen. Vielmehr sind sie einer weiteren Kategorie, nämlich den *meritorischen Gütern* zuzuordnen. Solche Güter haben z. B. aus humanitären Gründen einen übergeordneten Wert. Dadurch rechtfertigen sich auch Staatseingriffe, weil aufgrund verzerrter Konsumentenpräferenzen der Markt einen optimalen Versorgungsgrad nicht in ausreichendem Masse bereitstellen kann.[47] Die zu erbringenden Leistungen im Gesundheitsmarkt gehören also grösstenteils zur Infrastruktur des

---

45 Vgl. Hill, Stephan (1997), S. 8.

46 Vgl. Troche, C. J./Dietlein, M./Geckle, L./Lauterbach, K. W. (1997), S. 144. In der Theorie der Marktwirtschaft wird davon ausgegangen, dass sich die drei zentralen Fragen der wirtschaftlichen Organisation, das „Was", „Wie" und „Für wen" über den Marktmechanismus von Angebot und Nachfrage lösen lassen. Vgl. im Detail Samuelson, Paul A./Nordhaus, William D. (1987), S. 88 ff.

47 Vgl. Straub, Silvia (1997), S. 16. Der Begriff des meritorischen Gutes geht zurück auf „merit good" von Musgrave, Richard Abel (1969), S. 15 ff.

Staates. Diese Tatsache betrifft insbesondere die öffentlichen Leistungserbringer, welche mit der Sicherstellung der Grundversorgung der Bevölkerung einen klaren *Leistungsauftrag*, verbunden mit gewissen Auflagen, erhalten.[48]

In einem freien Markt gilt der Grundsatz: Ist das Angebot höher als die Nachfrage, sinkt der Preis.[49] Im Gesundheitsmarkt kann diese Regel jedoch nicht beobachtet werden. Der Preis für eine Leistung bleibt hoch, auch wenn Überkapazitäten vorhanden sind (z. B. in Form von überzähligen Betten). Eine weitere Unstimmigkeit ist die Tatsache, dass die Leistungen von neuen Technologien (z. B. Computertomographie, Nierensteinzertrümmerer) trotz intensiverer Nutzung und den damit einhergehenden abnehmenden Grenzkosten gleich teuer bleiben.[50]

Aussergewöhnlich ist auch das Phänomen, dass Leistungserbringer (z. B. Ärzte oder Spitäler) bis anhin im Wettbewerb bleiben, obwohl sie Leistungen vergleichsweise teurer und/oder von minderer Qualität erbringen als andere Anbieter. Dieser Umstand ist um so unverständlicher, wenn man bedenkt, dass das zu bearbeitende und zu behandelnde Gut die Gesundheit des Menschen ist. Behandlungsfehler sind nicht immer, wie das z. B. bei Industriegütern oft möglich ist, mittels Nachbearbeitung (hier: Nachbehandlung) wieder gutzumachen. Ein hohes und gleichmässiges Qualitätsniveau müsste vor diesem Hintergrund eine absolute Notwendigkeit darstellen.[51]

Im Zusammenhang mit den Leistungen lässt sich eine weitere Beobachtung machen: Die Leistungen von Ärzten nehmen in den Gebieten zu, wo die Ärztedichte höher ist. Eine Begründung dafür könnte sein, dass durch den intensiveren Konkurrenzkampf der in einem Gebiet niedergelassenen Ärzte der Umsatz eines einzelnen Arztes nur durch häufigere Konsultationen seiner Patienten (Untersuchungen, Operationen, Medikamentenabgabe etc.) auf dem gleichen Niveau gehalten werden kann.[52] Eine

---

48 Vgl. Morra, Francesco (1996), S. 31.

49 Vgl. Samuelson, Paul A./Nordhaus, William D. (1987), S. 117.

50 Vgl. Teisberg Olmsted, Elizabeth/Porter, Michael E./Brown, Gregory B. (1994), S. 132.

51 In der Schweiz kann ein Grund darin liegen, dass es bis heute sehr schwierig, wenn nicht fast unmöglich ist, einen Leistungserbringer (z. B. Arzt oder Spital als Ganzes) wegen schlechter Qualität der erbrachten Leistungen mit Aussicht auf Erfolg einzuklagen. In gewisser Weise Rechnung getragen wird der Forderung nach einem hohen und gleichmässigen Qualitätsniveau im KVG, welches neu von den Spitälern den Nachweis einer Qualitätssicherung verlangt. Vgl. auch Abschnitt III.2.3, S. 121 ff.

52 Vgl. Teisberg Olmsted, Elizabeth/Porter, Michael E./Brown, Gregory B. (1994), S. 135 f. Die Autoren nennen das Beispiel der Stadt Manchester (New Hampshire, USA), in welcher sich die Anzahl Operationen am offenen Herzen innerhalb eines Jahres verdoppelten, weil das dort ansässige Spital neu diese Leistung anbot. Man spricht in diesem Zusammenhang auch von der Erzeugung einer angebotsinduzierten Nachfrage. Vgl. hierzu Troche, C. J./Dietlein, M./Geckle, L./Lauterbach, K. W. (1997), S. 145. Vgl. auch die Ausführungen in der Fussnote 20, S. 124.

andere Möglichkeit, den Umsatz zu halten oder zu steigern, ist die regelmässige Erhöhung der Preise für Leistungen und Medikamente. In einem funktionierenden Markt hätte ein solches Verhalten ein Sinken der Nachfrage zur Folge.[53] Im Gesundheitsmarkt lässt sich dies nicht beobachten, weil die Preissensitivität der Kunden relativ gering ist.

Die geschilderten Punkte sind Indikatoren für Unstimmigkeiten und Ineffizienzen im Gesundheitsmarkt. Die folgende Gründe können als Erklärungsansätze genannt werden:

- Die *Gegensätzlichkeit zwischen kollektiver Finanzierung des Gesundheitswesens und der privaten Leistungserbringung* (vgl. Abschnitt III.2.3, S. 121 ff.)
- Fehlen des Äquivalenzprinzips; es verursacht eine *mangelhafte Preissensitivität,* der Patienten (vgl. auch Abschnitt III.2.3, S. 121 ff.). Dieses Phänomen tritt v. a. in Notsituationen vermehrt auf. Nur in seltenen Fällen vergleichen Leistungsempfänger die Preise verschiedener Leistungsanbieter. Zudem besteht eine Hemmschwelle, den behandelnden Arzt (dem man sich auch körperlich und psychisch anvertraut) nach seinen Preisen zu fragen.[54]
- *Informationsdefizite seitens des Patienten*; die von den Patienten in Anspruch genommenen Leistungen können nicht oder kaum verglichen werden, weil es sich grösstenteils um einmalige und individuelle Eingriffe handelt (z. B. Operation am Herzen).[55] Die Patienten verlassen sich in der Regel auf den Rat eines Arztes (manchmal kommt es auch zum Einholen einer Zweitmeinung), wobei die Einschätzung der Qualität einer Diagnose schwer fällt.[56] In Extremsituationen (z. B. Bewusstlosigkeit, eingeschränkte Zurechnungsfähigkeit) kann es sogar zu einem Wegfall jeglicher Informationsmöglichkeit und damit zu einem Zwangskonsum von medizinischen Leistungen kommen. Somit handelt es sich bei

---

53 Vgl. Samuelson, Paul A./Nordhaus, William D. (1987) S. 117.

54 Vgl. Teisberg Olmsted, Elizabeth/Porter, Michael E./Brown, Gregory B. (1994), S. 133. Dieses Verhalten reduziert die Anreize für Anbieter von innovativen Dienstleistungspaketen, wie z. B. Managed Care. Die Anreize für Preissenkungen sind gering, wenn sich dadurch nur bedingt Marktanteile gewinnen lassen.

55 In den meisten anderen Wirtschaftszweigen können Produkte oder Dienstleistungen einfach mit Konkurrenzleistungen verglichen werden. Ein Beispiel aus der Versicherungsbranche soll die Unterschiede aufzeigen. Bevor ein Abschluss über eine Versicherungspolice getätigt wird, kann der Käufer sich bei Bekannten und Freunden über die Erfahrungen mit Dienstleistungen des gleichen oder von anderen Versicherungsanbietern informieren. Zudem kann er Konkurrenzofferten einholen oder sich in Veröffentlichungen von Konsumentenzeitschriften über Vor- und Nachteile des jeweiligen Anbieters kundig machen.

56 Es ist schwierig abzuschätzen, ob ein Arzt ein Medikament verschreibt, weil es sich bereits mehrfach bewährt hat, weil es besonders teuer ist und ihm damit mehr Einkommen bringt oder weil er eine „Absprache" mit dem Medikamentenhersteller hat.

Gesundheitsleistungen um sog. Vertrauensgüter.[57] Als Folge davon findet der Wettbewerb zwischen Anbietern von Gesundheitsleistungen zum grössten Teil über beobachtbare Dinge statt. Bei Spitälern wäre das z. B. die Hotellerie, die Umgebung des Spitals oder die Erreichbarkeit durch Angehörige.[58]

- *Informationsdefizite seitens der Anbieter*; bei der Leistungserstellung arbeiten Produzenten und Konsumenten unmittelbar zusammen (*uno-actu-Prinzip*).[59] Die Leistungserbringer verfügen jedoch nur über diejenigen Informationen bezüglich des Gesundheitszustandes des Patienten, die ihnen offengelegt werden. Mangelhafte Behandlung oder sogar eine Fehlbehandlung können die Folge sein (z. B. wenn eine Medikamentenallergie vom Patienten nicht erwähnt wird).[60] Die unmittelbare Zusammenarbeit macht ebenfalls den Nutzen der erbrachten medizinischen oder pflegerischen Leistungen nur schwer abschätzbar, d. h. die Beziehung zwischen erbrachter Leistung und der daraus resultierenden Verbesserung des Gesundheitszustandes ist wegen der sehr komplexen Beziehungszusammenhänge (z. B. Psychosomatik) und der unterschiedlichen Mitwirkung des einzelnen Patienten nicht exakt prognostizierbar und messbar (vgl. auch Abschnitt III.3.2.4.3, S. 145 f.).[61]
- *Immaterialität der Leistungen*; die Leistungen des Gesundheitsmarktes sind zu einem grossen Teil abstrakt und stofflich nicht fassbar. Daraus resultieren zwei weitere Kriterien, nämlich *Nichtlagerbarkeit* und *Transportunfähigkeit* (vgl. hierzu Abschnitt III.3.2.4.1, S. 144).
- *Hohe Grundausstattung*; das Angebot nach Gesundheitsleistungen ist durch eine geringe Elastizität gekennzeichnet. Krankheit und Gesundheit sind nicht einfach zu planende Grössen, was von Seiten der Leistungserbringer eine hohe Grundausstattung erfordert, um Nachfragespitzen absorbieren zu können. Dadurch bewegt sich der Fixkostenanteil, gemessen an den Gesamtkosten, auf einem hohen Niveau. Die räumliche Verteilung der Institutionen des Gesundheitsmarktes (z. B. Spitäler) kann zu einer Monopolsituation und damit auch zu einer eingeschränkten Wahlmöglichkeit seitens der Leistungsempfänger führen.

---

57 Vgl. Troche, C. J./Dietlein, M./Geckle, L./Lauterbach, K. W. (1997), S. 144. Vertrauensgüter zeichnen sich dadurch aus, dass die Qualität eines Gutes nicht einmal durch Erfahrungsinformationen nachvollziehbar ist. Vgl. im Detail Straub, Silvia (1997), S. 55. Vgl. Abschnitt III.3.2.1, S. 138 f. und die Abb. Abb. III/ 4, S. 139.

58 Vgl. Teisberg Olmsted, Elizabeth/Porter, Michael E./Brown, Gregory B. (1994), S. 134.

59 Vgl. zum uno-actu-Prinzip den Abschnitt III.3.2.4.1, S. 144.

60 Vgl. Straub, Silvia (1997), S. 55.

61 Vgl. Heidenberger, Kurt (1995), S. 537 sowie Morra, Francesco (1996), S. 29.

3. Das Spital als Untersuchungsgegenstand

3.1. Entstehungsgeschichte

Die Errichtung von Institutionen mit krankenhausähnlichem Charakter begann im Mittelalter. Die Institutionen wurden vorwiegend in städtischer oder klösterlicher Umgebung erstellt und dienten der Unterbringung von physisch und psychisch Kranken, Aussätzigen, Verwahrlosten etc. Zudem boten solche Institutionen auch Unterkunft für Reisende und nicht sesshafte Personen.[62]

Der eigentliche Ursprung des Krankenhauses als Stätte der Behandlung und Heilung liegt in der zweiten Hälfte des 18. Jahrhunderts. Zu dieser Zeit unterschied man noch strikte zwischen Spital und Krankenhaus.[63] Im Spital lagen alte und „sieche" Menschen, deren Hoffnung auf Heilung nicht sehr gross war. Aus diesem Grund kam man im Spital in der Regel auch ohne Arzt aus. Dagegen bestand im Krankenhaus die Aufgabe darin, Menschen mit heilbaren Krankheiten aufzunehmen, sie zu heilen und in den Arbeitsprozess zurückzuführen. Der Aufenthalt der Kranken wurde durch spezielle Einrichtungen beglichen, die von den Kranken in den meisten Fällen selber finanziert wurden.[64] Die Behandlung der Kranken erfolgte durch sog. Heilkundige. Im 18. Jahrhundert wurden diese Heilkundigen noch nicht im Krankenhaus ausgebildet. Der zukünftige Arzt erlernte sein Handwerk ausschliesslich an der Universität, wo sich das Studium auf das Vermitteln von Theorie beschränkte. Zu dieser Zeit schätzte man den Wert der Krankenhäuser als Stätten der wissenschaftlichen Aus- und Fortbildung als nur gering ein. Erst gegen Mitte des 19. Jahrhunderts nahm das Interesse am Krankenhaus, als idealen Ort der ärztlichen Ausbildung und wissenschaftlichen Forschung, zu. Im Zusammenhang mit medizinischen Neuerungen wie z. B. dem Stethoskop oder dem Thermometer gelangte man zur Erkenntnis, dass es praktischer Erfahrung bedarf, bis man mit diesen Instrumenten umgehen kann. Die Patienten eines Krankenhauses boten den Heilkundigen hierzu ideale Ausbildungsbedingungen.[65]

Mit dem Beginn der Industrialisierung nahm die Zahl der sozial ungesicherten Arbeiter stark zu, die im Falle einer Krankheit in grosse Not gerieten. Diese enorme Zunahme der Nachfrage nach Versorgungsleistungen konnten die Krankenhäuser aus zwei Gründen nicht oder nur bedingt befriedigen: Auf der einen Seite mangelte es an

62 Vgl. Morra, Francesco (1996), S. 19.

63 Heute werden die beiden Ausdrücke mit weiteren Begriffen wie Krankenanstalt, Klinik, Hospital je nach Region synonym verwendet. Vgl. Duden, (1990), S. 398.

64 Es gab also schon damals eine Art „Krankenversicherung".

65 Vgl. Vasold, Manfred (1998), S. N5.

bautechnischen Voraussetzungen (z. B. Heizungen und sanitäre Einrichtungen) und zum anderen versiegten durch die Säkularisierung[66] die Finanzierungsquellen aus kirchlichen Stiftungen.[67] Der Staat musste eingreifen und überführte zahlreiche konfessionelle Krankenhäuser in die Zuständigkeit und damit auch in die Finanzverantwortung der Städte und Gemeinden.

Trotzdem mangelte es noch immer (v. a. in ländlichen Gegenden) an einer ausreichenden medizinischen Versorgung. Im Kanton Bern beschloss 1835 der Grosse Rat, sog. Notfallstuben auf dem Land einzurichten. Diese sollten die prekären Zustände in den Krankenhäusern der Stadt Bern lindern und die unzumutbaren Transportwagen für Schwerstkranke und Notfälle ersetzen. Erste Notfallstuben entstanden darauf in Saanen, Zweisimmen, Frutigen, Erlenbach, Interlaken, Meiringen, Schwarzenburg, Langnau, Sumiswald, Langenthal, Biel und St. Imier. Das 1847 verabschiedete Armengesetz schuf die Voraussetzung, um die bis sechs Betten aufweisenden Notfallstuben staatlich zu finanzieren.[68]

Der Ende des 19. Jahrhunderts einsetzende wirtschaftliche Aufschwung, verbunden mit der Urbanisierung und Entvölkerung der ländlichen Regionen, führte zu einem starken Nachfragerückgang nach den Leistungen der Notfallstuben. Trotzdem wurden sie nicht aufgelöst. Mit Hilfe der z. T. bis heute geltenden staatlichen Bau- und Betriebsbeiträge sowie dem Aufkommen der staatlich subventionierten Krankenkassen entwickelten sich die Notfallstuben zwischen 1880 und 1920 zu Krankenanstalten. Gleichzeitig stieg ihre Anzahl von 13 auf 29.[69] Das Beispiel des Kantons Bern steht stellvertretend für die gesamte Entwicklung des Spitalnetzes in der Schweiz.

Zusammenfassend lässt sich festhalten, dass das heutige, zu dichte Spitalnetz einen Spiegel der sozialen Verhältnisse Mitte des 19. Jahrhunderts darstellt. Die Besonderheiten des Finanzierungssystems (z. B. die Subventionierung unabhängig von der Rentabilität einer Institution) haben die effektiven Bedürfnisse der Region zweitrangig werden lassen. Vor diesem Hintergrund entbehrt bei der aktuellen Diskussion um Spitalschliessungen der Einwand der natürlich gewachsenen Strukturen der Grundlage.

---

66 Damit ist die Loslösung des Einzelnen, des Staates und der gesellschaftlichen Gruppen aus den Bindungen an die Kirche gemeint sowie die Einziehung und Nutzung des kirchlichen Besitzes durch den Staat. Vgl. Duden (1990), S. 695.

67 Vgl. Starke, Marie-Theres (1962), S. 21.

68 Vgl. Flüeler, Oliver (1997), S. 27.

69 Vgl. Flüeler, Oliver (1997), S. 27. Der Beitrag von *Flüeler* basiert auf der Seminararbeit von *Beat Brodbeck*, Student am Historischen Institut der Universität Bern. Teile dieser Arbeit wurden für das Internet aufbereitet und sind abrufbar unter http://www.unibe.ch/uni96d/faculties/humanities.html.

3.2. Spitäler als Erbringer von Dienstleistungen

3.2.1. Einleitung

Krankenhäuser[70] sind gemäss § 2 Nr. 1 des deutschen Krankenhausfinanzierungsgesetzes (KHG) „Einrichtungen, in denen durch ärztliche und pflegerische Hilfeleistungen Krankheiten, Leiden oder Körperschäden festgestellt, geheilt oder gelindert werden sollen oder Geburtshilfe geleistet wird und in denen die zu versorgenden Personen untergebracht und verpflegt werden können."[71]

Das Spital gehört zum Dienstleistungssektor. Der tertiäre Sektor, wie er gemäss der 3-Sektoren-Theorie[72] auch genannt wird, hatte in den letzten Jahrzehnten ein stetiges Wachstum zu verzeichnen. Die Gründe liegen in erster Linie in den veränderten Konsumgewohnheiten sowie den erheblichen Rationalisierungsmöglichkeiten im primären (Land- und Forstwirtschaft, Tierhaltung und Fischerei) und sekundären Sektor (verarbeitendes Gewerbe, Baugewerbe, Handel u. a.). Der Anteil der im tertiären Sektor Beschäftigten an der Gesamtzahl der Erwerbstätigen betrug 1993 in der Schweiz 61.1 Prozent.[73]

Die Strukturverschiebungen finden allerdings nicht nur zwischen den drei Sektoren statt. Auch innerhalb des Dienstleistungsbereichs sind Veränderungen zu beobachten. So wandeln sich z. B. Banken und Versicherungen zu umfassenden Finanzdienstleistungskonzernen (als Beispiel ist die Übernahme der Winterthur Versicherung durch die Credit Suisse Group zu nennen) und machen damit deutlich, dass die Grenzen innerhalb der Dienstleistungsbranche immer weiter verschwimmen.[74]

Diese Entwicklungen erschweren die Bestrebungen hinsichtlich einer umfassenden Theorie der marktorientierten Führung von Dienstleistungsbetrieben. Der Untersuchungsgegenstand zeichnet sich generell durch eine hohe Komplexität und Heterogenität aus. So werden z. B. automatisierte Bankleistungen genauso dem Dienstleistungsbereich zugeordnet wie eine Nierentransplantation in einem Spital.[75]

---

70 In Deutschland wird der Begriff „Spital" nicht verwendet.

71 Heidenberger, Kurt (1995), S. 537.

72 Vgl. Berekoven, Ludwig (1983), S. 6 f.

73 Im Gesundheitwesen waren 1997 rund 300'000 Personen (ohne Ausbildung, Industrie/Handel und Sozialversicherung) beschäftigt. Vgl. Pharma Information (1998), S. 41.

74 Vgl. Meffert, Heribert/Bruhn, Manfred (1997), S. 9 ff.

75 Vgl. Meffert, Heribert (1994), S. 520 f.

Dienstleistungen sind dem Realgüterbereich zuzuordnen. Zum Zeitpunkt des Vertragsabschlusses sind sie, im Gegensatz zu materiellen Gütern, überwiegend *immaterieller* Natur.[76] **Abbildung III/ 4** zeigt einen Überblick über die Charakterisierung von Realgütern. Immaterielle Realgüter stellen Leistungsversprechen dar. Diese lassen sich weiter in standardisierte resp. nicht standardisierte Dienstleistungen unterteilen.

Die Leistungen eines Spitals stellen *nicht-standardisierte Dienstleistungen* mit überwiegend *Vertrauenseigenschaften* dar. Das Merkmal Vertrauenseigenschaft kann anhand des Beispiels einer Nierentransplantation illustriert werden. Die statistische Wahrscheinlichkeit, dass bei einem Menschen einmal eine Nierentransplantation notwendig wird, ist sehr gering. Der Patient kann demzufolge kaum auf Erfahrungen im Zusammenhang mit Nierentransplantationen zurückgreifen. Das *Vertrauen* in die Kenntnisse des Spitals steht im Vordergrund. Erfahrungseigenschaften sind i. d. R. nicht vorhanden.

Abb. III/ 4: Charakterisierung von Realgütern[77]

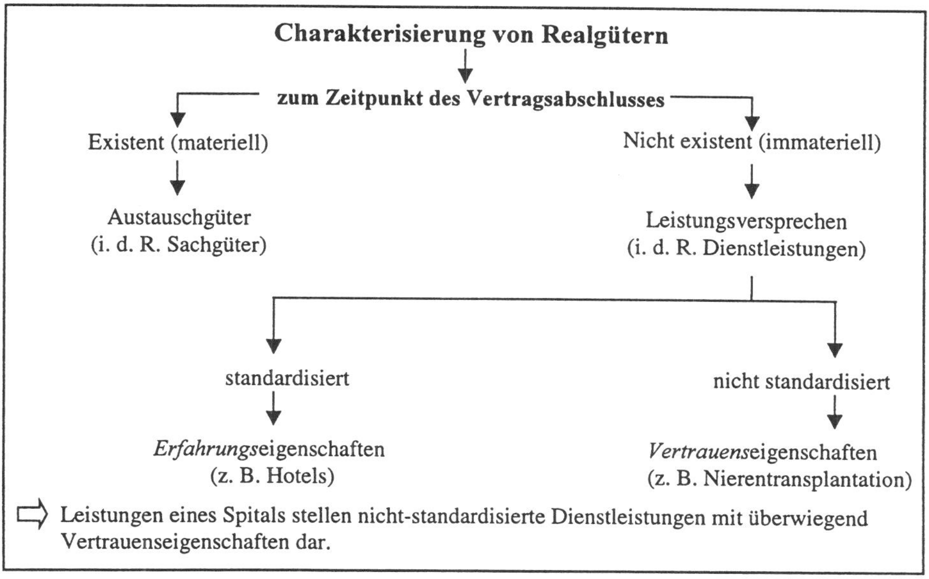

76 Vgl. Meffert, Heribert/Bruhn, Manfred (1997), S. 27.

77 Quelle: In Anlehnung an Woratschek, Herbert (1996), S. 63.

3.2.2. Begriff „Dienstleistung im Spital"

In der Literatur existieren verschiedene Ansätze,[78] den *Dienstleistungsbegriff* zu definieren. Die Identifikation der konstitutiven Merkmale des Dienstleistungsbegriffs bedingt die Unterscheidung von *drei Definitionsansätzen*:[79]

1. Prozessorientierte Definitionen
2. Ergebnisorientierte Definitionen
3. Potentialorientierte Definitionen

Hilke geht sogar noch einen Schritt weiter, indem er eine Integration der prozess-, ergebnis- und potentialorientierten Definitionen der Dienstleistung vornimmt. Nach seiner Auffassung gelingt es den Kern der Dienstleistung nur dann zu erfassen, wenn alle drei Dimensionen in die Definition eingehen. Erst die spezifische Leistungsfähigkeit[80] und –bereitschaft des Anbieters von Dienstleistungen (Potentialebene) sowie die Einbringung des externen Faktors durch den Nachfrager von Dienstleistungen als prozessauslösendes und –begleitendes Merkmal (Prozessorientierung) führen zu einem Dienstleistungsergebnis (Ergebnisorientierung).[81] **Abbildung III/ 5** fasst die konstitutiven Merkmale von Dienstleistungen zusammen.

---

78 Es lassen sich drei Gruppen unterscheiden: In der ersten Gruppe wird versucht, durch die Aufzählung von Beispielen zu einer Definition zu gelangen. Die zweite Gruppe grenzt den Dienstleistungsbegriff über eine Negativdefinition zu den Sachgütern ab. Mit der Erarbeitung von konstitutiven Merkmalen kommt die dritte Gruppe von Autoren zu einer Definition. Vgl. Corsten, Hans (1985), S. 173.

79 Vgl. hierzu auch Meffert, Heribert/Bruhn, Manfred (1997), S. 23 ff.

80 Die Leistungsfähigkeit ist dabei in einem erweiterten Sinn zu verstehen. Es geht nicht nur um die Leistungsfähigkeit („Könnens-Ebene") der Mitarbeiter. Die für die Leistungserbringung zusätzlich benötigten Hilfsmittel (z. B. Gebäude, Apparate, Werkzeuge, Medikamente etc.) sind darin auch eingeschlossen.

81 Vgl. Hilke, Wolfgang (1989), S. 10 f.

Abb. III/ 5: Konstitutive Merkmale von Dienstleistungen[82]

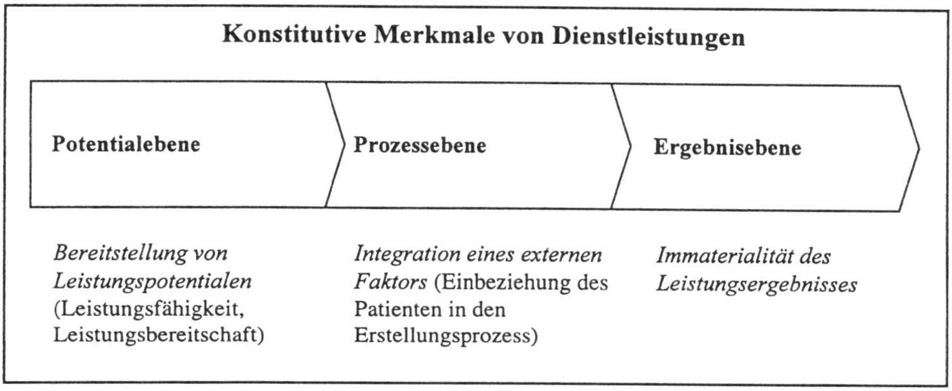

Auf das Spital übertragen soll in der vorliegenden Arbeit von folgender *Definition des Dienstleistungsbegriffs im Spital* ausgegangen werden:

- Die Bereitstellung *eigenständiger* und *marktfähiger Leistungen*,
- welche die *Bereitstellung von Leistungspotentialen* (z. B. Laborleistungen, Diagnoseleistungen des Arztes etc.) bedingt,
- *externe Faktoren* (Patienten) in den Erstellungsprozess mit einbezieht und
- durch die Kombination von Leistungspotentialen bzw. Faktoren für den Patienten eine *nutzenstiftende Wirkung* (z. B. dauerhafte Heilung einer Infektion) erzielt.[83]

3.2.3. Institutionenbezogene Abgrenzung von Dienstleistungen im Spital[84]

Die im vorhergehenden Abschnitt dargestellten konstitutiven Merkmale haben grundsätzlich für alle Dienstleistungen ihre Gültigkeit. Sie sind jedoch noch nicht ausreichend konkret, um die Dienstleistungen im Spital von anderen Dienstleistungen exakt zu unterscheiden.

In der Literatur existieren zahlreiche *Systematisierungsansätze von Dienstleistungen.* Sie lassen sich grob in eindimensionale und zweidimensionale Ansätze unterteilen. Ein Beispiel für einen *eindimensionalen Ansatz* ist die Unterscheidung nach dem

82 Quelle: In Anlehnung an Hilke, Wolfgang (1989), S. 15.
83 Vgl. Meffert, Heribert/Bruhn, Manfred (1997), S. 27.
84 Vgl. für den ganzen Abschnitt Meffert, Heribert/Bruhn, Manfred (1997), S. 35 ff.

Merkmal „Individualität“. So lassen sich Dienstleistungen unterscheiden, ob sie individuell oder standardisiert erbracht werden. Bei den *zweidimensionalen Ansätzen* werden jeweils zwei Merkmalspaare einander gegenübergestellt und die zu untersuchenden Dienstleistungen einer der vier möglichen Merkmalskombinationen zugeordnet.

Allerdings besteht bei beiden Ansätzen das Problem, dass sie immer nur Teilaspekte beleuchten. Zur Erarbeitung einer umfassenden Typologie ist es notwendig, aus den vorhandenen Kriterienkatalogen ein vergleichsweise vollständiges Set der Charaktermerkmale von Dienstleistungen zusammenzustellen.

Abbildung III/ 6 zeigt beispielhaft die Charakterisierung von Dienstleistungen. Dabei wird mit Hilfe einer Auswahl von Gegensatzpaaren ein Eigenschaftsprofil für drei ausgewählte Dienstleistungen eines Akutspitals (Nierentransplantation, Blinddarmoperation, Blutentnahme) erstellt.

Wie aus der Abbildung ersichtlich ist, gibt es auch innerhalb einer Institution Unterschiede in den Merkmalsausprägungen. In der Richtung der Ausprägungen stimmen sie aber weitgehend überein.

Bei allen drei Beispielen handelt es sich um *direkt am Menschen erbrachte Leistungen*. Obwohl sie an den Anbieter i. d. R. hohe intellektuelle Anforderungen stellen, handelt es sich *vorwiegend* um *handwerklich erbrachte Leistungen*. Da jeder Mensch individuelle Bedürfnisse hat und eine eigene „Krankengeschichte“ mit sich bringt, müssen gewisse Leistungen (z. B. komplizierte Operationen wie die Nierentransplantation) individuell angepasst werden. Dazu sind kreative Ansätze notwendig und die vorzunehmende Dienstleistung ist problembehaftet (Komplikation während und nach der Operation).

Einfachere Routineeingriffe und –untersuchungen, wie z. B eine Blinddarmoperation oder eine Blutentnahme zeichnen sich durch eine gewisse Standardisierung der Leistung aus. Die zu verrichtenden Leistungen sind eher repetitiv und weitgehend problemlos. Das Akutspital muss einen Betrieb rund um die Uhr gewährleisten. Da die Leistungen nur auf Wunsch des Patienten erstellt werden, lässt sich bei dem angesprochenen Merkmal „kontinuierlich – diskret“ bei allen drei Beispielen keine eindeutige Ausprägung feststellen. Mit dem letzten Gegensatzpaar ist gemeint, in wie weit die Qualität der Leistung eher von Personen (Fähigkeiten, Wissen, Freundlichkeit, Aufmerksamkeit etc.) oder von der Ausrüstung (Apparaturen, Instrumente, Standort, Hotellerie) abhängt. Es lässt sich feststellen, dass wiederum bei allen drei Beispielen beide Merkmale eine Rolle spielen.

Abb. III/ 6: Eigenschaftsprofile von Dienstleistungen eines Akutspitals (Auswahl)[85]

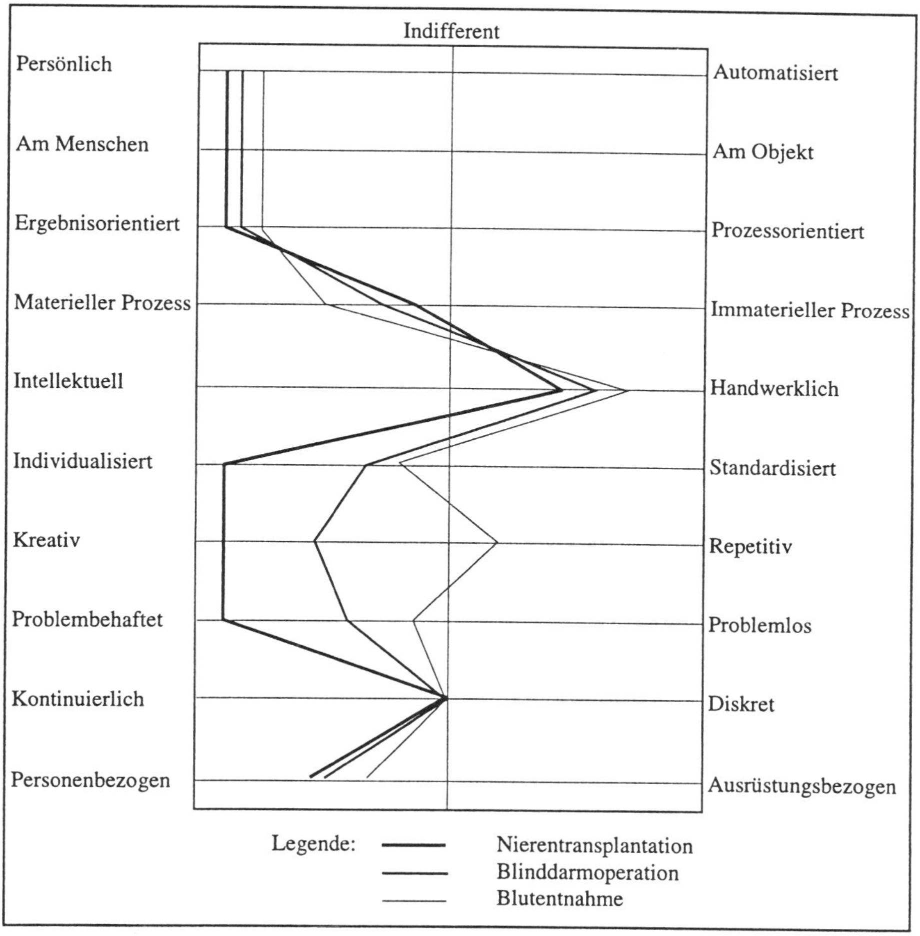

3.2.4. Besonderheiten beim Absatz der Dienstleistungen im Spital[86]

Im folgenden Abschnitt werden die *Besonderheiten beim Absatz* von Dienstleistungen im Spital dargelegt. Dabei stehen *(1) die Immaterialität der Dienstleistungen, (2)*

---

[85] Quelle: Eigene Abbildung.

[86] Vgl. für den ganzen Abschnitt Meffert, Heribert/Bruhn, Manfred (1997), S. 59 ff.

das Leistungspotential des Anbieters sowie (3) die Integration des externen Faktors beim Erstellungsprozess im Mittelpunkt der Betrachtung.

3.2.4.1. *Immaterialität der Dienstleistungen*

Wie bereits in Abschnitt III.2.5, S. 132 ff. erwähnt, sind die Leistungen des Gesundheitsmarkts zu einem grossen Teil abstrakt und stofflich nicht fassbar, d. h. die Leistungen im Spital sind (mehrheitlich) *nicht lagerfähig*. Dies impliziert, dass der Patient die Dienstleistung (z. B. Wundpflege durch die Krankenschwester) nur zu diesem Zeitpunkt in Anspruch nehmen kann, in dem sie produziert wird. Im erwähnten Beispiel kann die Pflegeleistung der Krankenschwester also nicht gelagert werden, um sie in Augenblicken der Spitzenbelastung abzugeben.[87]

Mit der *Nichttransportfähigkeit* der Dienstleistung geht die Überlegung einher, dass Dienstleistungen nur am Ort ihrer Erstellung konsumiert werden können. Dieses Phänomen bezeichnet man auch als *„uno-actu-Prinzip"*. Eine medizinische Untersuchung lässt sich nicht an einem Ort erstellen, dann räumlich transferieren und anschliessend an einem anderen Ort verbrauchen.

Bezüglich der Nichtransportfähigkeit ist jedoch eine Bemerkung anzubringen: Es gibt Ausnahmen, in denen eine bedingte Transportfähigkeit gegeben ist. Bei einer Schutzimpfung (Grippeprophylaxe, Tetanus, Starrkrampf etc.) ist die Erstellung (Impfung durch den Arzt) und die Nutzung des Leistungsergebnisses (Wirkung der Impfung) räumlich wie auch zeitlich getrennt.

3.2.4.2. *Leistungspotentiale des Anbieters*

Eine Dienstleistung lässt sich nicht erstellen, ohne dass beim Erbringer spezifische Leistungspotentiale vorhanden sind. Dabei spielt es keine Rolle, ob es sich bei den Potentialen des Dienstleistungserbringers um Menschen oder Maschinen handelt. Das Leistungspotential, auch wenn es sehr unterschiedlich ist, bleibt eine Grundvoraussetzung zur Realisierung einer Dienstleistung. So kann ein Arzt ohne Kenntnisse in Anatomie, Operationstechniken, Funktionsweise von Organen etc. keine Operation

---

87 Die Nichtlagerfähigkeit ist nicht zu verwechseln mit der Lagerfähigkeit des Dienstleistungsergebnisses (z. B. die Gesundheit des Menschen). Auch wenn sich dieses Potential unter Umständen mit der Zeit verbraucht, ist es doch zumindest zeitweise beständig und damit „lagerfähig". Vgl. hierzu Meffert, Heribert/Bruhn, Manfred (1997), S. 60.

am Patienten vornehmen. Die menschlichen Fähigkeiten lassen sich nach unterschiedlichen Gesichtspunkten unterscheiden. Eine mögliche Differenzierung erfolgt dabei gemäss *Meyer* nach *muskulären*, *sensorischen* und *geistigen Leistungsfähigkeiten.*[88]

Tabelle III/ 2 zeigt Beispiele für verschiedene Arten menschlicher Leistungspotentiale bzw. -fähigkeiten bezogen auf das Spital.

Tab. III/ 2: Arten menschlicher Leistungspotentiale bzw. -fähigkeiten im Spital (Auswahl)[89]

Arten menschlicher Leistungsfähigkeit	**Beispiele im Spital**
Muskulär	• Umbetten eines Patienten • Verteilen der Mahlzeiten • Reinigung der Zimmer
Sensorisch	• Puls messen • Fieber messen • Qualitätskontrolle
Geistig	• Analyse eines Röntgenbilds • Diagnose einer Krankheit • Befindlichkeitsgespräch mit dem Patienten

3.2.4.3. *Integration des externen Faktors im Erstellungsprozess*

Die dritte Besonderheit von Dienstleistungen ist die Integration des externen Faktors im Erstellungsprozess. Im Spital tritt der externe Faktor in Gestalt des Patienten auf. Aus dem Einbezug des Patienten in den Dienstleistungserstellungsprozess ergeben sich wichtige Konsequenzen für das Spital:

- Aus der Integration des Patienten resultiert ein individualistischer, personalintensiver und schwer standardisierbarer Charakter vieler Dienstleistungen.
- Der Patient als Nachfrager ist während des Erstellungsprozesses präsent. Dadurch muss der Erstellungsprozess auf die Bedürfnisse des Patienten ausgerichtet werden (z. B. Raumgestaltung, Kommunikation, Zeitpunkt der Leistungserbringung etc.). Darüber hinaus erlangt die sorgfältige Ausführung der Dienstleistung (wegen des direkten Kontakts mit dem Nachfrager) eine besondere Bedeutung.

---

88 Vgl. Meyer, Anton (1994), S. 19.

89 Quelle: Eigene Abbildung.

Ein hohes und gleichmässiges Qualitätsniveau ist ausserordentlich wichtig. Fehler können nur in den seltensten Fällen mittels einer Nachbehandlung behoben werden.

- Die Dienstleistungsinteraktion zeichnet sich durch eine asymmetrische Informationsverteilung zwischen dem Patienten und den Vertretern des Spitals aus (vgl. hierzu auch Abschnitt III.2.5 S. 132 ff.).
- Neben dem Patienten beurteilen noch andere Personen die Leistungserstellung und/oder das Ergebnis (z. B. Angehörige, Zimmernachbarn, zuweisender Arzt). Die Wahrnehmung des Ergebnisses durch den Patienten wird dadurch beeinflusst. Als Konsequenz muss das Spital sein Angebot dahingehend ausrichten, dass es den verschiedenen Anspruchsgruppen (Patient, Angehörige, zuweisender Arzt) gerecht werden kann.

3.3. Personelle und organisatorische Besonderheiten des Spitals

Die Institution „Spital“ ist durch zahlreiche personelle und organisatorische Besonderheiten gekennzeichnet. Die verschiedenen Berufsgruppen im Spital sind u. a. stark durch ihre jeweiligen berufsgruppenspezifische Ausbildung[90] geprägt, welche massgeblichen Einfluss auf die Zusammenarbeit hat und nicht selten zu Missverständnissen und Konflikten unter den Mitarbeitern führt.[91] Die weiteren Ausführungen dienen dazu, dem Leser einen Einblick in die personellen und organisatorischen Besonderheiten des Spitals zu geben und ermöglichen damit eine kritische Reflektion der Ergebnisse aus den empirischen Studien.

Das Personal der Spitals bilden die *drei Berufsgruppen (1) „Ärzteschaft“, (2) „Pflege“ und (3) „Verwaltung“*. Die *Ärzteschaft* umfasst all diejenigen Personen, die ein medizinisches Hochschulstudium abgeschlossen haben, resp. kurz vor dem Abschluss stehen (angehende Ärzte, die im Spital ein Praktikum abschliessen). Die *Pflege* setzt sich im wesentlichen aus den „klassischen“ Pflegeberufen „Krankenschwester“ resp. „Krankenpfleger“ zusammen. Die *Verwaltung* als dritte Berufsgruppe subsummiert neben dem administrativen Personal (z. B. administrativer Direktor, Personaldienst, Buchhaltung, Rechnungswesen etc.) all diejenigen Mitarbeiter, die für den reibungslosen Ablauf im Spital benötigt werden, wie z. B. das Kü-

---

90 Eine detaillierte Auseinandersetzung mit der unterschiedlichen Sozialisation der drei Berufsgruppen im Spital sowie zu dem daraus entstehenden Konfliktpotential findet sich bei Hoefert, Hans-Wolfgang (1997), S. 49 ff. und Hoefert, Hans-Wolfgang (1997a), S. 75 ff.

91 Vgl. hierzu u. a. Niedl, Klaus (1996), S. 153 ff. *Niedl* setzt sich detailliert mit den Feindseligkeiten im Krankenhaus auseinander und untersucht dabei im spezifischen das Mobbing.

chenpersonal, den technischen Dienst, die Raumpflege etc. Die Verwaltung ist somit die heterogenste der drei Berufsgruppen.

Die drei Berufsgruppen zeichnen sich durch *sehr unterschiedliche Ausbildungswege und –inhalte* aus.

Ärzteschaft:
Das medizinische Studium an der Universität ist in den ersten Jahren durch einen Schulbetrieb geprägt, der von den Studierenden eine hohe Arbeitsdisziplin sowie die Bereitschaft zum Auswendiglernen einer grossen Stoffmenge erfordert. Dementsprechend stehen die kognitiv-intellektuellen Fähigkeiten im Vordergrund. Der Studieninhalt ist zum grössten Teil auf das Vermitteln von medizinischem Fachwissen ausgerichtet. Wissensinhalte aus anderen Disziplinen werden nur dann gelehrt, wenn sie in direktem Bezug zur Medizin stehen, wie z. B. Grundkenntnisse der Chemie oder Physik. Ein weiteres Merkmal des medizinischen Ausbildungswegs ist der ausgeprägte Konkurrenz- und Leistungsdruck. Bereits während des Studiums scheidet ein grosser Teil der Studierenden aus; ein erfolgreicher Studienabschluss ist allerdings noch keine Garantie für eine Anstellung als Assistenzarzt. Die Nachfrage nach geeigneten Stellen ist deutlich grösser als das Angebot. Der Nachfrageüberhang führt auch nach Studienabschluss zu keiner Entschärfung der Situation. Im Gegenteil: Die Leistungsfähigkeit und -bereitschaft während der Assistenz entscheidet letztlich über die weitere Karriere des Arztes.

Pflege:
Die Ausbildung in den „klassischen" Pflegeberufen kann als ausgesprochen anwendungsorientiert bezeichnet werden.[92] Ein Grossteil der Ausbildung erfolgt im Spital selber. Die Arbeit „on the job" steht somit klar im Vordergrund und ermöglicht den Auszubildenden, sich schon früh mit dem realen Arbeitsbedingungen vertraut zu machen.[93] Der Weiterbildung kommt zudem eine grosse Bedeutung zu. Nicht selten hat ein Spital in der Pflege eine institutionalisierte Stelle, die für die Weiterbildung dieser Berufsgruppe verantwortlich ist. Ein weiteres Merkmal der Pflege ist die Teamarbeit. Viele Tätigkeiten sind ohne Teamarbeit gar nicht möglich, v. a. im

92 Es gibt jedoch in der Schweiz Tendenzen, die Pflege auch im universitären Bereich zu etablieren. So soll z. B. an der Universität Basel ein Lehrstuhl für „Pflegewissenschaft" entstehen.

93 Nicht selten weichen dabei die realen Arbeitsbedingungen von den ursprünglichen Vorstellungen der Auszubildenden ab. Die Wahl eines Pflegeberufs hängt vielfach mit sog. prosozialen Motiven (z. B. Helfen-, Dienen-, Rettenwollen) zusammen. Frustration, Resignation oder ein beruflicher Wechsel können die Folge der Konfrontation mit dem beruflichen Alltag sein. Vgl. u. a. Hoefert, Hans-Wolfgang (1997), S. 62.

Zusammenhang mit der Versorgung des Patienten (z. B. Umlagern, Waschen, Transport).[94]

Verwaltung:
Unter dem Oberbegriff der Verwaltung werden im Spital all diejenigen Personengruppen subsummiert, die weder zur Ärzteschaft noch zur Pflege gehören. Dementsprechend unterschiedlich ist auch die Herkunft der Angehörigen des Verwaltungsbereichs.[95] Primäre Aufgabe der Verwaltung ist die administrative Leitung des Spitals, zu der u. a. die Buchhaltung und das Rechnungswesen, das Personalmanagement sowie die ganze Hotellerie (Raumpflege, Küche etc.) gehört. Im Vergleich zur Ärzteschaft und Pflege besitzt diese Berufsgruppe die besten betriebswirtschaftlichen Kenntnisse bezüglich der Führung eines Spitals.[96] Aufgrund der zunehmenden Dynamik und Komplexität im Gesundheitswesen kommen für die leitenden Mitglieder der Verwaltung aber immer neue Aufgabenbereiche hinzu. An Bedeutung gewinnen v. a. die Aufgaben strategische Führung des Spitals, Marketing der Leistungen und Sicherung der Qualität.

Hinsichtlich des organisatorischen Aufbaus im Spital sind *zwei Grundmodelle*[97] zu unterscheiden: Das *Chefarzt- und das Belegarztprinzip*. Bei einem Chefarztprinzip ist ein Grossteil der Ärzteschaft vom Spital angestellt. Bei dieser Konstellation nimmt die Ärzteschaft neben der Verwaltung ebenfalls Einsitz in der Spitalleitung. Die Spitalleitung ist jeweils paritätisch zusammengesetzt, d. h. ihre Mitglieder verfügen über Kompetenzen im gleichen Umfang resp. Bedeutungsgrad.

---

94 In der Interaktion mit Kollegen und den Patienten holen sich die Mitarbeiter des Pflegebereichs u. a. auch ihre Leistungsbestätigung und Motivation, denn im Gegensatz zur Ärzteschaft sind die fachlichen Leistungen (z. B. der Nutzen eines einfühlsamen Gesprächs mit dem Patienten) nur schwer messbar. Dementsprechend schwer fällt eine objektive Einschätzung der Leistung des Pflegebereichs im Spital.

95 In der quantitativen Studie hat sich die vielfältige Herkunft der administrativen Direktoren in den befragten Spitäler bestätigt. Bemerkenswert ist v. a. die Tatsache, dass 30.5% der befragten administrativen Direktoren weder eine kaufmännische noch eine gesundheitsbezogene Grundausbildung besitzen. Präzisierend ist festzuhalten, dass die Ausbildung zum eidgenössisch diplomierten Spitalfachmann in der quantitativen Studie nicht gesondert erfasst und somit den „anders Ausgebildeten" zugeordnet wurde. Vgl. ausführlich Abschnitt IV.4.1, S. 163 ff.

96 Die Mitarbeiter dieses Bereichs könnten folglich auch in Unternehmen aus anderen Branchen arbeiten (für die Ärzteschaft und Pflege ist dies aufgrund des spezialisierten Wissens schwieriger).

97 Die Grundmodelle geben lediglich einen Rahmen vor und beeinflussen v. a. die Ausgestaltung der Spitalleitung. Innerhalb des Rahmens hängt die Aufbauorganisation der zweiten und dritten Ebene noch von zahlreichen weiteren Faktoren ab. Beispiele für konkrete Organigramme finden sich in Abschnitt IV.7.2, S. 216 ff., in dem die Aufbauorganisationen der fünf untersuchten Fallspitäler im Detail vorgestellt werden.

In der jüngeren Vergangenheit ist immer häufiger auch die „Pflege" in der Spitalleitung vertreten, so dass zumindest von einer gewissen Gleichvertretung der Interessen der Kategorien von Spitalmitarbeitern gesprochen werden kann. Allerdings sind in einer Mehrheit der Spitäler, welche über ein Chefarztprinzip verfügen, die Vertreter der Ärzteschaft in der Spitalleitung in der Mehrzahl. So setzt sich die Spitalleitung z. B. aus dem administrativen Direktor, der Leiterin des Pflegediensts sowie den Chefärzten der einzelnen Abteilungen zusammen.

Bei der Organisation nach dem *Belegarztprinzip* ist die Mehrzahl der Ärzte selbständig und benutzt lediglich die Infrastruktur des Spitals für die Behandlung ihrer Patienten. In diesem Fall ist die Ärzteschaft nicht direkt in der Spitalleitung vertreten; sie verfügt höchstens über eine beratende Stimme, wenn das Spital z. B. ein Ärztekollegium institutionalisiert.[98] Ob und in welcher Form die Pflege in der Spitalleitung vertreten ist, gestaltet sich beim Belegarztprinzip höchst unterschiedlich.

Eine weitere organisatorische Besonderheit im Spital ist das *ausgeprägte Hierarchie-Denken*, welches im wesentlichen von der Ärzteschaft ausgeht.[99] Der berufliche Werdegang des Arztes ist i. d. R. durch eine steile Karriereleiter gekennzeichnet, deren Aufstieg neben fachlichem Können auch das entsprechende Beziehungsnetz (Unterstützung durch einflussreiche Machtpromotoren[100]) und Durchsetzungsvermögen voraussetzt. Das Denken in Hierarchien überträgt sich dadurch nicht selten auch auf die Wahrnehmung der anderen Berufsgruppen im Spital. Eine Folge davon ist z. B., dass der Beitrag der Pflege zur Erreichung des Leistungsergebnisses (z. B. genesener Patient) zuwenig erkannt oder die Bedeutung einer interdisziplinären Zusammenarbeit von der Ärzteschaft häufig nicht als notwendig wahrgenommen wird.

Die *Arbeitszeiten* sind ebenfalls eine organisatorische Besonderheit im Spital. Die Aufrechterhaltung des Spitalbetriebs erfordert ein Arbeiten rund um die Uhr. Der Schichtbetrieb führt v. a. bei den Mitarbeitern der Pflege und der Ärzteschaft zu einer grossen Belastung.[101] Eine Zuspitzung der Situation ergibt sich durch den chronischen Personalmangel im Pflegebereich, der durch den Spardruck noch zusätzlich verstärkt wird. Für die wichtigen zwischenmenschlichen Kontakte bleibt kaum noch Zeit. Laut einer Studie des Schweizerischen Berufsverbands der Krankenschwestern und Krankenpfleger (SBK) gehört die Überlastung am Arbeitsplatz und „burn-out"

98 Die Klinik Beau-Site in Bern hat z. B. ein Ärztekollegium. Vgl. ausführlich den Abschnitt IV.7.2.2.2, S. 221 ff.

99 Vgl. zur Hierarchie im Krankenhaus Degenhardt, Jörg (1998), S. 26 ff.

100 Vgl. für den Begriff die Ausführungen im Zusammenhang mit dem Promotorenmodell von *Witte* in Fussnote 111, S. 45.

101 Vgl. zu den Folgen u. a. Riedl, Gabriela (1996), S. 53 ff.

zu den oft genannten Problemen des Pflegepersonals.[102] Noch prekärer sieht die Arbeitssituation bei den Assistenzärzten aus. Dort sind Wochenbelastungen von 80 bis 100 Stunden keine Seltenheit.[103]

Die Betrachtung der obigen Ausführungen macht deutlich, dass die personellen und organisatorischen Besonderheiten im Spital *weitreichende Konsequenzen für die Verhaltens- und Denkweisen sowie auf die Werthaltungen der einzelnen Spitalmitglieder haben*. Vor diesem Hintergrund bekommt der Aufbau eines gemeinsamen, für alle Spitalmitglieder gültigen und verständlichen Ziel- und Wertsystems eine besondere Bedeutung.[104] Die Erarbeitung eines spitalumfassenden Leitbilds, die Förderung einer intensiven Kommunikationskultur sowie die Bestrebungen hinsichtlich einer vermehrten interdisziplinären und hierarchieübergreifenden Zusammenarbeit sind wichtige Massnahmen, die im Spital dazu beitragen können, das Verständnis füreinander zu fördern und die Zusammenarbeit zu verbessern.[105]

3.4. Qualitätsverständnis im Spital

Die Auseinandersetzung mit dem Qualitätsverständnis im Spital beginnt mit der Definition des Begriffs „Qualität". Die *einfachste Annäherung* an den Begriff ist *die Suche nach Strukturen und Prozessen, die auf einen Mangel an Qualität hinweisen*, wie z. B. das Verabreichen falscher Medikamente oder die Durchführung überflüssiger Operationen. Durch die Annahme, dass der Ausschluss solcher Mängel bereits Hinweise auf Qualität liefert, ergibt sich eine erste Definition von Qualität. Dieser Qualitätsbegriff ist für praktische Zweck jedoch wenig geeignet, weil die Aufzählung von auszuschliessenden Mängeln zum einen sehr lang sein kann und zum anderen auch von der subjektiven Einschätzung der Person, welche den Begriff definiert, abhängt.

---

102 Vgl. Böhlen, Claudine (1999a), S. 11 sowie Jegerlehner, Nicole (1999), S. 25.

103 Im Kanton Zürich haben sich die Assistenzärzte erfolgreich zur Wehr gesetzt. Die Kantonsregierung arbeitet zur Zeit an Lösungsvorschlägen, wie die Arbeitsbelastung der Assistenzärzte auf ein vertretbares Mass reduziert werden kann. Vgl. o. V. (1998), S. 53.

104 Vgl. zur Bedeutung der Unternehmenskultur in Krankenhäusern Bellabarba, Julia (1997), S. 99 ff. Beispiele für die Entwicklung einer gemeinsamen (Organisations)-Kultur im Krankenhaus finden sich bei Hinkel, Norbert/Schmitt, Irmgard M. (1993), S. 26 ff. und Pelikan, Jürgen M./Nowak, Peter/Lobnik, Hubert (1994), S. 12 ff.

105 Dieses Erkenntnis ist jedoch noch nicht in allen Spitälern vorhanden (auch nicht in den bezüglich Qualitätsmanagement innovativen und weit fortgeschrittenen), wie die Ergebnisse aus der qualitativen Studie zeigen. Vgl. hierzu den Abschnitt IV.7.3.3.2, S. 238 ff.

Eine im Gesundheitswesen *allgemein anerkannte Definition* der Qualität ist im Zuge der Normungsbestrebungen nationaler und internationaler Organisationen entstanden und lautet: **„Qualität ist die Gesamtheit von Merkmalen einer Einheit bezüglich ihrer Eignung, festgelegte und vorausgesetzte Erfordernisse zu erfüllen.“**[106] Diese bewusst offen formulierte Definition impliziert, dass jedes Unternehmen (damit auch jedes Spital) seinen eigenen operationalisierten Qualitätsbegriff erarbeiten muss.

Der *Leitfaden der VESKA*[107] zum Qualitätsmanagement im schweizerischen Krankenhaus übernimmt grundlegende Teile der oben genannten Definition wenn sie Qualität im Spital definiert als: **„Gesamtheit der Eigenschaften und Merkmale eines Produkts, eines Prozesses oder einer Dienstleistung, die sie zur Erfüllung vorgegebener Erfordernisse geeignet machen.“**[108]

Donabedian hat bereits in den 60er Jahren versucht, die *Umsetzung von Qualität* zu erleichtern und Qualität damit besser greif- und messbar zu machen. Die von ihm entwickelte *Dreiteilung der Qualität in die Dimensionen (1) Struktur-, (2) Prozess- und (3) Ergebnisqualität* hat grosse Verbreitung gefunden.[109] Dabei versteht Donabedian unter Struktur, Prozess und Ergebnis:[110]

- „Struktur beinhaltet die Eigenschaften von Personal und Infrastruktur, inklusive Finanzen und Organisation, die die Wahrscheinlichkeit einer guten Behandlung entweder erhöhen oder beeinträchtigen. Struktur beinhaltet Human-, Material- und organisatorische Ressourcen.
- Prozess ist die Bezeichnung für das, was für und vom Patienten getan wird. Sie umfasst den Inhalt der Behandlung und die Fertigkeit, mit der die Behandlung durchgeführt wird.
- Ergebnis bezeichnet das, was für einen einzelnen Patienten, für eine Patientengruppe bzw. eine Population als Ganzes erreicht worden ist. Vor allem wichtig ist, dass das Ergebnis eine Verbesserung des Gesundheitszustands und des Sich-wohl-Fühlens ist und einer Behandlung zugeordnet werden kann.“

---

106 DIN (1992), S. 9. Fettdruck durch die Verfasserin. Ein Überblick über weitere Qualitätsdefinitionen findet sich bei Schmutte, Andre M. (1998), S. 88.

107 VESKA ist die Abkürzung der Vereinigung Schweizer Krankenhäuser, der sich neu „H+ die Spitäler“ der Schweiz nennt.

108 VESKA (1996), S. 6. Fettdruck durch die Verfasserin.

109 Vgl. Wengle, Hanspeter (1998), S. 60 ff. sowie grundsätzlich Donabedian, Avedis (1997), S. 1145 ff.

110 Wengle, Hanspeter (1998), S. 61 zit. nach Donabedian, Avedis (1992), S. 48.

Tabelle III/ 3 enthält Beispiele von Merkmalen, mit deren Hilfe die Qualität in den drei Qualitätsdimensionen veranschaulicht werden kann.[111]

Tab. III/ 3: Indikatoren für die drei Qualitätsdimensionen im Spital (Auswahl)[112]

Strukturqualität	Prozessqualität	Ergebnisqualität
• Infrastruktur • Apparate • Instrumente • Medikamente • Quantitative und qualitative Personalausstattung • Ausbildung und Qualifikation des Personals • Weisungen, Vorschriften und Regeln • Dokumentationssysteme	• Diagnostik und Therapie • Bewältigung von Notfällen • Wartezeiten • Wirksamkeit des Informationsflusses und der Koordination • Sorgfalt der Austrittsvorbereitung	• Rehospitalisationsrate • Mortalitätsraten • Schadenersatzklagen • Zufriedenheit der Patienten

Jede dieser drei Qualitätsdimensionen alleine betrachtet birgt lediglich geringe Aussagekraft. Die Struktur-, Prozess- und Ergebnisqualität bedingen sich gegenseitig und sind ganzheitlich zu betrachten. Allerdings ist festzuhalten, dass die Messung sämtlicher Indikatoren einer Qualitätsdimension schwierig ist und die Ergebnisse u. a. auch durch die messende Person oder den Zeitpunkt der Messung variieren können. Die in Abschnitt III.3.3, S. 146 ff. dargelegten personellen und organisatorischen Besonderheiten des Spitals bieten zudem nicht die besten Voraussetzungen für eine ganzheitliche Betrachtung der Qualität im Spital. Durch die berufsgruppenspezifische Dreiteilung (Ärzteschaft, Pflege und Verwaltung) kommt es im Spital nicht selten zu einer eher einseitigen Wahrnehmung des eigenen Beitrags zur Qualität.

---

111 Vgl. hierzu auch Jucken, Herbert/Ziegler, Rita (1994), S. 7 und Wüthrich-Schneider, Esther (1998), S. 22 f.

112 Quelle: Eigene Tabelle.

IV. Empirische Studien

1. Einleitung

Theoretische Kenntnisse können nie nur einem Selbstzweck dienen. Sie sollen vielmehr ein besseres Verständnis der Zusammenhänge in der Praxis ermöglichen. Mit Hilfe eines theoretischen Grundwissens können Vorgänge, Gegebenheiten und Kausalzusammenhänge im empirischen Feld verstanden und interpretiert werden. Die Auseinandersetzung mit den modernen Managementkonzepten im Teil II sowie die Erarbeitung der Grundlagen des Gesundheitswesens der Schweiz im Teil III bilden die konzeptionelle Basis für die nun folgenden empirischen Studien. Die Studien haben die generelle Zielsetzung, Ansatzpunkte zur Erarbeitung von Empfehlungen zur Gestaltung von TQM in der betrieblichen Praxis im Spital herauszukristallisieren.

Der Teil IV beinhaltet zwei umfassende empirische Studien. Das erste Teilprojekt ist eine quantitative Breitenbefragung von administrativen Direktoren in der Deutschschweiz mittels eines schriftlichen Fragebogens. Ziel der Studie ist es zum einen, eine aktuelle Bestandsaufnahme des Spitalmanagements in der Deutschschweiz vorzunehmen. Zum anderen sollen die Erkenntnisse aus den Literaturteilen II und III durch quantitative empirische Daten ergänzt und die Grundlage für die tiefergehende qualitative Folgeuntersuchung geschaffen werden. Das zweite, qualitative Teilprojekt analysiert mit Hilfe des Fallstudienansatzes fünf ausgewählte Spitäler im Detail. Ziel der qualitativen Studie ist es, die Erkenntnisse aus den vorhergehenden Teilen gezielt zu vertiefen und damit die Basis für die im Teil V zu formulierenden Empfehlungen zur erfolgreichen Gestaltung von TQM im Spital zu schaffen.

Der Aufbau des Teils IV ist in sieben Kapitel gegliedert. Nach einer kurzen Einleitung im ersten Kapitel wird im zweiten Kapitel der konzeptionelle Bezugsrahmen vorgestellt. Er dient als forschungsleitendes Hilfsmittel für die quantitative Studie. Die Präsentation des Forschungsdesigns ist Inhalt des dritten Kapitels. Das vierte Kapitel beinhaltet ausgewählte univariate und bivariate Ergebnisse aus der schriftlichen Befragung. Das fünfte Kapitel enthält den präzisierten konzeptionellen Bezugsrahmen, welcher in diesem Fall als forschungsleitendes Hilfsmittel für die qualitative Studie dient. Das sechste Kapitel beschreibt das Forschungsdesign der qualitativen Befragung. Inhalt des siebten Kapitels sind die Ergebnisse aus den fünf Fallstudien.

2. Konzeptioneller Bezugsrahmen als forschungsleitendes Hilfsmittel für die quantitative Studie

Das Spitalmanagement in der Schweiz zeichnet sich durch eine hohe Komplexität aus. Zum besseren Verständnis der Interdependenzen ist deshalb die Einordnung in einen grösseren Kontext erforderlich, der die Zusammenhänge zwischen den Systemelementen aufzuzeigen vermag. Ein geeignetes Instrument zur umfassenden Darstellung und zum vertieften Verständnis des relevanten Handlungsspielraums ist der *konzeptionelle Bezugsrahmen*. Er besteht aus *Bedingungsgrössen*, *Aktionsparametern* und im Idealfall aus einem *Effektivitäts- und Effizienzkonzept*. Diese drei wesensbestimmenden Merkmale sollen im folgenden kurz erläutert werden.[1]

Bei den *Bedingungsgrössen* handelt es sich um Rahmenbedingungen, welche den Handlungs- und Entscheidungsspielraum der verantwortlichen Personen im Spital beschränken. Sie sind weder auf die eigentliche Aufgabe ausgerichtet, noch vom Spital selber wesentlich beeinflussbar.[2] *Thom* unterteilt die Bedingungsgrössen in *ausserbetriebliche*, *betriebliche* und *personelle Bedingungsgrössen*.[3]

Die *ausserbetrieblichen Bedingungsgrössen* kennzeichnen Parameter, welche das Umsystem des Spitals definieren. Für den Untersuchungsgegenstand der quantitativen Studie lassen sich folgende ausserbetrieblichen Faktoren identifizieren: die rechtlich-politische Umwelt (im Vordergrund steht das seit 1.1.1996 gültige KVG),[4] die ökonomische Umwelt (als Beispiele sind hier der Spardruck durch die Krankenkassen und den Staat zu nennen)[5] sowie die sozio-kulturelle Umwelt (nebst der demographischen Entwicklung der Bevölkerung[6] sind auch die Ansprüche der Patienten bezüglich Leistungsangebot und Unterbringung in den letzten Jahren stark angestiegen).[7]

Bei den *betrieblichen Bedingungsgrössen* handelt es sich um interne Vorgaben, die den Handlungsspielraum für das Spitalmanagement vorgeben. Die Unveränderbarkeit der betrieblichen Bedingungsgrössen ist weniger weitreichend, als dies bei den ausserbetrieblichen Rahmenbedingungen der Fall ist. Ihre Gültigkeit bezieht sich auf

---

1 Eine umfassende und detaillierte Auseinandersetzung mit dem Bezugsrahmenkonzept findet sich u. a. bei Blum, Adrian (1999), S. 78 ff.

2 Vgl. Grochla, Erwin (1978), S. 18.

3 Vgl. Thom, Norbert (1987), S. 343.

4 Vgl. zum neuen KVG die Ausführungen in Abschnitt III.2.2, S. 118 ff.

5 Vgl. zur Situation der Krankenkassen und des Staats den Abschnitt III.2.2, S. 118 ff.

6 Im Vordergrund steht hier insbesondere die zunehmende Überalterung der Bevölkerung bei einem gleichzeitigen Geburtenrückgang.

7 Vgl. zum gestiegenen Anspruchsniveau der Patienten den Abschnitt III.2.2, S. 118 ff.

einen kurz- bis mittelfristigen Zeithorizont. Einen wesentlichen Einfluss auf das Spitalmanagement hat u. a. die Rechtsform resp. Trägerschaft eines Spitals. Es darf davon ausgegangen werden, dass bei öffentlich finanzierten Institutionen auch noch andere Interessen (z. B. die politischen) bei der Entscheidfindung und –durchsetzung eine Rolle spielen. Die Spitalgrösse ist als weitere betriebliche Bedingungsgrösse zu erwähnen. Mit zunehmender Grösse steigt auf der einen Seite die Bedeutung auf dem Markt und damit u. U. auch die Machtposition, sei es bei der Akquisition von Personal oder bei der Beschaffung von finanziellen Mitteln etc. Auf der anderen Seite sinkt mit zunehmender Grösse die Flexibilität bezüglich Handlungs- und Entscheidungsspielraum. Zudem nehmen die Schnittstellenprobleme zu, und es besteht ein vermehrter Informations- und Koordinationsbedarf. Von Bedeutung ist auch der Standort des Spitals. Regionale Gegebenheiten (z. B. schlechte öffentliche Erreichbarkeit in Randregionen oder eine zu hohe Spitaldichte[8]) können zu einer schlechten Wettbewerbssituation führen und entscheiden nicht selten über die weitere Existenz einer Institution.

Die *personellen Bedingungsgrössen* beziehen sich auf die spezifischen Eigenschaften von Individuen bzw. Personengruppen, die als Aktionsträger im Spital agieren. Auch sie gelten als kurz- bis mittelfristig kaum veränderbar.[9] Für das Spitalmanagement sind u. a. die Qualifikation und Schulung der Belegschaft wichtige personelle Bedingungsgrössen. Je nach Qualifikationsniveau der einzelnen Berufsgruppen sind umfangreiche Zusatzschulungen notwendig. Von der generellen Leistungsfähigkeit (bezieht sich auf die Ebene des „Könnens") und –bereitschaft (bezieht sich auf die Ebene des „Wollens") hängt im personalintensiven Dienstleistungsbetrieb Spital der grösste Teil des Erfolgs ab. Wenn die Mitarbeiter die Leistungsbereitschaft verweigern, sind die besten Instrumente zur Qualitätssicherung und –förderung von geringem Nutzen. In diesem Zusammenhang ist auch das Qualitätsbewusstsein zu erwähnen. Nicht selten hört man von der Ärzteschaft den Ausspruch: „Was sollen all diese Qualitätsinstrumente nützen; wir Mediziner erbringen für unsere Patienten immer eine qualitativ hochstehende Leistung!"[10] Eine medizinisch hochstehende Qualität reicht jedoch nicht aus. Erst die integrierte Betrachtungsweise der Bereiche Administration, Pflege und Medizin fördern ein für den Patienten optimales Qualitätsniveau.

Das zweite Element des Bezugsrahmens sind die *Aktionsparameter*. Hierbei handelt es sich um Handlungsgrössen, welche die Spitalleitung „[...] zur zweckadäquaten Verhaltens- und Funktionssteuerung einsetzen [...]"[11] kann. Die für die quantitative

---

8 Vgl. hierzu die beispielhaften Ausführungen über den Kanton Bern in Abschnitt III.3.1, S. 136 ff.

9 Vgl. Grochla, Erwin (1978), S. 19.

10 Vgl. hierzu auch die Ausführungen in Abschnitt IV.7.3.3.8, S. 257 f.

11 Grochla, Erwin (1978), S. 30.

Studie relevanten Aktionsparameter lassen sich in die zwei Kategorien „mittelbare" und „unmittelbare" Aktionsparameter unterteilen. Bei den mittelbaren Aktionsparametern handelt es sich um das Ziel- und Strategiesystem des Spitals, wobei bei den Zielen auch die Ziele von Reformprojekten in die Betrachtung mit einbezogen werden. Die unmittelbaren Aktionsparameter beinhalten die Instrumente zur Qualitätssicherung und –förderung. Die schriftliche Befragung dient insbesondere dazu, die Einsatzhäufigkeit ausgewählter Instrumente festzustellen.[12] Determiniert werden die Aktionsparameter durch die oben erläuterten Bedingungsgrössen.

Mit dem dritten Element des Bezugsrahmens, dem *Effektivitäts- und Effizienzkonzept* soll die Wirkung und der Nutzen der Aktionsparameter gemessen und beurteilt werden. Im wesentlichen geht es darum, die Effizienz und Effektivität des Qualitätsmanagements (QM) als Ganzes und den Beitrag zur Zielerreichung der einzelnen Instrumente zu eruieren.

Abbildung IV/ 1 zeigt den für die Erarbeitung des Fragebogens relevanten Bezugsrahmen. Die Elemente aus den drei wesensbestimmenden Merkmalen dienten der Verfasserin auf der einen Seite zur Bestimmung der relevanten Themenblöcke. Auf der anderen Seite lieferten sie auch wertvolle Hinweise für die Ableitung konkreter Fragen.[13]

12 Die quantitative Studie wurde bewusst breiter angelegt, um TQM in einen umfassenden Rahmen einbetten zu können. Die Konzentration auf das Konzept TQM mit all seinen Elementen erfolgt im Rahmen der qualitativen Studie. Vgl. hierzu das Kapitel IV.5, S. 203 ff. sowie die Abb. IV/ 16, S. 205.

13 Der Fragebogen befindet sich in Anhang 2.

Abb. IV/ 1: Konzeptioneller Bezugsrahmen für die quantitative Studie[14]

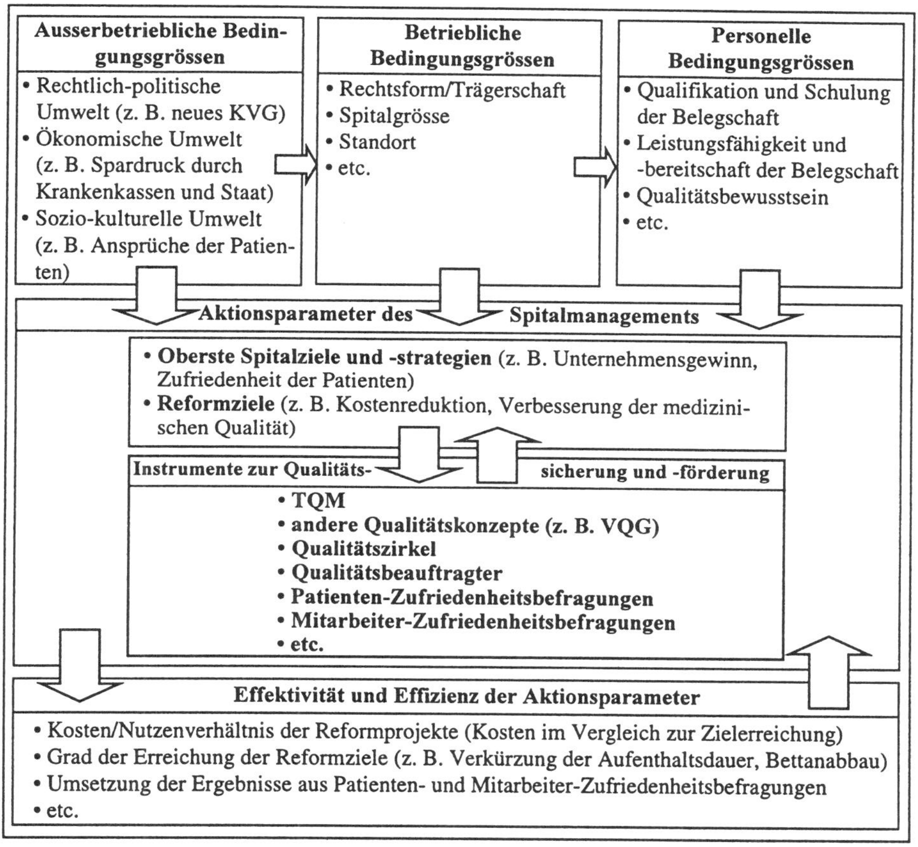

---

[14] Quelle: Eigene Abbildung.

3. Forschungsdesign der quantitativen Studie[15]

3.1. Studienziel und methodisches Vorgehen

Die quantitative Untersuchung verfolgt die Absicht, anhand einer *Gesamtmarktstudie*[16] eine Analyse der gegenwärtigen Situation im Deutschschweizer Spitalmanagement zu ermöglichen. Im Zentrum des Interesses steht die Ermittlung der betrieblichen Ziele, der externen und internen Problemfelder, der Patienten-, Mitarbeiter-, Konkurrenz- und Qualitätsorientierung sowie der Erfolge bisheriger Reformprojekte. Als Untersuchungssubjekte wurden *administrative Spitaldirektoren*[17] ausgewählt, also die Träger der betriebswirtschaftlichen Gesamtverantwortung im Krankenhaus. Die Wahl der administrativen Spitaldirektoren als Untersuchungssubjekte lässt sich zweifach begründen. Zum einen sind diese Personen in ihrer Funktion als administrative Leiter eines Spitals durch die Umstrukturierungen und den verschärften Wettbewerb besonders betroffen. Dadurch sind sie auch in der Lage, über die Bedingungsgrössen, die auf das Spitalmanagement Einfluss nehmen (z. B. die rechtliche Umwelt bei den ausserbetrieblichen Bedingungsgrössen oder das Qualitätsverständnis der Belegschaft bei den personellen Bedingungsgrössen) und über die Aktionsparameter des Spitalmanagements, fundiert Auskunft zu geben. Zum anderen fiel die Wahl auch aus Ansprechs- und Vergleichsgründen auf diese Personengruppe.[18]

Aufgrund der angestrebten Objektivität und Vergleichbarkeit, aufgrund des hohen Umfangs von Stichprobe und Fragekatalog sowie aus finanziellen und zeitlichen Gründen wurde beschlossen, eine *schriftliche, quantitative Befragung* durchzuführen. Dafür erschien ein *standardisierter Fragebogen* (geschlossene Antwortmöglichkeiten) am geeignetsten. Um für frei formulierte Meinungsäusserungen dennoch empfänglich zu bleiben, wurde den Befragten mehrmals die Gelegenheit zu eigenen Ergänzungen geboten. Die Wahl des schriftlichen Vorgehens barg nebst den

---

[15] Das vorliegende Kapitel basiert auf dem Arbeitsbericht Nr. 27 des Instituts für Organisation und Personal der Universität Bern (Autoren: Thom, Norbert/Etienne, Michèle/König, Günther). Der Arbeitsbericht beinhaltet die vollständigen und ausführlich kommentierten Ergebnisse der quantitativen Studie. An dieser Stelle wird aus Platzgründen bewusst eine Auswahl getroffen. Sämtliche in diesem Kapitel enthaltenen Abbildungen und Tabellen sind diesem Arbeitsbericht entnommen.

[16] Vgl. Kühn, Richard/Fankhauser, Kathrin (1996), S. 32 ff.

[17] Statistische Angaben zum beruflichen Werdegang der administrativen Spitaldirektoren sowie zur Anzahl Berufsjahre in ihrer derzeitigen Position finden sich in Abschnitt IV.4.1, S. 163 ff.

[18] Bei der qualitativen Studie werden zusätzlich zu den administrativen Spitaldirektoren auch die Qualitätsbeauftragten als Experten befragt. Für diese anspruchsvolle Stelle werden nicht selten Ärzte in leitenden Funktionen (z. B. wird in einer Fallstudie diese Stelle durch den Chefarzt Gynäkologie besetzt) verpflichtet. Die Gespräche mit diesen Personen werden es ermöglichen, den Blickwinkel in Richtung „Qualitätsverständnis im medizinischen Bereich“ zu öffnen.

erwähnten Vorteilen (Objektivität, Effizienz etc.) auch einige Nachteile: Einerseits konnte nicht überprüft werden, ob die befragten Spitaladministratoren tatsächlich selbständig und in der gewünschten Reihenfolge geantwortet haben. Andererseits drohte aufgrund der *Anonymität* eine tiefe Rücklaufquote.

3.2. Grundgesamtheit, erreichbare Grundgesamtheit und Stichprobe

Als erhebliches Hindernis hat sich die Beschaffung der Spitaladressen erwiesen. Die Mehrzahl der relevanten Verbände und Behörden hat aus Gründen des Datenschutzes auf eine Zusammenarbeit verzichtet. Als beste der verfügbaren Adressquellen wurde das Mitgliederverzeichnis der Vereinigung „H+ Die Spitäler der Schweiz“[19] evaluiert. Diese „erreichbare Grundgesamtheit“ repräsentiert allerdings nur einen Teil aller Schweizer Spitäler (Grundgesamtheit). Während eine grosse Mehrheit der Schweizer Akutspitäler und psychiatrischen Kliniken erfasst werden konnte, ist in der erreichbaren Grundgesamtheit nur eine kleine Minderheit der Krankenheime und sonstigen stationären Institutionen vertreten. Einen Überblick über die erreichbare Grundgesamtheit gibt **Tabelle IV/ 1**.

Um Übersetzungsprobleme zu umgehen, die Vergleichbarkeit der Ergebnisse zu erhöhen sowie die Studienkosten zu reduzieren, entschloss sich die Studienleitung,[20] die vorliegende Umfrage zu Lasten der nationalen Repräsentativität nur in der Deutschschweiz durchzuführen. Konkret wurden diejenigen Institutionen angeschrieben, die sich in der Adressenquelle mit einem deutschen Namen und einem Schweizer Firmensitz präsentierten. Insgesamt fand somit ein *Quota-Verfahren (mit zwei Quotenmerkmalen)*[21] bei der Stichprobenwahl Anwendung: Die Bestimmung der erreichbaren Grundgesamtheit erfolgte bewusst (Mitgliederverzeichnis von H+), die Auswahl der Stichprobe anhand der Quotenmerkmale „deutscher Name“ und „Schweizer Firmensitz“ (also unter Ausschluss vom Fürstentum Liechtenstein).

---

[19] H+ Die Spitäler der Schweiz (1997).

[20] Die Gesamtverantwortung für die quantitative Studie lag bei Prof. Dr. Norbert Thom, der von Frau Michèle Etienne assistiert wurde. Projektbearbeiter (Eingabe und erste univariate Auswertung der Daten) war Herr Günther König, der sich mit diesem Projekt im Rahmen seiner Lizentiatsarbeit befasste.

[21] Vgl. hierzu u. a. Kühn, Richard/Fankhauser, Kathrin (1996), S. 119 ff.

Tab. IV/ 1: Zusammensetzung von Grundgesamtheit und erreichbarer Grundgesamtheit nach Behandlungsarten[22]

Spitalkategorien nach Behandlungs-arten	**Grundgesamtheit**[23] (absolut)	**Erreichbare Grundge-samtheit**[24] (absolut sowie prozentual zur Grundgesamtheit)	
Akutspitäler inklusive neurologische Spezialkliniken und Epilepsiekliniken	344	303	(88.1%)
Psychiatrische Kliniken	62	49	(79.0%)
Krankenheime und sonstige stationäre Institutionen	2'741	112	(nicht vergleich-bar)
Total	3'147	464	(nicht vergleich-bar)

Tabelle IV/ 2 gibt einen Überblick über die kantonale Zusammensetzung der erreichbaren Grundgesamtheit und macht deutlich, dass eine Repräsentativität der Studienergebnisse aufgrund der Stichprobenwahl höchstens für Akutspitäler und psychiatrische Kliniken der Deutschschweiz möglich ist. Aufgrund des ungenügenden Stichprobenumfangs und der unvollständigen – also verzerrten – Rücklaufmenge muss die Repräsentativität der vorliegenden Umfrage allerdings gänzlich relativiert werden.[25] Dies beeinträchtigt jedoch nicht die Ergiebigkeit des später ausgewerteten Datenmaterials zur Ermittlung von aufschlussreichen Tendenzen und Zusammenhängen (explorativer Charakter der Studie).

---

22 Ein detaillierter Vergleich ist aufgrund der unterschiedlichen Systematik der Datenquellen nicht möglich. Bereits obige Darstellung ist nur begrenzt aussagekräftig: Während H+ Die Spitäler der Schweiz (1997), S. 15 ff., eine Unterscheidung von Krankenheimen und sonstigen stationären Institutionen erlaubt, vollzieht das Bundesamt für Statistik (1997), S. 8, keine trennscharfe Abgrenzung und subsummiert unter die stationären Betriebe auch Institutionen für Behinderte, Suchtkranke und psychosoziale Fälle.

23 Vgl. Bundesamt für Statistik (1997), S. 8.

24 Auszählung von H+ Die Spitäler der Schweiz (1997), S. 15 ff.

25 Eine repräsentative Studie benötigt eine auswertbare Rücklaufmenge, die einerseits ein verzerrungsfreies Abbild der Grundgesamtheit wiedergibt und andererseits – unabhängig von der Grösse der Grundgesamtheit – mindestens 400 Untersuchungssubjekte umfasst, sofern sie den üblichen Anforderungen (Sicherheitsintervall von 95%, maximaler Schätzfehler von 5%) genügen soll. Vgl. Kühn, Richard/Fankhauser, Kathrin (1996), S. 126 ff. Beide Anforderungen werden durch die vorliegende Studie *nicht* erfüllt.

Tab. IV/ 2: Kantonale Zusammensetzung von erreichbarer Grundgesamtheit und Stichprobe

Kanton	**Erreichbare Grundgesamtheit** (absolut)	**Stichprobe** (absolut sowie prozentual zur erreichbaren Grundgesamtheit)		**Kanton**	**Erreichbare Grundgesamtheit** (absolut)	**Stichprobe** (absolut sowie prozentual zur erreichbaren Grundgesamtheit)	
Aargau	27	27	(100.0%)	Obwalden	2	2	(100.0%)
Appenzell Ausserrhoden	11	11	(100.0%)	St. Gallen	28	28	(100.0%)
Appenzell Innerrhoden	1	1	(100.0%)	Schaffhausen	5	5	(100.0%)
Basel-Landschaft	11	11	(100.0%)	Schwyz	4	4	(100.0%)
Basel-Stadt	15	15	(100.0%)	Solothurn	9	9	(100.0%)
Bern	70	65	(92.9%)	Thurgau	18	18	(100.0%)
Freiburg	16	3	(18.8%)	Tessin	27	0	(0.0%)
Genf	11	0	(0.0%)	Uri	1	1	(100.0%)
Glarus	2	2	(100.0%)	Wallis	16	6	(37.5%)
Graubünden	29	25	(86.2%)	Waadt	48	0	(0.0%)
Jura	4	0	(0.0%)	Zug	9	9	(100.0%)
Luzern	9	9	(100.0%)	Zürich	75	75	(100.0%)
Neuenburg	14	0	(0.0%)	Fürstentum Liechtenstein	1	0	(0.0%)
Nidwalden	1	1	(100.0%)	**Total**	**464**	**327**	**(70.5%)**

3.3. Struktur des Fragebogens

Der Fragebogen umfasst insgesamt neun Themenblöcke:

- Ziele des Spitals
- Externe und interne Problemfelder des Spitalmanagements
- Fragen zur Leistungsfähigkeit und -bereitschaft des Personals
- Bisherige Erfahrungen bei der Durchführung von Reorganisationsmassnahmen
- Konkurrenzsituation
- Patientenzufriedenheit
- Mitarbeiterzufriedenheit
- Qualitätsverständnis und Qualitätssicherung
- Soziodemographische Fragen betreffend die Spitäler und die Spitaladministratoren

Es wurde darauf geachtet, eine psychologisch optimale Reihenfolge der Themenblöcke sicherzustellen: Einfache, motivierende Fragen leiten die Studie ein, die anspruchsvollsten und emotional heikelsten Themen werden im Mittelteil plaziert, und die Erhebung der soziodemographischen Daten – welche tendenziell die Teilnahmebereitschaft beeinträchtigt, weil ein Teil der Anonymität verloren geht – erfolgt bewusst am Ende der Studie. Insgesamt wurde auf eine übersichtliche Struktur, eine leicht verständliche und suggestionsfreie Formulierung und soweit möglich auf eine lineare Skalierung (mit gleichen Abständen) zwischen den geschlossenen Antwortmöglichkeiten geachtet. Zudem wurde der Studie ein motivierendes Begleitschreiben beigelegt und interessierten Teilnehmern eine kostenlose Zusendung ausgewählter Studienresultate in Aussicht gestellt.[26]

3.4. Datenauswertung und -darstellung

Die Präsentation der Studienergebnisse erfolgt in Anlehnung an den Bezugsrahmen.[27] Das Datenmaterial wird sowohl *univariat* (Mittelwerte, Standardabweichungen etc.) als auch *bivariat* (Kreuztabellen, Zusammenhangskoeffizienten und Tests) ausgewertet. Besonders aufschlussreiche Aspekte werden verbal hervorgehoben und interpretiert. Die Beantwortung der *offenen Fragen* durch die Spitaldirektoren erfolgte weitgehend fakultativ (mit Ausnahme der Frage 29[28]). Ihre Auswertung unterliegt einem erhöhten subjektiven Einfluss[29] und kann nur qualitativ erfolgen. Aus diesem Grund beschränkte sich die Präsentation auf die häufigsten oder fachlich aufschlussreichsten Kommentare. Aussagen, die einer geschlossenen Antwortmöglichkeit zugeordnet werden können, bleiben unberücksichtigt. Ebenfalls nicht erwähnt werden Antworten, wenn sie die dazugehörige Frage verfehlen.

---

26 Zu Richtlinien der Fragebogengestaltung vgl. Berekoven, Ludwig/Eckert, Werner/Ellenrieder, Peter (1989), S. 107 f. und Kühn, Richard/Fankhauser, Kathrin (1996), S. 173 ff.

27 Vgl. Abb. IV/ 1, S. 157.

28 Die Nummer der Fragen bezieht sich jeweils auf den Fragebogen, der in Anhang 2 enthalten ist.

29 Vgl. Kühn, Richard/Fankhauser, Kathrin (1996), S. 65. Vgl. grundsätzlich zu den Schwierigkeiten bei der Interpretation von Statistiken, Zahlen, Vergleichen etc. Krämer, Walter (1997).

3.5. Erprobung, Erhebungszeitraum und personelle Organisation

Der Fragebogen wurde vor seiner Anwendung mehrfach geprüft: Eine *wissenschaftliche Kritik* erfolgte Ende Oktober 1997 durch Prof. Dr. Norbert Thom (Direktor des Instituts für Organisation und Personal der Universität Bern), durch PD Dr. Martial Pasquier (Privatdozent am Institut für Marketing und Unternehmungsführung der Universität Bern) sowie durch Dr. Kurt Aeberhard (Unternehmensberater). Zudem wurde ein *Pretest* in drei Bezirksspitälern durchgeführt. Leider hatten ein Regionalspital sowie ein Universitätsspital ihre zunächst zugesicherte Teilnahme kurzfristig zurückzogen. Die *Haupterhebung* fand von Mitte November bis Ende Dezember 1997 statt, unterstützt durch eine postalische *Nachfassaktion.*

4. Ergebnisse der quantitativen Untersuchung

4.1. Einleitung

Die quantitative Studie hat – trotz Schriftlichkeit, Anonymität und erheblichem Umfang des Fragebogens – eine ausserordentlich erfolgreiche Rücklaufquote von 58.1% erzielt. Dies begünstigt die Aussagekraft der Ergebnisse und kann als Indiz für eine motivierende Studiengestaltung gewertet werden, allerdings auch als Hinweis darauf, dass die Schweizer Spitaladministratoren einen Handlungsbedarf erkannt haben und sich von der betriebswirtschaftlichen Forschung und Lehre Gestaltungshilfen erhoffen. Einen Überblick über den Umfang der erreichbaren Grundgesamtheit, der Stichprobe sowie der auswertbaren Rücklaufmenge vermittelt **Tabelle IV/ 3**.

Im künftigen Konkurrenzkampf der Spitäler wird die Qualität des Managements für das Überleben der einzelnen Spitäler eine erhöhte Bedeutung erlangen. Eine hochqualifizierte und kundenorientierte Spitalleitung ist nicht nur aus Sicht der Kostenträger wünschenswert, sondern auch aus Sicht der Patienten und Mitarbeiter. Dies bedingt aber, dass gerade Spitaladministratoren über breitgefächerte Kenntnisse betriebswirtschaftlicher Instrumente und Methoden verfügen. Die statistischen Angaben zum Schluss des Fragebogens erlauben es, Aussagen über den beruflichen Werdegang (Frage 37)[30] der Untersuchungssubjekte zu machen, wie **Abbildung IV/ 2** im Detail zeigt.

[30] Weil die Ergebnisse der quantitativen Studie in der vorliegenden Arbeit dem Aufbau des Bezugsrahmens folgen, ist keine Chronologie vorhanden.

Tab. IV/ 3: Überblick über die erreichbare Grundgesamtheit, Stichprobe und auswertbare Rücklaufmenge[31]

	Absolut	Prozentual[32] zur erreichbaren Grundgesamtheit
Erreichbare Grundgesamtheit	464	(100.0%)
Institutionen mit französischem, italienischem oder rätoromanischem Namen oder mit Sitz im Fürstentum Liechtenstein	137	(29.5%)
Stichprobe	327	(70.5%)
Teilnahme stillschweigend abgelehnt	110	(23.7%)
Teilnahme abgelehnt: fühlten sich nicht als Zielpublikum geeignet	9	(1.9%)
Teilnahme abgelehnt: Zeitmangel	7	(1.5%)
Teilnahme abgelehnt: Fragebogen ohne Begründung retourniert	5	(1.1%)
Teilnahme abgelehnt: Betriebsauflösung/Restrukturierung	3	(0.6%)
Teilnahme abgelehnt: sonstige Gründe	2	(0.4%)
Nicht auswertbar	1	(0.2%)
Auswertbare Rücklaufmenge (entspricht einer Rücklaufquote von 58.1%)	190	(40.9%)

Bereits heute verfügen 64.8% aller administrativen Spitaldirektoren über eine ökonomische Grundausbildung (Wirtschaftsstudium, HWV, KV). Lediglich 4.7% der Studienteilnehmer stammen aus medizinischen oder pflegenden Berufen. *Es hat sich aber auch gezeigt, dass rund 30.5% der heutigen Spitalmanager weder eine kaufmännische noch eine gesundheitsbezogene Grundausbildung besitzen.* Tatsächlich scheinen derzeitige Krankenhausdirektionen ein wahres Sammelbecken für sonstige Akademiker (Biologen, Bauingenieure, Chemiker, Physiker, Juristen, Agroingenieure, Psychologen, Mathematiker etc.) sowie anders ausgebildete Personen (Lehrer, Sozialarbeiter, Köche, Schreiner etc.) darzustellen. Allerdings ist einzugestehen, dass die Ausbildung des eidgenössisch diplomierten Spitalfachmanns in dieser Studie nicht gesondert erfasst wurde und somit ebenfalls den „anders Ausgebildeten" zugeordnet wurde.

31 Die Angaben zur erreichbaren Grundgesamtheit und Stichprobe basieren auf Auszählungen von H+ die Spitäler der Schweiz (1997a), S. 15 ff., die übrigen Daten wurden anhand der eigenen Studie ermittelt.

32 In allen Tabellen und Abbildungen des vorliegenden Kapitels findet ein qualifiziertes Rundungsverfahren Anwendung: Die Rundungsgrenze wird nicht beim Wert 5 fixiert, sondern soweit variiert, dass die Summe aller Prozentzahlen je Unterfrage stets 100.0% ergibt.

Abb. IV/ 2: Beruflicher Werdegang der administrativen Spitaldirektoren

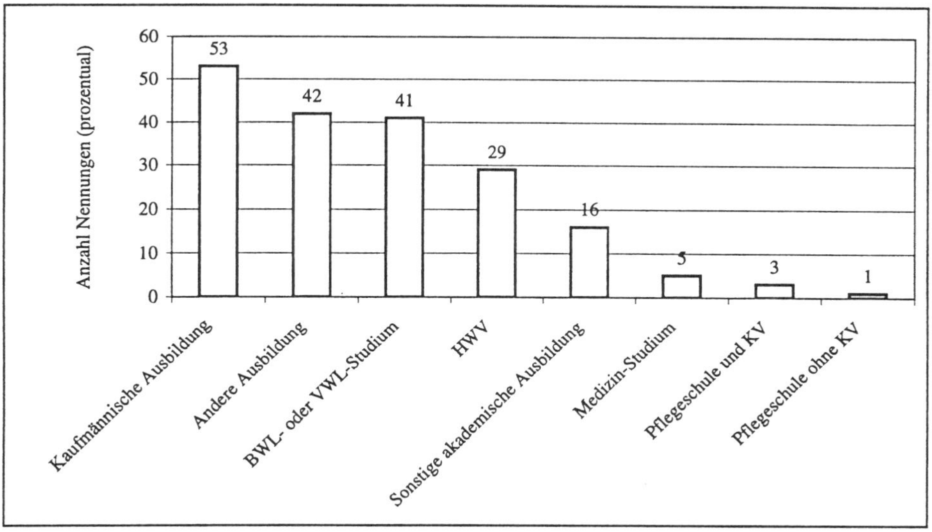

Um neben der Ausbildung auch die Berufserfahrung der Studienteilnehmer zu erfassen und um einen Hinweis auf die Rotationsgeschwindigkeit im administrativen Spitalkader zu gewinnen, wurde mit einer weiteren Frage (Frage 38) untersucht, seit wie vielen Jahren die befragten Krankenhausmanager ihre derzeitige Position innehaben. Aus **Tabelle IV/ 4** ist ersichtlich, dass immerhin 36.7% seit zehn und mehr Jahren keine beruflichen Veränderungen mehr erfahren haben.[33]

[33] Zum Vergleich: Der berufliche Werdegang (Erstausbildung) sowie die Berufsjahre ergeben für die befragten Spitaldirektoren in der qualitativen Studie folgendes Bild: Jurisprudenz (seit einem Jahr Spitaldirektor), Hotelfachschule (seit 8 Jahren Spitaldirektor), kaufmännische Ausbildung (seit 30 Jahren Spitaldirektor), Lehrerseminar (seit 8 Jahren Spitaldirektor) sowie kaufmännische Ausbildung in einer Gemeinde (seit 16 Jahren Spitaldirektor). Vgl. ausführlich Abschnitt IV.7.2, S. 216 ff.

Tab. IV/ 4: Berufsjahre der administrativen Spitaldirektoren in ihrer derzeitigen Position

Jahre	Anzahl Nennungen (absolut)	Anzahl Nennungen (prozentual zu N)	Jahre	Anzahl Nennungen (absolut)	Anzahl Nennungen (prozentual zu N)
0 – 1.9	28	(14.9%)	10 – 14.9	29	(15.4%)
2 – 3.9	23	(12.2%)	15 – 19.9	14	(7.5%)
4 – 5.9	24	(12.8%)	20 – 24.9	13	(6.9%)
6 – 7.9	30	(16.0%)	25 – 29.9	9	(4.8%)
8 – 9.9	14	(7.4%)	30 und mehr	4	(2.1%)
0 – 9.9	**119**	**(63.3%)**	**10 und mehr**	**69**	**(36.7%)**

4.2. Fragen im Zusammenhang mit den ausserbetrieblichen, betrieblichen und personellen Bedingungsgrössen

4.2.1. Zunahme der Anforderungen an das Spitalmanagement (Frage 1)

Die Einstiegsfrage der quantitativen Studie führt bereits zu einer aufschlussreichen Erkenntnis. Eine überwältigende Mehrheit von 97.3% aller antwortenden Spitaladministratoren äusserte die Meinung, dass die Anforderungen ans Spitalmanagement im Laufe der letzten Jahre zugenommen haben.

Bei der Interpretation der konstatierten Anforderungszunahme stellt sich zwangsläufig die Frage nach ihren *Gründen*. Die Erhebung diesbezüglicher Vergleiche war aufgrund des begrenzten Fragebogenumfangs leider nicht möglich. Es lässt sich vermuten, dass die Ursachen der Anforderungszunahme unter jenen ausserbetrieblichen Bedingungsgrössen zu suchen sind, die nach dem subjektiven Empfinden der Spitaladministratoren die grössten Management-Erschwernisse darstellen, also beim externen Spardruck, beim Handlungsbedarf infolge von Gesetzesrevisionen (KVG) sowie bei den Qualitätsansprüchen der Patienten.

4.2.2. Einfluss externer Rahmenbedingungen auf das Spitalmanagement (Frage 3)

An erster Stelle der externen Einflussfaktoren (ausserbetriebliche Bedingungsgrössen) nennen die antwortenden Spitaldirektoren den Spardruck durch die Krankenversicherer und den Staat (wobei der Spardruck durch die Öffentlichkeit als weniger hinderlich dargestellt wird). Ebenso hoch wird der Handlungsbedarf durch neue gesetzliche Regelungen (KVG) eingestuft.[34] Die Ansprüche der Patienten, der Verdrängungswettbewerb sowie die Handlungseinschränkung des Spitalmanagements durch die Politik werden als weniger gravierend beurteilt, ebenso der Bedarf bezüglich Personalentwicklungsmassnahmen aufgrund des technischen Fortschritts. Vom Lobbying der Spitalbelegschaft schliesslich scheint vergleichsweise wenig Einfluss auszugehen. Als weitere externe Erschwernisse erwähnen die befragten Spitalmanager in der offenen Frage u. a. den Rückgang der zusatzversicherten Patienten, die Unklarheiten im KVG sowie das widersprüchliche, unzuverlässige Verhalten von Politik und Krankenversicherern.[35] **Abbildung IV/ 3** fasst die Ergebnisse graphisch zusammen.

Abb. IV/ 3: Einfluss externer Rahmenbedingungen auf das Spitalmanagement

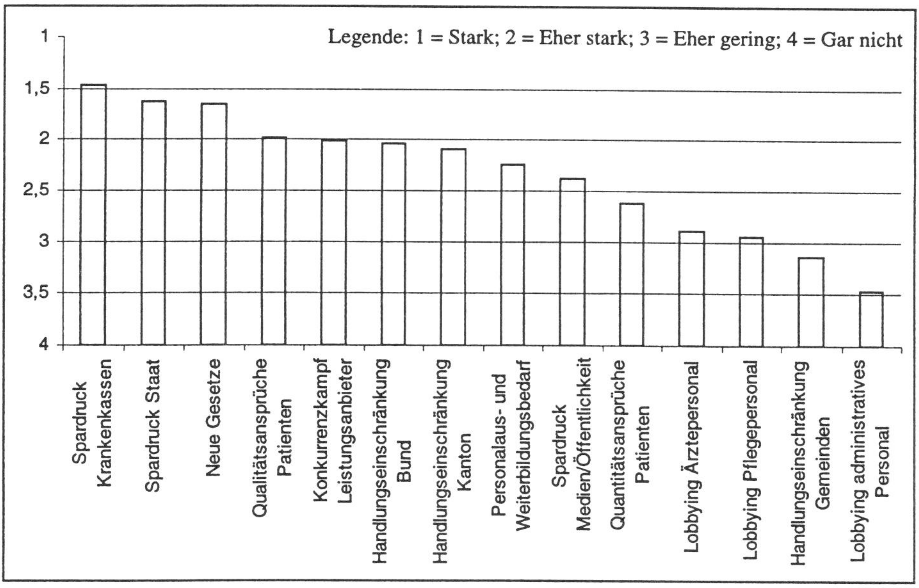

---

34 Diese Einschätzung deckt sich auch mit den Aussagen der Experten in den Fallspitälern. Vgl. hierzu Abschnitt IV.7.3.2.1, S. 233 f.

35 Sehr klar drückt sich in diesem Zusammenhang ein Experte aus, der im Rahmen der quantitativen Studie befragt wurde: *„Man hungert die Spitäler lieber zu Tode, als dass man ein paar schliesst, damit die anderen weiterleben können.“ (Experte 6)*. Vgl. im Detail Abschnitt IV.7.3.2.1, S. 233 f.

4.2.3. Betriebliche Bedingungsgrössen des Spitalmanagements (Fragen 32 bis 36)[36]

Die Frage 32 untersucht die Zusammensetzung von erreichbarer Grundgesamtheit, Stichprobe und auswertbarer Rücklaufmenge nach *Rechtsformen.*[37] Es erstaunt, dass nur 44.8% der Spitäler innerhalb der erreichbaren Grundgesamtheit durch öffentlichrechtliche Kostenträger finanziert werden. Das ausgeglichene Verhältnis von öffentlichen und privaten Spitälern konnte sowohl in der Stichprobe als auch in der auswertbaren Rücklaufmenge beibehalten werden, was die Aussagekraft der Ergebnisse erhöht. Die Rücklaufquote privater Spitäler unterscheidet sich nur unwesentlich von derjenigen öffentlicher Institutionen. **Tabelle IV/ 5** zeigt die Auswertung nach Rechtsformen im Detail.

Mit der Frage 33 wurde die *Anzahl stationärer Patienten* im Jahr 1996, die durch die erfassten Spitäler behandelt wurden, erhoben. **Tabelle IV/ 6** zeigt die Anzahl stationärer Patienten im Jahre 1996. Die Vergleichbarkeit zwischen den einzelnen Spitalkategorien ist allerdings nicht gegeben, sondern wird erst in den Tabellen IV/ 8 und IV/ 9 sichergestellt.

Die vorhandene *Bettenkapazität* der untersuchten Spitäler im Jahr 1996 erfasste die Frage 34. Es zeigt sich aus **Tabelle IV/ 7**, dass sowohl die Kleinst- wie auch die Höchstwerte bei den Akutspitälern vorzufinden sind.

Die *Grösse eines Spitals* lässt sich (bezogen auf die jeweilige Kategorie) nach Ansicht der Verfasserin relativ realistisch anhand der *Anzahl Pflegetage* messen (Frage 35). Wie bei den Bettenkapazitäten zeigen sich auch hier erhebliche Unterschiede innerhalb der verschiedenen Spitalkategorien der Deutschschweiz, wie aus der **Tabelle IV/ 8** ersichtlich ist.

---

36 Diese Fragen wurden im Rahmen des Frageblocks „Angaben zur Institution/Person" erfasst. Sie gehören jedoch gemäss dem Begriffsverständnis der Verfasserin zu den betrieblichen Bedingungsgrössen. Vgl. für die Definition der betrieblichen Bedingungsgrössen das Kapitel IV.2, S. 154 ff.

37 Die Bedeutung der Rechtsform als betriebliche Bedingungsgrösse wurde im Detail mit den Experten aus den fünf Fallspitälern diskutiert. Die Ergebnisse finden sich in Abschnitt IV.7.3.2.2, S. 234 f. Die Rechtsformen der fünf Fallspitäler sind: Aktiengesellschaft, privatrechtlicher Verein, privatrechtliche Stiftung, öffentlichrechtlicher Gemeindeverband und Kantonsunternehmen.

Tab. IV/ 5: Zusammensetzung von erreichbarer Grundgesamtheit, Stichprobe und Rücklaufmenge nach Rechtsformen

Rechtsformen	**Erreichbare Grundgesamtheit** (absolut)	**Stichprobe** (absolut sowie prozentual zur Gesamtmenge der H+ Aktivmitglieder)		**Auswertbare Rücklaufmenge** (absolut sowie prozentual zur Stichprobe)	
Einzelpersonen	6	5	(83.3%)	1	(20.0%)
Einfache Gesellschaften	3	3	(100.0%)	1	(33.3%)
Kollektivgesellschaften	1	1	(100.0%)	1	(100.0%)
Kommanditgesellschaften	0	0	-	0	-
Aktiengesellschaften	80	47	(58.8%)	24	(51.1%)
Gesellschaften mit beschränkter Haftung	2	1	(50.0%)	1	(100.0%)
Genossenschaften	8	7	(87.5%)	1	(14.3%)
Vereine	70	51	(72.9%)	36	(70.6%)
Privatrechtliche Stiftungen	85	52	(61.2%)	31	(59.6%)
Privatrechtliche Unternehmen (Total)	255	167	(65.5%)	96	(57.5%)
Öffentlichrechtliche Stiftungen	16	12	(75.0%)	10	(83.3%)
Gemeindeunternehmen	33	30	(90.9%)	13	(43.3%)
Öffentlichrechtliche Gemeindezweckverbände	63	56	(88.9%)	28	(50.0%)
Bezirks- (Kreis-) Unternehmen	9	4	(44.4%)	3	(75.0%)
Kantonsunternehmen	74	56	(75.7%)	39	(69.6%)
Bundesunternehmen	1	0	(0.0%)	0	-
Andere öffentlichrechtliche Körperschaften	12	2	(16.7%)	1	(50.0%)
Öffentlichrechtliche Unternehmen (Total)	208	160	(76.9%)	94	(58.8%)
Ausländische Rechtsformen	0	0	-	0	-
Unbekannt	1	0	(0.0%)	0	-
Total	464	327	(70.5%)	190	(58.1%)

Die Auswertung der Bettenkapazität und Anzahl Pflegetage besitzt aufgrund der mangelnden Vergleichbarkeit der verschiedenen Spitalkategorien relativ geringe Aussagekraft, deshalb werden im folgenden einige aussagekräftigere Kennzahlen berechnet. Anhand der stationären Patienten und der Grösse des Spitals lässt sich bspw. die *durchschnittliche Aufenthaltsdauer* der Patienten im Jahr 1996 ermitteln. Dabei werden wie erwartet deutliche Unterschiede zwischen den Spitalkategorien sichtbar: Während Behandlungen in Akutspitälern durchschnittlich nur 15 Tage dauern, verbringen Patienten in psychiatrischen Kliniken im Mittel 97 Tage und in Krankenheimen 336 Tage.[38] Es sei in Erinnerung gerufen, dass in dieser Studie nur stationäre Aufenthalte erfasst werden, also keine teilstationären Behandlungen. **Tabelle IV/ 9** visualisiert die Ergebnisse im Detail.

Tab. IV/ 6: Anzahl stationärer Patienten im Jahr 1996

Spitalkategorien nach Behandlungsarten	**Anzahl Patienten im Jahr 1996**				
(Alle Werte absolut)	N	Minimum	Maximum	Varianz	Mittelwert
Akutspitäler	113	400	25'000	17.942 Mio.	**3'925.3**
Psychiatrische Kliniken	16	248	1'848	0.197 Mio.	**711.6**
Krankenheime	36	20	2'000	0.110 Mio.	**214.8**

Tab. IV/ 7: Bettenkapazität im Jahr 1996

Spitalkategorien nach Behandlungsarten	**Bettenkapazität im Jahr 1996**				
(Alle Werte absolut)	N	Minimum	Maximum	Varianz	Mittelwert
Akutspitäler	118	10	745	13'988.5	**141.2**
Psychiatrische Kliniken	17	36	417	12'697.6	**199.9**
Krankenheime	45	16	326	5'258.1	**121.6**

Tab. IV/ 8: Anzahl Pflegetage im Jahr 1996

Spitalkategorien nach Behandlungsarten	**Anzahl Pflegetage im Jahr 1996**				
(Alle Werte absolut)	N	Minimum	Maximum	Varianz	Mittelwert
Akutspitäler	114	4'000	239'814	1'396.4 Mio.	**42'444.5**
Psychiatrische Kliniken	17	10'795	142'511	1'595.0 Mio.	**67'907.2**
Krankenheime	42	4'752	115'045	689.0 Mio.	**41'770.0**

38 Die durchschnittliche Aufenthaltsdauer der Patienten ist in den untersuchten Fallspitälern (es handelt sich um Akutspitäler) deutlich geringer. Sie bewegen sich im Akutbettenbereich zwischen 4.5 (nur die operativen Disziplinen) und 8.6 Tagen. Vgl. Abschnitt IV.7.2, S. 216 ff. Dieses Resultat zeigt, dass die untersuchten Fallspitäler im Deutschschweizer Durchschnitt bezüglich der Aufenthaltsdauer positiv abschneiden. Ein Grund für dieses Resultat ist die teilweise Existenz von Fallpauschalen in den Fallspitälern. Diese schaffen einen Anreiz, die Aufenthaltsdauer zu reduzieren.

Tab. IV/ 9: Durchschnittliche Aufenthaltsdauer pro Patient im Jahr 1996

Spitalkategorien nach Behandlungsarten	**Durchschnittliche Aufenthaltsdauer im Jahr 1996** [Tage pro eingetretenen Patient][39]				
(Alle Werte absolut)	N	Minimum	Maximum	Varianz	Mittelwert
Akutspitäler	110	1.2	65.9	133.2	**15.1**
Psychiatrische Kliniken	16	37.4	178.6	1'557.0	**97.0**
Krankenheime	35	9.2	1'345.4	55'750.2	**335.8**

Als zweite kombinierte Auswertung wird anhand der Bettenkapazität und Anzahl Pflegetage der *durchschnittliche Bettenbelegungsgrad* der erfassten Spitäler ermittelt. Dieser kann als *ein* Indikator für eine effiziente Ressourcennutzung interpretiert werden.[40] **Abbildung IV/ 4** beinhaltet die Ergebnisse dieser kombinierten Auswertung.

Die *Belegschaftsstruktur* der teilnehmenden Spitäler wurde mit Hilfe der Frage 36 eruiert. Eine nach Belegschaftsgruppen unterteilte Darstellung findet sich in der **Abbildung IV/ 5**. Bemerkenswert scheint die Tatsache, dass im durchschnittlichen Deutschschweizer Spital rund dreimal mehr Frauen als Männer beschäftigt sind (73.0% zu 27.0%), was insbesondere auf den hohen Frauenanteil in der grössten Mitarbeitergruppe des Pflege- und Betreuungspersonals zurückzuführen ist. Zur Überprüfung der geschlechtsspezifischen Strukturen wurde in **Tabelle IV/ 10** eine funktionsbezogene Analyse der *Frauenquote* vorgenommen. Dabei hat sich bestätigt, dass die höhergestellten Spitalpositionen (Chefärzte, übrige Ärzte, Verwaltungsdirektion) noch immer fest in Männerhand sind (durchschnittlicher Frauenanteil: 25.3%), während hierarchisch tiefergestellte Chargen (Pflege- und Betreuungspersonal, übriges kaufmännisches Personal, übrige Spitalmitarbeiter) vorwiegend durch Frauen ausgeübt werden (75.9%).

---

39 Formel: Durchschnittliche Aufenthaltsdauer pro Patient = Summe der Pflegetage / Summe der Patienten. Vgl. H+ Die Spitäler der Schweiz (1997), S. 6.

40 Der Bettenbelegungsgrad variiert in den Fallspitälern zwischen 71.2% und 91.3%. Die Angaben beziehen sich jedoch auf die Jahre 1997 und 1998.

Abb. IV/ 4: Durchschnittlicher Bettenbelegungsgrad im Jahr 1996

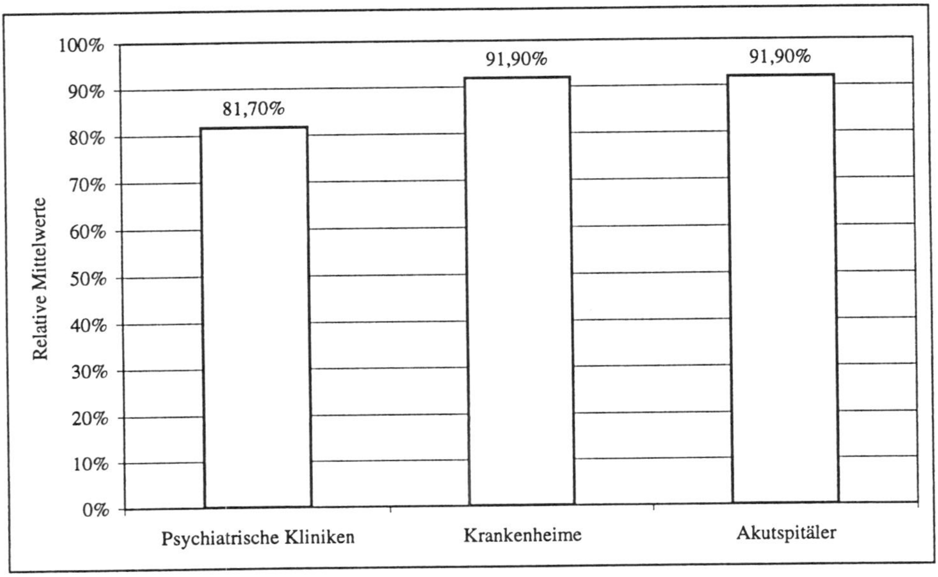

Abb. IV/ 5: Belegschaftsstruktur nach Mitarbeitergruppen

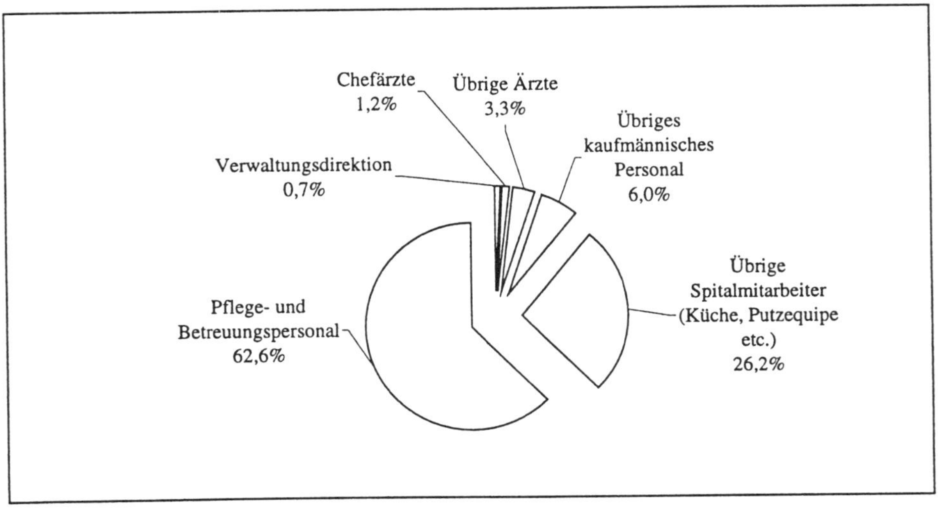

Tab. IV/ 10: Belegschaftsstruktur nach Geschlechtern

Mitarbeitergruppen	**N**	**Frauen**		**Männer**	
Verwaltungsdirektion	146	**42.2**	28.9%	**103.8**	71.1%
Übriges kaufmännisches Personal	158	**122.1**	77.3%	**35.9**	22.7%
Chefärzte	122	**19.2**	13.7%	**102.8**	84.3%
Übrige Ärzte	141	**46.8**	33.2%	**91.2**	66.8%
Pflege- und Betreuungspersonal	160	**132.5**	82.8%	**27.5**	17.2%
Übrige Spitalmitarbeiter (Küche, Putzequipe etc.)	157	**106.1**	67.6%	**50.9**	32.4%

Die spitalinternen Problemfelder besitzen ebenfalls den Charakter betrieblicher Bedingungsgrössen (Frage 4). An erster Stelle der spitalinternen Problemfelder nennen die Spitaladministratoren das Spannungsfeld zwischen Qualität und Kosten. Als eher starke Erschwernis wird zudem der Weiterbildungsbedarf des administrativen Personals (personelle Bedingungsgrösse) erkannt.[41] Der Weiterbildungsbedarf ist per Definition eher eine personelle Bedingungsgrösse. Die Zuordnung der Problemfelder zu den betrieblichen Bedingungsgrössen erfolgte in der quantitativen Studie an dieser Stelle vorläufig als generelles Merkmal der Belegschaft.

Die Erschwerung des Spitalmanagements durch interne Problemfelder ist aus **Abbildung IV/ 6** ersichtlich. Auf die offene Unterfrage zu weiteren internen Problemfeldern bemängeln die Befragten u. a. Kompetenzstreitigkeiten und grundsätzliche Zielkonflikte zwischen dem ärztlichen, pflegerischen und administrativen Spitalbereich, ein mangelndes ökonomisches und prozessbezogenes Denken des ärztlichen und pflegerischen Personals, eine ungenügende Übernahme von Führungsverantwortung durch das ärztliche und pflegerische Kader,[42] unklare Zielvorgaben der obersten Spitalleitung, eine mangelnde Entscheidfähigkeit des mehrköpfigen Spitaldirektoriums sowie einen grundlegenden Flexibilitätsmangel der Spitalorganisation.

---

41 Dieses Resultat deckt sich mit den Erkenntnissen aus den Expertengesprächen. Dort wird der Qualifikation und dem Ausbildungsstand der Mitarbeiter ebenfalls einen hohe Bedeutung beigemessen. Vgl. im Detail Abschnitt IV.7.3.2.3, S. 235 ff.

42 Deckungsgleich mit diesem Ergebnis ist eine Aussage eines Experten aus dem Fallspital C. Er bemängelt die Führungsverantwortung der Ärzte v. a. im Zusammenhang mit den Qualitätsbestrebungen: *„Die Auseinandersetzung mit Qualität ist denen* (er meint damit die Chefärzte) *lästig. Wenn sie sich jedoch innerhalb der Spitalleitung immer wieder mit diesem Thema auseinandersetzen müssen, dann funktioniert das.“* Vgl. auch die Ausführungen zum Fallspital C in Abschnitt IV.7.3.3.4, S. 244 ff.

Abb. IV/ 6: Erschwerung des Spitalmanagements durch interne Problemfelder

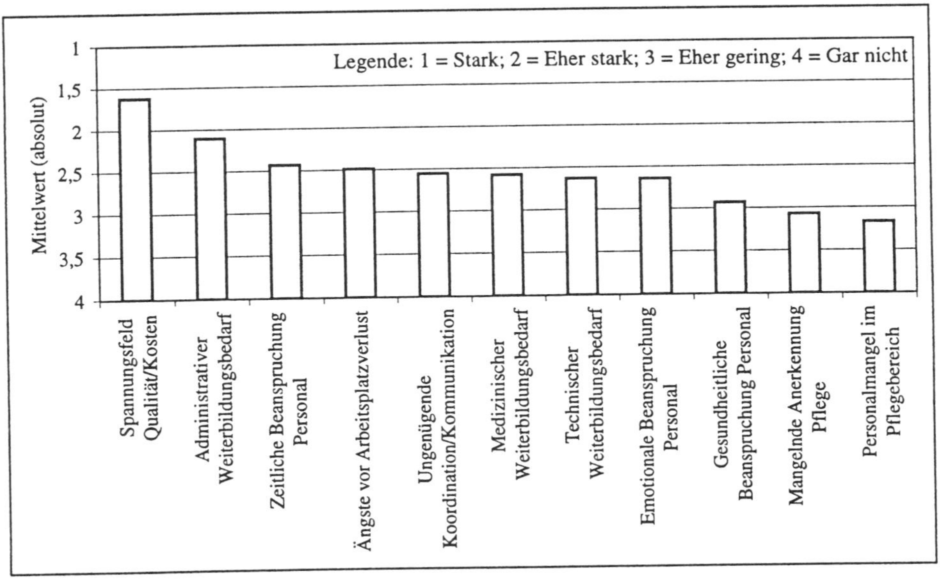

Dass der grundsätzliche Zielkonflikt zwischen betrieblichem Sachziel (Qualität) und ökonomischem Formalziel (Effizienz) auch im Spitalmanagement eine erhebliche Herausforderung darstellt, war nicht anders zu erwarten und bestätigt sich auch in den Ausführungen in Abschnitt IV.4.3.1, S. 179 ff. Demgegenüber erstaunt es, dass die Befragten das spitalinterne Arbeitsklima und die Leistungskoordination als relativ unproblematisch darstellen, während die Literatur sie als einen wichtigen Grund für Spitalreformen identifiziert.[43] Dass gerade im administrativen Bereich ein überdurchschnittlich prekärer Weiterbildungsbedarf geäussert wird, mag darauf

43 Die meisten Spitäler besitzen eine „gewachsene" Organisationsstruktur, die sich über Jahrzehnte hinweg ohne eine bewusste Gestaltung und oft stark personenabhängig entwickelt hat. Standesdenken, Formalismus, ausgeprägte Hierarchisierung und hochgradige Spezialisierung sind historisch tief verwurzelt und manifestieren sich in der klassischen Dreiteilung des Spitals in die Bereiche ärztlicher Dienst, Pflege und Verwaltung. Vgl. u. a. Morra, Francesco (1996), S. 29 ff. In einem der Expertengespräche kam diese Problematik in den folgenden Zitaten deutlich zum Ausdruck: *„Die Pflege ist gut organisiert, hat klare Strukturen. (...) Wieso wird man in der Medizin Chefarzt? Weil man ein guter Organisator ist? Im Gegenteil. Weil man rein fachlich gesehen gut ist. Es geht nur um die fachliche Macht."* (Experte 6); *„In der Medizin ist ein hohes Mass an Solidarität vorhanden – zumindest gegenüber den anderen Berufsgruppen im Spital. (...) Der Pflegedienst steht zuwenig als Einheit da. Sonst wären wir wahrscheinlich weiter."* (Experte 7).

zurückzuführen sein, dass die gesellschaftlich und politisch geforderten Reformen schwergewichtig das Management betreffen.

Eine gesamthafte Betrachtung der externen und internen Problemfelder des Spitalmanagements zeigt, dass die externen Problemfelder als deutlich prekärer bewertet werden als die internen, und dass die Spitalbranche insgesamt einem erheblichen Verbesserungsdruck ausgesetzt ist. Dies mag die Spitalmitarbeiter beunruhigen, ist aus Sicht der Kostenträger und der Öffentlichkeit aber grundsätzlich erwünscht und durch das neue KVG sogar beabsichtigt.

4.2.4. Personelle Bedingungsgrössen des Spitalmanagements

4.2.4.1. Leistungsfähigkeit der Spitalmitarbeiter (Frage 5)

Die Studienteilnehmer bewerten die Qualifikation ihrer Mitarbeiter grundsätzlich als „hoch" bis „eher hoch", wobei diejenige der Chefärzte deutlich am höchsten und diejenige des infrastrukturellen Personals (Küche, Putzequipe etc.) deutlich am geringsten eingestuft wird, wie aus der **Abbildung IV/ 7** ersichtlich ist. Der Stichprobenumfang der Chefärzte und übrigen Ärzte ist leicht reduziert, da sie in manchen Krankenheimen nicht zur Belegschaft gehören.

Die Interpretation der Ergebnisse muss aufgrund ihrer thematischen Brisanz mit besonderer Vorsicht erfolgen. Während des Auswertens hat sich deutlich gezeigt, dass die Frage nach der Leistungsfähigkeit der Spitalmitarbeiter bei etlichen administrativen Spitaldirektoren trotz ihrer Anonymität an die Grenze der *Auskunftsbereitschaft*[44] gestossen ist. Eine kleine Minderheit hat vollständig auf eine Beantwortung verzichtet, zahlreiche Teilnehmer haben alle Mitarbeitergruppen kategorisch mit identischen „Noten" beurteilt. Aufgrund der emotionalen Komponente sind positive *Verzerrungen* keineswegs auszuschliessen.

44 Vgl. zu den Grenzen der Marktforschung Kühn, Richard/Fankhauser, Kathrin (1996), S. 17 ff.

Abb. IV/ 7: Leistungsfähigkeit der Spitalmitarbeiter

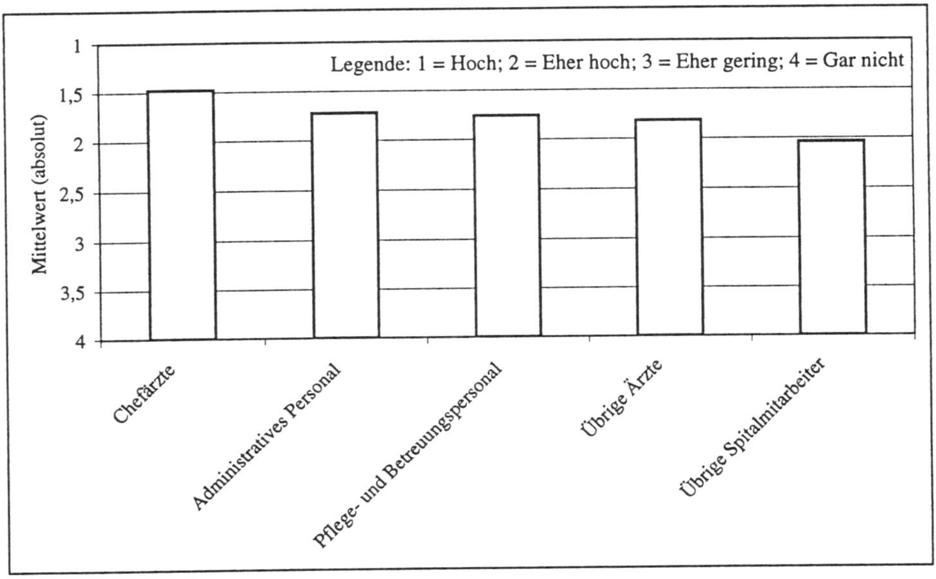

4.2.4.2. *Leistungsbereitschaft der Spitalmitarbeiter (Frage 6)*

Die Motivation der Spitalmitarbeiter wird durch ihre administrativen Vorgesetzten weitgehend in derselben Reihenfolge und mit denselben Abstufungen bewertet wie ihre Qualifikation, allerdings auf einem allgemein etwas höheren Niveau, wie die **Abbildung IV/ 8** erkennen lässt.

Bei der Auswertung der obigen Ergebnisse gelten aufgrund der *Emotionalität* dieselben *Vorbehalte* zur Aussagebereitschaft wie bei der Leistungsfähigkeit der Spitalmitarbeiter. Da die Leistungsmotivation durchgängig nicht als maximal bewertet wird, kann davon ausgegangen werden, dass durch eine mitarbeiterorientierte Personalführung künftig noch Leistungsreserven freigesetzt werden können.

Abb. IV/ 8: Leistungsbereitschaft der Spitalmitarbeiter

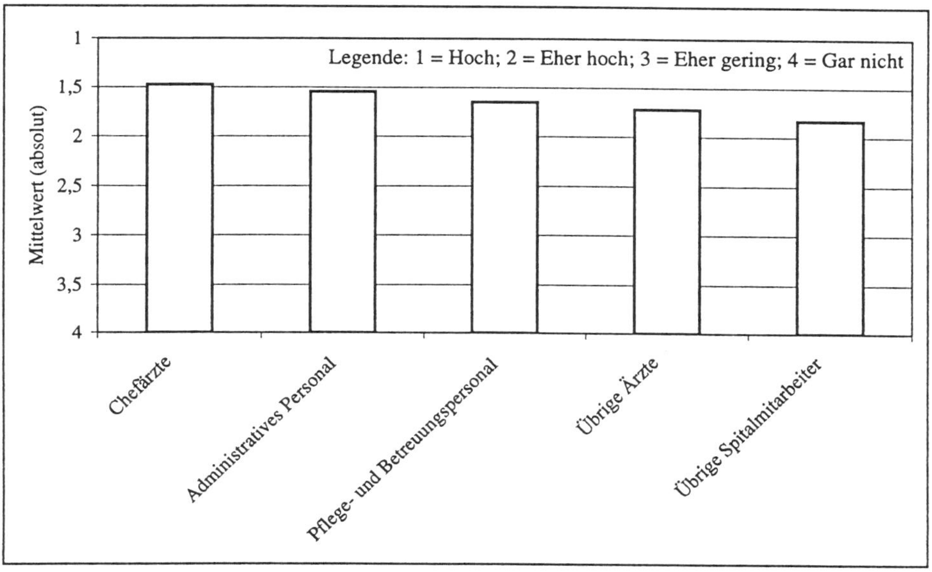

4.2.4.3. *Ausgewählte Instrumente zur Mitarbeiterführung (Frage 7)*

Die Ergebnisqualität der Fragen zur Leistungsfähigkeit und –bereitschaft wird nicht nur durch die Auskunftsbereitschaft der befragten Personen beeinflusst, sondern auch durch ihre *Auskunftsfähigkeit*. Diese kann aufgrund der Frage 7 als mehrheitlich ausreichend vermutet werden: Im Durchschnitt geben die Spitaldirektoren an, „eher häufig" Mitarbeitergespräche und Leistungskontrollen durchzuführen. **Abbildung IV/ 9** zeigt die Ergebnisse im Überblick.

Mit Hilfe der bivariaten Auswertung[45] lässt sich zeigen, dass v. a. diejenigen Institutionen vermehrt die Zielerreichung überprüfen, welche die Leistungsbereitschaft des Pflege- und Betreuungspersonals „hoch" resp. „eher hoch" einschätzen. Das Ergebnis der Zusammenhangsanalyse zwischen den Variablen „Beurteilung der Leistungsbereitschaft des Pflege- und Betreuungspersonals" (Teilfrage 6c) und „Prüfung der

[45] Dabei wird mit Hilfe eines Signifikanztests untersucht, ob zwischen den Antworthäufigkeiten zweier verglichener Fragen (Variablen) ein Zusammenhang besteht. Ein detailliertes Bsp. für das Vorgehen beim Signifikanztest findet sich im Anhang 3 sowie bei Etienne, Michèle (1997), S. 145 ff. Zum Signifikanztest vgl. ausführlich Ebner, Clauss (1982), S. 188 ff.

Leistungsbereitschaft und –fähigkeit der Mitarbeiter aufgrund der Zielerreichung" (Teilfrage 7a) ist hoch signifikant.[46]

Abb. IV/ 9: Ausgewählte Instrumente zur Mitarbeiterführung

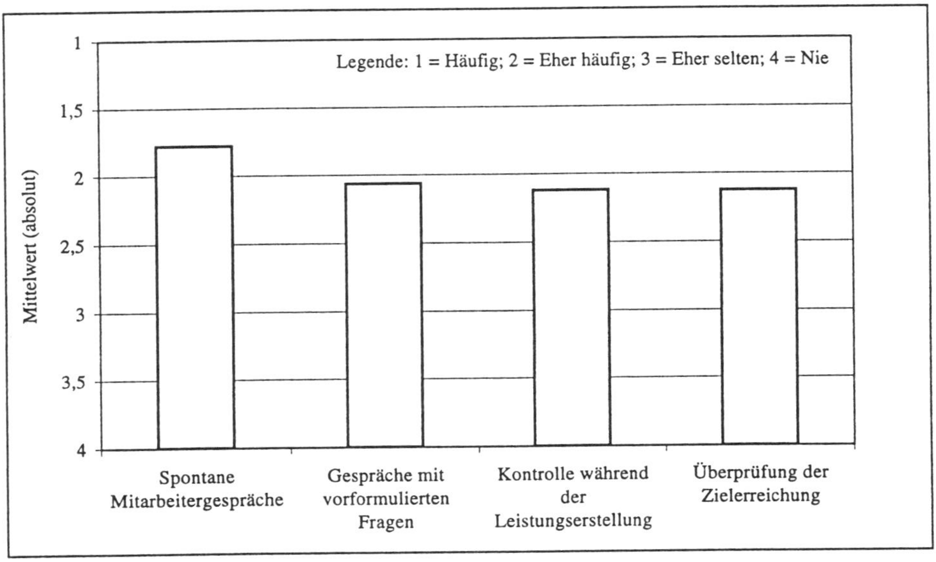

Eine weitere Bestätigung für die Glaubwürdigkeit der Einschätzung von Leistungsbereitschaft und –fähigkeit der Mitarbeiter durch die Spitaldirektoren liefert die bivariate Auswertung der Variablen „Beurteilung der Leistungsbereitschaft des Pflege- und Betreuungspersonals" (Teilfrage 6c) und „Prüfung der Leistungsbereitschaft und –fähigkeit der Mitarbeiter aufgrund von Beurteilungsgesprächen" (Teilfrage 7d). Es zeigt sich ein signifikanter Zusammenhang zwischen einer „hohen" resp. „eher hohen" Einschätzung der Leistungsbereitschaft des Pflege- und Betreuungspersonals und der „häufigen" oder „eher häufigen" Verwendung des adäquaten Instruments „Mitarbeitergespräch" zu deren Überprüfung. Dieser Befund korrespondiert offensichtlich sehr gut mit dem Ergebnis aus der vorhergehenden Zusammenhangsanalyse, denn die Zielerreichung lässt sich über das Mitarbeitergespräch überprüfen.

Als Indiz eines noch eher *traditionellen Führungsverständnisses* ist zu werten, dass Mitarbeitergespräche in der Spitalbranche bisher eher spontan (d. h. tendenziell unvollständig und subjektiv verfälscht) statt anhand eines ausgewogenen, struktu-

---

46 Der Signifikanztest ergibt die folgenden Werte: χ^2: 64.45, C: 0.51, p: 0.000, N*: 187, F: 12 ⇒ Zusammenhang und Schätzfehler hoch signifikant.

rierten, objektivierten Fragekatalogs durchgeführt werden. Dieselbe Interpretation gilt für den Umstand, dass im Vergleich zur Zielerreichungskontrolle häufiger Verfahrenskontrollen durchgeführt werden.[47]

4.3. Fragen im Zusammenhang mit den mittelbaren Aktionsparametern des Spitalmanagements

4.3.1. Unternehmensziele der Spitäler (Frage 2)

Grundsätzlich werden sämtliche im Fragebogen erwähnten Unternehmensziele als „wichtig" bis „eher wichtig" beurteilt, wobei Sachziele am höchsten bewertet werden, gefolgt von sozialen und flexibilitätsbezogenen Formalzielen. An letzter Stelle figuriert das ökonomische Formalziel „Finanzieller Erfolg". Eine offene Unterfrage erlaubte den Studienteilnehmern, weitere Unternehmensziele ihres Spitals zu nennen. Von diesem Angebot wurde reger Gebrauch gemacht: Als weitere Ziele werden bspw. die Zufriedenheit der zuweisenden Ärzte[48] und der Kostenträger, die Aus- und Weiterbildung der Mitarbeiter, die Vermeidung eines Arbeitsplatzabbaus, die Förderung der komplementären und anthroposophischen Medizin, die soziale Integration des Spitals in die regionale Gesellschaft sowie die Wahrung der betrieblichen Selbständigkeit genannt. **Tabelle IV/ 11** zeigt die absolute und prozentuale Verteilung der Antworten.

Eine hohe Patienten- und Mitarbeiterorientierung ist prinzipiell als positiv zu beurteilen und entspricht der Forderung moderner Managementkonzepte.[49] Der realisti-

---

47 Die Expertengespräche im Rahmen der Fallstudien haben jedoch gezeigt, dass in den in Bezug auf das Qualitätsmanagement innovativen und fortschrittlichen Spitälern die Führung durch Zielvereinbarung ein wichtiges Thema ist. In Fallspital A ist das Instrument MbO (Management-by-Objectives) resp. „Führen durch Zielvereinbarung" auf der ersten Führungsebene bereits umgesetzt. Die Umsetzung auf weiteren Stufen ist geplant. Schriftlich festgehalten ist das MbO zudem im Strategiefeld „Arbeitsbedingungen". Im Fallspital E ist das MbO bereits ein Standard-Führungsinstrument, das auf allen Hierarchiestufen Anwendung findet und im Leitbild wie folgt erwähnt wird: *„Wir pflegen einen partizipativen und ergebnisorientierten Führungsstil nach den Grundsätzen des „Management-by-Objectives."*

48 Die Bedeutung der Zufriedenheit der zuweisenden Ärzte zeigt sich auch in den Fallstudien. In vier der fünf untersuchten Institutionen wird die Befragung der Haus- resp. Belegärzte entweder als Standardinstrument zur kontinuierlichen Qualitätsicherung und –förderung angewendet, oder die Befragung wurde in einem konkreten Projekt in der Analysephase zur „Beschaffung von qualitätsrelevanten externen Informationen" durchgeführt. Vgl. im Detail den Abschnitt IV.7.3.3.6, S. 252 ff. sowie die Tab. IV/ 27, S. 253.

49 Da die modernen Managementkonzepte zuerst in der Industrie implementiert wurden, spricht man dort im allgemeinen von der „Kundenorientierung". Diese umfasst sowohl die internen

sche Betriebswirt ist dennoch überrascht, dass finanzieller Erfolg im aktuellen Spitalmanagement nur als „eher wichtig“ eingestuft wird. Die Begründung liegt wohl darin, dass Schweizer Spitäler bisher kaum Möglichkeit zur Erzielung von Betriebsgewinn (oder selbst zu tragendem finanziellen Verlust) besassen, sondern durch den Staat und die Krankenversicherer stets kostendeckend abgegolten wurden. Ihr ökonomisches Ziel lag somit weniger in der Erzielung von Gewinn, sondern allenfalls in der Verursachung minimaler Kosten. In Zukunft dürfte die Einführung gesamtschweizerischer Fallpauschalen für eine stärkere Gewichtung des Gewinnstrebens sorgen.

Tab. IV/ 11: Unternehmensziele der Spitäler

Unternehmensziele	**N** (absolut)	**Anzahl Nennungen je Antwortkategorie** (absolut sowie prozentual zu N)				
		Wichtig	Eher wichtig	Eher unwichtig	Unwichtig	Weiss nicht
Finanzieller Unternehmensgewinn	183	79 (43.2%)	59 (32.2%)	34 (18.6%)	11 (6.0%)	0 (0.0%)
Optimale medizinische Betreuung der Patienten	189	174 (92.1%)	12 (6.3%)	3 (1.6%)	0 (0.0%)	0 (0.0%)
Zufriedenheit der Patienten	190	178 (93.7%)	12 (6.3%)	0 (0.0%)	0 (0.0%)	0 (0.0%)
Rasche Anpassung der Spitalleistungen an die veränderten Ansprüche der Patienten	188	109 (58.0%)	70 (37.2%)	7 (3.7%)	0 (0.0%)	2 (1.1%)
Arbeitszufriedenheit der Spitalangestellten	190	139 (73.2%)	50 (26.3%)	1 (0.5%)	0 (0.0%)	0 (0.0%)
Rasche Anpassung der Spitalleistungen an den technischen und medizinischen Fortschritt	186	53 (28.5%)	107 (57.5%)	20 (10.8%)	3 (1.6%)	3 (1.6%)

4.3.2. Ziele der Reformprojekte (Frage 12)

Die aktuellen wirtschaftlichen Rahmenbedingungen machen im Spitalmanagement grundlegende Reformen notwendig.[50] In einem umfangreichen Frageblock versuchte die quantitative Studie, die bisherigen Bestrebungen und Erfahrungen der Spitalad-

Kunden (Mitarbeiter) als auch die externen Kunden. Vgl. zu den modernen Managementkonzepten den Teil II der vorliegenden Arbeit.

50 Vgl. zur aktuellen Situation im Schweizerischen Gesundheitswesen Teil III der vorliegenden Arbeit.

ministratoren bei der Implementierung von Reformen zu ergründen. Die in diesem Zusammenhang gestellten Fragen betrafen u. a. die Reformbereitschaft, die Zusammensetzung der Projekt-Kernteams, die Dauer und die Kosten der Reformprojekte sowie die Ziele. An dieser Stelle soll nur auf die Ziele und ihre Realisierung eingegangen werden.[51]

In Frage 12 wurde, basierend auf den neuen Managementkonzepten,[52] eine Reihe möglicher Reformziele definiert, um zu ermitteln, inwiefern sie auch Ziele der einzelnen Spitalreformen darstell(t)en. Im Vergleich zur Bewertung der externen und internen Problemfelder[53] hat sich eine leichte Verschiebung der Prioritäten manifestiert: Während eine Kostenreduktion sowie eine Erhöhung der medizinischen und patientenorientierten Qualität wiederum im Zentrum stehen, nimmt bei den Reformprojekten zudem die Verbesserung der internen Zusammenarbeit einen hohen Stellenwert ein, wie aus der **Tabelle IV/ 12** ersichtlich ist.

Die Variablen „Erhöhung der Mitarbeiterorientierung in der Spitalarbeit" (Reformziel, Teilfrage 12-12) und „Arbeitszufriedenheit der Spitalangestellten" (Unternehmensziel, Teilfrage 2e) wurden mit Hilfe der bivariaten Auswertung näher untersucht. Die Auswertung führt zwar rein statistisch gesehen zu einem (noch) signifikanten Zusammenhang zwischen den beiden Variablen.[54] Die Betrachtung der **Kreuztabelle 1** verdeutlicht jedoch, dass eine Mehrheit der Antwortenden einerseits die Arbeitszufriedenheit der Spitalangestellten als „wichtig" oder „eher wichtig" beurteilt, andererseits diese Haltung nicht in Form einer Zielsetzung in die Reformprojekte einbringt. Dieses Ergebnis kann als Diskrepanz zwischen genereller Spitalzielsetzung und konkreten Reformmassnahmen zur Beeinflussung der Realität interpretiert werden. Er ist allerdings (rein statistisch) auch die Interpretation möglich, dass die genannte generelle Zielsetzung mehrheitlich nicht zu Reformmassnahmen Anlass gibt.

51 Vgl. für die Ergebnisse aus den anderen Fragen im Zusammenhang mit den Reformmassnahmen Thom, Norbert/Etienne, Michèle/König, Günther (1999), S. 35 ff.

52 Vgl. den Teil II der vorliegenden Arbeit.

53 Vgl. hierzu den Abschnitt IV.4.2.1, S. 166.

54 Der Signifikanztest ergibt die folgenden Werte: χ^2: 6.28, C: 0.2, p: 0.04, N*: 151, F: 2 $\Rightarrow$ Zusammenhang und Schätzfehler signifikant.

Tab. IV/ 12: Ziele der Reformprojekte (in der Rangfolge der Nennungen)

Reformziele	**N** (absolut)	**Anzahl Nennungen je Antwortkategorie** (absolut sowie prozentual zu N)	
		Nein, ist kein Ziel	Ja, ist ein Ziel
Kostenreduktion bei der Leistungserstellung (z. B. durch weniger Abfall und Fehler)	151	56 (37.1%)	95 **(62.9%)**
Verbesserung der spitalinternen Zusammenarbeit (Verwaltung, Pflege und Ärzteschaft)	151	59 (39.1%)	92 **(60.9%)**
Verbesserung der medizinischen Qualität der Spitalleistungen	151	77 (51.0%)	74 **(49.0%)**
Erhöhung der Patientenorientierung bei der Leistungserstellung	151	79 (52.3%)	72 **(47.7%)**
Reduktion der Bettenkapazität	151	82 (54.3%)	69 **(45.7%)**
Verbesserung der spitalexternen Zusammenarbeit (Leistungserbringer, Leistungsempfänger und Kostenträger)	151	85 (56.3%)	66 **(43.7%)**
Engere Zusammenarbeit mit anderen Spitälern	151	90 (59.6%)	61 **(40.4%)**
Erhöhung der Mitarbeiterorientierung der Spitalarbeit	151	90 (59.6%)	61 **(40.4%)**
Ausgliederung von Teilbereichen des Spitals (z. B. Wäscherei, Küche)	151	96 (63.6%)	55 **(36.4%)**
Verkürzung der Aufenthaltsdauer	151	97 (64.2%)	54 **(35.8%)**
Reduktion des administrativen Aufwands (z. B. des Berichtwesens)	151	103 (68.2%)	48 **(31.8%)**
Verbesserung der technischen Qualität der Spitalleistungen	151	116 (76.8%)	35 **(23.2%)**

Kreuztab. 1: Zusammenhang zwischen der Teilfrage 2e (Unternehmensziel „Arbeitszufriedenheit der Spitalangestellten“) und der Teilfrage 12-12 (Reformziel „Erhöhung der Mitarbeiterorientierung in der Spitalarbeit“)

Frage 2e / **Frage 12-12**	**Wichtig**	**Eher wichtig**	**Eher unwichtig**	**Total**
Ja	50	11	0	61
Nein	57	32	1	90
Total	107	43	1	151

Innerhalb der zugehörigen offenen Frage werden zahlreiche weitere Ziele genannt, unter anderem die Fusionierung mit Konkurrenten sowie das Abspalten von Unternehmensteilen. Mehrere Reformprojekte befassten sich mit der Einführung neuer Leistungsangebote sowie mit der Verbesserung des internen und externen Rechnungswesens. Vier Reformprojekte setzen sich explizit zum Ziel, das Qualitätsmanagement zu verbessern. Zwei Spitäler teilen mit, ihr Reorganisationsziel sei die Einführung von Lean Management, die Konzentration auf Kernprozesse und die Einführung eines Prozessmanagements. Ein Spital nimmt sich sogar zum Ziel, entgegen dem Trend seine Bettenzahl zu erhöhen.

4.3.3. Realisierung der Reformziele (Frage 13)

Mit Hilfe der Frage 13 wird ermittelt, in welchem Ausmass die angestrebten Reformziele verwirklicht werden konnten. Die Auswertung erfolgt kombiniert mit der Frage nach den Zielen der Reformprojekte (Frage 12), sie berücksichtigt also, dass zahlreiche Studienteilnehmer nicht nur Angaben über *beabsichtigte*, sondern auch über *unbeabsichtige* Reformwirkungen machen. **Abbildung IV/ 10** visualisiert mit Hilfe der zwei Balken je Reformziel, inwieweit ein Ziel beabsichtigt resp. unbeabsichtigt realisiert wurde.

Aus den Antworten der Spitalmanager hat sich gezeigt, dass die *angestrebten Reformziele* mehrheitlich realisiert werden konnten. Besonders grosse Erfolge gelangen bei der Reduktion von Bettenüberkapazitäten sowie bei der Verkürzung der Aufenthaltszeiten.

Aus Sicht von TQM als positiv zu beurteilen ist die Tatsache, dass trotz der kurzen Umsetzungsfristen – die Mehrheit der Projekte dauerte weniger als ein Jahr[55] – nebst technisch-medizinischen Qualitätsverbesserungen und Kostenreduktionen in beachtlichem Masse eine Erhöhung der Patienten- und Mitarbeiterorientierung erreicht werden konnte. Dieselbe Aussage gilt im Sinne des Konzepts Lean Management für das erfolgreiche Ausgliedern von Spitalbereichen, die Verbesserung der internen und externen Zusammenarbeit und die Reduktion des administrativen Aufwands. Über die Erreichung zusätzlicher Ziele geben nur wenige Befragte Auskunft: Während eine Fusion, die Einführung neuer Angebote und ablauforganisatorische Verbesserungen offenbar vollständig gelangen, bereitet die Optimierung des Qualitätsmanagements und des Rechnungswesens teilweise Mühe.[56]

---

55 Vgl. ausführlich Thom, Nobert/Etienne, Michèle/König, Günther (1999), S. 39.

56 Dieses Ergebnis ist nicht weiter erstaunlich. Sogar die in Bezug auf das Qualitätsmanagement innovativen und fortschrittlichen Institutionen, die in der qualitativen Studie untersucht werden, haben noch einen grossen Optimierungsbedarf. Vgl. hierzu das Kapitel IV.7, 215 ff.

Abb. IV/ 10: Erreichbarkeit der Reformziele

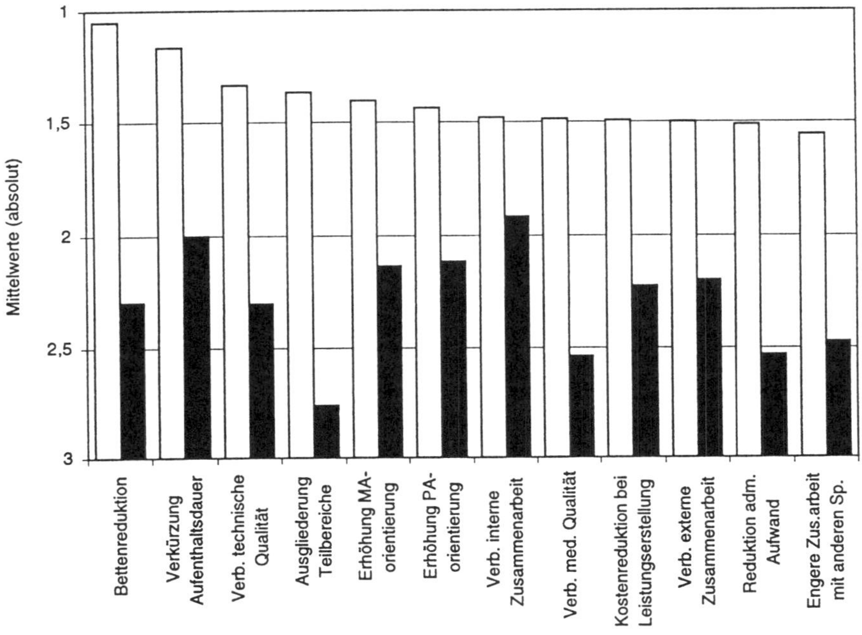

Legende:
1 = Ziel erreicht; 2 = Ziel teilweise erreicht; 3 = Ziel nicht erreicht
Beabsichtigt ☐ Unbeabsichtigt ■

Die Aussagen der Spitaladministratoren über *unbeabsichtigte* Reformeffekte (z. B. Kostenreduktion bei der Leistungserstellung, Reduktion der Bettenkapazität, Verkürzung der Aufenthaltsdauer) können nur mit Vorsicht interpretiert werden: Da die Studie gar nicht gezielt danach gefragt hat, erfolgten die Antworten freiwillig. Die Antworthäufigkeit ist entsprechend klein und die Aussagen sind mit grosser Wahrscheinlichkeit positiv verzerrt, da tendenziell eher Erfolge als Misserfolge geschildert werden.

4.4. Fragen im Zusammenhang mit den unmittelbaren Aktionsparametern des Spitalmanagements

4.4.1. Einschätzung der Patientenzufriedenheit und Durchführung von Patienten-Zufriedenheitsbefragungen (Fragen 21 und 22)

Sämtliche Studienteilnehmer haben die Zufriedenheit ihrer Patienten als „eher hoch“ bis hoch beurteilt, wie aus **Abbildung IV/ 11** ersichtlich ist. Dieses Resultat ist überraschend, berichten Veröffentlichungen doch häufig von Patienten, die über unnötig lange Aufenthaltszeiten, ungenügende Information oder unfreundliches Personal etc. klagen.[57] Welche der beiden Behauptungen zutreffender ist, lässt sich mit der gewählten Untersuchungsmethodik (Befragung von Spitalmanagern) nicht abschliessend beurteilen. Die Vermutung liegt jedoch nahe, dass Diskrepanzen in der Beurteilung der Patientenzufriedenheit möglicherweise auch darauf zurückzuführen sind, dass Spitalmitarbeiter die Zufriedenheit ihrer Patienten in der Tendenz (als Indiz ihrer Leistungsfähigkeit) zu hoch bewerten, während Unternehmensberater und Medien dieselbe (als Begründung für Reformen) eher zu tief ansetzen.

Abb. IV/ 11: Einschätzung der Patientenzufriedenheit

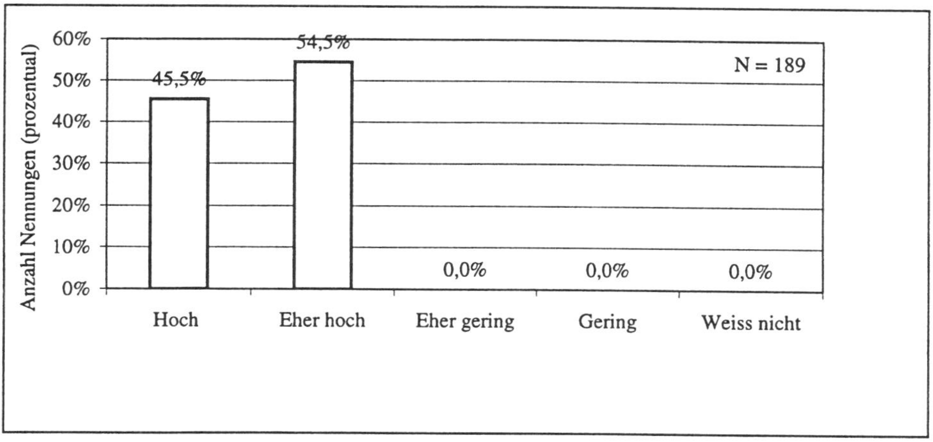

Angesichts der offensichtlichen Diskrepanz in der Einschätzung der Patientenzufriedenheit (Frage 21) ist es nützlich zu erfahren, auf welche Weise die Deutschschweizer Spitäler ihre kundenorientierte Qualität überprüfen. Die quantitative Studie hat ergeben, dass immerhin 83.7% der Studienteilnehmer Patientenbefragungen anwen-

57 Vgl. zu den Kritikpunkten Rennhard, Josef (1996), S. 25 ff.

den (Frage 22). Aus Sicht des Konzepts TQM wird Entsprechendes *sämtlichen* Spitälern empfohlen (was von vielen „säumigen" Spitalmanagern bereits selbst erkannt wurde, so dass sie eine Einführung von Patientenbefragungen inzwischen planen).[58]

4.4.2. Art und Umsetzung der Patienten-Zufriedenheitsbefragungen (Fragen 23 und 24)

Die am häufigsten angewandten Instrumente zur Patienten-Zufriedenheitsbefragung sind erwartungsgemäss der schriftliche Fragebogen (in 88.0% aller Fälle) und das unstrukturierte Gespräch (57.1%). Eine unstrukturierte Aufforderung zur schriftlichen Meinungsäusserung wird nur selten angewandt (5.9%), wogegen mündliche Fragebogen von gut zwei Fünfteln (41.4%) der Studienteilnehmer verwendet werden. Eine detailliertere Darstellung findet sich in **Tabelle IV/ 13**. Die Verfasserin bevorzugt aus Gründen der Effektivität eine *strukturierte* Befragung *sämtlicher* Patienten und zieht zugunsten der Effizienz und Anonymität eine *schriftliche* Erhebungsform vor. Entsprechend plädiert sie für die Anwendung schriftlicher Fragebogen. Diese Ansicht wird zurzeit von 68.7% aller Studienteilnehmer unterstützt.[59]

Die Ergebnisse der Patientenbefragungen werden zu etwa gleichen Teilen in allen erwähnten Umsetzungsbereichen angewandt, wobei die Studienteilnehmer keine weiteren freien Antworten hinzugefügt haben. **Tabelle IV/ 14** visualisiert das Ergebnis der Frage zur Umsetzung der Patienten-Zufriedenheitsbefragungen. Bemerkenswert ist der relativ hohe Anteil in sämtlichen Umsetzungsvarianten in den Spalten „eher selten" und „nie". Es stellt sich die Frage, aus welchem Grund diese Institutio-

---

58 Vgl. den Abschnitt IV.4.4.7, S. 198 ff. sowie die Tab. IV/ 20, S. 199.

59 Das Instrument der Patienten-Zufriedenheitsbefragung gehört in den fünf untersuchten Fallspitälern (vgl. hierzu die qualitative Studie) zum Standard. Allerdings ist die Art und Weise, wie die Patienten befragt werden, unterschiedlich. In zwei Spitälern werden sämtliche Patienten schriftlich kurz vor ihrem Austritt befragt. Der Rücklauf und die Aussagekraft der Resultate ist gemäss der befragten Experten jedoch nicht ganz befriedigend. Zudem werden primär Kriterien abgefragt, welche die Strukturqualität (z. B. Essen, Zimmerausstattung) betreffen. In einem anderen Fallspital werden pro Quartal 100 Patienten mittels Zufallsprinzip ausgewählt und erhalten den Fragebogen nach Hause geschickt. Die Befragung und Auswertung erfolgt durch ein externes Institut. Ein weiteres Fallspital macht zur Zeit erste Versuche mit dem Picker-Fragebogen, dessen inhaltlicher Schwerpunkt die Ergebnisqualität ist (vgl. zum Picker die Ausführungen in der Fussnote 183, S. 242). Das fünfte Fallspital will einen gänzlich neuen Weg gehen, indem es die Patientenbefragung mit Hilfe von geschulten Interviewern durchführen will. Ausgewählte (Zufallsprinzip) Patienten werden zu Hause mündlich interviewt. Das Spital erhofft sich damit, konkretere Hinweise für die Verbesserung ihrer Leistungen zu bekommen als mit einer standardisierten schriftlichen Befragung.

nen den Zeitaufwand und die Kosten für eine solche Befragung investieren, wenn die Ergebnisse nicht zu entsprechenden Aktivitäten führen?[60]

Tab. IV/ 13: Art der Patienten-Zufriedenheitsbefragungen

Art der Patienten-Zufriedenheitsbefragungen	**N** (absolut)	**Anzahl Nennungen** (absolut sowie prozentual zu N)			
		Bei jedem Patienten	Gelegentlich (Auswahl von Patienten)	Nie	Weiss nicht
Schriftlich, anhand eines vorformulierten Fragekatalogs	150	103 (68.7%)	29 (19.3%)	17 (11.3%)	1 (0.7%)
Mündlich, anhand eines vorformulierten Fragekatalogs	111	5 (4.5%)	41 (36.9%)	65 (58.6%)	0 (0.0%)
Schriftlich, ohne einen vorformulierten Fragekatalog	101	4 (3.9%)	2 (2.0%)	94 (93.1%)	1 (1.0%)
Mündlich, ohne einen vorformulierten Fragekatalog	112	11 (9.8%)	53 (47.3%)	47 (42.0%)	1 (0.9%)

Tab. IV/ 14: Umsetzung der Patienten-Zufriedenheitsbefragungen

Umsetzungsvarianten	**N** (absolut)	**Anzahl Nennungen je Antwortkategorie** (absolut sowie prozentual zu N)				
		Häufig	Eher häufig	Eher selten	Nie	Weiss nicht
Anpassung der Unternehmensstrategie (z. B. Positionierung der Leistungen, Beschaffung von Spezialisten, Outsourcing von Leistungsbereichen)	152	13 (8.6%)	48 (31.6%)	75 (49.3%)	16 (10.5%)	0 (0.0%)
Anpassung der Aufbauorganisation (z. B. organisatorische Neugestaltung von Fachbereichen)	152	15 (9.9%)	48 (31.6%)	73 (48.0%)	15 (9.9%)	1 (0.6%)
Anpassung der Ablauforganisation (z. B. Neugestaltung des Prozesses „Patientenaufnahme“)	154	23 (14.9%)	87 (56.5%)	38 (24.7%)	4 (2.6%)	2 (1.3%)
Punktuelle operative Massnahmen (z. B. Weiterbildung oder Versetzung von Einzelpersonen)	155	30 (19.4%)	73 (47.1%)	48 (30.9%)	4 (2.6%)	0 (0.0%)

---

60 Vgl. hierzu auch die Bemerkungen im Zusammenhang mit der bivariaten Auswertung der Variablen „Rasche Anpassung der Spitalleistungen an die veränderten Ansprüche der Patienten“ (Teilfrage 2d) und „Umsetzung der Patienten-Zufriedenheitsbefragungen“.

Zu aufschlussreichen Resultaten führen die Zusammenhangsanalysen sowohl für die Durchführung als auch für die Umsetzung von Patienten-Zufriedenheitsbefragungen. Die bivariate Auswertung der Variablen „Zufriedenheit der Patienten" (als Unternehmensziel, Teilfrage 2c) und „Durchführung von Patienten-Zufriedenheitsbefragungen" führt zu keinem signifikanten Zusammenhang.[61] Die Analyse der **Kreuztabelle 2** zeigt, dass trotz der insgesamt mehrheitlichen Durchführung von Patientenbefragungen (83.7 %) 31 der befragten Institutionen sich nicht zielgerecht verhalten. Sie geben zwar an, für sie sei die Zufriedenheit der Patienten „wichtig" oder „eher wichtig". Die konkrete Messung der Zufriedenheit ihrer Patienten erfolgt allerdings nicht.

Kreuztab. 2: Zusammenhang zwischen der Teilfrage 2c (Unternehmensziel „Zufriedenheit der Patienten") und der Frage 22 („Durchführung von Patientenzufriedenheits-Befragungen")

Frage 2c[62] / **Frage 22**	**Wichtig**	**Eher wichtig**	**Total**
Ja	151	8	159
Nein	27	4	31
Total	178	12	190

Die Untersuchung der Variablen „Rasche Anpassung der Spitalleistungen an die veränderten Ansprüche der Patienten" (als Unternehmensziel, Teilfrage 2d) und „Umsetzung der Patientenzufriedenheits-Befragungen" ergibt ebenfalls keinen statistischen Zusammenhang.[63] Von Interesse ist aber die Zeile „eher selten" in Verbindung mit den Spalten „wichtig" und „eher wichtig" in **Kreuztabelle 3**.

Es lässt sich feststellen, dass insgesamt 36 Antwortende auf der einen Seite die rasche Anpassung der Spitalleistungen an die veränderten Ansprüche der Patienten als „wichtig" oder „eher wichtig" erachten. Auf der anderen Seite reagieren sie auf nützliche Erkenntnisse aus Patienten-Zufriedenheitsbefragungen, wie in diesem Beispiel bezüglich der Ablauforganisation (hier speziell die Neugestaltung des Prozesses „Patientenaufnahme"), nur „eher selten". Dieses Resultat weist auf eine Diskrepanz zwischen Zielsetzung und Massnahmen zur Beeinflussung der Realität hin.

---

61 Der Signifikanztest ergibt die folgenden Werte: χ^2: 2.72, ϕ: 0.12, p: 0.1, N*: 190, F: 1 ⇒ Zusammenhang und Schätzfehler nicht signifikant.

62 Es gab keine Nennungen in den Kategorien „Eher unwichtig" und „Unwichtig".

63 Der Signifikanztest ergibt die folgenden Werte: χ^2: 8.93, C: 0.24, p: 0.71, N*: 152, F: 12 ⇒ Zusammenhang und Schätzfehler nicht signifikant.

Kreuztab. 3: Zusammenhang zwischen der Teilfrage 2d (Unternehmensziel „Rasche Anpassung der Spitalleistungen an die veränderten Ansprüche der Patienten") und der Teilfrage 24c („Umsetzung der Patientenzufriedenheits-Befragungen")

Frage 2d / Frage 24c[64]	Wichtig	Eher wichtig	Eher unwichtig	Unwichtig	Total
Häufig	17	4	1	0	22
Eher häufig	52	33	2	0	87
Eher selten	18	18	1	1	38
Nie	2	1	0	0	3
Weiss nicht	1	1	0	0	2
Total	90	57	4	1	152

4.4.3. Einschätzung der Arbeitszufriedenheit der Spitalmitarbeiter und Durchführung von Mitarbeiter-Zufriedenheitsbefragungen (Fragen 25 und 26)

Sämtliche Managementkonzepte ausser „Business Process Reengineering" bezeichnen eine hohe Mitarbeitermotivation und einen mitarbeiterorientierten Führungsstil als zentrale Erfolgsfaktoren der Unternehmensführung.[65] In diesem Sinne erscheint die Aussage der antwortenden Studienteilnehmer als erfreulich, dass die Mitarbeiterzufriedenheit in 95.8% ihrer Spitäler „eher hoch" bis „hoch" ist, wie die **Abbildung IV/ 12** veranschaulicht. Diese Beobachtung scheint den Aussagen aus der Fachliteratur zu widersprechen. Viele Spitalmitarbeiter sind mit ihren Arbeitsbedingungen unzufrieden. Sie fühlen sich emotional überlastet, werden durch häufige Überstunden und Nachteinsätze ausgelaugt und leiden unter einem schlechten Arbeitsklima. Eine häufige Ursache des schlechten Arbeitsklimas ist insbesondere auf die asymmetrische Kompetenzverteilung zwischen den drei Belegschaftsgruppen „Ärzteschaft", „Pflege" und „Verwaltung" zurückzuführen, die auch heute noch hochgradig hierarchische und patriarchalische Strukturen aufweist.[66] Die Arbeitszufriedenheit kann letztlich nur durch eine aufwendige Belegschaftsbefragung in jedem Spital ermittelt werden.

---

[64] Diese Teilfrage wird hier auch stellvertretend für die anderen Teilfragen aufgeführt, da sich bei sämtlichen Teilfragen der Frage 24 kein statistisch signifikanter Zusammenhang feststellen liess.

[65] Vgl. Teil II der vorliegenden Arbeit.

[66] Vgl. zu den Arbeitsbedingungen u. a. Grahmann, Reinhard/Gutwetter, Alfred (1996), S. 7 sowie Trill, Roland (1996), S. 173 und den Abschnitt III.3.3, S. 146 ff.

Abb. IV/ 12: Einschätzung der Arbeitszufriedenheit der Spitalmitarbeiter

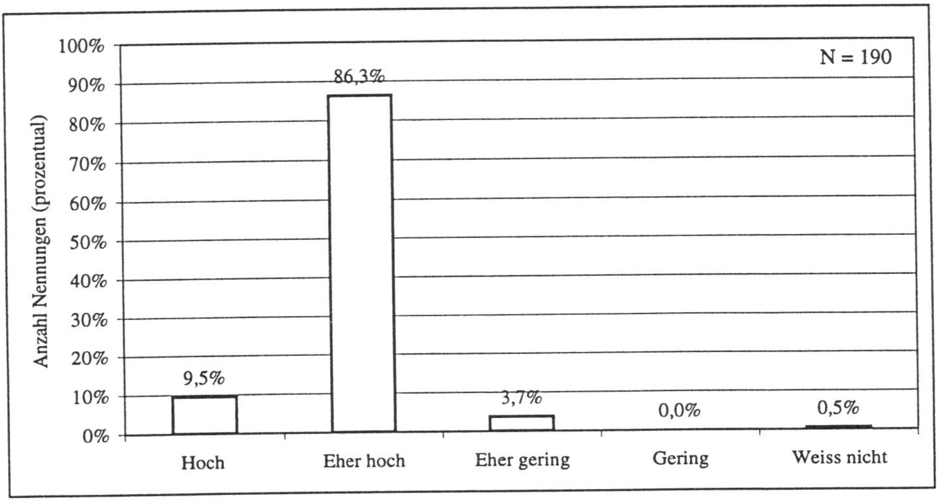

Angesichts der hohen Bedeutung der Mitarbeitermotivation und -kompetenz erstaunen die Ergebnisse der Frage 26. Nur in 45.3% aller antwortenden Spitäler werden prinzipiell Mitarbeiterbefragungen durchgeführt, wie aus **Abbildung IV/ 13** ersichtlich ist. Angesichts des erhöhten externen Verdrängungswettbewerbs werden in diesem Bereich künftig erhebliche Steigerungen notwendig sein, was durch die Mehrzahl der noch „abstinenten" Spitäler bereits erkannt wurde.[67]

Die bivariate Auswertung der Variablen „Durchführung von Mitarbeiter-Zufriedenheitsbefragungen" und „Durchführung von Patienten-Zufriedenheitsbefragungen zeigt, dass in Spitälern, die Patienten-Zufriedenheitsbefragungen durchführen, auch vermehrt das Instrument der Mitarbeiter-Zufriedenheitsbefragung verwendet wird.[68] Es ist einerseits nicht von der Hand zu weisen, dass auch in der Spitalrealität eine Wechselbeziehung zwischen der Zufriedenheit von Mitarbeitern und Patienten besteht, bspw. in der Zusammenhangsrichtung, dass zufriedene Mitarbeiter auch auf das Wohlbefinden der Patienten positiv ausstrahlen. Andererseits kann auch die sichtbare Zufriedenheit der Patienten auf die Zufriedenheit der Mitarbeiter einen positiven Einfluss ausüben, da letztere von ihren „Kunden" ein motivierendes Feedback erhalten.

---

67 65 (43.3%) der befragten Institutionen gaben an, die Durchführung von Mitarbeiter-Zufriedenheitsbefragungen sei geplant. Vgl. hierzu die Tab. IV/ 20, S. 199.

68 Der Signifikanztest ergibt die folgenden Werte: χ^2: 15.66, ϕ: 0.29, p: 0.0008, N*: 190, F: 1 $\Rightarrow$ Zusammenhang und Schätzfehler hoch signifikant.

Abb. IV/ 13: Durchführung von Mitarbeiter-Zufriedenheitsbefragungen

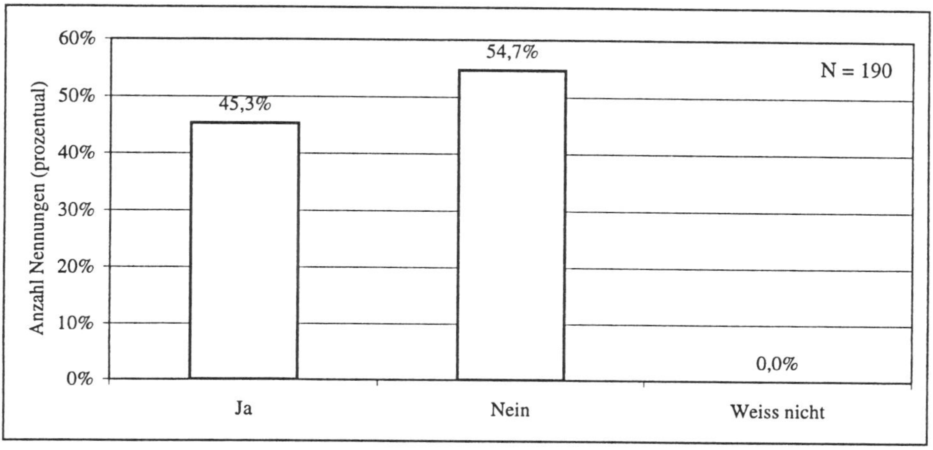

Keinen signifikanten Zusammenhang ergibt dagegen die Zusammenhangsanalyse für die Variablen „Arbeitszufriedenheit der Spitalangestellten" (als Unternehmensziel, Teilfrage 2e) und „Durchführung von Mitarbeiter-Zufriedenheitsbefragungen".[69] Die plausible Vermutung, dass Institutionen, für welche das Unternehmensziel Arbeitszufriedenheit der Mitarbeiter „wichtig" oder „eher wichtig" ist, auch mehrheitlich Mitarbeiter-Zufriedenheitsbefragungen durchführen, konnte nicht bestätigt werden. Mehr als die Hälfte der befragten Personen untersucht die Zufriedenheit ihrer Mitarbeiter nicht systematisch, obwohl ihnen deren Arbeitszufriedenheit (angeblich) etwas bedeutet.

4.4.4. Art und Umsetzung der Mitarbeiter-Zufriedenheitsbefragungen (Fragen 27 und 28)

In der Art der Mitarbeiterbefragungen zeigen sich grosse Ähnlichkeiten mit der Durchführung der Patientenbefragungen: Wiederum wendet die Mehrzahl der Spitäler bei jedem Mitarbeiter resp. gelegentlich Fragebogen an (74.0%), gefolgt von unstrukturierten Gesprächen (73.7%), strukturierten Gesprächen (46.0%) und unstrukturierten Aufforderungen zur schriftlichen Meinungsäusserung (9.8%). **Tabelle IV/ 15** zeigt die Ergebnisse im Detail.

---

69 Der Signifikanztest ergibt die folgenden Werte: χ^2: 2.55, C: 0.12, p: 0.28, N*: 190, F: 2 $\Rightarrow$ Zusammenhang und Schätzfehler nicht signifikant.

Tab. IV/ 15: Art der Mitarbeiter-Zufriedenheitsbefragungen

Art der Mitarbeiter-Zufriedenheitsbefragungen	**N** (absolut)	**Anzahl Nennungen** (absolut sowie prozentual zu N)			
		Bei jedem Mitarbeiter	Gelegentlich (Auswahl von Mitarbeitern)	Nie	Weiss nicht
Schriftlich, anhand eines vorformulierten Fragekatalogs	77	38 (49.3%)	19 (24.7%)	20 (26.0%)	0 (0.0%)
Mündlich, anhand eines vorformulierten Fragekatalogs	63	9 (14.3%)	20 (31.7%)	34 (54.0%)	0 (0.0%)
Schriftlich, ohne einen vorformulierten Fragekatalog	61	2 (3.3%)	4 (6.5%)	55 (90.2%)	0 (0.0%)
Mündlich, ohne einen vorformulierten Fragekatalog	76	12 (15.8%)	44 (57.9%)	19 (25.0%)	1 (1.3%)

Die Umsetzung der Mitarbeiterbefragungen entspricht derjenigen der Patientenbefragungen und Leistungsvergleiche:[70] Die vier vorgegebenen Umsetzungsvarianten werden mit ungefähr derselben Häufigkeit durchgeführt, wobei ablauforganisatorische Massnahmen leicht in der Überzahl sind, wie aus der **Tabelle IV/ 16** ersichtlich ist. Wiederum fügten die Befragten keine freien Bemerkungen hinzu.

Tab. IV/ 16: Umsetzung der Mitarbeiter-Zufriedenheitsbefragungen

Umsetzungsvarianten	**N** (absolut)	**Anzahl Nennungen je Antwortkategorie** (absolut sowie prozentual zu N)				
		Häufig	Eher häufig	Eher selten	Nie	Weiss nicht
Anpassung der Unternehmensstrategie (z. B. Positionierung der Leistungen, Beschaffung von Spezialisten)	84	10 (11.9%)	18 (21.4%)	47 (56.0%)	9 (10.7%)	0 (0.0%)
Anpassung der Aufbauorganisation (z. B. organisatorische Neugestaltung von Fachbereichen)	87	10 (11.5%)	36 (41.4%)	40 (46.0%)	1 (1.1%)	0 (0.0%)
Anpassung der Ablauforganisation (z. B. Neugestaltung des Prozesses „Patientenaufnahme“)	86	13 (15.1%)	44 (51.1%)	27 (31.4%)	1 (1.2%)	1 (1.2%)
Punktuelle operative Massnahmen (z. B. Weiterbildung oder Versetzung von Einzelpersonen)	86	17 (19.8%)	52 (60.5%)	16 (18.6%)	1 (1.1%)	0 (0.0%)

70 Vgl. zu den Leistungsvergleichen den Abschnitt IV.4.4.5, S. 193 ff.

4.4.5. Benchmarking[71] (Fragen 15, 17, 18, 19 und 20)

In der Frage 15 wurden die Studienteilnehmer um eine Einschätzung ihres Spitals bezüglich ausgewählter Wettbewerbsfaktoren gebeten. Dabei hat sich herausgestellt, dass die Konkurrenzfähigkeit des durchschnittlichen Krankenhauses aus der Sicht der Spitaladministratoren in allen Bereichen als „hoch“ bis „eher hoch“ bewertet wird, wie die **Abbildung IV/ 14** zeigt. Dieses Resultat mag auf den ersten Blick positiv erscheinen.

Abb. IV/ 14: Faktoren der Wettbewerbsstärke

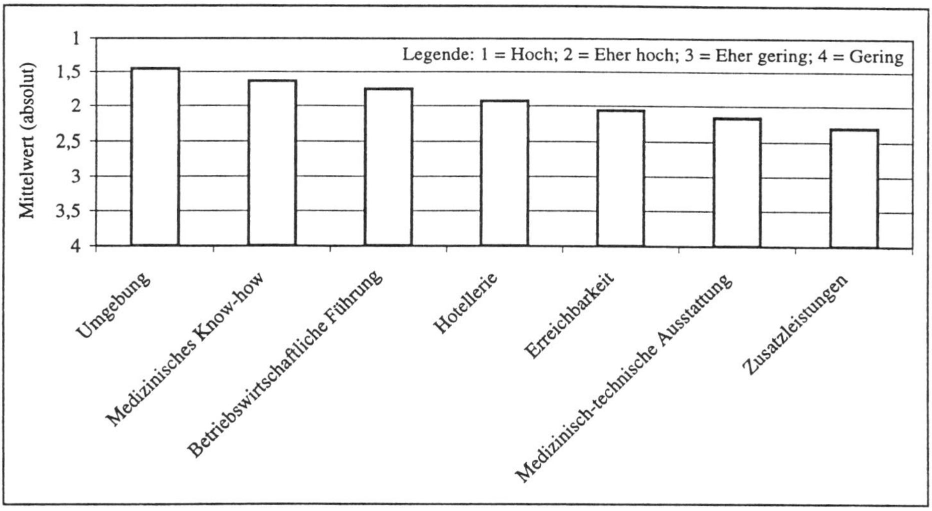

Die statistische Logik erfordert allerdings, dass die objektiv gemessene Wettbewerbsstärke im Durchschnitt aller Deutschschweizer Spitäler beim Wert 2.5 liegt. Die beschriebene Diskrepanz könnte dadurch erklärbar sein, dass die Studienteilnehmer möglicherweise eine *systematisch höhere Konkurrenzfähigkeit* als die Studienverweigerer besitzen, oder dass die Befragungsteilnehmer zu *Selbstüberschätzung* neigen. Aufschlussreich ist jedenfalls die Rangfolge der genannten Wettbewerbsfaktoren. An erster Stelle steht die Umgebung (Parkanlagen, Aussicht, Klima) des Spitals! Faktoren wie das medizinische Know-how und die betriebswirtschaftliche Führung, welche sicher weitaus wichtiger für die Wettbewerbsfähigkeit eines Spitals sind, erscheinen erst an zweiter Stelle resp. dritter Stelle. Als weitere Wettbewerbsvorteile werden in

71 Unter dieser Überschrift werden die Antworten auf die Fragen zur Wettbewerbsstärke und den Leistungsvergleichen (Durchführung, zeitlicher Abstand, Art und Umsetzung) subsummiert.

der zugehörigen offenen Frage unter anderem das Image, die generelle Wohnqualität, die Innovationsfähigkeit und die Unternehmenskultur (ohne genauere Beschreibung) genannt.

Auf die Frage nach der Durchführung von Leistungsvergleichen mit anderen Spitälern (Frage 17) erklären lediglich 62.6% der antwortenden Spitaladministratoren, dass sie generell Leistungsvergleiche mit anderen Spitälern durchführen.

Die *Häufigkeit* der Konkurrenzvergleiche im derzeitigen Spitalmanagement scheint aus Sicht moderner Managementkonzepte ebenfalls zu gering. Lediglich 23.7% der Studienteilnehmer geben an, mindestens zweimal jährlich entsprechende Anstrengungen zu unternehmen. **Abbildung IV/ 15** zeigt das detaillierte Ergebnis der Frage 18.

Abb. IV/ 15: Zeitlicher Abstand der Leistungsvergleiche

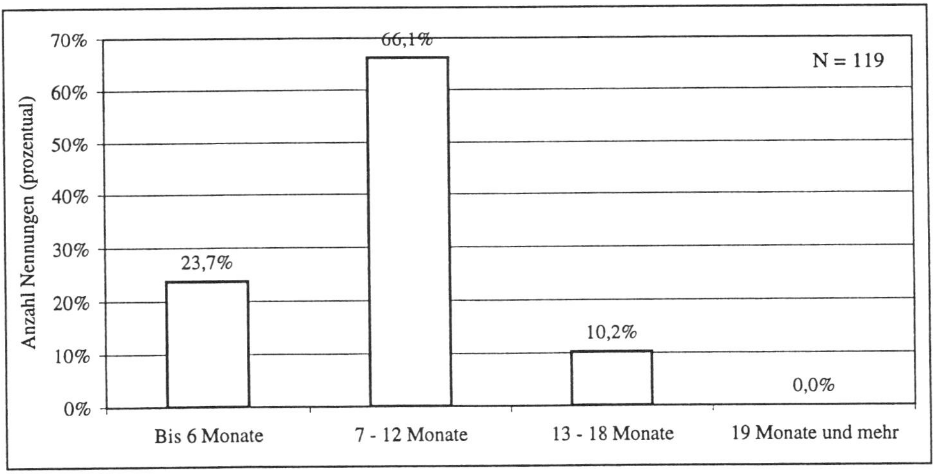

Aus der Beantwortung der Frage nach der Art der Leistungsvergleiche (Frage 19) hat sich ergeben, dass für Konkurrenzvergleiche in den meisten Fällen sowohl Sekundärdaten (in 93.6% aller Fälle), schriftlich erhobene Primärdaten (84.8%) und mündlich erhobene Primärdaten (77.1%) verwendet werden. Allerdings verzichtet die Mehrzahl der Studienteilnehmer auf die Anwendung eines vorformulierten Kriterienkatalogs, so dass der Eindruck entsteht, ein systematisches Benchmarking fehle bisher weitgehend. Im übrigen wird die Auswertbarkeit der Befunde zur Art der Leistungsvergleiche etwas eingeschränkt durch die Tatsache, dass rund 10% der Studienteilnehmer nur unvollständige Antworten gaben. **Tabelle IV/ 17** beinhaltet das Resultat dieser Frage.

Tab. IV/ 17: Art der Leistungsvergleiche

Art der Leistungsvergleiche	**N** (absolut)	**Anzahl Nennungen** (absolut sowie prozentual zu N)			
		Mit vorformuliertem Kriterienkatalog	Ohne vorformulierten Kriterienkatalog	Nie	Weiss nicht
Auswertung von Sekundärdaten (z. B. Medienberichte, Geschäftsberichte)	109	30 (27.5%)	72 (66.1%)	7 (6.4%)	0 (0.0%)
Schriftliche Erhebung von Primärdaten (z. B. Datenaustausch mit anderen Spitälern)	112	58 (51.8%)	37 (33.0%)	16 (14.3%)	1 (0.9%)
Mündliche Erhebung von Primärdaten (z. B. Gespräch mit Spitalexperten, Krankenkassen)	105	12 (11.4%)	69 (65.7%)	23 (21.9%)	1 (1.0%)

Ein Ergebnis der Frage nach der Umsetzung der Leistungsvergleiche ist, dass bereits heute Benchmarking im Deutschschweizer Spitalwesen zu konkreten betrieblichen Anpassungen führt. Dabei sind punktuell-operative Massnahmen (z. B. Weiterbildung oder Versetzung einzelner Mitarbeiter), Veränderungen der Ablauf- und Aufbauorganisation sowie Anpassungen der Unternehmensstrategie (Leistungspositionierung, „Outsourcing“-Entscheide etc.) in etwa gleich häufig, wie **Tabelle IV/ 18** zeigt. Die Studienteilnehmer ergänzten den Fragebogen um keine zusätzlichen Umsetzungsmöglichkeiten.

Tab. IV/ 18: Umsetzung der Leistungsvergleiche

Umsetzungsvarianten	**N** (absolut)	**Anzahl Nennungen je Antwortkategorie** (absolut sowie prozentual zu N)				
		Häufig	Eher häufig	Eher selten	Nie	Weiss nicht
Anpassung der Unternehmensstrategie (z. B. Positionierung der Leistungen, Beschaffung von Spezialisten, Outsourcing von Leistungsbereichen)	117	13 (11.1%)	45 (38.5%)	48 (41.0%)	7 (6.0%)	4 (3.4%)
Anpassung der Aufbauorganisation (z. B. organisatorische Neugestaltung von Fachbereichen)	117	8 (6.8%)	47 (40.2%)	54 (46.1%)	5 (4.3%)	3 (2.6%)
Anpassung der Ablauforganisation (z. B. Neugestaltung des Prozesses „Patientenaufnahme")	117	11 (9.4%)	62 (53.0%)	38 (32.4%)	3 (2.6%)	3 (2.6%)
Punktuelle operative Massnahmen (z. B. Weiterbildung oder Versetzung von Einzelpersonen)	116	14 (12.1%)	53 (45.7%)	39 (33.6%)	6 (5.2%)	4 (3.4%)

4.4.6. Bestandteile von Qualität im Spital (Frage 29)

Der Themenblock „Qualität" wurde mit der folgenden, völlig offenen Frage eingeleitet: „Wie verstehen Sie Qualität im Spital? An welche Elemente denken Sie dabei speziell?" Durch die offene Formulierung gehört diese Frage vermutlich zu den am schwierigsten zu beantwortenden Sachverhalten der quantitativen Studie. 55 der 190 teilnehmenden Spitaladministratoren (also 28.9%) haben gar nicht erst versucht, eine Antwort zu finden. Wie erwartet, gestaltete sich die Auswertung ebenfalls schwierig. Mit Hilfe eines Katalogs, der verschiedene Qualitätsdefinitionen beinhaltet, wurde versucht, die Antworten der Befragten zu gruppieren und zu analysieren. Dieses Vorgehen soll dazu beitragen, Subjektivität auf ein möglichst geringes Ausmass zu reduzieren. **Tabelle IV/ 19** zeigt das Qualitätsverständnis der antwortenden Personen.

Das Resultat bestätigt auch die Ergebnisse, die im Zusammenhang mit den aktuellen Rahmenbedingungen, den internen Problemfeldern und den Zielen des Spitals gemacht wurden.[72] Schon dort konnte eine eher geringe Gewinnorientierung der Spitalmanager und eine wesentlich höhere allgemeine Effizienzorientierung beobachtet werden. Ebenso manifestiert sich eine erstaunlich hohe Kunden-, Prozess- und Mitarbeiterorientierung, welche eine Umsetzung neuer Managementkonzepte, wie z. B. TQM begünstigt. Allerdings müssen die Ergebnisse dieser Frage aufgrund ihrer

72 Vgl. ausführlich die Abschnitte IV.4.2.2, S. 166 f. und IV.4.3.1, S. 179 f.

begrenzt objektiven Auswertbarkeit mit Vorsicht interpretiert werden (siehe oben). Zudem wurde hier keine Beobachtung der Realität durchgeführt, sondern eine offene Befragung der Spitaladministratoren, deren Wahrnehmung durch aktuelle Trends der Managementlehre und Beratungspraxis beeinflusst sein könnte.

Tab. IV/ 19: Qualitätsverständnis der Spitaldirektoren

Mögliche Qualitätsdefinitionen (Mehrfachnennungen möglich)	**Anzahl Nennungen** (absolut sowie prozentual zu N = 135)
Kundenorientierter Qualitätsbegriff (Zufriedenheit der Kunden und ihrer Angehörigen)	89 (65.9%)
Prozessorientierter Qualitätsbegriff (Qualität der Leistungserstellung, Transparenz)	82 (60.7%)
• davon: effizienzorientierter Qualitätsbegriff	35 (25.9%)
• davon: Qualität durch systematisches Schwachstellenmanagement, kontinuierliche Verbesserung	21 (15.6%)
Mitarbeiterorientierter Qualitätsbegriff (Arbeitsklima, Motivation, Mitarbeiterführung, Ausbildung etc.)	64 (47.4%)
Ergebnisorientierter Qualitätsbegriff (Qualität der medizinischen Leistung)	55 (40.7%)
Medizinisch-technischer Qualitätsbegriff	46 (34.1%)
Qualität durch Definition von ergebnis- oder prozessorientierten Standards, Vergleich von Soll/Ist-Werten, Benchmarking	22 (16.3%)
Zuweiserorientierter Qualitätsbegriff (Zufriedenheit der zuweisenden Ärzte)	11 (8.1%)
Preisorientierter[73] Qualitätsbegriff (Zumutbarkeit der Höhe der verrechneten Preise und der Verteilung auf die Kostenträger)	8 (5.9%)
Gewinnorientierter Qualitätsbegriff (Finanzerfolg oder ausgeglichenes Budget des Spitals)	5 (3.7%)
Lieferantenorientierter Qualitätsbegriff (Qualität durch partnerschaftliche Beziehung)	2 (1.5%)
Ökologieorientierter Qualitätsbegriff	1 (0.7%)
Anzahl Definitionen	135 (100.0%)

Darüber hinaus mag die Qualität der Antworten durch die *soziale Erwünschtheit* und *subjektive Wunschvorstellungen* „geschönt" sein. Ein Indiz für diese Vermutung zeigt sich bei der Betrachtung der Häufigkeit, mit der in den befragten Spitälern Patienten- und Mitarbeiter-Zufriedenheitsbefragungen zum Standard-Instrumentarium gehören.

[73] Es geht um die Preise, die den Kostenträgern verrechnet werden.

Aufgrund der Rangierung von Kunden- und Mitarbeiterorientierung auf den Plätzen eins und drei bei der Definition von „Qualität im Spital", könnte davon ausgegangen werden, dass deren Überprüfung bzw. kontinuierliche Verbesserung den Institutionen ein ernstes Anliegen sei. Die Auswertung zeigt jedoch v. a. für die Mitarbeiter-Zufriedenheitsbefragungen ein deutlich anderes Bild: Nicht einmal die Hälfte (45.3%) der antwortenden Personen geben an, dieses Instrument würde in ihrem Spital angewendet.[74]

4.4.7. Instrumente zur kontinuierlichen Qualitätssicherung und –förderung (Frage 30)

Der Zweck der Frage 30 nach den Instrumenten zur kontinuierlichen Qualitätssicherung und –förderung ist die Information darüber, welche der bekanntesten Instrumente im heutigen Spitalmanagement bereits Anwendung finden. Die **Tabelle IV/ 20** zeigt die Auswertung im Detail.

Die häufige Anwendung von Patienten- und Mitarbeiterbefragungen wird bestätigt, wobei die meisten der „säumigen" Spitäler eine Einführung derselben in naher Zukunft planen. Die Einführung von TQM befindet sich überwiegend in der Planungsphase. Hingegen wurden Qualitätszirkel und Qualitätsbeauftragte schon vergleichsweise häufig eingeführt.

Im Zusammenhang mit der Existenz von TQM sind die Zusammenhangsanalysen von besonderem Interesse. Während die bivariate Auswertung der Variablen „Existenz von TQM" und „Durchführung von Patienten-Zufriedenheitsbefragungen" zu einer beachtlichen Konsistenz[75] führt, ergibt die Untersuchung der Variablen „Existenz von TQM" und „Durchführung von Mitarbeiter-Zufriedenheitsbefragungen" keinen signifikanten Zusammenhang.[76] Das heisst, dass in Spitälern, in denen TQM bereits eingeführt ist, nicht häufiger Mitarbeiter-Zufriedenheitsbefragungen durchgeführt werden als in Institutionen, in denen TQM (noch) nicht existiert. Dieses Resultat ist als konzeptionelle Inkonsistenz zu interpretieren. Das Konzept TQM sieht – wie bereits ausführlich dargelegt – die Mitarbeiter als interne Kunden.[77] Damit nimmt sie im Unternehmen einen sehr hohen Stellenwert ein. Die generelle Zielsetzung des Konzepts TQM strebt zudem die Verbesserung der Qualität nicht nur zum Nutzen der

---

74 Vgl. Abschnitt IV.4.4.4, S. 191 f.

75 Der Signifikanztest ergibt die folgenden Werte: χ^2: 8.6, C: 0.24, p: 0.04, N*: 137, F: 3 ⇒ Zusammenhang und Schätzfehler signifikant.

76 Der Signifikanztest ergibt die folgenden Werte: χ^2: 7.72, C: 0.23, p: 0.05, N*: 137, F: 3 ⇒ Zusammenhang und Schätzfehler nicht signifikant.

77 Vgl. zum Konzept TQM das Kapitel II.4, S. 40 ff.

Kunden, der Kapitalgeber und der Gesellschaft an, sondern bezieht auch die Mitarbeiter mit ein. Daher ist es konzeptionell unerlässlich, die Bedürfnisse und Wünsche der Mitarbeiter zu berücksichtigen. Ein geeignetes Instrument zu deren Evaluation ist die Mitarbeiter-Zufriedenheitsbefragung. Wie sich jedoch zeigt, werden in relativ vielen Spitälern, trotz des Vorhandenseins eines TQM oder dessen Planung, keine Mitarbeiter-Zufriedenheitsbefragungen durchgeführt. Hier darf zurecht die Frage gestellt werden, was diese Institutionen unter TQM verstehen resp. wie ernst es ihnen damit ist.[78]

Tab. IV/ 20: Instrumente zur kontinuierlichen Qualitätssicherung und -förderung

Instrumente zur kontinuierlichen Qualitätssicherung und -förderung	**N** (absolut)	**Anzahl Nennungen** (absolut sowie prozentual zu N)			
		Bereits eingeführt	Geplant	Nicht sinnvoll	Weiss nicht / kenne ich nicht
Total Quality Management	137	22 (16.1%)	65 (47.4%)	30 (21.9%)	20 (14.6%)
Akkreditierungsverfahren nach VQG	135	7 (5.2%)	36 (26.7%)	54 (40.0%)	38 (28.1%)
ISO 9000 ff.	127	5 (4.0%)	23 (18.1%)	85 (66.9%)	14 (11.0%)
European Quality Award (EQA)	119	2 (1.7%)	10 (8.4%)	54 (45.4%)	53 (44.5%)
Malcolm Baldrige National Quality Award (MBNQA)	114	0 (0.0%)	1 (0.9%)	47 (41.2%)	66 (57.9%)
Qualitätsbeauftragter	150	52 (34.7%)	59 (39.3%)	27 (18.0%)	12 (8.0%)
Qualitätszirkel	154	71 (46.1%)	56 (36.4%)	14 (9.1%)	13 (8.4%)
Patientenbefragung	174	134 (77.0%)	33 (19.0%)	4 (2.3%)	3 (1.7%)
Mitarbeiterbefragung	150	71 (47.4%)	65 (43.3%)	8 (5.3%)	6 (4.0%)

Der Signifikanztest für die Variablen „Existenz von TQM" und „Durchführung von Leistungsvergleichen mit anderen Spitälern (Benchmarking)" ergibt einen signifi-

78 Siehe auch die Überlegungen im Zusammenhang mit der sozialen Erwünschtheit und den subjektiven Wunschvorstellungen bei der Definition von „Qualität im Spital".

kanten Zusammenhang zwischen den Variablen.[79] Dieses Ergebnis steht im Einklang mit einer generellen Forderung aus dem TQM-Konzept. Das „Benchmarking" ist u. a. ein wesentliches Instrument zur Feststellung der selbsterreichten Qualitätsstandards im Vergleich zu den Besten der jeweiligen Klasse.

Zu einem ähnlichen Resultat führt der Signifikanztest für die Variablen „Formelle Existenz eines Qualitätsbeauftragten" und „Durchführung von Leistungsvergleichen mit anderen Spitälern".[80] Dieses Ergebnis kann – wie bereits die Verteilung im Zusammenhang mit TQM – dahingehend interpretiert werden, dass die Verankerung einer Organisationseinheit für das Qualitätsmanagement (z. B. durch die Einführung eines Qualitätsbeauftragten) auf die Nutzung anderer Instrumente zur Qualitätsverbesserung und -förderung, wie in diesem Fall das Benchmarking, einen eindeutig positiven Einfluss hat.

Eine weitere Zusammenhangsanalyse beschäftigt sich mit der Frage, ob es einen Zusammenhang zwischen der „Existenz von TQM" und der „rechtlichen Trägerschaft des Spitals" gibt. Der Zusammenhang ist schwach signifikant, d. h. TQM-Konzepte sind häufiger in privatrechtlichen Spitälern anzutreffen. Allerdings lässt die Betrachtung der **Kreuztabelle 4** ebenfalls erkennen, dass die Planung der Einführung von TQM bei beiden Rechtsformen in etwa gleich verteilt ist; die momentan deutliche Höhervertretung dieses umfassenden Managementkonzepts in privaten Spitälern könnte also nicht unbedingt von Dauer sein. Beide Trägerschaftsformen sind insgesamt einem vermehrten Wettbewerbsdruck ausgesetzt. Sicher trägt auch die entsprechende Bestimmung im KVG dazu bei, dass sich alle Institutionen im Spitalbereich verstärkt um ein umfassendes Qualitätsmanagement bemühen.

Zertifizierungsorientierte Instrumente wie die Akkreditierung nach VQG (Verein für Qualitätssicherung und Qualitätsförderung im Gesundheitswesen) etc. werden als „weniger sinnvoll" erachtet.[81] Allerdings zeigt sich auch, dass 26.7% der befragten Spitäler dessen Einführung planen. Die Untersuchung dieser Teilfrage mit Hilfe des Signifikanztests belegt, dass das Akkreditierungsverfahren nach VQG eher im öffentlichrechtlichen Bereich Anklang findet.[82] Aus der Erhebung selbst sind hierfür

79 Der Signifikanztest ergibt die folgenden Werte: χ^2: 18.74, C: 0.35, p: 0.005, N*: 137, F: 6 ⇒ Zusammenhang und Schätzfehler signifikant.

80 Der Signifikanztest ergibt die folgenden Werte: χ^2: 18.15, C: 0.33, p: 0.006, N*: 150, F: 6 ⇒ Zusammenhang und Schätzfehler signifikant.

81 Die Zertifizierung nach ISO-Norm ist eine weitere Möglichkeit. Die Experten aus den Fallspitälern sind sich über die Zweckmässigkeit einer Zertifizierung allerdings nicht einig. Vgl. hierzu die Meinungen in Abschnitt IV.7.3.5, S. 263 f.

82 Der Signifikanztest ergibt die folgenden Werte: χ^2: 10.42, C: 0.27, p: 0.015, N*: 135, F: 3 ⇒ Zusammenhang und Schätzfehler signifikant.

keine Gründe zu eruieren. Zusätzliche Recherchen haben jedoch den Eindruck entstehen lassen, dass das VQG-Konzept im einen oder anderen Fall auf kantonaler Ebene gefördert wird.

Kreuztab. 4: Zusammenhang zwischen der Frage 32 (Rechtliche Trägerschaft des Spitals) und der Teilfrage 30a (Existenz von TQM)

Frage 32 / Frage 30a	Privatrechtliches Spital	Öffentlichrechtliches Spital	Total
Bereits eingeführt	18	4	22
Geplant	31	34	65
Nicht sinnvoll	15	15	30
Weiss nicht/kenne ich nicht	10	10	20
Total	74	63	137

Ein weiteres aufschlussreiches Ergebnis ergibt die Untersuchung der Variablen „Formelle Existenz eines Qualitätsbeauftragten" und „Rechtliche Trägerschaft des Spitals". Der Zusammenhang zwischen den beiden Variablen ist signifikant, d. h. zum Zeitpunkt der Untersuchung ist im privatrechtlichen Umfeld die Institutionalisierung von Qualitätsbeauftragten häufiger vertreten.[83] Wie aus **Kreuztabelle 5** jedoch ersichtlich ist, holt der öffentlichrechtliche Bereich in dieser organisatorischen Lösung offensichtlich auf. Schliesslich gibt die Information zu denken, dass recht viele (18) privatrechtliche Spitäler diese Einrichtung nicht für sinnvoll halten. Dies steht in einem gewissen Widerspruch zum Postulat des KVG, einen Nachweis für Qualitätssicherungsanstrengungen zu erbringen. Die zutage tretenden Widersprüche können anhand dieser Studie nicht aufgelöst werden. Nur in vertiefenden Fallstudien sind die jeweiligen Überlegungen für und wider den Qualitätsbeauftragten im jeweiligen Kontext zu verstehen.[84]

Von der offenen Antwortmöglichkeit in der Frage 30 wurde reger Gebrauch gemacht. Als weitere Instrumente zur Qualitätssicherung nannten die Befragten unter anderem eine Befragung von Angehörigen, zuweisenden Ärzten und Lieferanten sowie die Anwendung von „Benchmarking" oder das Modells „Qualitätsmanagement im Alters- und Pflegeheim (QAP)".

---

83 Der Signifikanztest ergibt die folgenden Werte: χ^2: 8.33, C: 0.23, p: 0.04, N*: 150, F: 3 $\Rightarrow$ Zusammenhang und Schätzfehler signifikant.

84 Die Fallstudien in der vorliegenden Arbeit greifen diese Problematik nicht auf, da in sämtlichen untersuchten Fallspitälern ein Qualitätsbeauftragter vorhanden ist.

Kreuztab. 5: Zusammenhang zwischen der Frage 32 (Rechtliche Trägerschaft des Spitals) und der Teilfrage 30f (Formelle Existenz eines Qualitätsbeauftragten)

Frage 32 Frage 30f	Privatrechtliches Spital	Öffentlichrechtliches Spital	Total
Bereits eingeführt	32	20	52
Geplant	23	36	59
Nicht sinnvoll	18	9	27
Weiss nicht/ kenne ich nicht	7	5	12
Total	80	70	150

4.5. Zusammenfassende Bemerkungen zur quantitativen Studie

Die quantitative Studie zeigt deutlich, dass sich die befragten Spitäler der Deutschschweiz im Umbruch befinden. Der von externen Institutionen (Krankenkassen, Staat) ausgelöste Spardruck, neue gesetzliche Regelungen, der intensivierte Konkurrenzkampf zwischen Leistungsanbietern und weitere Faktoren haben Reformmassnahmen in beachtlichem Umfang ausgelöst. Dabei geht es vorwiegend um die Reduktion der Kosten bei Aufrechterhaltung der Qualität der Dienstleistungen für anspruchsvolle „Kunden“.

Die Studie hat zudem ergeben, dass in der Tat Reformprojekte weit verbreitet und nicht selten auch weitreichend sind. Diverse Instrumente zur Verbesserung der Wettbewerbssituation können zweifellos noch ausgebaut werden. Diese reichen von regelmässigen Leistungsvergleichen, systematischen Patienten- und Mitarbeiter-Zufriedenheitsbefragungen, einer konsequenten Neu-Priorisierung der Spitalziele bis hin zur Verbesserung der Instrumente der Mitarbeiterführung. Die Zusammenhangsanalysen zwischen einzelnen Instrumenten zeigten noch einige Inkonsistenzen auf. Defizite sind häufiger im Bereich der konsequenten Mitarbeiterorientierung erkennbar.

Viele Spitäler befinden sich auf dem Weg, ihr Qualitätsverständnis zu präzisieren und entsprechende Massnahmen zur Qualitätssicherung zu ergreifen. Auch hier ist teilweise ein erheblicher Nachholbedarf festzustellen. Vor allem die anspruchsvollen Konzepte des Qualitätsmanagements sind noch relativ weit von der Implementierung entfernt oder stossen gar auf Vorbehalte. In diesem Bereich ist der weitere Reformbedarf offensichtlich.

Die empirische qualitative Untersuchung von fünf Spitälern, die in Bezug auf das Qualitätsmanagement als innovativ angesehen werden und in ihren Bestrebungen zur kontinuierlichen Qualitätssicherung und –förderung bereits weit fortgeschritten sind, ist Gegenstand der nun folgenden Kapitel.

5. Präzisierter konzeptioneller Bezugsrahmen als forschungsleitendes Hilfsmittel für die qualitative Studie

Der präzisierte konzeptionelle Bezugsrahmen für die qualitative Studie ist eine *Weiterentwicklung* des in Kapitel zwei vorgestellten konzeptionellen Bezugsrahmens für die quantitative Studie. Er wurde zum einen um *zentrale Erkenntnisse* aus der quantitativen Studie *ergänzt*. Zum anderen wird der Fokus bei den unmittelbaren Aktionsparametern auf die Dimensionen von TQM gelegt.[85]

Bei den *ausserbetrieblichen Bedingungsgrössen* kam als neues Element die technologische Umwelt (als Beispiel sind die neuen Behandlungsformen zu nennen)[86] hinzu. Die ausserbetrieblichen Bedingungsgrössen werden im allgemeinen auch als *Komponenten* des Umsystems bezeichnet.[87] Das Umsystem lässt sich u. a. durch *zwei Merkmale* charakterisieren: Die *Komplexität* als strukturelles Merkmal und die *Dynamik* als zeitliches Merkmal.[88] Die Komplexität ergibt sich aus der Anzahl relevanter Elemente und ihrer Verschiedenartigkeit. Die Dynamik wird mit Hilfe der Indikatoren (1) Häufigkeit von Veränderungen im Umsystem, (2) Stärke der Veränderungen und (3) Regelmässigkeit der Veränderungen erfasst.[89] Die Merkmale des Umsystems wurden aufgrund der aktuellen Entwicklungen im Gesundheitswesen[90] und der Antworten auf die Fragen bezüglich der Zunahme der Anforderungen im Spitalmanagement[91] und der externen Problemfelder[92] in den präzisierten Bezugsrahmen aufgenommen.

Bei den *betrieblichen Bedingungsgrössen* wurde der Bezugsrahmen um diejenigen Punkte ergänzt, die sich durch die Einengung des Blickwinkels auf ausgewählte Akutspitäler ergaben.[93] Neben dem Angebotsprogramm kamen neu auch die Rah-

85 Vgl. hierzu auch die Bemerkungen in der Fussnote 12, S. 156.

86 Vgl. zu den neuen Behandlungsformen die Ausführungen in Abschnitt III.2.3, S. 121 ff.

87 Vgl. Thom, Norbert (1987), S. 144.

88 Vgl. Thom, Norbert (1987), S. 157.

89 Vgl. Thom, Norbert (1987), S 158 f. Die Einschätzung der Komplexität erfolgt subjektiv und hängt von der Wahrnehmung der befragten Person ab.

90 Vgl. Abschnitt III.2.3, S. 121 ff.

91 Vgl. Abschnitt IV.4.2.1, S. 166.

92 Vgl. Abschnitt IV.4.2.2, S. 166 f.

93 Vgl. zur Stichprobe Abschnitt IV.6.2, S. 207 ff.

men- und Zuweiserorganisation[94] und die allgemeinen Führungsgrundsätze und -richtlinien hinzu.[95]

Die Erweiterung der *personellen Bedingungsgrössen* erfolgte aufgrund der Erkenntnisse aus der Fachliteratur zu TQM[96] und infolge der Ergebnisse aus der quantitativen Studie.[97] Die neuen personellen Bedingungsgrössen sind die Ambitionen (der Mitarbeiter, aber auch der Spitalleitung), die bisherige Akzeptanz von Veränderungen/Reformmassnahmen sowie der Informationsstand der Mitarbeiter.

Bei den *mittelbaren Aktionsparametern* kam neu die Spitalkultur hinzu. Dabei handelt es sich um die zentralen Werte des Spitals, die ihren Ausdruck u. a. in schriftlichen Papieren wie z. B. dem Leitbild oder der Qualitätspolitik finden. Eine wesentliche Weiterentwicklung im präzisierten Bezugsrahmen sind die *unmittelbaren Aktionsparameter*. Im Mittelpunkt der Interesses steht jetzt das Konzept TQM[98] mit seinen Dimensionen „Fokus", „Ziele", „Methodische Merkmale", „Konzeptionelle Merkmale", „Prozessphasen" und „Ermöglicher".[99]

Als letztes, präzisiertes Element ist die *Effizienz der unmittelbaren Aktionsparameter* zu nennen. Die Effizienz von TQM im Spital wird neu in eine Phasen-spezifische und in eine Instrument-spezifische Effizienz unterteilt.

Abbildung IV/ 16 zeigt den präzisierten Bezugsrahmen für die qualitative Studie. Der Bezugsrahmen diente der Verfasserin auf der einen Seite zur Strukturierung des Interviewleitfadens.[100] Auf der anderen Seite ist er ein wertvolles Instrument für die Datenauswertung.

94 Damit ist die Unterscheidung zwischen Chefarzt- und Belegarztprinzip gemeint.

95 Hier geht es um die organisatorische Gestaltung der Spitalleitung, welche Berufsgruppen in welcher Form und Anzahl vertreten sind und wie die Entscheidfindung (paritätisches Prinzip oder direktoriales Prinzip) zustande kommt.

96 Vgl. den Abschnitt II.4.3, S. 64 ff.

97 Vor allem die Frage nach der Erschwerung des Spitalmanagements durch interne Problemfelder. Vgl. hierzu den Abschnitt IV.4.2.3, S. 168 ff.

98 Vgl. zur Verwendung des Begriffs TQM im Zusammenhang mit den Expertengesprächen Fussnote 102, S. 206.

99 Vgl. zu den Dimensionen von TQM das Kapitel II.4, S. 40 ff.

100 Der Interviewleitfaden befindet sich im Anhang 2.

Abb. IV/ 16: Präzisierter konzeptioneller Bezugsrahmen für die qualitative Studie[101]

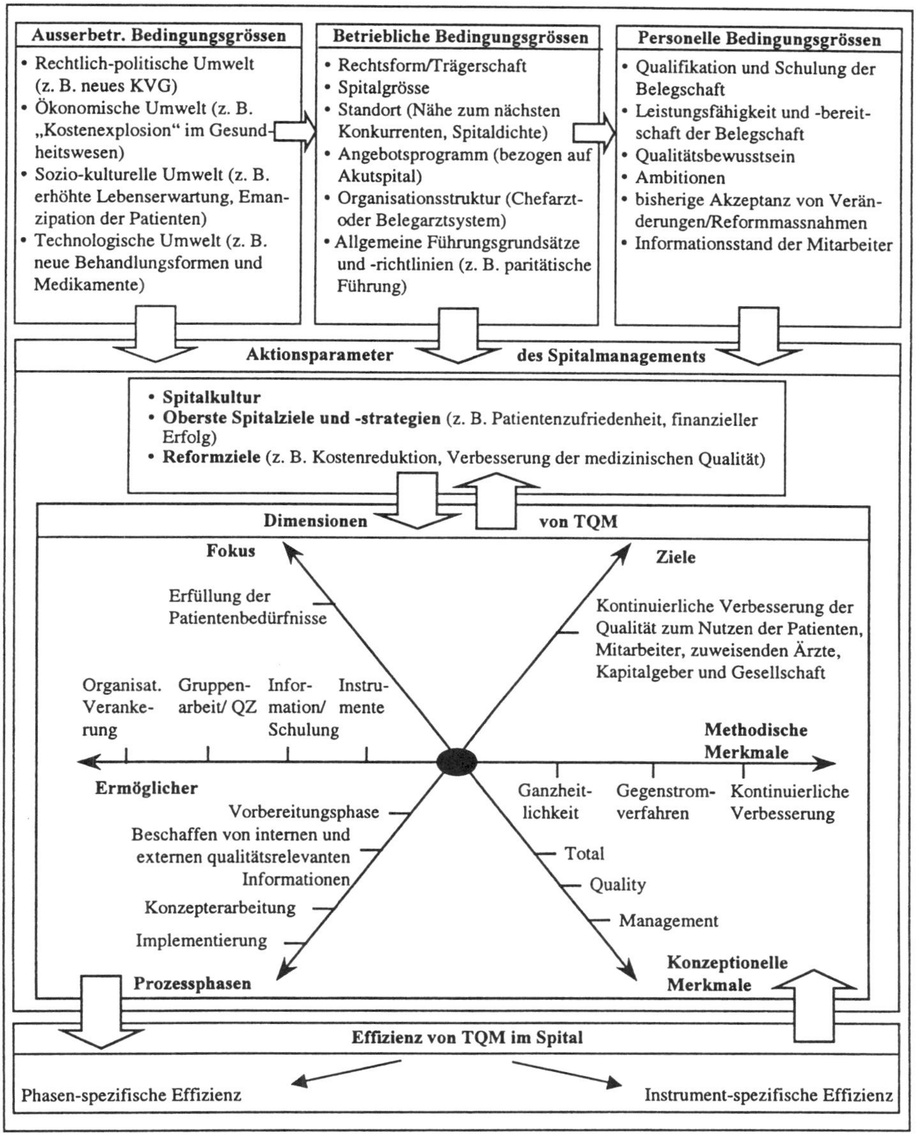

101 Quelle: Eigene Abbildung.

6. Forschungsdesign der qualitativen Studie

6.1. Studienziel und methodisches Vorgehen

Die qualitative Untersuchung verfolgt im wesentlichen *drei Zielsetzungen*. Erstens sollen Daten über besonders fortschrittliche Qualitätsmanagementkonzepte ermittelt werden.[102] Zweitens sollen die wesentlichen Einflussgrössen (ausserbetriebliche, betriebliche und personelle Bedingungsgrössen) auf das Qualitätsmanagement im Spital weiter präzisiert werden. Drittens dienen die Ergebnisse der qualitativen Untersuchung als weiteres Element zur Ableitung von Empfehlungen zur erfolgreichen Gestaltung von TQM im Spital.

Die oben genannten Zielsetzungen stellen an die Untersuchungsmethode im *wesentlichen zwei Anforderungen*: Zum einen muss die gewählte Methode der Forscherin ermöglichen, sich den komplexen Zusammenhängen in *der betrieblichen Praxis noch besser annähern* zu können, als dies bei der vorgängig durchgeführten quantitativen Studie der Fall war. Dazu ist eine einzelfallbezogene und situationsabhängige Analyse notwendig. Zum anderen bedingen die obengenannten Zielsetzungen die Erhebung von z. T. vertraulichen Informationen. Die befragten Experten werden diese eher preisgeben, wenn aufgrund persönlicher Kontakte eine gewisse *Vertrauensbeziehung zur befragenden Person* aufgebaut wird.

Gemäss *Mayring* können die erwähnten Anforderungen am besten mit einer qualitativen Untersuchungsmethode erfüllt werden.[103] Innerhalb der qualitativen Untersuchungsmethoden fiel die Wahl auf den Fallstudienansatz.[104] Zur Erhebung der relevanten Daten wurde als Instrument das problemzentrierte Interview ausgewählt.[105] In

---

[102] Es wird an dieser Stelle bewusst nicht der Begriff TQM verwendet, da einige der ausgewählten Fallspitäler nicht explizit über ein TQM verfügen. Bei einer genaueren Betrachtung ist jedoch ersichtlich, dass sehr viele TQM-spezifische Elemente vorhanden sind und auch regelmässig angewendet werden. Vgl. hierzu den Abschnitt IV.7.3, S. 232 ff. sowie den Teil V der vorliegenden Arbeit.

[103] Vgl. Mayring, Phillip (1996), S. 13 ff.

[104] Der Fallstudienansatz weist folgende Merkmale auf: Kontextabhängigkeit des untersuchten Phänomens, Verwendung von verschiedenen Methoden und Perspektiven möglich (von grosser Bedeutung ist dabei jedoch die begründete und für den Leser klar nachvollziehbare Auswahl der Methoden), Erforschung einer im Hinblick auf die wissenschaftliche Perspektive abgegrenzten sozialen Einheit mit einer spezifischen Fragestellung. Diese Merkmale vermögen die oben aufgeführten Zielsetzungen und Anforderungen zu erfüllen. Vgl. u. a. Blum, Adrian (1999), S. 268 f. und Boos, Margarete (1993), S. 34 f.

[105] Das problemzentrierte Interview wurde durch *Witzel* geprägt und hat insb. in der Psychologie Aufmerksamkeit und Anwendung erfahren. Die Grundidee besteht darin, mit Hilfe eines Leitfadens, der aus Fragen und Erzählanreizen besteht, Daten in Bezug auf ein bestimmtes Problem

jeder Fallstudie wurden zwei „Experten“[106] in Bezug auf das jeweilige Qualitätsmanagementkonzept befragt. Neben den administrativen Direktoren der Spitäler ist auch die Meinung der Qualitätsbeauftragten von Interesse, zumal in drei der fünf Fälle diese Personen entweder aus der Medizin oder aus dem Pflegebereich kommen.

6.2. Stichprobe

Das *Hauptmerkmal* der qualitativen Untersuchung ist die *Offenheit der Fragen.* Diese zeigt sich darin, dass die Forscherin lediglich Vorstellungen von den Untersuchungsthemen besitzt und mit Hilfe eines möglichst freien Gesprächs versucht, über den Befragten die Situation, Beweggründe, Verfahren etc. besser zu verstehen. Dabei wird das Ziel verfolgt, inhaltlich repräsentative Aussagen[107] zu erhalten (nicht zu verwechseln mit der statistischen Repräsentativität).[108]

Die Auswahl von Fallstudien erfolgt häufig nach dem Kriterium der *Untersuchungswürdigkeit.* Im vorliegenden Fall bedeutet dies, die ausgewählten Spitäler sind Idealtypen hinsichtlich des Untersuchungskriteriums.[109] Die Untersuchungswürdigkeit alleine reicht jedoch für ein systematisches Vorgehen noch nicht aus. Die Relevanz und die Eignung des Falles müssen für die Diskussion der Untersuchungsfrage ebenfalls mit einbezogen werden.[110] Eine geeignete Form der (theoretischen) Fallauswahl ist die Spezialform des „theoretical sampling“, das „dimensional sampling“. „Dimensional sampling“ zeichnet sich dadurch aus, dass in mehreren Schritten die Selektion der Untersuchungseinheiten erfolgt. Zudem kommen auch a priori Überlegungen hinsichtlich des Gegenstandsbereichs zum Tragen.[111]

Die Bestimmung der Fallstudien lehnt sich in der vorliegenden Arbeit an die *Grundidee* des oben erwähnten *„dimensional sampling“* an und beruht auf den folgenden Schritten:

---

zu thematisieren. Vgl. hierzu Flick, Uwe (1995), S. 105 f. und Witzel, Andreas (1985), S. 227 ff.

106 *Kühn* und *Fankhauser* sprechen in diesem Zusammenhang von „Fachleuten, von denen man erwartet, dass sie sich [...] [in der betreffenden Thematik] auskennen.“ Kühn, Richard/ Fankhauser, Kathrin (1996), S. 72. Einschub durch die Verfasserin.

107 Es geht also um die Erfassung des Typischen und Beispielhaften.

108 Vgl. Kühn, Richard/Fankhauser, Kathrin (1996), S. 56 ff.

109 Vgl. Mayring, Philipp (1996), S. 29.

110 Vgl. Boos, Margarete (1993), S. 35 f.

111 Vgl. Arnold, David O. (1970), S. 147 ff.

- Vierstufiger Auswahlprozess, dem als Basis die Ergebnisse der quantitativen Studie dienen
- Bildung von Dimensionen zur Ordnung und Beschreibung der Untersuchungselemente[112]
- Entwicklung von Typologien als Raster zur Auswahl der Fälle

Die vier Schritte des Auswahlprozesses sollen im folgenden kurz beschrieben werden:

1. *Schritt: Ermitteln der Spitäler, die ein Interesse an einer weiteren Untersuchungsphase zeigen*; zum Schluss der quantitativen Untersuchung wurden die administrativen Direktoren gefragt, ob sie grundsätzlich an einem Expertengespräch zu einem späteren Zeitpunkt interessiert wären. Von den 190 Antwortenden haben sich 41 hierzu bereit erklärt. Die interessierten Personen schickten den zusätzlichen Talon entweder separat zurück oder liessen ihn am Fragebogen angeheftet. Letztere Variante wurde von den meisten wahrgenommen, was eine sofortige Anwendung der Schritte zwei und drei ermöglichte. Die anderen Direktoren wurden telefonisch noch einmal bezüglich der wesentlichen Punkte befragt.

2. *Schritt: Einordnung der verbleibenden Spitäler nach ausgewählten Abgrenzungskriterien* (rechtliche Trägerschaft, Grösse, Leistungsangebot, Standort); die Fallstudien sollen sowohl Institutionen betreffen, die öffentlichrechtlich finanziert sind, als auch solche, die sich durch eine privatrechtliche Trägerschaft kennzeichnen. Das Kriterium „Leistungsangebot“ soll sicherstellen, dass aus Vergleichsgründen (und für die zum Schluss der Arbeit zu erarbeitenden Empfehlungen zur Gestaltung von TQM) nur Akutspitäler als mögliche Untersuchungseinheiten identifiziert werden. Mit dem Kriterium „Standort“ soll gewährleistet sein, dass die Spitäler ein Mindestmass an geographischer Verteilung aufweisen (z. B. sich nicht alle in der Stadt Bern befinden). Nach diesem zweiten Schritt mussten 25 Institutionen aus dem Sample entfernt werden, weil die oben verlangten Abgrenzungskriterien nicht auf sie zutrafen.

3. *Schritt: Umfang des „TQM-Instrumentariums“[113] bei den an einem Expertengespräch interessierten Institutionen feststellen*; durch Zuhilfenahme der theoreti-

---

112 Grundlage hierfür bildet das Kapitel II.4, S. 40 ff., welches sich mit dem Konzept TQM auseinandersetzt.

113 Damit sind einerseits die Instrumente gemeint, welche in der Fachliteratur für die Durchführung eines TQM-Projekts und dessen Implementierung empfohlen werden. Andererseits handelt es sich auch um allgemeine Instrumente zur Qualitätssicherung und –förderung, wie sie in Frage 30 der quantitativen Studie aufgeführt sind. Vgl. hierzu den Abschnitt IV.4.4.7, S. 198 ff.

schen Erkenntnisse eines „idealtypischen“ TQM-Konzepts[114] wurde ein Instrumentenkatalog definiert. Dieser dient der Einordnung und Rangierung der Institutionen und lässt die besonders fortschrittlichen Spitäler in bezug auf TQM erkennen. **Tabelle IV/ 21** zeigt die Instrumente und Kriterien, welche bei einem TQM vorhanden sein müssen und deren Existenz in den befragten Spitälern durch die quantitative Studie resp. die anschliessend geführten Telefonate festgestellt werden konnten.

114 Vgl. hierzu den Abschnitt II.4.2, S. 47 ff.

Tab. IV/ 21: Instrumentarium von TQM[115]

TQM Instrumente/Kriterien	Ausprägungen des Instruments[116]	Gewichtung[117]
Existenz eines TQM[118]	Vorhandensein ja/nein	30 Punkte
Patienten-Zufriedenheitsbefragungen	Art und Weise (vgl. Frage 23) Umsetzung (vgl. Frage 24)	15 Punkte
Mitarbeiter-Zufriedenheitsbefragungen	Art und Weise (vgl. Frage 25) Umsetzung (vgl. Frage 26)	15 Punkte
Zufriedenheitsbefragungen der zuweisenden Ärzte	Vorhandensein ja/nein	15 Punkte
Benchmarking (Leistungsvergleich)	Zeitlicher Abstand (vgl. Frage 18) Art (vgl. Frage 19) Umsetzung (vgl. Frage 20)	5 Punkte
Qualitätsbeauftragter (individuell)	Vorhandensein ja/nein	10
Qualitätszirkel (kollektiv)	Vorhandensein ja/nein	10
Total		*100*

115 Quelle: Eigene Tabelle.

116 Vgl. hierzu die erwähnten Fragen, welche sich auf den Fragebogen beziehen. Der Fragebogen befindet sich im Anhang 2.

117 Die Gewichtung der einzelnen Instrumente/Kriterien lässt sich wie folgt begründen (für die Begründung der Punktzahl von TQM siehe die nächste Fussnote): Die Zufriedenheitsbefragungen haben im Vergleich die zweithöchste Gewichtung weil sie zum einen explizit bei einem TQM-Projekt verlangt werden (vgl. Abb. II/ 9, S. 49). Zum anderen orientiert sich die Zielsetzung von TQM explizit an den Kunden (interne wie auch externe) und berücksichtigt diese zudem im konzeptionellen Merkmal „Quality". Die Instrumente „Qualitätszirkel" und „Qualitätsbeauftragter" gehen – wie u. a. die bivariaten Auswertungen der Ergebnisse aus der quantitativen Studie eindrücklich zeigen – sehr oft mit einem TQM-Konzept einher (siehe auch die Ausführungen im Abschnitt IV.4.4.7, S. 198 ff.) Darüber hinaus unterstützen sie die Verantwortlichen bei der erfolgreichen Umsetzung eines TQM-Konzepts. Das letzte Instrument „Benchmarking" unterstreicht die Bedeutung der kontinuierlichen Verbesserung im Rahmen von TQM. Dabei soll sich die kontinuierliche Verbesserung nicht nur auf den internen Bereich beschränken, sondern auch Anregungen von anderen Institutionen aufnehmen und im eigenen Spital anwenden.

118 Insgesamt haben 22 Personen die Teilfrage mit „bereits eingeführt" beantwortet. Weil jedoch keine Definition des Begriffes TQM vorgängig abgegeben wurde, kann nicht davon ausgegangen werden, dass die Antwortenden das Gleiche unter TQM verstehen, wie die Verfasserin. Deshalb wird für die Auswahl der Fallstudien dieses Kriterium nicht als Voraussetzung definiert, sondern lediglich mit dem grössten Gewicht versehen. Dieses Vorgehen hat zum einen den Vorteil, dass die Auswahl möglicher Fallstudien grösser ist. Zum anderen schliesst die Gewichtung des Kriteriums eine Berücksichtigung von Spitälern, welche die Existenz von TQM nicht explizit angeben, praktisch aus.

4. *Auswählen von Spitälern, die zumindest eine mittelfristig gesicherte Zukunft aufweisen können*; es sollen keine Institutionen als Fallstudien ausgewählt werden, die nur einen provisorischen (oder gar keinen) Spitallistenplatz aufweisen können. Auch wenn diese Spitäler über ein umfassendes TQM-Konzept verfügen sollten, ist die Chance einer weiteren Implementierung von TQM gefährdet. Denkbar ist auch, dass TQM gerade als Antwort auf die Nicht-Nominierung gewählt wurde. In diesen Fällen ist die Kontinuität und Nachhaltigkeit jedoch noch nicht ausreichend, um die Effizienz und Effektivität des Konzepts genau messen zu können.

Nach diesem vierten Schritt gelangten 15 Spitäler in die Endauswahl. **Tabelle IV/ 22** visualisiert die für eine Fallstudie in Frage kommenden Institutionen und ihre erreichte Punktzahl. Die fettgedruckten Felder zeigen diejenigen Spitäler, die mit Hilfe des Fallstudienansatzes[119] näher untersucht werden sollen.[120]

[119] Vgl. Abschnitt IV.6.1, S. 206 f.

[120] Die Wahl des Regionalspital Burgdorfs erscheint auf den ersten Blick nicht ganz plausibel, hat doch das Oberwalliser Kreisspital Brig eine insgesamt höhere Punktzahl erreicht. Die Wahl fiel v. a. aus zwei Gründen auf Burgdorf. Zum einen stellt die Wahl von Burgdorf eine optimale Vertretung verschiedenster Rechtsformen sicher. Sowohl Zofingen wie auch Brig sind privatrechtliche Vereine, Burgdorf hingegen ist ein Gemeindezweckverband. Zum anderen war das Interesse seitens des Spitals Burgdorf für eine Zusammenarbeit besonders gross.

Tab. IV/ 22: Rangfolge der Spitäler in der Endauswahl[121]

Spital (inkl. Trägerschaft)	**Instrumente**	**Punkte (Total)**
Privatrechtliche Akutspitäler		
Klinik Beau-Site, 3000 Bern, Aktiengesellschaft	**TQM, PB, MB, Benchmarking, QZ, QB**	**85**
Krankenhaus Sanitas, 8802 Kilchberg, Stiftung	**TQM, PB, Benchmarking, Befragung der zuweisenden Ärzte, QZ, QB**	**85**
Oberwalliser Kreisspital Brig, 3900 Brig, privatrechtlicher Verein	PB, MB, Benchmarking, QZ, QB	55
Regionalspital Prättigau, 7220 Schiers, Stiftung	MB, Befragung der zuweisenden Ärzte, QZ, QB	50
Regionalspital St. Maria, 3030 Visp, Verein	PB, MB, QZ, QB	50
Kantonsspital Chur, 7000 Chur, Verein	PB, MB, QZ, QB (geplant)	40
Öffentlichrechtliche Akutspitäler		
Regionalspital Rheinfelden, 4340 Rheinfelden, öffentlichrechtlicher Verein	TQM, PB, MB, Befragung der zuweisenden Ärzte, QB (Diese Institution hat aus Zeitmangel und wegen der bevorstehenden Fusion mit dem Spital Laufenburg eine weitere Zusammenarbeit abgelehnt)	85
Stadtspital Waid, 8037 Zürich, Stadt Zürich	**PB, MB, Benchmarking, Befragung der zuweisenden Ärzte, QZ, QB**	**70**
Bezirksspital Zofingen, 4800 Zofingen, privatrechtlicher Verein mit öffentlichem Auftrag	**TQM, PB, Befragung der zuweisenden Ärzte (geplant), QZ, QB**	**65**
Regionalspital Burgdorf, 3400 Burgdorf, Gemeindezweckverband	**PB, Befragung der zuweisenden Ärzte, QZ, QB**	**50**
Krankenhaus Thusis, 7430 Thusis, Stiftung	PB, MB, Benchmarking, QZ, QB (geplant)	45
Spital Bülach, 8180 Bülach, Gemeindezweckverband	PB, Benchmarking, Befragung der zuweisenden Ärzte, QB (geplant)	35
Bezirksspital Dornach, 4226 Breitenbach, Stiftung	PB, Benchmarking, QB, QZ,	40
Kantonsspital Baden, 5404 Baden, Kanton Aargau	PB, Benchmarking, QZ	30
Spital Limmattal, 8952 Schliern, Gemeindezweckverband	Benchmarking	5
Legende: Patienten-Zufriedenheitsbefragungen (PB), Mitarbeiter-Zufriedenheitsbefragungen (MB), Qualitätszirkel (QZ), Qualitätsbeauftragter (QB), Total Quality Management (TQM)		

121 Quelle: Eigene Tabelle.

6.3. Erhebungsunterlagen und Struktur des Interviewleitfadens

Zu den Erhebungsunterlagen gehörte ein Kontaktschreiben[122] sowie eine Terminbestätigung,[123] welche als Beilage den Interviewleitfaden und den präzisierten konzeptionellen Bezugsrahmen für die qualitative Studie als Vorabinformationen enthielt.

Der Interviewleitfaden[124] setzt sich aus Vorbemerkungen und *sechs Abschnitten* zusammen. Die „Vorbemerkungen" sind als Ergänzung zum Kontaktschreiben gedacht und sollten die befragte Person noch einmal kurz über den Zweck, den Inhalt und formalen Ablauf des Gesprächs informieren. Der *erste Abschnitt* „Angaben zum Spital und zum/zur Interviewpartner(in)" sollte allfällige offene Fragen bezüglich der vorgängig zugesandten qualitätsrelevanten Dokumente beantworten sowie den Werdegang der befragten Person und ihre jetzigen Aufgaben im Zusammenhang mit der „Qualität im jeweiligen Spital" aufzeigen. Diese Informationen vermittelten der Verfasserin ein besseres Verständnis der betrieblichen Zusammenhänge und erleichterten damit die Interpretation der Ergebnisse. Im *zweiten Abschnitt* wurden die „Bedingungsgrössen des Qualitätsmangements (QM)" im Detail untersucht. Sie beeinflussen massgeblich die Gestaltung des QM im Spital. Der *dritte Abschnitt* „Qualitätsmanagement-Projekt (QMP)" lieferte Informationen über das Ausgangsprojekt des QM. Zu beantwortende Fragen waren der Auslöser, die Ziele, der Ablauf, die Organisation, die Handhabung der Information und Kommunikation, die verwendeten Instrumente sowie die Kosten des initialen QM-Projekts. Im *vierten Abschnitt* kamen die „Massnahmen zur Umsetzung des Qualitätsmanagements (QM)" zur Sprache. Dabei war die organisatorische Verankerung, die Schulung von Mitarbeitern und Vorgesetzten, die Instrumente zur kontinuierlichen Qualitätssicherung und –förderung sowie allfällige Anschlussprojekte von besonderem Interesse. Im *fünften Abschnitt* wurden die befragten Personen gebeten, ihre Meinung bezüglich der „zukünftigen Entwicklungstendenzen" des QM zu äussern. Der *sechste Abschnitt* „Abschliessende Bemerkungen" ermöglichte den Befragten am Ende des Interviews, ein Feedback zum Ablauf und Inhalt des Gesprächs zu geben und damit die laufende Verbesserung der Befragungstechnik durch die Verfasserin zu unterstützen.[125]

---

122 Vgl. Anhang 4.

123 Vgl. Anhang 5.

124 Vgl. Anhang 6.

125 Bei Bedarf wurden die Themenbereiche durch ad-hoc Fragen ergänzt, um zu weiteren Informationen zu gelangen.

6.4. Datenauswertung und –darstellung

In einem ersten Schritt wurden die auf Tonband aufgenommenen *Gespräche wörtlich transkribiert*. Die daraus entstandenen umfassenden Protokolle wurden anschliessend in einem zweiten Schritt mit Hilfe der *qualitativen Inhaltsanalyse* systematisch ausgewertet. *Flick* versteht darunter „eine der klassischen Vorgehensweisen zur Analyse von Textmaterial [...]. Ein wesentliches Kennzeichen ist die Verwendung von Kategorien, die häufig aus theoretischen Modellen abgeleitet sind: Kategorien werden an das Material herangetragen und nicht unbedingt daraus entwickelt, wenngleich sie immer wieder daran überprüft und gegebenenfalls modifiziert werden."[126] Das hier zugrundeliegende theoretische Modell für die qualitative Inhaltsanalyse ist der präzisierte konzeptionelle Bezugsrahmen für die qualitative Studie.[127]

Das *Ziel* der qualitativen Inhaltsanalyse ist die systematische Reduktion des vorhandenen Materials. *Mayring* differenziert *drei Grundformen*: Die Zusammenfassung (das Material wird auf die wesentlichen Inhalte reduziert), die Explikation (mit Hilfe zusätzlicher Daten, wie z. B. der vorgängig erhaltenen qualitätsrelevanten Dokumente werden die vorhandenen Informationen ergänzt) und die Strukturierung (bestimmte Daten sind herauszufiltern und in eine Struktur zu bringen. Dazu wird ein im voraus entwickeltes Kriterienraster verwendet).[128]

Die Verfasserin lehnt sich bei der Auswertung an die Grundformen von *Mayring* an. Dazu werden in den Transkripten zuerst alle themenfremden Bestandteile gestrichen. Das „Kernmaterial" wird anschliessend mit Passagen aus den qualitätsrelevanten Dokumenten (z. B. Qualitätsstrategie, Leitbild) ergänzt. Zum Schluss erfolgt die Strukturierung der Ergebnisse mit Hilfe des Kriterienrasters (in diesem Fall der präzisierte konzeptionelle Bezugsrahmen[129] für die qualitative Studie).

---

126 Flick, Uwe, (1995), S. 212.

127 Vgl. Abb. IV/ 16, S. 205.

128 Vgl. Mayring, Philipp (1983), S. 53 ff. und Mayring, Philipp (1996), S. 91 ff. Nach *Mayring* entsprechen die Grundformen des Interpretierens auch dem Alltagsverständnis, wie man ein zunächst unbekanntes (sprachliches) Material untersuchen kann. Er liefert dazu ein praktisches Beispiel: Bei einer Wanderung entdeckt man plötzlich einen riesigen, in der Landschaft fremd anzumutenden Felsen. Indem man zurücktritt und ihn aus der Entfernung betrachtet, kann man den Felsen zwar nicht mehr im Detail sehen, doch das Ganze erscheint einem im Blickfeld, praktisch als verkleinerte Form (Zusammenfassung). Beim näheren Herantreten lassen sich besonders interessante Stücke ansehen und untersuchen (Explikation). Durch Herausbrechen eines Teils und Untersuchung von Grösse, Gewicht, Beschaffenheit etc. kann ein Eindruck der inneren Struktur gewonnen werden (Strukturierung). Vgl. Mayring, Philipp (1983), S. 53.

129 Vgl. Abb. IV/ 16, S. 205.

6.5. Erhebungszeitraum und personelle Organisation

Der Interviewleitfaden wurde vor seiner Anwendung mehrfach geprüft: Eine *wissenschaftliche Kritik* erfolgte im März 1999 durch Prof. Dr. Norbert Thom sowie durch Dr. Kurt Aeberhard. Zudem wurden im Anschluss an jedes Interview die befragten Personen um ihre Meinung zum Interviewleitfaden generell und zur Rolle der Interviewerin befragt. Dieses Vorgehen ermöglichte eine kontinuierliche Verbesserung der Befragungstechnik von Seiten der Interviewerin.[130] Die neun[131] Interviews in den fünf Spitälern fanden von anfangs April bis anfangs Mai 1999 statt. In zwei Fällen wurde das transkribierte Interview den Betroffenen auf Wunsch zur Information und Kontrolle zugesandt. Abgesehen von formalen Korrekturen und einigen wenigen Streichungen von für den vorliegenden Untersuchungsgegenstand nicht relevanten Textpassagen, wurden keine Änderungen vorgenommen.

7. Ergebnisse der qualitativen Studie

7.1. Einleitung

Das vorliegende Kapitel beinhaltet die Ergebnisse aus den fünf Fallstudien im Rahmen der qualitativen Studie. Da die Mehrzahl der befragten Experten eine Anonymisierung ihrer Aussagen wünschte, hatte dies Auswirkungen auf die Darstellungsform der nachfolgenden Abschnitte.

Nach den einleitenden Bemerkungen im *ersten Abschnitt* werden die fünf Spitäler im *zweiten Abschnitt* zunächst kurz vorgestellt. Zum einen geht es darum, statistische Angaben zum Spital und Angaben zur Spitalführung zu machen. Beispiele für statistische Angaben sind der Standort, die Anzahl Betten oder der Auslastungsgrad. Informationen zur Spitalführung sind u. a das Leistungsangebot, der organisatorische Aufbau oder die allgemeinen Führungsgrundsätze und –richtlinien. Zum anderen werden der Werdegang sowie die aktuellen Tätigkeiten der Experten im Rahmen des QM näher untersucht. Die Daten ermöglichen dem Leser später die kritische Reflektion der Ergebnisse aus den Expertengesprächen. Im zweiten Abschnitt werden die

---

130 So stellte sich z. B. heraus, dass die befragten Personen mit dem zweiten Frageblock, der sich mit dem Qualitätsmanagementprojekt auseinandersetzt, Mühe bekundeten. Sie verstanden zu Beginn den Begriff des „Projekts" nicht, da für sie bei der Definition von Qualitätsmanagement primär die Kontinuität im Vordergrund steht. Diese steht in einem natürlichen Gegensatz zur Definition eines Projekt, welches einen klar bestimmten Anfangs- und Endzeitpunkt aufweist. Das Missverständnis konnte mit Hilfe einiger weiteren Erläuterungen von Seiten der Befragerin in den weiteren Interviews beseitigt werden.

131 In einer Fallstudie bestanden die zwei Experten darauf, gemeinsam befragt zu werden.

untersuchten Institutionen und die befragten Experten jeweils mit Namen erwähnt. Einen Überblick über die Fallspitäler mit den jeweiligen Experten gibt **Tabelle IV/ 23**.

Die Ergebnisse aus den neun Interviews sind Inhalt des *dritten Abschnitts*. Dabei werden die Resultate in der Reihenfolge des Interviewleitfadens präsentiert. Die Aussagen der einzelnen Personen sind in diesem Abschnitt anonymisiert, damit keinerlei Rückschlüsse auf die befragten Personen möglich sind.

Tab. IV/ 23: Fallspitäler und befragte Experten[132]

Fallspital	**Experten (administrativer Direktor, Qualitätsbeauftragte (r))**
Stadtspital Waid	Herr Gilgen, Herr Hugentobler
Klinik Beau-Site	Herr Jaquet, Frau Schlüsselberger
Regionalspital Burgdorf	Herr Rickenbacher, Frau Buser, Herr Dr. Baum
Regionalspital Zofingen	Herr Geiser, Herr Dr. Branger
Krankenhaus Sanitas	Herr Güntensperger, Herr Mahlstein

7.2. Porträt der fünf untersuchten Spitäler

7.2.1. Stadtspital Waid[133]

7.2.1.1. Statistische Angaben

Das Stadtspital Waid ist ein *öffentlich-rechtliches* Spital und gehört zur Dienstabteilung des Gesundheits- und Umweltdepartements der Stadt Zürich. Es handelt sich also um ein *Gemeindeunternehmen.*[134] Die primäre Aufgabe des Spitals besteht darin, die gesundheitliche Versorgung der Bevölkerung des Bereichs Zürich Nord sicherzustellen. Es wurde im Jahre 1953 erbaut mit der Auflage, es müsse zum einen „wohnlich" sein und dürfe zum anderen keine baulichen Elemente enthalten, die „an ein Siechenhaus erinnern könnten".[135] Diesem Grundsatz ist die Spitalleitung bei Renovationen resp. Neubauten bis heute treu geblieben. Die Waid (wie sie von der Bevölkerung und den Mitarbeitern kurz genannt wird) war das erste Stadtspital von Zürich.

---

132 Quelle: Eigene Tabelle.

133 Vgl. für den ganzen Abschnitt Stadtspital Waid (1998), Stadtspital Waid (1998a), Stadtspital Waid (o. J.), Stadtspital Waid (1998b) und Stadtspital Waid (1997).

134 Vgl. für die unterschiedlichen Rechtsformen die Tab. IV/ 5, S. 169.

135 Stadtspital Waid (1997), S. 7.

Damals fehlten in Zürich an die 800 Betten. Mit dem Bau der Waid konnte der Bettennotstand damals um die Hälfte verringert werden.

Im Jahre 1998 wies die Waid einen Personalbestand[136] von rund 760 Mitarbeitern auf. Die Auslastung der 273 Betten (davon sind 207 Akutbetten) betrug im gleichen Jahr 88.2%. Die durchschnittliche Aufenthaltsdauer[137] beläuft sich im Akutbettenbereich auf 8.6 Tage. Im selben Jahr fanden 5'942 Operationen (inkl. ambulante Eingriffe) statt. 579 Patienten wurden ambulant[138] behandelt.

7.2.1.2. *Angaben zur Spitalführung*

Die Waid funktioniert nach dem *Chefarztprinzip*, d. h. die Ärzte sind vom Spital angestellt. Dieses Prinzip zeichnet sich durch eine strenge Hierarchie aus und unterscheidet die folgenden Stufen: Chefarzt, Co Chefarzt, Leitender Arzt, Oberarzt und Assistenzarzt. Insgesamt arbeiten rund 80 Ärzte im Spital. Der medizinische Bereich besteht aus sieben Abteilungen, und es werden praktisch sämtliche medizinischen Eingriffe angeboten. Besondere Kompetenzen sind bei Eingriffen am Dickdarm vorhanden; dort nimmt das Spital sogar eine führende Rolle im deutschsprachigen Raum ein.

Eine Geburtenabteilung ist nicht vorhanden, dafür verfügt das Spital über eine neu gebaute Klinik für Geriatrie[139] und Rehabilitation mit 66 Betten. Für den Standort des Spitals ist das insofern sinnvoll, als dass im Einzugsgebiet der Waid der Anteil der älteren Wohnbevölkerung überdurchschnittlich hoch ist. In der chirurgischen Klinik ist das Durchschnittsalter z. B. zwölf Jahre höher als im kantonalen und gesamtschweizerischen Vergleich. Diese Patientenstruktur hat dazu geführt, dass auch im Bereich der Gerontotraumatologie[140] ein grosser Erfahrungsschatz aufgebaut werden konnte.

---

136 Der Personalbestand bezieht sich in allen vorgestellten Spitälern jeweils auf den Durchschnitt innerhalb eines Jahres und nicht auf den Bestand an einem Stichtag.

137 Für das gesamte Spital (inkl. der Rehabilitation und Geriatrie) beläuft sich die durchschnittliche Aufenthaltsdauer auf 13.4 Tage.

138 Unter ambulante Eingriffe werden all diejenigen Eingriffe subsummiert, bei denen der Patient maximal 24 Stunden im Spital bleibt.

139 Damit ist der Zweig der Medizin gemeint, der sich mit den Krankheiten des alternden und alten Menschen beschäftigt (Altersheilkunde). Vgl. Duden (1990), S. 280.

140 Fachgebiet, auf dem die Alterungsvorgänge des Menschen hinsichtlich ihrer biologischen, psychologischen und sozialen Aspekte erforscht werden. Vgl. Duden (1990), S. 280.

Abbildung IV/ 17 zeigt das Organigramm des Stadtspitals Waid. Für die Gesamtleitung zeichnet sich die Spitalleitung sowie die Spitalkonferenz verantwortlich. Die Spitalleitung setzt sich aus dem Spitaldirektor, dem medizinischen Direktor, dem Leiter des Pflegebereichs und dem Leiter des Kaufmännischen Dienstes (mit beratender Stimme) zusammen. Die Spitalkonferenz besteht aus den Mitgliedern der Spitalleitung sowie zusätzlich aus den sechs weiteren Chefärzten und dem Leiter der Apotheke.

Abb. IV/ 17: Organigramm Stadtspital Waid[141]

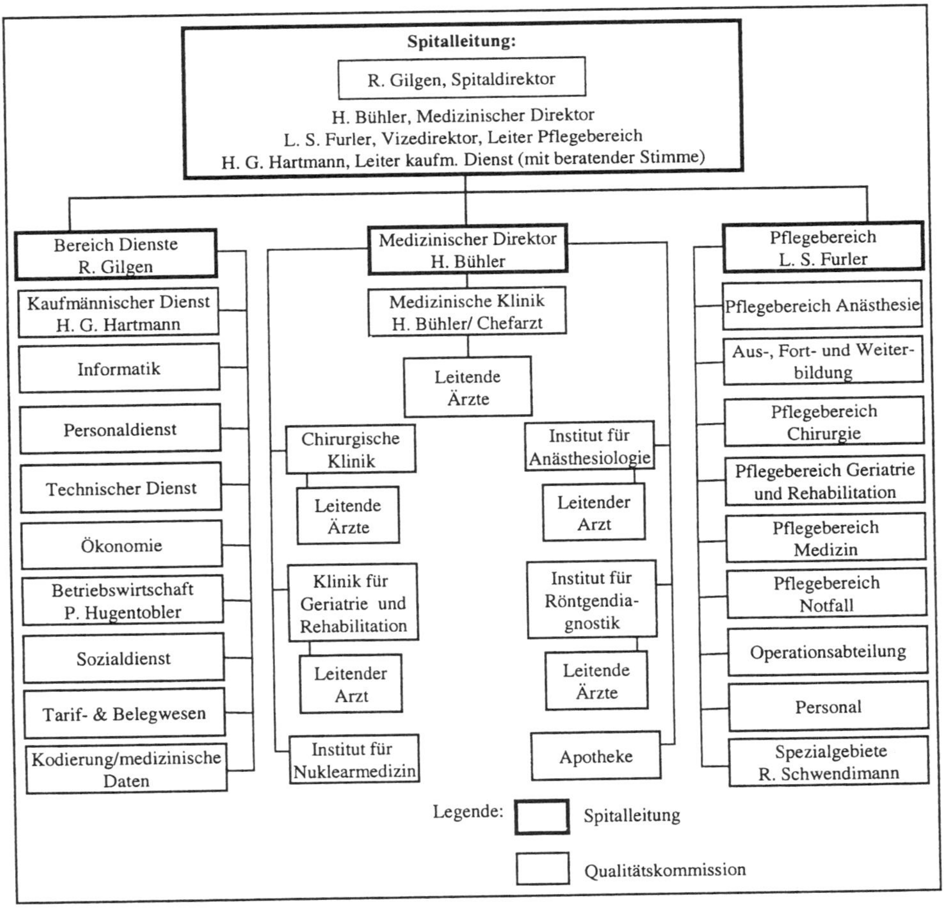

[141] Quelle: In starker Anlehnung an Stadtspital Waid (o. J.), o. S.

7.2.1.3. *Werdegang und aktuelle Tätigkeiten der befragten Experten*

Herr Gilgen, der Spitaldirektor, ist Jurist und war lange Zeit in der Medienbranche tätig. Vor seinem Wechsel in die Waid hielt er die Stelle des Chefredakteurs der Solothurner Zeitung inne. Seit 1998 ist er Spitaldirektor der Waid. In dieser Funktion ist er zum einen Mitglied der Spitalleitung zum anderen als Leiter des Bereichs „Dienste" auch Mitglied der Spitalkonferenz. Gemäss seiner Aussage wurde bei der Neubesetzung des Spitaldirektors ausdrücklich ein „Quereinsteiger"[142] gesucht.

Im Zusammenhang mit dem Qualitätsmanagement gehört er als Mitglied der Spitalleitung zum Steuerungsgremium für die internen und externen Qualitätsprojekte. Ein Beispiel für ein externes Projekt ist OUTCOME 1998[143] (Einführung und Messung von Ergebnisindikatoren in ausgewählten Spitälern des Kantons Zürich), welches im Rahmen von LORAS[144] durchgeführt wird. Zudem ist er auch Mitglied der Qualitätskommission (siehe auch Abb. IV/ 17).

Herr Hugentobler, Leiter Betriebswirtschaft, hat das Studium der Betriebswirtschaftslehre in St. Gallen absolviert. Nach dem Studium arbeitete er an einem Projekt bei der Ascom in Bern. Der anschliessende Wechsel führte ihn zuerst in ein anderes Zürcher Spital. Im Stadtspital Waid ist er seit März 1996 in der Funktion des Betriebswirts tätig. Diese Funktion umfasst einerseits Assistentenaufgaben für die Spitalleitung, so z. B. den Aufbau eines Controllinginstrumentariums. Andererseits ist er der Qualitätsbeauftragte für die gesamte Waid und in diesem Zusammenhang u. a. als interner Projektleiter für das OUTCOME-Projekt verantwortlich.

---

142 Zwar ist Herr Gilgen wie seine Vorgängerin, Frau Appert-Sprecher, Jurist. Doch kommt er aus einer anderen Branche (Medienbranche).

143 Am Projekt OUTCOME sind neben dem Stadtspital Waid acht weitere Spitäler beteiligt (Affoltern a. Albis, Bülach, Rüti-Winkel, Sanitas, Triemli, Uster, Wetzikon und Winterthur). Aus einer Liste von insgesamt 23 Tracer-Diagnosen (Referenz- bzw. Schlüsseldiagnosen, wie z. B. Hirnschlag oder Schenkelhalsbruch) und diagnoseunabhängigen Output-Indikatoren (z. B. Spitalinfektionen, Wundliegen, Wartezeiten auf der Notfallstation) konnten deren zwölf ausgewählt und gemessen werden. Die Ergebnisse dienen der Gesundheitsdirektion neben der Qualitätsmessung auch zur Bestimmung von Globalbudgets und Leistungsvereinbarungen (Jahreskontrakte mit den Spitälern). Für die mitmachenden Spitäler ergab sich darüber hinaus die Möglichkeit eines Benchmarking.

144 Hierbei handelt es sich um die „Leistungsorientierte Ressourcenallokation im Spitalbereich" der Gesundheitsdirektion des Kantons Zürich.

7.2.2. Klinik Beau-Site[145]

7.2.2.1. *Statistische Angaben*

Die Klinik Beau-Site ist ein *privatrechtliches Spital* und gehört zur Hirslanden-Gruppe. Die Hirslanden-Gruppe entstand 1990 aus dem Zusammenschluss der fünf Privatkliniken Hirslanden (Zürich), Im Park (Zürich), Im Schachen (Aarau), Beau-Site (Bern) und Cecil (Lausanne). 1997 wurde zusätzlich die Klinik Permanence (Bern) integriert. Die Hirslanden-Gruppe ist eine *Aktiengesellschaft*, wobei die einzelnen Kliniken im operativen Bereich weitgehend eigenverantwortlich agieren, finanziell selbständig und auf die kantonalen und lokalen Gegebenheiten ausgerichtet sind. Die Direktoren der jeweiligen Kliniken (mit Ausnahme der Permanence) sind auch Mitglieder der Geschäftsleitung der Hirslanden-Gruppe.

Die Privatklinik wurde 1945 in den heutigen Räumlichkeiten eröffnet. Der letzte Umbau fand 1982 statt. Die Namensgebung (schöne Aussicht) ist kein Zufall, liegt das ehemalige Jugendstilhotel mitten in der Stadt Bern mit Aussicht auf die Alpen und die Altstadt. Die Klinik verfügt über einen hohen Komfort im Bereich der Hotellerie, so sind z. B. sämtliche Zimmer mit einer eigenen Nasszelle, Radio/TV und z. T. auch mit einem eigenen Balkon ausgestattet.

Im Jahre 1997 wies das Beau-Site einen Bestand von 253 Stellen auf, der auf knapp 400 Mitarbeiter aufgeteilt ist. Die Auslastung der 87 Akutbetten betrug im gleichen Jahr 90.9%. Die durchschnittliche Aufenthaltsdauer beläuft sich auf 6.1 Tage. Im selben Jahr fanden 5‘635 Operationen (inkl. Geburten und ambulante Eingriffe) statt. 877 Patienten wurden ambulant behandelt.

---

145 Vgl. für den ganzen Abschnitt Klinik Beau-Site (o. J.), Hirslanden-Gruppe (o. J.) und Hirslanden-Gruppe (1997).

7.2.2.2. *Angaben zur Spitalführung*

Die Klinik Beau-Site funktioniert nach dem *Belegarztprinzip*: Die Ärzte sind nicht vom Spital angestellt sondern sind frei praktizierend. Sie besitzen ihre eigenen Praxen und benützen lediglich die Infrastruktur des Spitals. Insgesamt arbeiten rund 70 Belegärzte im Spital, wobei einige Fachrichtungen (Anästhesiologie,[146] Herzchirurgie, Kardiologie,[147] Innere Medizin, Onkologie,[148] Thoraxchirurgie[149] und Radiologie[150]) über Praxen im Haus verfügen.

Die **Abbildung IV/ 18** zeigt das Organigramm der Klinik Beau-Site. Für die Gesamtleitung zeichnet sich Herr Jaquet als Direktor verantwortlich. Der Ärzterat ist als Beratungskollegium organisiert und verfügt über keine Entscheidungskompenzen. Er hat lediglich beratende Funktion.

Im Beau-Site praktizieren Ärzte aus rund zwanzig Fachgebieten, wobei die Schwerpunkte bei der Herzchirurgie, Kardiologie, Gynäkologie, Viszeralchirurgie,[151] Orthopädie[152] und Onkologie (als Spezialgebiet der Inneren Medizin) liegen.

---

[146] Damit ist die Wissenschaft von der Schmerzbetäubung, den Narkose- und Wiederbelebungsverfahren gemeint. Vgl. Duden (1990), S. 59.

[147] Hierbei handelt es sich um ein Teilgebiet der Medizin, das sich mit der Funktion und den Erkrankungen des Herzens befasst. Vgl. Duden (1990), S. 389.

[148] Hierbei handelt es sich um ein Teilgebiet der Medizin, in dem man sich mit den Geschwülsten befasst. Vgl. Duden (1990), S. 550.

[149] Damit ist der Teil der Chirurgie gemeint, der sich auf Verletzungen des Brustkorbs konzentriert. Vgl. Duden (1990), S. 779.

[150] Hierbei handelt es sich um die Wissenschaft der Röntgenstrahlen und den Strahlen von radioaktiven Stoffen und ihre Anwendung: Strahlenkunde. Vgl. Duden (1990), S. 659.

[151] Damit ist der Teil der Chirurgie gemeint, der sich auf Verletzungen der Eingeweide konzentriert. Vgl. Duden (1990), S. 816.

[152] Damit ist die Wissenschaft von der Erkennung und Behandlung angeborener oder erworbener Fehler der Haltungs- und Bewegungsorgane gemeint. Vgl. Duden (1990), S. 559.

Abb. IV/ 18: Organigramm Klinik Beau-Site[153]

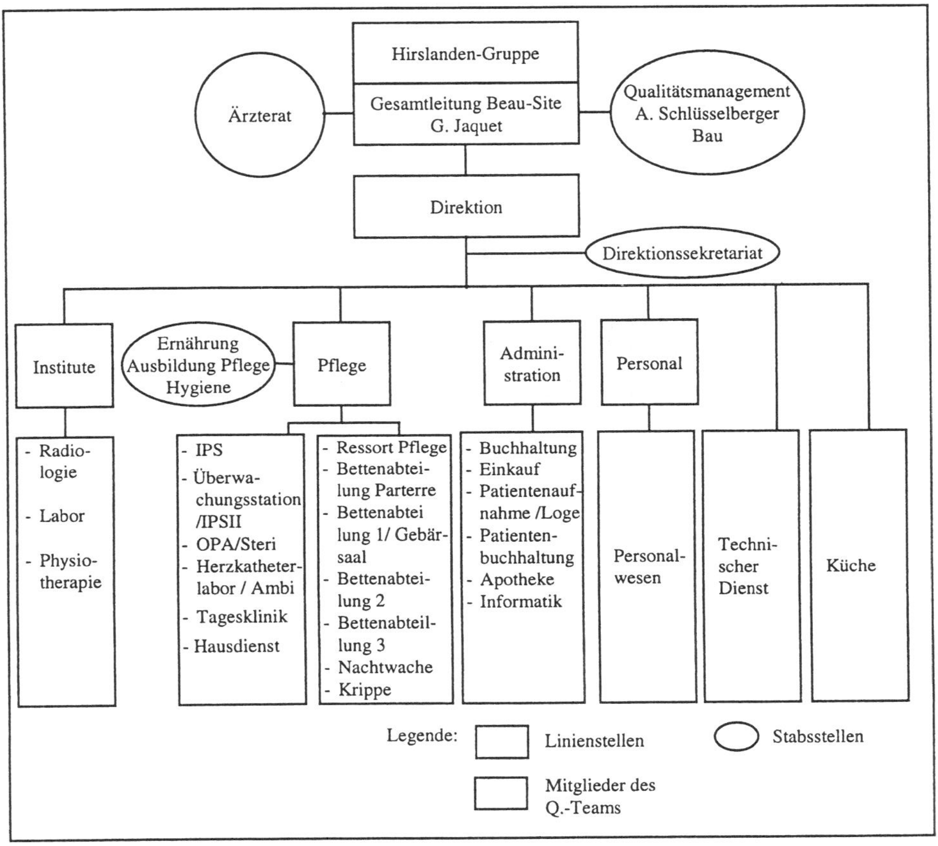

7.2.2.3. *Werdegang und aktuelle Tätigkeiten der befragten Experten*

Herr Jaquet ist seit acht Jahren Direktor der Klinik Beau-Site und seit 1997 in Personalunion auch von der Klinik Permanence. Zudem gehört er zur Geschäftsleitung der Hirslanden-Gruppe. Ursprünglich kommt er aus der Hotellerie. Nach der Matura besuchte er die Hotelfachschule in Lausanne. Bis zu seinem Wechsel ins Gesundheitswesen war er in der Hotelbranche tätig und führte eine Hotelkette mit insgesamt 13 Häusern im In- und Ausland.

153 Quelle: In starker Anlehnung an Klinik Beau-Site (1998).

In Bezug auf das QM im Beau-Site nimmt er die Rolle des Haupt-Qualitäts-Verantwortlichen wahr und gehört zum Q.-Team der Klinik (siehe die schraffierten Flächen in der Abb. IV/ 18).

Frau Schlüsselberger, Projektleiterin QM, arbeitete zuvor im Pflegebereich des Beau-Site. Sie hat sich in Bezug auf TQM gezielt weitergebildet. Als Projektleiterin für das QM ist sie Herrn Jaquet direkt unterstellt und gehört ebenfalls zum Q.-Team.

7.2.3. Regionalspital Burgdorf[154]

7.2.3.1. Statistische Angaben

Das Regionalspital Burgdorf ist ein *öffentlich-rechtliches* Spital. Oberstes Organ ist der *Gemeindeverband* Regionalspital Burgdorf, zu dem 26 Gemeinden gehören. Dem Verband obliegt gemäss Art. 3 des Organisationsreglements (OR) der Betrieb des Spitals im Rahmen der kantonalen (in diesem Fall ist das der Kanton Bern) Gesetzgebung im Gesundheitswesen. Als Aufsichtsorgane fungieren die Delegiertenversammlung mit Vertretern aus allen beteiligten Gemeinden und der Verwaltungsrat. Der Verwaltungsrat legt die Zusammensetzung, Aufgaben, Kompetenzen und Verantwortlichkeiten der Spitalleitung in einer Geschäftsordnung fest (Art. 26 des OR) und überträgt ihr die operative Führung des Spitals (Art. 35 des OR). Erbaut wurde das Spital im Jahre 1897; es kann somit auf eine über 100 jährige Geschichte zurückblicken.

Im Jahre 1997 wies das Regionalspital Burgdorf einen Personalbestand von rund 325 Mitarbeitern[155] auf. Die Auslastung der 176 Betten (davon sind 142 Akutbetten) betrug im gleichen Jahr 80.5%. Die durchschnittliche Aufenthaltsdauer[156] beläuft sich im Akutbettenbereich auf 8.6 Tage. Insgesamt fanden 6'767 Operationen (inkl. Geburten) statt. Rund 1'200 Patienten konnte teilstationär behandelt werden.

---

[154] Vgl. für den ganzen Abschnitt Regionalspital Burgdorf (1997), Regionalspital Burgdorf (o. J.) und Regionalspital Burgdorf (o. J. a).

[155] Damit fungiert das Spital auch als gewichtiger Ausbildungs- und Arbeitgeber für die Region Burgdorf.

[156] Für das gesamte Spital (inkl. Rehabilitation, akute Psychiatrie und Säuglingsabteilung) beläuft sich die durchschnittliche Aufenthaltsdauer auf 9.2 Tage.

7.2.3.2. *Angaben zur Spitalführung*

Das Regionalspital Burgdorf funktioniert nach dem *Chefarztprinzip*, d. h. die Ärzte sind vom Spital angestellt. Insgesamt arbeiten 44 Ärzte im Spital. Das medizinische Angebot umfasst die gängigsten chirurgischen Eingriffe. Darüber hinaus werden auch Operationen an Augen, Hals, Nasen und Ohren durchgeführt. Zusätzlich verfügt das Spital über eine Geburtenabteilung sowie eine psychiatrische Abteilung.

Abbildung IV/ 19 zeigt das Organigramm des Regionalspitals Burgdorf. Die Rahmenorganisation wird auf der operativen Ebene (Ebene der Spitalleitung) durch eine paritätische Führung geprägt. Die acht Mitglieder der Spitalleitung haben Kompetenzen im gleichen Umfang resp. Bedeutungsgrad. Auf der strategischen Ebene fungiert der Verwaltungsrat. Er erlässt die Geschäftsordnung für die Spitalleitung und bestimmt auch seine Mitglieder. Innerhalb des Verwaltungsrats vertritt der Spitaldirektor die Spitalleitung.

Abb. IV/ 19: Organigramm Regionalspital Burgdorf[157]

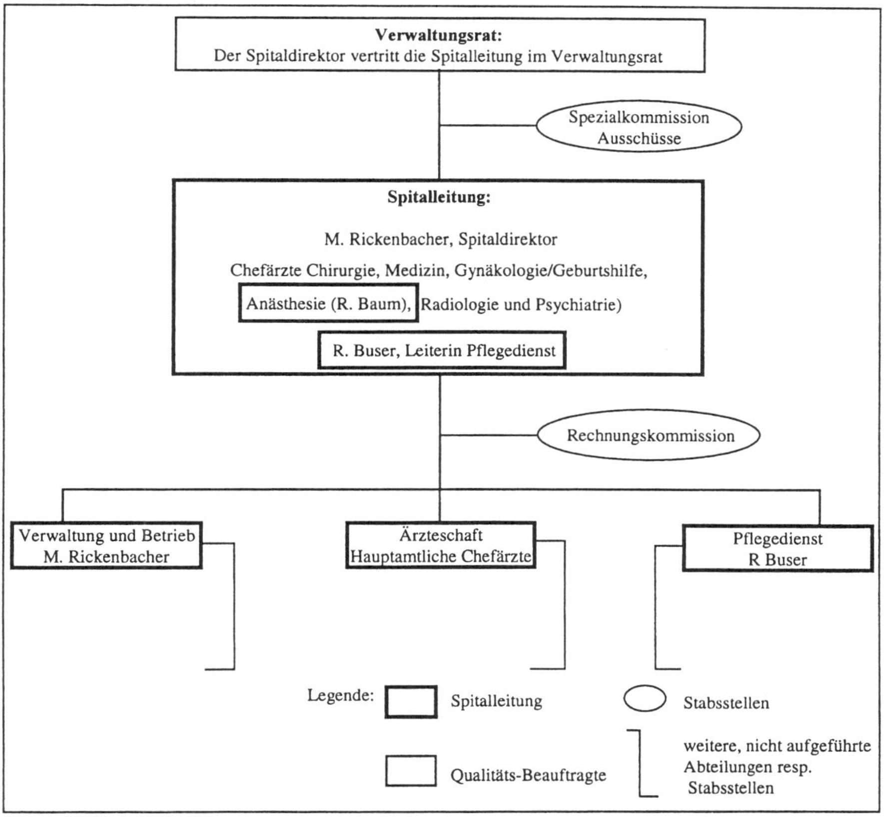

[157] Quelle: In Anlehnung an Regionalspital Burgdorf (o. J.), Anhang 1.

7.2.3.3. *Werdegang und aktuelle Tätigkeiten der befragten Experten*

Herr Rickenbacher, der Spitaldirektor, arbeitet seit 8 Jahren im Regionalspital Burgdorf. Berufsbegleitend hat er 1997 das Nachdiplomstudium an der Universität Bern „Management im Gesundheitswesen (MiG)“ mit dem Titel „Master of Health Administration“ abgeschlossen. Seine erste Ausbildung umfasste das Lehrerseminar. Nach zehnjähriger Lehrtätigkeit wechselte er zu Sandoz (jetzt Novartis), wo er für die Ausbildung des mittleren Kaders verantwortlich war. 1978 wechselte er in den Kanton Bern und nahm die Stelle des Personalverantwortlichen in einem mittleren Unternehmen (500 Mitarbeiter) an. 1991 wurde er Spitaldirektor vom Regionalspital Burgdorf.

Im Zusammenhang mit dem QM nahm er lange Zeit die Aufgabe des Qualitäts-Beauftragen wahr. Nebenbei liess er sich zum „Peer“[158] ausbilden und ist in dieser Funktion als Gutachter für Qualitätsbestrebungen in anderen Spitälern tätig. Aufgrund der bevorstehenden Fusion des Regionalspitals Burgdorf mit dem Spital Langnau zur Spitalgruppe Emmental sah sich Herr Rickenbacher gezwungen, in Bezug auf das Qualitätsmanagement etwas kürzer zu treten. Die Spitalleitung wählte darauf als neue Qualitätsbeauftragte Frau Buser und Herrn Dr. Baum.

Frau Buser ist die Leiterin des Pflegedienststs und Qualitätsbeauftragte für das Regionalspital Burgdorf. *Herr Dr. Baum* ist Chefarzt Anästhesie und Qualitätsbeauftragter für das Regionalspital Burgdorf. Frau Buser und Dr. Baum teilen sich die Aufgabe nach gegenseitiger Absprache.

7.2.4. Regionalspital Zofingen[159]

7.2.4.1. *Statistische Angaben*

Das Bezirksspital Zofingen (Kanton Aargau) ist ein *privatrechtlicher Verein* mit einem *öffentlich subventionierten* Grundleistungsauftrag. Der Grundleistungsauftrag umfasst die Sicherstellung der medizinischen Versorgung in der Spitalregion. Organe des Vereins sind die Spitalversammlung (Legislative), der Vorstand sowie die Revisionsstelle.

---

[158] Unter diesem Begriff wird die Beurteilung durch „hierarchisch gleichgestellte Personen“ verstanden. Ein Arzt beurteilt z. B. als Peer die Arbeitsleistung eines anderen Arztes.

[159] Vgl. für den ganzen Abschnitt Bezirksspital Zofingen (1995), Bezirksspital Zofingen (1998) und Bezirksspital Zofingen (o. J.).

Die erste Inbetriebnahme des Spitals erfolgte im Jahre 1888 mit Hilfe einer Spende von Bernhard Lerch, einem Zofinger Fabrikanten. Lerch hatte auch in den folgenden Jahren das Spital bei finanziellen Problemen immer wieder unterstützt. Insgesamt spendete er 230‘000 Franken, eine für die damalige Zeit gewaltige Summe. Die Räumlichkeiten des Spitals wurden im Laufe der Jahre immer wieder erweitert und erneuert. 1982 wurde das Akutspital neu erbaut; das Krankenheim erfuhr in den Jahren 1983 – 1985 eine substantielle Erweiterung.

Im Jahre 1998 wies das Bezirksspital Zofingen einen Personalbestand von rund 328 Mitarbeitern auf. Die Auslastung der 212 Betten (davon sind 135 Akutbetten) betrug im gleichen Jahr 91.3%. Die durchschnittliche Aufenthaltsdauer beläuft sich im Akutbettenbereich auf 8.4 Tage. Insgesamt fanden 5‘774 Operationen (inkl. Geburten) statt. Rund 697 Patienten konnte teilstationär behandelt werden.

7.2.4.2. *Angaben zur Spitalführung*

Das Bezirksspital Zofingen verfügt primär über das Chefarztprinzip, d. h. ein Grossteil der Ärzte (26) ist vom Spital angestellt. Andererseits arbeiten aber auch Belegärzte für das Spital, v. a. im angegliederten Krankenheim. Das medizinische Angebot umfasst die gängigsten chirurgischen Eingriffe. Darüber hinaus werden z. B. auch orthopädische Operationen sowie Operationen an Augen, Hals, Nasen und Ohren durchgeführt. Als Spital mit einem Grundversorgungsauftrag verfügt das Bezirksspital Zofingen über eine Geburtenabteilung.

Die **Abbildung IV/ 20** zeigt die Rahmenorganisation des Bezirksspitals Zofingen. Die Spitalversammlung wählt den Vorstand, welcher als oberstes geschäftsführendes Organ u. a. den Betrieb im Bezirksspital überwacht. Die Spitalleitung ist dem Vorstand unterstellt. Der Vorstand wählt auch die Mitglieder der Spitalleitung. Die Spitalleitung besteht aus dem Verwaltungsdirektor, den Chefärzten aus den Bereichen Medizin und Chirurgie sowie der Leiterin des Pflegedienststs. Die Spitalleitungsmitglieder tragen als Kollektivorgan die gemeinsame Verantwortung für den operativen Spitalbetrieb.

Abb. IV/ 20: Organigramm Bezirksspital Zofingen[160]

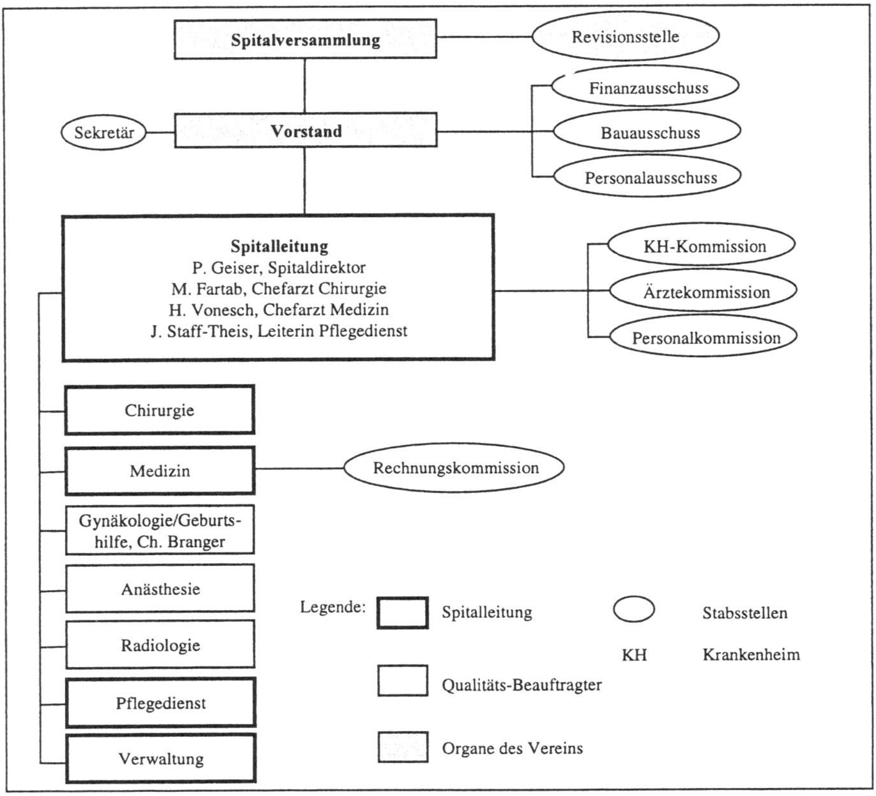

7.2.4.3. *Werdegang und aktuelle Tätigkeiten der befragten Experten*

Herr Geiser ist seit 1969 Direktor des Bezirksspitals Zofingen. Nach seiner Erstausbildung zum kaufmännischen Angestellten absolvierte er in Bern eine Weiterbildung zum sog. „Verwaltungsbeamten“. Zu diesem Zeitpunkt arbeitete er in Bern bei der Kreistelefondirektion. Nach einigen Jahren Berufspraxis fasste er den Entschluss, sich zum eidgenössisch diplomierten Buchhalter ausbilden zu lassen.

[160] Quelle: Eigene Abbildung.

Im Zusammenhang mit dem QM im Bezirksspital Zofingen gehört er als Mitglied der Spitalleitung zum Steuerungsgremium des QM. Zudem arbeitet er mit Dr. Branger hinsichtlich des „Qualitätsberichts von H+“[161] eng zusammen und unterstützt ihn beim aktuellen Qualitätsprojekt.

Herr Dr. Branger ist seit 1995 vollamtlicher Chefarzt Gynäkologie und betreibt eine eigene Praxis im Bezirksspital Zofingen. Gleichzeitig ist er auch der von der Spitalleitung eingesetzte Qualitätsbeauftragte und in dieser Funktion v. a. für die Initiierung und Koordination von Qualitätsprojekten verantwortlich.

7.2.5. Krankenhaus Sanitas[162]

7.2.5.1. Statistische Angaben

Das Krankenhaus Sanitas ist eine *privatrechtliche Stiftung* des Instituts St. Joseph Ilanz.[163] Der Betrieb in den Räumlichkeiten des Spitals wurde im Jahre 1975 aufgenommen. Das Spital kann jedoch auf eine viel längere Geschichte zurückblicken. Ursprünglich wurde es vor mehr als hundert Jahren von einem Zürcher Arzt als Privatklinik im Engequartier gegründet. Für seine Arbeit suchte dieser Unterstützung beim Mutterhaus der Dominikanerinnen des Institus St. Joseph in Ilanz. Die Nonnen machten in der Folge Hausbesuche und widmeten sich der Krankenfürsorge. Im Jahre 1904 kaufte der gemeinnützige Verein St. Joseph[164] ein Wohnhaus und betreute fortan v. a. Wöchnerinnen. Aus Platz- und Hygienegründen musste Mitte der 70er Jahre eine neue Lösung gesucht werden. Am Zürichsee wurde man in Kilchberg fündig; allerdings überstieg das Bauvorhaben die finanziellen Möglichkeiten. Mit Hilfe

161 Der Verband der Leistungserbringer „H+ Die Spitäler der Schweiz“ hat in einer Arbeitsgruppe ein Qualitätskonzept erarbeitet, welches mit den Krankenversicherern als Basis für die Qualitätsförderung im Spital vertraglich vereinbart werden soll. Dieses Qualitätskonzept dient als Rahmen für die im KVG geforderte Qualitätssicherung. Die Spitäler, die sich zu einer Zusammenarbeit bis anhin bereit erklärt haben, sind dazu verpflichtet, auf Grundlage des Qualitätskonzepts einen Qualitätsbericht zu verfassen, welcher die Qualitätsbestrebungen im Spital dokumentiert. Vgl. für die Grundsätze des Qualitätskonzepts o. V. (1997), S. 8 ff.

162 Vgl. für den ganzen Abschnitt Becker, Margaret (1997), S. 5, Becker, Margaret (1997a), S. 19 f. und Stiftung Krankenhaus Sanitas Kilchberg (1997).

163 Bis heute ist das Spital durch die Spiritualität und das christlich-humane Menschenbild der Dominikanerinnen geprägt. Einem Menschen nahe zu sein, und ihn in seiner Ganzheit zu unterstützen, gehört zu den Aufgaben der Dominikanerinnen. Zudem verfolgt das Spital als gemeinnützige Stiftung keine Gewinnabsichten.

164 Zu diesem Zeitpunkt handelte es sich bei der Rechtsform noch um einen Verein. Die Bauvorhaben in den siebziger Jahren führten zu einer Umwandlung der Rechtsform in eine Stiftung.

der Gründung einer Stiftung, welche bis heute die Rechtsform des Spitals bestimmt, konnte der Bau am heutigen Standorts realisiert werden.

Insgesamt waren 1997 im Sanitas 321 Angestellte in 236 Stellen tätig. Die Auslastung der 123 Akutbetten betrug im gleichen Jahr 71.2%, die der 26 im Krankenheim 96.8%. Die durchschnittliche Aufenthaltsdauer in den operativen Disziplinen beläuft sich auf 4.5 Tage (inkl. Eintritts- und Austrittstag). Im gleichen Jahr fanden 5'505 Operationen (inkl. Geburten und teilstationäre Eingriffe) statt. Über 1'000 Patienten wurden teilstationär behandelt.

7.2.5.2. *Angaben zur Spitalführung*

Das Krankenhaus Sanitas funktioniert nach dem *Belegarztprinzip*. Gegen 150 Mediziner arbeiten zeitweise im Sanitas. Sie kommen aus den unterschiedlichsten Fachrichtungen. Jeweils ein Arzt übernimmt für zwei Jahre den Vorsitz des Ärztekollegiums und ist in dieser Funktion auch Mitglied der Spitalleitung. Die Anästhesie- und Röntgenärzte bilden eine Ausnahme. Sie sind fest angestellt und dadurch jederzeit auch in Notfällen verfügbar. Schwerverletzte Patienten werden jedoch so rasch wie möglich in das Universitätsspital Zürich oder in das Stadtspital Triemli (ebenfalls Zürich) weitergeleitet.

Abbildung IV/ 21 zeigt das Organigramm von Sanitas. Die Rahmenorganisation wird durch eine paritätische Führung geprägt. Die vier Mitglieder der Spitalleitung, der Stiftungspräsident, der Verwaltungsdirektor, die Leiterin des Pflegedienststs und der Vorsitzende der Ärztekommission haben Kompetenzen im gleichen Umfang resp. Bedeutungsgrad.

Das Spital verfügt über die drei Hauptabteilungen Chirurgie, Innere Medizin und Geburtshilfe/Gynäkologie. Als Subdisziplinen sind die Bereiche Orthopädie, Urologie,[165] Ophthalmologie,[166] Hals-Nasen-Ohren, Pädiatrie[167] und die physikalische Therapie vorhanden. Für die Subdisziplinen wird je ein verantwortlicher Arzt bestimmt. Das oben erwähnte Belegarztprinzip ermöglicht im Sanitas sämtliche operativen Eingriffe, mit Ausnahme von Herzoperationen und Eingriffen am Gehirn.

---

[165] Damit ist die Wissenschaft von den Krankheiten der Harnorgane gemeint. Vgl. Duden (1990), S. 804.

[166] Hierbei handelt es sich um die Augenheilkunde. Vgl. Duden (1990), S. 552.

[167] Dabei handelt es sich um ein Teilgebiet der Medizin, auf dem man sich mit den Krankheiten des Säuglings- und Kindesalters befasst. Vgl. Duden (1990), S. 563.

Abb. IV/ 21: Organigramm Krankenhaus Sanitas[168]

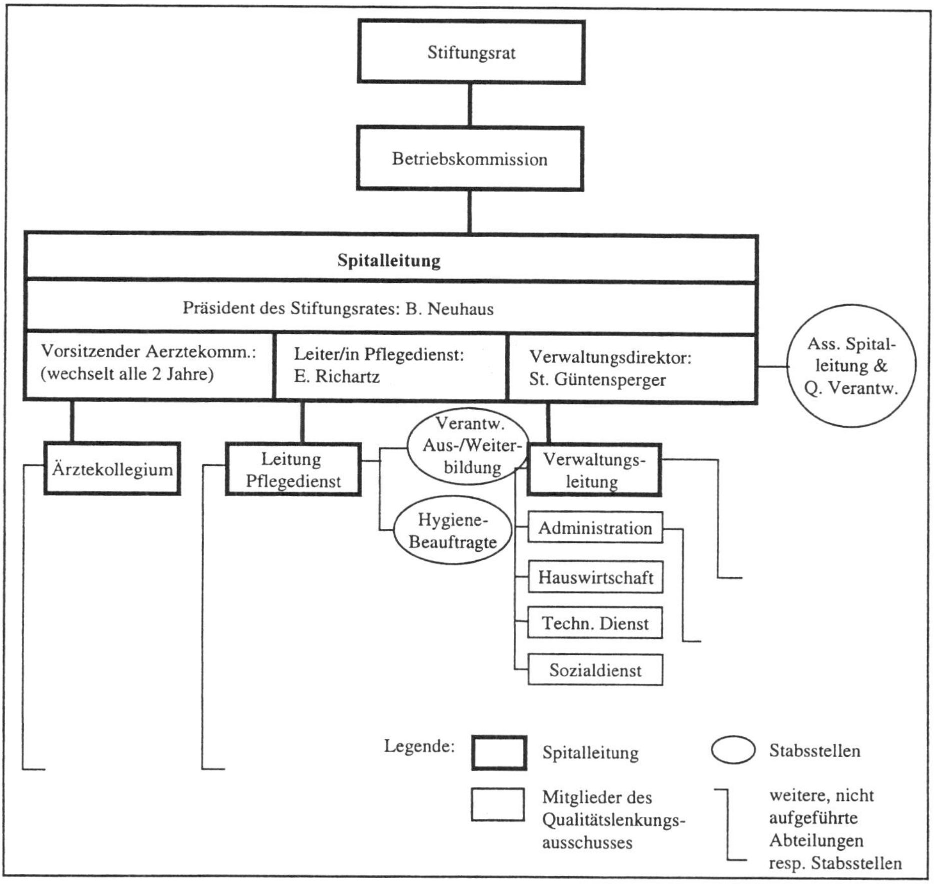

7.2.5.3. *Werdegang und aktuelle Tätigkeiten der befragten Experten*

Herr Güntensperger, der Verwaltungsdirektor, arbeitet seit 19 Jahren im Krankenhauses Sanitas. Zu Beginn leitete er die Abteilung „Administration", anschliessend übernahm er die Stelle des Verwaltungsdirektors, welche er seit 16 Jahren inne hält. Bevor er im Gesundheitswesen zu arbeiten begann, war er in einer Bank sowie in einer Gemeindeverwaltung tätig. Während seiner beruflichen Beschäftigung als Ver-

[168] Quelle: in starker Anlehnung an o. V. (1997), o. S.

waltungsdirektor hat er zwei umfangreiche Weiterbildungen abgeschlossen. Die erste beinhaltet den eidgenössischen Abschluss zum „diplomierten Spitalverwalter“. Die zweite ist das Nachdiplomstudium an der Universität Bern „Management im Gesundheitswesen (MiG)“, welche er mit dem Titel „Master of Health Administration“ 1994 abschloss. Herr Güntensperger ist darüber hinaus in verschiedenen Verbänden aktiv, so z. B. als Präsident der Schweizerischen Spitaldirektoren oder als Präsident der Tarifkommission. In Bezug auf das Qualitätsmanagement im Sanitas nimmt er die Rolle des Qualitätsbeauftragten wahr.

Herr Mahlstein, Assistent des Verwaltungsdirektors, ist seit drei Jahren im Sanitas tätig. Nach einer kaufmännischen Ausbildung absolvierte er ein betriebswirtschaftliches Studium und ging anschliessend in die USA. Dort besuchte er ein Managementtraining, welches sich v. a. mit Prozessen und Qualität auseinandersetzte. Nach seiner Rückkehr in die Schweiz arbeitete er in einem Dienstleistungsunternehmen. Seine Linientätigkeit umfasste die Einführung von Qualitätsprogrammen. Im Krankenhaus Sanitas hält er die Stelle des Assistenten der Spitalleitung inne. In dieser Funktion ist er für das Qualitätsmanagement (als Qualitäts-Verantwortlicher), gewisse Aufgaben im Zusammenhang mit der Organisationsentwicklung sowie für Projekte zuständig.

7.3. Ergebnisse aus den Expertengesprächen

7.3.1. Einleitung

Wie bereits in der Einleitung zu diesem Kapitel erwähnt, werden die Ergebnisse aus den neun Interviews in der Reihenfolge des Interviewleitfadens präsentiert. Die Aussagen der einzelnen Personen sind dabei grundsätzlich anonymisiert, damit keinerlei Rückschlüsse auf die befragten Personen möglich sind. Jeder Interviewpartner erhielt eine Nummer, mit der seine Aussagen im folgenden gekennzeichnet werden. Die Zuteilung der Nummern erfolgte willkürlich. Insgesamt handelt es sich um elf Experten (in einer Fallstudie fungieren zwei Personen als Qualitätsbeauftragte), denen eine Nummer zugeordnet wurde.

Die Ergebnisse werden zum grössten Teil qualitativ dargestellt. Wenn bei Fragen jedoch eine Häufung von gleichen Antworten festzustellen ist, wird auch mit quantitativen Angaben gearbeitet. Es wird also z. B. darauf hingewiesen, dass sechs von elf Experten die rechtlich-politische Umwelt als relevante Bedingungsgrösse betrachten. Diese Aussagen dürfen jedoch nicht zum irrtümlichen Glauben führen, man könne im Zusammenhang mit den Ergebnissen aus den Expertengesprächen von einer statistischen Repräsentativität sprechen. Dazu ist die Stichprobengrösse zu klein. Zudem widerspiegelt die Stichprobe nicht das Abbild der betrieblichen Praxis (Akutspitäler der Deutschschweiz) sondern zeigt besonders innovative und fortschrittliche Institutionen im Zusammenhang mit dem Qualitätsmanagement.

7.3.2. Bedingungsgrössen des Qualitätsmanagements

7.3.2.1. Ausserbetriebliche Bedingungsgrössen

Die am häufigsten genannte ausserbetriebliche Bedingungsgrösse (BG) ist das rechtlich-politische Umfeld. Dabei spielt v. a. das neue KVG (6/11),[169] welches von den Leistungserbringern einen Nachweis der Qualitätssicherungsmassnahmen explizit verlangt, eine wesentliche Rolle. Der Einfluss dieser BG wird jedoch nicht einheitlich beurteilt. Einige Experten betrachten das KVG als gegebene Auflage, welche die Spitäler quasi dazu zwingt, sich bezüglich der Qualität Gedanken zu machen (also eher als negativ anzusehen). Aussagen in diesem Zusammenhang sind: *„Von aussen her sind die BG klar. Da ist z. B. das KVG, welches die Qualität zwingend vorschreibt" (Experte 2); „Ausgangspunkt ist aus meiner Sicht sicher das KVG. Dort haben wir klare Vorgaben, zu was das Spital verpflichtet ist." (Experte 5).*

Andere Experten sehen in den Vorgaben des Gesetzes sowohl positive wie auch negative Seiten. Diesbezügliche Äusserungen sind: *„Beim KVG kann man sich nun fragen, ob das eine eher positive oder negative BG ist. Gerade im Kerngeschäft (Pflege und ärztlicher Dienst), wo es schwierig ist, Normen aufzustellen. Ich kann Standards erarbeiten, und dann hält sich keiner daran." (Experte 7); „Das KVG hat einen sehr grossen Einfluss. Positiv in dem Sinne, dass es Qualität vorschreibt und dadurch qualitätsmässig enorme Fortschritte erzielt wurden. Negativ hat das KVG bewirkt, dass alle Aktivitäten, die man vorher gemacht hat und die auch Qualität gewesen sind, nun überdacht werden müssen." (Experte 3).*

Als weiteres Element des rechtlich-politischen Umfelds nannten die befragten Personen die Vorgaben des Kantons (5/11). Auch hier divergieren die Meinungen. Von einem Experten wird die Initiative des Kantons gelobt: *„Positiv ist, dass die Gesundheitsdirektion aktiv dafür Sorge trägt, dass wir die ganze Sache vorwärtstreiben." (Experte 10).* Ein anderer beklagt sich dagegen über die mangelnde politische Führung des Kantons: *„Das ist ein Horror für die Qualität. (...) Man hungert die Spitäler lieber zu Tode, als dass man ein paar schliesst, damit die anderen weiterleben können." (Experte 6).*

---

169 Die erste Zahl symbolisiert die Anzahl der Nennungen, die zweite Zahl zeigt die Grösse der Stichprobe.

Die ökonomische Umwelt wurde ebenfalls als relevant betrachtet (4/11). In diesem Zusammenhang erwähnen die befragten Personen v. a. die Kostenexplosion, welche die Spitäler unter Druck setzt, die gleichen Leistungen mit weniger Ressourcen zu erbringen sowie die Betten noch besser auszulasten. Die Qualität müsse jedoch gleichzeitig auf einem sehr hohen Niveau erbracht werden.

Vereinzelte Nennungen betrafen die Komplexität und Dynamik des Umfelds sowie die sozio-kulturelle Umwelt. Bei letzterer betonen zwei Experten die zunehmende kritische Einstellung und Erwartungshaltung der Patienten: *„Die Patienten sind sicher viel kritischer geworden. Sie haben Vergleichsmöglichkeiten und machen auch Gebrauch davon.“ (Experte 8); „Die Forderungsmentalität der Patienten ist bei uns zur Zeit ein grosses Thema. Ich frage mich allerdings, ob sich diese Anspruchshaltung der Patienten (v. a. in Bezug auf die Hotellerie) hinsichtlich der Kostenentwicklung nicht in naher Zukunft etwas relativiert.“ (Experte 4).*

7.3.2.2. *Betriebliche Bedingungsgrössen*

Die betrieblichen BG wurden von allen Experten als wesentlich eingeschätzt. Stark betont wurde die Rahmen- und Zuweiserorganisation (7/11). Das Belegarztprinzip wird von den Experten dabei mehrheitlich als problematisch beurteilt. Dies macht sich in den folgenden Äusserungen bemerkbar: *„Jeder ist Individualist. Es ist schwierig, die Belegärzte in das QM einzubinden.“ (Experte 8); „Das reine Belegarztprinzip ist in gewisser Weise schon problematisch. Wenn ein Spitaldirektor 30 Belegärzte hat und diese 30 Meinungen koordinieren muss.“ (Experte 4); „Es ist sicher schwierig, mehrere Belegärzte zu einem gewissen Zeitpunkt zu verpflichten.“ (Experte 3)*. In diesem Zusammenhang ist zu erwähnen, dass die Beurteilung unabhängig davon erfolgte, ob im Spital ein Chefarzt- oder Belegarztprinzip vorhanden ist.

Ein Experte dagegen empfindet das Belegarztprinzip als bessere Lösung, weil *„der Vorteil durch die flexiblere Betriebsführung überwiegt, (...) die unternehmerische Freiheit, kein Chefarzt, der sich einmischt.“ (Experte 9)*. Für einen weiteren Experten ist insbesondere die klassische organisatorische Dreiteilung im Spital (Ärzteschaft, Pflege und Verwaltung) eine negative BG, weil sie dem notwendigen prozessorientierten Denken widerspricht, welches hierarchie- und abteilungsübergreifend abläuft.

Auch die Trägerschaft/Rechtsform des Spitals ist nach Meinung einer Mehrzahl der Experten eine wichtige BG (7/11). Bemerkenswert ist die Tatsache, dass die befragten Personen jeweils die eigene Trägerschaft als problematisch ansehen: *„Die Öffentlichen müssen mehr machen.“ (Experte 3); „Wir als Privatspital werden im*

KVG lediglich toleriert." (Experte 9). Experte 9 weist jedoch gleichzeitig auch auf einen Vorteil hin: *„Wir sind viel schneller in der Umsetzung und im Entscheiden. Wir müssen nicht noch lange die Behörden um Erlaubnis fragen."* Die Rechtsform wird kontrovers beurteilt. Die Beurteilung (positiv oder negativ) hängt jeweils von der Handlungs- und Entscheidungsfreiheit der Betroffenen (v. a. der Mitglieder der Spitalleitung) ab.

Eine weitere BG ist der Standort. Hier lässt sich aus den Aussagen der Experten erkennen, dass gerade in Gebieten, wo eine grosse Spitaldichte vorhanden ist, der Standort als negative BG erwähnt wird. Diesbezügliche Äusserungen sind: *„Unsere Konkurrenz ist sehr stark. Wenn die Kantonsgrenzen einmal noch fallen sollten, dann müssen wir uns weitere Gedanken machen, wie wir kostengünstig bleiben können." (Experte 4); „Wir befinden uns praktisch in einer Sandwich-Position." (Experte 5); „Wir befinden uns in einem harten Konkurrenzkampf." (Experte 2).*

Die allgemeinen Führungsgrundsätze und –richtlinien spielen eine weitere, nicht zu unterschätzende Rolle. Besonders betont wird von drei Experten die Art der Kommunikation im Spital: *„Die Führungsgrundsätze sind ganz wichtig. Wenn alle wissen - schriftlich – was die Spitalleitung will, kann das enorm helfen." (Experte 7); „Die Kommunikationskultur ist etwas, was bei uns wirklich gut funktioniert. Der berühmte 'Club' in der Spitalleitung existiert bei uns nicht." (Experte 10); „Was sicher auch noch eine Rolle spielt, ist die Art der Kommunikation." (Experte 11).*

Die BG Angebotsprogramm und Spitalgrösse wurden gar nicht oder nur vereinzelt erwähnt. Eine geringe Grösse wurde von einem Experten im Zusammenhang mit der Durchführung von QM-Projekten als negativ beurteilt: *„Je kleiner ein Spital, desto mehr sind in den Projekten die gleichen Leute beteiligt. Die Auswahl der Projektmitarbeiter ist viel kleiner. Das tangiert dann die tägliche Arbeit." (Experte 3).*

7.3.2.3. Personelle Bedingungsgrössen

Die personellen Bedingungsgrössen sind aus Sicht einer Mehrzahl der Experten als bedeutend einzustufen. Dabei gibt es keine BG, die über alle anderen dominiert. Vielmehr ist festzustellen, dass sämtliche im Bezugsrahmen (vgl. Abb. IV/ 16, S. 205) vorgegebenen Faktoren, von den Experten als wichtig beurteilt werden. Die Bedeutung der Qualifikation und des Ausbildungsstands der Belegschaft manifestiert sich in den folgenden Aussagen: *„Die Ausbildung stellte einen ganz wesentlichen Faktor dar. Wenn die Weiterbildung der Belegschaft nicht gewährleistet ist, hat es gar keinen Sinn, über Qualität zu sprechen." (Experte 5); „Gut qualifizierte Leute sind meiner Erfahrung nach auch an Qualität interessiert." (Experte 7); „Es ist* *wichtig, gut qualifiziertes Personal zu besitzen." (Experte 8)*. Als problematisch sieht ein Experte den ärztlichen Ausbildungsweg, um hochstehende Qualität zu produzieren, weil die Mediziner eine immer individuellere Therapie bei den Patienten anstreben. Die Individualisierung steht jedoch im Gegensatz zu einer Standardisierung von Abläufen und Verfahren, welche die Voraussetzung für eine gleichmässige Qualität bilden.

Im Zusammenhang mit der Leistungsfähigkeit und –bereitschaft wird von einem Experten v. a. betont, dass die Mitarbeiter nur dann Leistungen erbringen können, wenn sie über die Qualitätsbestrebungen entsprechend informiert werden. Ein anderer Befragter stellt die Leistungsbereitschaft des Personals in den Vordergrund: *„Die Motivation der Leute ist ein begünstigender Faktor. Damit meine ich die Aufgeschlossenheit für konkrete Projekte." (Experte 10)*. Später im Interview greift er die Leistungsfähigkeit und –bereitschaft noch einmal auf. Dieses Mal erwähnt er sie im Zusammenhang mit der Kundenorientierung: *„Wir brauchen Leute die so* (er meint die Kundenorientierung) *geschult sind. Wobei nicht sicher ist, ob die Leute diesen Gesinnungswandel mitmachen. Wir hoffen einfach, dass wir es mit den bestehenden Mitarbeitern realisieren können. Wissen und Können kann man sich noch beschaffen, aber das Wollen ist auch sehr wichtig."* Der Experte gibt damit klar zum Ausdruck, dass das Spital mittel- bis langfristig darum bemüht ist, die personellen BG zu verändern.

Drei Personen betonen die Bedeutung des Qualitätsbewusstseins, indem sie sagen: *„Es muss das Bewusstsein vorhanden sein, dass Qualität etwas Entscheidendes ist, für das Fortkommen, die Entwicklung des Spitals. Diese Erkenntnis müssen Sie einmal haben, und dann ist es wichtig, dass man ihr den nötigen Stellenwert verschafft. Dies kann man erreichen, indem man die Qualität in den Unternehmenszielen verankert." (Experte 11); „Das Qualitätsbewusstsein spielt eine wichtige Rolle. Man muss den Leuten vermitteln, ihr leistet gute Arbeit, aber die Arbeit muss nach bestimmten Bedingungen erfüllt werden." (Experte 5); „Das Qualitätsbewusstein ist eine verstärkende BG. Diese Kultur versuchen wir auch ganz gezielt zu verbreiten und zu fördern. Wir sehen das bei unseren langjährigen Mitarbeitern. Wenn wir bei den Qualitätsbestrebungen einen Schritt zurückgehen, äussern die sich umgehend." (Experte 9)*. Diese Aussage wird durch eine Passage aus der Qualitätspolitik des Spitals bestätigt. Sie lautet: „Wir fördern das Qualitätsbewusstsein und verankern es in unserer Unternehmens- und Führungskultur."

Bei den Ambitionen unterscheiden die Experten diejenigen der Spitalführung und diejenigen der Mitarbeiter. Die Ambitionen der Spitalführung versteht ein Experte im Sinne einer Vorbildfunktion, indem er sagt: *„Wenn die Führung nicht bereit ist, beim QM aktiv mitzumachen, und damit meine ich nicht nur Marketing betreiben, sondern Qualität effektiv zu leben, dann kann man das Ganze vergessen." (Experte 1)*. Eine andere Meinung beinhaltet die Aussage, dass man mit dem QM die Ambitionen verfolgt, sich gegenüber der Konkurrenz einen Wettbewerbsvorsprung zu verschaffen. Für einen weiteren Experten kommen die Ambitionen von der Belegschaft: *„Bei den personellen BG denke ich schon, dass je länger je mehr vom Personal her die Forderung kommt, man müsse sich in diese Richtung bewegen. (...) Die Mitarbeiter wollen in einem Betrieb arbeiten, der sich die Qualität auf die 'Fahne' geschrieben hat." (Experte 2)*. Diese Aussage ist quasi deckungsgleich mit der Aussage des Experten 9, der im Zusammenhang mit dem Qualitätsbewusstsein betont hat, wie stark die Mitarbeiter auf den Umfang und die Intensität der Qualitätsbestrebungen des Spitals achten (vgl. den vorhergehenden Abschnitt).

Die bisherige Akzeptanz von Veränderungen/Reformmassnahmen ist für zwei der befragten Sachkundigen eine wesentliche personelle BG, die zudem auch mit einer weiteren BG zusammenhängt, nämlich dem Informationsstand der Mitarbeiter. Ein Experte drückt das so aus: *„Die Widerstände, die man spürt, kommen v. a. von den älteren Mitarbeitern. Die empfinden die Änderungen als Vorwurf, sie hätten nicht gut genug gearbeitet. Diesbezüglich konnten wir sehr viele Vorurteile abbauen. Wir haben TQM vorgestellt, und die Leute haben mit der Zeit realisiert, dass sie schon immer ähnlich gearbeitet haben." (Experte 4)*. Für einen anderen Experten ist die Akzeptanz v. a. dann gering, wenn das QM-Projekt top-down praktiziert wird: *„Das fördert die Angst. Wenn ein Projekt nur von der Spitalleitung kommt, gibt es viel mehr Widerstände, als wenn ein Projekt auf der Ebene der Abteilung entsteht, oder wenn mehrere Leute ein Problem aufgreifen und daraus ein Projekt formulieren." (Experte 3)*.[170] Die beiden Experten geben mit ihren Äusserungen bereits konkrete Vorschläge, wie mit möglichen Widerständen umgegangen werden kann. Zum einen wird die Bedeutung der Information und Kommunikation im Zusammenhang mit dem QM-Projekt erwähnt. Zum anderen kann der Widerstand von Seiten der Mitarbeiter gezielt mit einem "Gegenstromverfahren"[171] reduziert resp. abgebaut werden.

---

170 Vgl. in diesem Zusammenhang auch die Ausführungen in Abschnitt IV.7.3.3.8, S. 257 f. Dort wird ebenfalls auf die Gefahr eines ausschliesslichen top-down Vorgehens eingegangen.

171 Das Gegenstromverfahren sieht den Top-down-Ansatz lediglich in der Startphase eines QM-Projekts vor. In der Umsetzungsphase wird dann auch intensiv bottom-up kommuniziert und gearbeitet.

7.3.3. Qualitätsmanagement-Projekt

7.3.3.1. *Auslöser*

Im Zusammenhang mit dem Auslöser des Qualitätsmanagement-Projekts (QMP) können die Antworten der befragten Personen in zwei Kategorien unterteilt werden. Zum einen sind die Experten der Meinung, der Auslöser kam „von aussen", also z. B. infolge des neuen KVG oder der verstärkten Konkurrenzsituation. Entsprechende Aussagen hierzu sind: *„Die ganze Diskussion im Gesundheitswesen, die vor ca. drei Jahren begonnen hat. Das führte innerhalb des Spitals zur Frage, was man sich noch erlauben kann. Wir hatten plötzlich das Gefühl, wir können ohne einen gezielten Blick in Richtung Qualität nicht mehr weitermachen." (Experte 8); „Für mich ist Qualität nicht neu. Es war allerdings gut, von aussen einen Druck (KVG, KVV) zu bekommen." (Experte 7); „Gewisse Themen, die in Richtung Qualität gehen, haben wir schon immer behandelt. Vor ca. drei Jahren kam dann die Diskussion mit H+, wo wir zum Schluss gekommen sind, alle Aktivitäten müssten strukturiert und koordiniert werden." (Experte 4)*. Zum anderen gibt es in gewissen Institutionen klare Machtpromotoren,[172] welche eine Vision verfolgen und z. T. schon sehr früh die Bedeutung des QM erkannten und dementsprechend auch ein QMP lancierten. Entsprechende Bemerkungen, die der Kategorie „von innen" zuzuordnen sind, lauten: *„Das Ganze ist von uns ausgegangen. Wir vertreten die Philosophie, dass wir als Spital immer dort, wo sich ein neuer Trend abzeichnet, als eines der ersten Häuser dabei sein möchten. Wir haben einfach einen Pioniergeist." (Experte 2); „Die Überlegung, dass man mit Qualität Kosten sparen kann, entstand so in den Jahren 1993/1994. Es war meine Vision, dass wir systematisch eine Verbesserung in Bereich Qualität erreichen müssen." (Experte 9); „Vor ca. vier Jahren habe ich eine Orientierungsveranstaltung besucht. Auf diesem Weg kam ich zur Erkenntnis, dass das der Weg ist, den ich mit dem Spital bestreiten möchte." (Experte 5).*

7.3.3.2. *Ziele des Projekts*

Die Frage nach den Zielen des QMP bezweckt zum einen festzustellen, wie breit die Qualitätsziele definiert sind. Zum anderen soll mit der Frage überprüft werden, wie die Qualitätsziele mit den obersten Zielen und der Strategie des Spitals zusammenhängen und dementsprechend auch schriftlich festgehalten sind, z. B. im Leitbild

---

172 Vgl. hierzu das Promotorenmodell von Witte, welches u. a. in der Fussnote 111, S. 45 umschrieben wird.

oder in der Strategie des Spitals. Die **Tab. IV/ 24** zeigt das Ergebnis dieser Frage für die fünf untersuchten Institutionen.

Tab. IV/ 24: Ziele des QMP und ihre Verbindung zu den obersten Zielen und zur Strategie des Spitals[173]

	Ziele des QMP gemäss Aussagen der Experten (Zusammenfassung der Aussagen)	**Vorhandene qualitätsrelevante Dokumente**
Fallspital A	• Qualitativ hochstehende Versorgung des Patienten • Steigerung der Produktivität	Leitbild[174], Strategiefelder[175]
Fallspital B	• Kundenorientierung (unter diesem Begriff werden Patienten, Mitarbeiter, Belegärzte und Zulieferer subsummiert)	Qualitätspolitik[176], Qualitäts-Grundsätze[177], Leitbild[178], Strategiepapier[179]
Fallspital C	• Arbeiten nach Standards	VQG-Ordner mit der Beschreibung der zu bearbeitenden Standards
Fallspital D	• Steigerung der Kundenzufriedenheit • Kostenoptimierung • Steigerung der Mitarbeiterzufriedenheit	Schriftlich festgehaltene, qualitätsrelevante Dokumente sind nicht vorhanden
Fallspital E	• Steigerung der Produktivität • Beitrag zur Überlebensfähigkeit leisten (mit Hilfe einer Steigerung von Produktivität und Kostenersparnissen)	Leitsätze[180], Qualitätspolitik[181]

173 Quelle: Eigene Tabelle.

174 Entsprechende Textpassagen sind: „Sie (die Patienten) stehen im Mittelpunkt unseres Denkens und Handelns. (...)“; „Durch Fort- und Weiterbildung, durch Qualitätsprüfung und Mitarbeit an Forschungsprojekten streben wir die ständige Verbesserung an.“; „Wir setzen die Mittel wirtschaftlich ein, ohne die Qualität unserer Leistungen dadurch zu gefährden. Durch kontinuierliche Überprüfung unserer Arbeit sichern wir ein hohes Qualitätsniveau.“

175 Ein Strategiefeld mit entsprechenden Massnahmen umfasst die Patientenzufriedenheit.

176 Entsprechende Textpassagen sind: „Qualität ergibt sich aus der interdisziplinären Zusammenarbeit aller direkt oder indirekt an der Patientenbehandlung beteiligten ÄrztInnen und MitarbeiterInnen. Der entscheidende Massstab für ganzheitliche Qualität ist die Patientenzufriedenheit.“; „Der Kunde steht im Mittelpunkt unseres Denkens und Handelns. Als Kunden betrachten wir alle Personen und Institutionen, welche Dienstleistungen unseres Spitals in Anspruch nehmen. Neben den Patienten sind dies in erster Linie unsere Belegärzte und alle anderen Zuweiser.“; „Es sind unsere MitarbeiterInnnen, welche die Qualität an unseren Kunden erbringen.“

177 Entsprechende Textpassagen sind: „Wir orientieren uns an unseren Kunden d. h. wir wollen eine hohe Zufriedenheit der Patienten, Mitarbeiter, Ärzte – Befragungen zur Evaluierung der Kundenzufriedenheit finden regelmässig statt.“

178 Entsprechende Textpassagen sind: „Wir bekennen uns zu hoher Qualität unserer Leistungen“; „Besonders spricht man (die Öffentlichkeit) von unserer Qualität, (...).“

179 Entsprechende Textpassagen sind: „(...) Hohe Qualität, effiziente Arbeit, grosse Flexibilität zum Wohle unserer Patienten.“; „(...) Unsere Patienten profitieren dank unserer hohen Qualität, unserer optimalen Produktivität und Flexibilität von einem attraktiven Preis/Leistungsangebot.“

180 Entsprechende Textpassagen sind: „Unser Ziel ist eine hohe Qualität der erbrachten Leistungen.“; „Durch zweckmässige Einrichtungen und Arbeitsinstrumente streben wir grösstmögliche Behaglichkeit, Sicherheit und Qualität an.“

181 Entsprechende Textpassagen sind: „Wir wollen unseren Patienten, Kunden und Belegärzten Dienstleistungen von überdurchschnittlicher Qualität anbieten“; „Die Kompetenz unseres Per-

Wie aus der Tabelle zu entnehmen ist, gibt es bei den Zielen des QMP eine teilweise Übereinstimmung bei den untersuchten Spitälern. Ausser in einem Fall werden die Patienten als Anspruchsgruppen entweder von den Experten explizit genannt, oder sie sind Bestandteil der schriftlichen qualitätsrelevanten Dokumente (vgl. hierzu die entsprechenden Textpassagen in den Fussnoten). In den Dokumenten findet sich z. T. auch ein breiterer Qualitätsbegriff, indem auch die Mitarbeiter, Zuweiser und Zulieferer in die Definition mit eingeschlossen werden. In Fallspital B hat man die zahlreichen Anspruchsgruppen geschickt unter dem Begriff „Kundenorientierung" zusammengefasst, wobei das Spital unter diesen Begriff alle Personen und Institutionen subsummiert, welche Dienstleistungen des Spitals in Anspruch nehmen. Ein weiteres, mehrmals erwähntes Element der Qualitätsdefinition ist die Steigerung der Produktivität, welche letztlich auch den jeweiligen Anspruchsgruppen zugute kommt.

Es fällt auf, dass in zwei der untersuchten Fälle gar keine strategischen Dokumente existieren und die Grundsätze des QM auch nicht schriftlich, z. B. in Leitsätzen oder in der Qualitätspolitik festgehalten sind. Ein betroffener Experte äusserte sich zu diesem Umstand wie folgt: *„Uns wurde erklärt, die Zeit sei so schnelllebig, dass ein Leitbild überholt ist, bevor man es gemacht hat. Ich bin aber der Meinung, dass gerade in dieser schnelllebigen Zeit ein Leitbild notwendig ist. Aber ich bin in der Minderheit." (Experte 6)*. Als Folge davon haben vereinzelte Abteilungen ihre eigenen Leitbilder entwickelt, die jedoch nicht offiziell von der Spitalleitung abgesegnet und anerkannt sind.

7.3.3.3. Ablauf des Projekts

Bei der Frage nach dem Ablauf des QMP war es den Experten freigestellt, ob sie den Ablauf generell erörtern, oder ob sie die Beschreibung des Ablaufs aufgrund eines ausgewählten Beispiels (im Sinne eines konkreten Projekts) veranschaulichen wollten. Die Experten aus den Spitälern B und E skizzierten den Ablauf des QMP generell, während die Experten aus den Spitälern A, C und D den Ablauf anhand eines konkreten Projekts schilderten. Dieser unterschiedliche Ansatz hat zur Folge, dass bei letzteren Spitälern die Darstellung der einzelnen Phasen des Projekts etwas spezifischer ausgefallen ist (siehe v. a. bei Fallspital A). Zudem konnten die Experten aus den Spitälern A und C auch konkrete Angaben zum Zeitbedarf für die jeweiligen Projektphasen machen. So dauerte das Projekt im Spital A rund 7 Monate und das Projekt in Spital C (ohne die letzte Phase, in der die erneute Akkreditierung vorge-

---

sonals und die Qualität unserer Dienstleistungen fördern wir durch grosszügige Unterstützung von Fort- und Weiterbildungsvorhaben sowie durch gezielte Karriereplanung (...)."

nommen wird) rund 18 Monate. **Die Tab. IV/ 25** fasst den Ablauf eines QMP in den befragten Spitälern zusammen.

Tab. IV/ 25: Ablauf des Qualitätsmanagement-Projekts[182]

Fallspital	Projektphasen	Aktivitäten	Zeitbedarf
Fallspital A	1. Vorbereitungsphase	Grundsatzentscheid, Information der Mitarbeiter, Aufbau der Projektstruktur	2 Monate
	2. Messphase	Messung der Patientenzufriedenheit mittels Picker-Fragebogen[183]	4 Monate
	3. Evaluation	Beurteilung des Instruments aus Sicht der Mitarbeiter mit Hilfe einer schriftlichen Vollerhebung	1 Monat
	4. Kommunikation	Feedback an die Mitarbeiter über die Ergebnisse der Patientenzufriedenheit und über die Ergebnisse aus der Mitarbeiterbefragung	1 Veranstaltung
Fallspital B	1. Vorbereitungsphase	Grundsatzentscheid, Aufbau der Projektstruktur, Erarbeiten der Q.-Politik	Keine Angaben
	2. Hauptphase	Bildung von QZ, Festlegen eines Schwerpunktprogramms	Jedes Jahr
Fallspital C	1. Sensibilisierung	Information der Mitarbeiter, Abbau von Widerständen, Grundsatzentscheid	12 Monate
	2. Aktivierung	Bildung von QZ, Bearbeitung von Standards	3-4 Monate
	3. Animierung	Organisatorische Verankerung der Qualität, Benennung des Qualitätsbeauftragten	2 Monate
	4. Konstatierung	Evaluation der Ergebnisse, Feedback an die Mitarbeiter über das Abschneiden beim Akkreditierungsgespräch, kontinuierliche Verbesserung	6 Wochen
Fallspital D	1. Sensibilisierung	Information der Mitarbeiter, Abbau von Widerständen, Aufbau der Projektstruktur	Keine Angaben
	2. Analysephase	Prozesse und Schnittstellen analysieren, Bestimmen des Anfangs- und Endzeitpunkts des Projekts	
	3. Ableiten von Massnahmen	Veränderung und Verbesserung der Prozesse und Schnittstellen	
	4. Evaluation	Messen der Ergebnisse, Feedback an die Mitarbeiter, kontinuierliche Verbesserung	
Fallspital E	1. Pionierphase	Grundsatzentscheid, Stärken-/Schwächenanalyse, Bildung von QZ und ISO-Teams, Zertifizierung nach ISO-Norm	Keine Angaben
	2. Verankerungsphase	Bei Bedarf Bildung von QZ, Rezertifizierung, kontinuierliche Verbesserung	

182 Quelle: Eigene Tabelle.

183 Gemäss Auskunft des zuständigen Qualitätsbeauftragten wurde der Picker-Fragebogen in den USA in Zusammenarbeit mit Patienten und Angehörigen mit dem PICKER-Institute in Boston entwickelt. Die Besonderheiten des Pickers sind die patientenorientierte Fragestellung, die konsequente Ergebnisorientierung (Die Fragen richten sich mehrheitlich nach dem Erleben der konkreten Situation, wobei verschiedene Dimensionen unterschieden werden, wie z. B. emotionale Unterstützung, behandlungsspezifische Aufklärung oder Einbezug der Angehörigen.) sowie die Ergebnisdiskriminierung (Die Ergebnisse werden in Form von Problemscores dargestellt. Zudem werden nur die echten 0-Problem-Nennungen als problemlos bewertet. Dieses Vorgehen erleichtert das Benchmarking, da Unterschiede im Abschneiden sehr differenziert dargestellt werden können.).

Aus der Tabelle lässt sich erkennen, dass die untersuchten Spitäler entweder zwei oder vier Projektphasen unterscheiden. In den Spitälern B und E hat man sich für ein zweistufiges Vorgehen entschieden. Während in Spital B auf die „Vorbereitungsphase“ die „Hauptphase“ folgt, geht man in Spital E nach der „Pionierphase“ zur „Verankerungsphase“ über. Die Unterteilung des Projekts in vier Phasen erfolgt in den Spitälern A, C und D. Eine mögliche Begründung für die detailliertere vierstufige Unterteilung ist, dass diese Experten, wie oben bereits erwähnt, ein konkretes QMP beschreiben, welches zudem kürzlich in ihrem Spital durchgeführt wurde, so dass sie sich noch sehr genau an den Ablauf erinnern.

Eine Gemeinsamkeit betrifft den Start des Projekts und die damit verbundenen Aktivitäten („Vorbereitungsphase“). Das Fällen eines Grundsatzentscheids in der Spitalleitung wurde in vier von fünf Fällen explizit genannt. Die Information der Mitarbeiter und damit verbunden auch das Ziel, mögliche Widerstände abzubauen, war in drei Institutionen Teil der Vorbereitungsphase. Zudem gehört auch die Organisation des Projekts, mit einer Ausnahme, zu diesem ersten Schritt.

Der Vergleich mit dem „idealtypischen“ Ablauf eines TQM-Projekts[184] aus der Fachliteratur zeigt, dass bis auf die Analysephase alle „inhaltlichen“ Aufgaben in den Spitälern durchgeführt werden. Eine eigentliche Analyse findet nur in drei Institutionen statt. Fallspital A bezeichnet die Analyse als Messphase, Fallspital D weist explizit eine Analysephase aus, und Fallspital E integriert eine Stärken-/Schwächenanalyse in die Pionierphase. In den Fallspitälern B und C findet dagegen keine explizite Analysephase statt. Aus den Gesprächen mit den Experten liess sich nicht eruieren, ob die Spitäler B und C die Analysephase effektiv weglassen oder ob sie implizit vorhanden ist. Es ist jedoch grundsätzlich festzuhalten, dass die Durchführung eines QMP ohne Analysephase des IST-Zustands problematisch erscheint.

Eine weitere Unterscheidung betrifft die Evaluation des QM-Projekts. Die befragten Personen aus den Spitälern A, C und D geben an, dass die Aktivitäten am Schluss gemessen werden. Zudem erwähnen sie auch das Feedback an die Mitarbeiter. Im Spital E kann aufgrund des Begriffs „Rezertifizierung“ darauf geschlossen werden, dass eine Evaluation, nämlich die erneute Überprüfung der Einhaltung der ISO-Normen, stattfindet. Allerdings gibt es keine Anhaltspunkte, in welcher Form die Betroffenen über die Ergebnisse informiert werden. Die Experten aus dem Spital B machen gar keine Angaben über allfällige Effizienz- und Effektivitätsmessungen.

Im Zusammenhang mit der Evaluation der Ergebnisse wird in der Fachliteratur zu TQM auch die kontinuierliche Verbesserung erwähnt. In den Spitälern C, D und E wird dieser Empfehlung Folge geleistet, indem die kontinuierliche Verbesserung den

---

184 Vgl. hierzu die Ausführungen in Abschnitt II.4.2, S. 47 ff. sowie die Abbildung II/ 9, S. 49.

Ablauf eines Projekts kennzeichnet und gleichzeitig den Beginn von neuen „Verbesserungsmassnahmen" signalisiert (weil der „perfekte" Zustand wohl kaum erreicht werden kann).

Insgesamt lässt sich zum Ablauf der QM-Projekte in den untersuchten Spitälern festhalten, dass im Vergleich zur Fachliteratur insgesamt doch eine recht hohe Übereinstimmung festzustellen ist. V. a. die Vorbereitungsphase ist weitgehend identisch. Auch die Hauptphasen sind mit einigen Ausnahmen vorhanden. Unterschiede finden sich in erster Linie hinsichtlich der Analysephase in einem „idealtypischen" Projekt, welche im wesentlichen eine Selbstbewertung des Spitals erwirken will. In der Praxis kommt diesem Schritt eine eher kleinere Bedeutung zu. Die Spitäler stellen die Veränderungen resp. die konkreten Massnahmen klar in den Vordergrund. Eine mögliche Begründung könnte sein, dass die untersuchten Institutionen, aus zeitlichen und finanziellen Gründen oder wegen fehlendem methodischen Wissen die Analysephase weglassen oder nur im Ansatz durchführen.[185] Aus Sicht der Verfasserin besteht bei einem solchen Vorgehen die Gefahr, dass die wirklichen Probleme des Spitals zuwenig erkannt werden und der „Aktionismus" überdies den Blick für das Ganze gefährdet. Ein rasches Handeln ist v. a. im Sinne der Motivation der Betroffenen sicher von Vorteil; eine ungenügende Informationsbeschaffung zu Beginn eines QM-Projekts kann jedoch auch das Gegenteil bewirken und die Mitarbeiter frustrieren, weil ihre effektiven Bedürfnisse nicht wahrgenommen werden. Hinzu kommt, dass Massnahmen, die nicht auf einer systematischen IST-Bestandsaufnahme beruhen, schwieriger zu begründen und damit umzusetzen sind.

7.3.3.4. Organisation des Projekts

Die Frage nach der jeweiligen Projektorganisation dient dazu festzustellen, inwieweit die Spitäler in der Zusammensetzung des Projektteams Wert auf Interdisziplinarität sowie eine hierarchieübergreifende Zusammenarbeit legen. Zudem gilt das Interesse auch einem allfälligen Einbezug von externen Beratern. Um das ganze Spektrum der Antworten dieser Teilfrage darzustellen, werden im folgenden die Projektorganisationen der fünf Spitäler kurz vorgestellt und anschliessend in einer Zusammenfassung die Gemeinsamkeiten resp. Unterschiede ausgearbeitet.

---

185 Siehe auch die Bemerkungen im Abschnitt IV.7.3.3.6., S. 251 ff.

Fallspital A:

Beim Projekt[186] des Fallspitals A handelt es sich um einen Auftrag der Kantonsregierung. Dadurch gibt es sowohl eine externe (ist jedoch nicht Gegenstand dieser Untersuchung) als auch eine interne Projektorganisation. Dem Spital wurde ein externer Projektleiter, der das Spital gegenüber dem Kanton vertrat, vorgesetzt. In der internen organisatorischen Zusammensetzung war das Spital frei.

Die Kerngruppe innerhalb der Projektgruppe besteht aus dem medizinischen Direktor, dem Spitaldirektor sowie dem Qualitätsbeauftragten. Die Position des internen Projektleiters hat der Qualitätsbeauftragte inne. Der medizinische Direktor unterstützt ihn bei dieser anspruchsvollen Aufgabe und fungiert als Machtpromotor, wie aus der Aussage des Qualitätsbeauftragten zu erkennen ist: *„Ich bin froh, die Autorität des medizinischen Direktors zu haben. Der Arbeitsaufwand ist für alle Beteiligten relativ gross, und da ist diese Unterstützung hilfreich.“* Dem Spitaldirektor kommt die Aufgabe zu, Orientierungsveranstaltungen zu organisieren, um die Mitarbeiter zu informieren und für die Aufgabe zu motivieren. Darüber hinaus ist er dafür zuständig, dass bei der Auswahl der zwölf Umsetzungsverantwortlichen die Interdisziplinarität im Vordergrund steht.

Die erweiterte Projektgruppe besteht zusätzlich aus den bereits erwähnten Umsetzungverantwortlichen. Für jeden zu untersuchenden Tracer resp. Indikator hat man eine Person als Umsetzungsverantwortliche bestimmt. Diese Person verfügt über die Kompetenzen, sich ein Team von Mitarbeitern (vorwiegend Assistenzärzte) zusammenzustellen, welches die Messungen vornimmt. Die jeweiligen Gruppen sind interdisziplinär und hierarchieübergreifend, jedoch nach Fachrichtung des Indikators zusammengesetzt. So arbeiten beim Indikator „Herzinfarkt“ Ärzte und Pflegende zusammen.

Das Spital hat für die Schulung der Messenden (Analyseverantwortliche innerhalb der Teilprojektgruppen) externe Hilfe in Anspruch genommen. Dies war auch nötig, gab doch der Kanton einen sehr engen Zeitrahmen für die Messungen vor. Diese Tatsache wird vom Qualitätsbeauftragten auch bemängelt: *„Es ist ein diktiertes Projekt. (...) Auf der Kommunikationsebene kommt dieses Vorgehen nicht sehr gut an. (...)*

[186] Ziel des Projekts ist die Entwicklung eines Instrumentariums zur Qualitätsmessung. In einem ersten Schritt konnte das Spital aus insgesamt 23 Tracer-Diagnosen (Referenz- bzw. Schlüsseldiagnosen, wie z. B. Hirnschlag oder Schenkelhalsbruch) und diagnoseunabhängigen Output-Indikatoren (z. B. Spitalinfektionen, Wundliegen, Wartezeiten auf der Notfallstation) deren zwölf auswählen. Diese wurden dann im Spital gemessen. In einem zweiten Schritt wurde die Patientenzufriedenheit mittels eines Picker-Fragebogens, den die Patienten drei Wochen nach dem Spitalaufenthalt erhielten, erhoben.

Das hat für Spannungen gesorgt. Um so wichtiger ist es, das Projekt relativ autoritär zu führen. Sonst würde das mit dem Zeitplan nie klappen.“

Fallspital B:

Die Projektorganisation im Fallspital B ist zweistufig. Auf der ersten Stufe befindet sich das sog. „Q.-Team“. Dieses setzt sich aus dem Spitaldirektor, dem Qualitätsbeauftragten sowie den Bereichsleitern aus Administration, Personal und Pflege zusammen. Dem Q.-Team obliegt auch die Steuerung der einzelnen QZ.

Auf der zweiten Stufe sind die einzelnen QZ angesiedelt. Diese sind mit Mitarbeitern besetzt, die bereits über Projekterfahrungen verfügen. Das Spital hat in diesem Zusammenhang ausgewählte Mitarbeiter geschult, damit diese Qualitätsprojekte durchführen können. Wie aus dem Ablauf des Projekts (vgl. Tab. IV/ 25, S. 242) ersichtlich ist, gibt es im Fallspital B jedes Jahr ein Schwerpunktprogramm, aus dem sich dann die jeweiligen QZ bestimmen lassen.

Am Anfang nahm das Spital die Hilfe von externen Experten in Anspruch, v. a. für die Schulung des Kaders.

Fallspital C:

Auch das Fallspital C verfügt über eine zweistufige Projektorganisation. Die Spitalleitung ist die Kerngruppe. Damit sollen u. a. die Chefärzte aktiv in die Qualitätsbestrebungen einbezogen werden. Der Spitaldirektor äussert sich dazu wie folgt: *„Wir sind der Überzeugung, dass Qualität in der obersten Hierarchiestufe anzusiedeln ist. Wir als Spitalleitung müssen uns mit dem Thema Qualität befassen, und wir müssen sagen, wie das Ganze weitergeht. (...) Ich habe die Erfahrung gemacht, dass wenn die Chefärzte oder der Pflegedienst nicht hinter so einem Projekt stehen, die Reibungsverluste viel zu gross sind. (...) Ich war der Ansicht, dass lediglich eine Mitteilung an die Chefärzte nicht ausreicht. Die Auseinandersetzung mit Qualität ist denen lästig. Wenn sie sich jedoch innerhalb der Spitalleitung immer wieder mit diesem Thema auseinandersetzen müssen, dann funktioniert das.“*

Auf der zweiten Stufe befinden sich die sieben Qualitätszirkel, welche die einzelnen Standards bearbeiten. Hier wurde bei der Zusammensetzung auf Interdisziplinarität geachtet.

Das Spital C hat das QMP ohne externe Hilfe durchgeführt.

Fallspital D:

Das Fallspital D unterscheidet, analog zu den Spitälern B und C, zwei Stufen der Projektorganisation. Die Spitalleitung bildet die erste Stufe. Sie ist für die Auswahl der zu bearbeitenden Projekte verantwortlich. Mögliche Vorschläge für Qualitätsprojekte macht ihr der Qualitätsbeauftragte. Seine Hauptaufgaben sind die Koordination und Initiierung der Qualitätsprojekte.

Auf der zweiten Stufe befindet sich die eigentliche Projektgruppe. Diese setzt sich, je nach Projekt, aus den jeweiligen Direktbetroffenen zusammen. Dabei wird sehr stark auch auf Interdisziplinarität und eine hierarchieübergreifende Zusammenarbeit geachtet.

Im Fallspital D wurde zu Beginn die Spitalleitung sowie der Qualitätsbeauftragte von einer externen Person geschult.

Fallspital E:

Die Projektorganisation von Fallspital E ist ziemlich umfassend und gliedert sich in drei Stufen. Auf der ersten Stufe befindet sich der Qualitätslenkungsausschuss. Zu ihm gehören auf Spitalleitungsebene die Leiterin des Pflegediensts, der Spitaldirektor und der Assistent der Spitalleitung. Ebenfalls dazu zu zählen sind der Verantwortliche für Aus-/Weiterbildung sowie der Leiter der Abteilung Hauswirtschaft. Die Aufgaben des Qualitätslenkungsausschusses umfassen die Formulierung der Qualitätspolitik, die Festlegung der übergeordneten, langfristigen Qualitätsziele und die Behandlung der Verbesserungsvorschläge von Seiten der Mitarbeiter. Der Spitaldirektor ist gleichzeitig auch der Haupt-Qualitätsbeauftragte des Spitals, seine Stellvertreterin ist die Leiterin des Pflegediensts. Der Spitaldirektor gibt die benötigten Ressourcen frei und formuliert zu Beginn eines Projekts die strategischen Qualitätsziele. Der Assistent der Spitalleitung ist der Qualitätsverantwortliche (entspricht in dem dieser Publikation zugrundeliegenden Begriffsverständnis dem Qualitätsbeauftragten). Er ist für die Optimierung und Dokumentation des QM verantwortlich. Darüber hinaus vertritt er die Qualität in der Öffentlichkeitsarbeit, führt regelmässig Audits[187] durch und beurteilt die Qualitätslage im Spital.

Auf der zweiten Stufe befinden sich die QZ und die Qualitätsmanager. Die Qualitätsmanager, es handelt sich hierbei im wesentlichen um die Personen des Qualitätslenkungsausschusses, fungieren als Moderatoren der QZ. Die Zirkel konstituieren sich selber und bestimmen auch einen Zirkelleiter. Insgesamt existierten während des Initialprojekts 24 Teams im Spital. Zwölf befassten sich mit den Normen für die ISO-

[187] Vgl. für den Begriff die Ausführungen in der Fussnote 144, S. 60.

Zertifizierung, die anderen zwölf hiessen „Action-Teams“ und suchten nach Verbesserungen. Heute werden je nach Bedarf wieder neue QZ gebildet.

Auf der dritten Stufe befinden sich die Qualitätsförderer. Es handelt sich dabei um die jeweiligen Abteilungsleiter. Sie sind für die Umsetzung der Qualität in ihrer Abteilung verantwortlich, schulen ihre Mitarbeiter, setzen Verbesserungen um und leiten aus den übergeordneten, spitalumfassenden Qualitätszielen konkrete Ziele und Massnahmen für ihre Abteilung ab.

Zu Beginn des QMP arbeitete das Spital E eng mit externen Beratern zusammen. Konflikte während der Phase zur ISO-Zertifizierung führten dann allerdings zur Trennung. Das Spital führte das Initialprojekt im Alleingang weiter.

Zusammenfassende Betrachtung:

Die Betrachtung der fünf Fallspitäler zeigt, dass bezüglich der Kerngruppe im Rahmen des QMP eine hohe Übereinstimmung besteht. In allen fünf Spitälern setzt sich die Kerngruppe entweder aus der ganzen Spitalleitung oder aus ausgewählten Personen der Spitalleitung zusammen.

Eine weitere Gemeinsamkeit ist die interdisziplinäre und hierarchieübergreifende Zusammensetzung der Projektgruppen. Die richtige Zusammensetzung ist nach Meinung der Experten ein wichtiger Erfolgsfaktor: *„Die Zusammensetzung der Projektgruppe ist sehr entscheidend. (...) Wenn sie nicht interdisziplinär ist, kann man gleich aufhören“ (Experte 3); „Es war positiv, dass man mit diesem Projekt von Beginn an die Interdisziplinarität gedacht hat. Zudem wurde das Ganze auch noch hiearchieübergreifend organisiert. (...) Wir hatten eine Krankenschwester als Umsetzungsverantwortliche. Die ist darauf angewiesen, dass ihr der Arzt die notwendigen Informationen liefert. Früher existierte ein striktes Hierarchiedenken. Da hat sich ein Arzt als 'mehr' gefühlt als eine Krankenschwester.“ (Experte 11).*

Bezüglich der Beteiligung von externen Personen, sind einige Unterschiede festzustellen. In drei Fallspitälern wurden ausgewählte Mitarbeiter (zumeist auf Kaderebene) mit Hilfe von externen Personen geschult. Schulungsinhalte waren die Verwendung des Picker-Fragebogens und die Messung sogenannter Indikatoren (Fallspital A), die Arbeit in Projekten (Fallspital B) sowie die Grundlagen von TQM (Fallspital D). Die Schaffung der Grundlagen für eine ISO-Zertifizierung wäre der Auftrag der externen Berater in Fallspital E gewesen. Wie bereits erwähnt, wurde die Zusammenarbeit jedoch aufgelöst. Das Fallspital C verzichtete gänzlich auf externe Hilfe.

7.3.3.5. Information und Kommunikation

Die **Tabelle IV/ 26** zeigt in einer Übersicht, wie die Frage nach der Information und Kommunikation von den Experten beantwortet wurde. Es lässt sich erkennen, dass alle fünf Fallspitäler der Information einen hohen Stellenwert beimessen. Die schriftliche Information erfolgte über Beilagen in der Lohnabrechnung, separte Informationsblätter oder in Beiträgen der Hauszeitung. Mündliche Informationen fanden v. a. im Rahmen von Veranstaltungen (z. B. „runder Tisch", „Tag der offenen Tür", Informationsstände) und in persönlichen Gesprächen statt. Der Nutzen des persönlichen Gesprächs wird von einem Gesprächspartner wie folgt beurteilt: *„Wenn gewisse Leute sich am Anfang etwas störrisch verhalten, muss man einzeln mit denen sprechen, und die verstehen das dann auch. Es ist wichtig, die Botschaft mit Begeisterung an die Leute weiterzugeben. Das ist Knochenarbeit." (Experte 11).*

Tab. IV/ 26: Information und Kommunikation[188]

	Information							**Kommunikation**[189]
	Art		Adressaten		Zeitpunkt			
	Schriftlich	Mündlich	Alle	Ausgewählte	Vorher	Während	Nachher	
Fallspital A		✓	✓	✓	✓	✓	✓	Intensiv
Fallspital B	✓		✓		✓			Intensiv
Fallspital C	✓	✓	(✓)	✓	✓	✓	✓	Moderat
Fallspital D		✓		✓	✓		(✓)	Moderat
Fallspital E	✓	✓	✓	✓	✓	✓		Intensiv

Beim Adressatenkreis nahmen die Spitäler A, C und E eine Unterscheidung zwischen der Information sämtlicher Mitarbeiter und der Information von ausgewählten Kreisen vor. Letztere umfasste z. B. das Kader oder die Mitarbeiter in den Projektgruppen. In Fallspital B wurden sämtliche Mitarbeiter informiert, während in Fallspital D nur die am Projekt Beteiligten Informationen erhielten. Beide Experten aus diesem Spital sind im nachhinein jedoch der Meinung, dass hier eine gewisse Schwachstelle vorliegt: *„Was wir nicht hatten, war eine schriftliche Information an alle Mitarbeiter. So wurde z. B. die Küche nicht informiert. (...) Ich muss jedoch sagen, dass es sicher sinnvoll gewesen wäre. Auch wenn das Projekt die Leute nicht direkt betrifft. (Experte 3); „Da gibt es sicher bessere Beispiele, als wir es sind. Da müssen wir uns*

188 Quelle: Eigene Tabelle.

189 Mit dem Begriff Kommunikation ist der zweiseitige Informationsaustausch gemeint, also auch die Möglichkeit des Empfängers einer Nachricht, Stellung zu nehmen.

noch Gedanken machen. Zum Beispiel sollte die Basis der Mitarbeiter früh über das geplante Vorgehen Bescheid wissen.“ (Experte 4).

Der Zeitpunkt der Informationen wurde von den Fallspitälern ebenfalls unterschiedlich gelöst. Die Fallspitäler A und C informierten am umfassendsten, indem sie sowohl vor dem Projektstart, als auch während des Projekts und nach dessen Beendigung gezielt Informationen an die Mitarbeiter weitergaben.

Das Spektrum der Kommunikationsmöglichkeiten ist bei den untersuchten Institutionen sehr gross. Die Bedeutung der Kommunikation für den Erfolg eines QMP wird jedoch unterschiedlich wahrgenommen. Die Fallspitäler A, B und E beurteilen sie als wichtig und geben den Mitarbeitern auch zahlreiche Möglichkeiten zum Feedback, während die Rückmeldungsmöglichkeiten in den Fallspitälern C und D nur vereinzelt gegeben sind. Beispiele für Rückmeldungen sind: Erfahrungsberichte in der Hauszeitung, Mitarbeiterbefragungen, Befragung von neu eintretenden Mitarbeitern nach einer gewissen Zeit, Austrittsgespräche, Besprechungen in den Projektgruppen, Kadermeetings und Podiumsdiskussionen. In Fallspital A hat das Kader mit externer Hilfe ein Kommunikationsseminar absolviert. Zur Bedeutung des Feedbacks äusserten sich zwei Experten wie folgt: *„Auf das Feedback haben wir grossen Wert gelegt. (...) Wir haben die Podiumsdiskussionen zweimal durchgeführt und die sind bei den Mitarbeitern sehr positiv aufgenommen worden. Ich denke, die haben das Verständnis stark gefördert.“ (Experte 2); „Monatlich wurde über den Entwicklungsstand in der Hauszeitung informiert. Das war positiv, da hat man die Betroffenen zu Wort kommen lassen. Positiv für sie selber, aber auch als Vorbild für diejenigen Mitarbeiter, die in ihrem Projekt noch nicht so weit fortgeschritten waren.“ (Experte 1).* In Fallspital A werden Information und Kommunikation als so zentral angesehen, dass sie auch als Leitsätze unter der Überschrift "Unsere Führung fordert den Beitrag aller“ im Leitbild verankert sind: *„Umfassende Information und direkte Kommunikation sind unsere zentralen Führungsmittel.“ (...) „Offene Kritik erachten wir als konstruktiven Beitrag zur Verbesserung unserer Leistungen.“*

Ein Experte macht im Zusammenhang mit der Bedeutung des Feedbacks eine weitere aufschlussreiche Aussage. Er bedauert, dass die Medien über das Projekt im Spital nicht öfter berichteten. Seiner Meinung nach würden die Mitarbeiter die Bedeutung des Projekts noch mehr wahrnehmen, wenn eine gezielte und systematische Öffentlichkeitsarbeit stattgefunden hätte.

7.3.3.6. *Instrumente*

Die Auswertung der Frage, welche Instrumente während des Projekts Anwendung fanden, gestaltet sich nicht unproblematisch. Zum einen, weil die Experten aus den Spitälern A, C und D ihre Antworten immer anhand eines konkreten Projekts formulierten, die anderen Experten sich in ihren Antworten jedoch eher auf den QM-Prozess generell beriefen. Zum anderen gab es bei den Antworten z. T. Überschneidungen mit einer Teilfrage des nächsten Themenblocks. Dort geht es um Massnahmen zur Umsetzung des QM und die damit verbundenen Instrumente zur kontinuierlichen Qualitätssicherung und –förderung. Die Unterscheidung dieser zwei Teilfragen fiel den befragten Personen nicht leicht. In der Fachliteratur gibt es allerdings ebenfalls einige Überschneidungen; Instrumente, die sowohl in der ersten Hauptphase „Beschaffen von qualitätsrelevanten internen und externen Informationen" des Projekts als auch bei der Umsetzung (Phase „kontinuierliche Verbesserung") angewendet werden.[190] Ein weiteres Problem ergibt sich durch die Tatsache, dass zwei Fallspitäler die Analysephase gar nicht explizit erwähnt haben.

Die erwähnten Schwierigkeiten haben die Verfasserin dazu bewogen, bei der Auswertung dieser Frage gleichzeitig auch die Frage nach den Instrumenten zur kontinuierlichen Qualitätssicherung und –förderung auszuwerten. Es wird an dieser Stelle also bereits auf eine Teilfrage des nächsten Themenblocks vorgegriffen. Die **Tabelle IV/ 27** veranschaulicht, welche Instrumente die Fallspitäler in der Analysephase des QMP verwendeten und über welche Instrumente sie zur kontinuierlichen Qualitätssicherung und –förderung verfügen.

---

190 Vgl. auch die Abbildung II/ 9, S. 49 welche den idealtypischen Ablauf eines TQM-Projekts beinhaltet. Bei den in der ersten Hauptphase empfohlenen Instrumenten zur Beschaffung von qualitätsrelevaten internen und externen Informationen handelt es sich um die folgenden: Stärken-/Schwächenanalyse, Analyse der Prozesse im Unternehmen, Kundenzufriedenheit (im Fall des Spitals wären das mindestens die Patienten, ein erweiterter Kundenbegriff könnte aber auch die Mitarbeiter und Belegärzte miteinbeziehen), Lieferantenbeziehungen (im Fall des Spitals handelt es sich hier um die zuweisenden Hausärzte) und Benchmarking (nach Bedarf).

Tab. IV/ 27: Projektspezifische Instrumente und Instrumente zur kontinuierlichen Qualitätssicherung und –förderung[191]

	Projektspezifische Instrumente	**Instrumente zur kontinuierlichen Qualitätssicherung und -förderung**
Fallspital A	Tracer- und Indikatorenmessung, PB mit Picker	QS-B, QZ, MB, PB, Befragung der Hausärzte, Hausärztenachmittag, Benchmarking
Fallspital B	PB, MB, Befragung der Belegärzte	QS-B, QZ, MB, PB, Ideenmanagement, Benchmarking
Fallspital C	VQG-Handbuch	QS-B, QZ, PB, Benchmarking (in einzelnen Bereichen), Ideenmanagement (in einzelnen Bereichen)
Fallspital D	Analyse der Ist-Situation, Stärken-/Schwächenprofil, Kriterienliste, Besuch einer Privatklinik (Ideen sammeln, „Benchmarking")	QS-B, QZ, PB, Befragung der Hausärzte
Fallspital E	Prozessanalyse, Stärken-/ Schwächenprofil, Nutzwertanalyse,	QS-B, QZ, PB, Befragung der Belegärzte, Ideenmanagement
Legende: Patienten-Zufriedenheitsbefragungen (PB), Mitarbeiter-Zufriedenheitsbefragungen (MB), Qualitätszirkel (QZ), Qualitätsbeauftragter (QS-B)		

Die Betrachtung der Tabelle zeigt, dass sich in der Analysephase die Fallspitäler in den verwendeten Instrumenten stark unterscheiden. Die Spitäler D und E beschafften v. a. interne qualitätsrelevante Informationen, indem sie z. B. ein Stärken-/Schwächenprofil erstellen oder eine Prozessanalyse vornehmen. Externe qualitätsrelevante Informationen werden von Spital D lediglich punktuell über eine Art „Benchmarking" beschafft, d. h. die Verantwortlichen besuchten ein in Qualitätsbelangen fortschrittliches Privatspital. Das Spital E holt gar keine externen Informationen ein.

Viel umfassender wird in Fallspital B vorgegangen. Die Spitalleitung legt grossen Wert auf externe Informationen und hat sich diese mit einer Patientenbefragung und einer Befragung ihrer Belegärzte beschafft. Darüber hinaus wurden in Fallspital B auch die Mitarbeiter nach ihrer Meinung zum bevorstehenden QMP befragt. Wie sich aus den Expertengesprächen (und auch in der quantitativen Studie) gezeigt hat, ist die Verwendung des Instruments der Mitarbeiterbefragung jedoch sowohl in der Analysephase wie auch in der Umsetzungsphase von TQM keine Selbstverständlichkeit.

---

[191] Quelle: Eigene Tabelle.

Auch in den hier untersuchten, in Bezug auf Qualität fortschrittlichen und innovativen Spitälern ist das nicht anders. In der Analysephase wurde das Instrument nur von Spital B eingesetzt. In der Umsetzungsphase kam die Mitarbeiterbefragung auch in Spital A zum Einsatz.[192]

Das Fallspital A, welches wie bereits erwähnt ein Projekt beschreibt, das in Zusammenarbeit mit der Gesundheitsdirektion durchgeführt wurde, hat im Ansatz sowohl interne als auch externe Informationen beschafft. Mittels der Indikatorenmessung wurden interne Daten erhoben (im Sinne einer Stärken-/Schwächenanalyse bei ausgewählten Tracern und Indikatoren), die Patientenbefragung mit Hilfe des Pickerfragebogens diente der Erfassung von externen Informationen.

Die Experten aus dem Fallspital B erwähnen keine Instrumente, die der Informationsbeschaffung dienten. Ein Experte sagt in diesem Zusammenhang: *„Wir haben eigentlich das VQG-Vorgehen ziemlich genau verfolgt, wie es in den Standards beschrieben ist. Es gibt ja auch ein Handbuch, in dem die einzelnen Vorgehensschritte beschrieben sind. (...) Mir persönlich ging es darum, möglichst rasch erste Resultate präsentieren zu können." (Experte 5).*

Eine weitgehende Übereinstimmung herrscht bei den Instrumenten zur kontinuierlichen Qualitätssicherung und –förderung. Alle fünf untersuchten Fallspitäler verwenden ein relativ grosses Instrumentarium.[193] Die Stelle eines Qualitätsbeauftragten, Qualitätszirkel sowie Patientenbefragungen gehören überall zum Standard.

Eine Befragung der Beleg- oder Hausärzte findet in den Spitälern A, D und E regelmässig statt. Das Instrument Benchmarking kommt in den Institutionen A, B und C häufig zum Einsatz; in Spital C allerdings nur in ausgewählten Bereichen auf Eigeninitiative der Mitarbeiter, wie folgende Aussage verdeutlicht: *„Ein weiteres Instrument, das verwendet wird, ist das Benchmarking bei den Gynäkologen und in der Chirurgie." (Experte 6)*. Analog verhält es sich in Spital C mit dem Ideenmanagement: *„Ein Ideenmanagement gibt es in gewissen Abteilungen, aber nicht für das ganze Spital." (Experte 6); „Wir schmettern die Leute sicher nicht ab, wenn sie mit einer Idee kommen. Wir hören ihnen zu und vermeiden 'Killerphrasen'." (Experte 7).* So wie die Experten den Sachverhalt beschreiben, findet das Einbringen von Ideen

---

[192] Dieses Ergebnis erstaunt v. a. im Fall des Spitals D. Die Betrachtung der Ziele des QMP (vgl. auch Tab. IV/ 24, S. 240) zeigen, dass die Mitarbeiterzufriedenheit dort als eigenständige Zieldimension aufgeführt ist. Konsequenterweise müssten die Verantwortlichen die Mitarbeiterzufriedenheit auch entsprechend überprüfen.

[193] Dies ist nicht weiter erstaunlich, waren doch diese Instrumente die Auswahlkriterien für die hier untersuchten Fallspitäler. Vgl. auch die Ausführungen in Abschnitt IV.6.2, S. 207 ff. sowie die Tab. IV/ 21, S. 210.

seitens der Mitarbeiter auf einer eher informellen Basis statt und ist darüber hinaus auch durch das Engagement des jeweiligen Vorgesetzten abhängig. In den Spitälern B und E ist es dagegen institutionalisiert und für alle Mitarbeiter zugänglich. Die Mitarbeiterbefragung wird wie bereits erwähnt (leider) nur in den Spitälern A und B verwendet.

7.3.3.7. Kosten des Qualitätsmanagement-Projekts

Die Auswertung der Antworten aus den Expertengesprächen gibt für diese Teilfrage ein eindeutiges Bild: Eine konsequente und detaillierte Kostenaufstellung und –kontrolle ist bei den untersuchten Institutionen, ausser in Fallspital A, nicht vorhanden. Eine häufige Antwort der Experten auf die Frage nach den Kosten war: *„Das ist eine schwierige Frage." (Experten 1, 4, 5 und 11)*. Ein anderer Experte drückt sich zum Thema Kosten wie folgt aus: *„Keine Ahnung. (...) Es war auch kein Thema, diese Kosten zu erfassen." (Experte 3)*. In einem anderen Spital wären die Daten eigentlich vorhanden: *„Ich könnte das alles zusammenrechnen. Die Kostenkontrolle ist nicht unbedingt vorhanden, aber die notwendigen Daten wären allenfalls erhältlich." (Experte 7)*.

Wie bereits gesagt, war im Fallspital A das Projekt stark von aussen (Gesundheitsdirektion) vorbestimmt und wurde weitgehend durch die kantonalen Behörden gelenkt. Es wurden aber nur die Kosten für das Zusammentragen der relevanten Daten erfasst. Diese belaufen sich auf rund 50 bis 100 Franken pro „durchschnittlichen" Patient. Dieser Betrag entspricht gemäss Aussagen der Experten genau einem Prozent der durchschnittlichen Fallkosten. Nicht erfasst wurden die internen Projektkosten, also z. B. der Zeitaufwand für Sitzungen und Schulungen.

Die Tendenz, wenn überhaupt, dann nur die externen Kosten eines QMP zu erfassen, zeigt sich auch in den anderen Spitälern. Gemäss Aussagen der befragten Personen belaufen sich die Aufwendungen zwischen einigen Tausend Franken für ein kleines Projekt bis mehrere Hunderttausend Franken (Schätzungen), die insgesamt pro Jahr für das QM ausgegeben werden. Es wurde jedoch betont, dass sehr viele Aktivitäten ausserhalb der regulären Arbeitszeit geleistet wurden. Der grösste Kostenblock „personelle Ressourcen" (Arbeit an Projekten, Sitzungen, Schulungen etc.) wird in keinem der Fallspitäler erfasst.

Im Zusammenhang mit den Kosten wurden die Experten gleichzeitig auch nach dem Nutzen von QMP gefragt. Welchen Nutzen sehen die Experten im jeweiligen QMP oder im QM allgemein? Lohnt sich der zeitliche und finanzielle Aufwand ihrer Meinung nach? Insgesamt sind sich die Antwortenden darüber einig, dass die Qualitätsbestrebungen Vorteile bringen. Allerdings lässt sich der effektive Nutzen, ähnlich wie die Kosten, nur schwer beziffern. Am meisten tendierten die Experten dazu, die immateriellen Vorteile zu betonen: *„Ich habe den Eindruck, dass der Zufriedenheitsgrad der Mitarbeiter erhöht werden kann, weil sie Sicherheit bekommen und sich sagen, doch, wir arbeiten gut und bekommen dafür auch ein Feedback." (Experte 5); „Für den einzelnen Mitarbeiter hat das QM mehr und anspruchsvollere Tätigkeiten gebracht." (Experte 2); „Den Mitarbeitern bringt es eine grössere Zufriedenheit. Man wird toleranter gegenüber den anderen Bereichen und bei Problemen weist man nicht sofort den anderen die Schuld zu." (Experte 3); „Intern brachte das Projekt eine erhöhte Sensibilisierung. Auch die grössten Skeptiker wurden sich der Qualität bewusst und sahen, dass es sich lohnt." (Experte 10); „Durch TQM wird die Zusammenarbeit, der Geist im Hause, gefördert. (...) Es bringt die Leute dazu, unternehmerisch zu denken." (Experte 4).*

Als materielle Vorteile des QMP nannten die Befragten eine höhere Wettbewerbsfähigkeit *(„Wir sind noch existent!" (Experte 2))*, bessere Qualität, Kosteneinsparungen, verbessertes Image in der Öffentlichkeit und eine höhere Attraktivität auf dem Arbeitsmarkt. Ein Experte betont, dass die Kosten zwar kurzfristig anfallen, der materielle Nutzen eines Projekts sich jedoch erst langfristig einstellt: *„Langfristig sind wir schon der Meinung, dass wir mit Hilfe der Qualität Kosten sparen können. Wenn ich z. B. Arbeitsabläufe verbessere, habe ich eine Zeitersparnis, die sich wiederum positiv auf die Kosten auswirkt." (Experte 8).*

Zusammenfassend lässt sich festhalten, dass sämtliche Spitäler hinsichtlich Kostenerfassung und –kontrolle noch Nachholbedarf besitzen. Dies ist um so erstaunlicher, wenn man bedenkt, dass die hier untersuchten Fallspitäler zu den Spitzenreitern in Bezug auf die Qualitätsbestrebungen zählen. Wenn die Kantone die Umsetzung des neuen KVG wahr machen und in den Spitälern die Qualitätsbemühungen untersuchen, werden die Kosten im Verhältnis zum Nutzen (materiell und immateriell[194]) eine wichtige Kennzahl darstellen. Dementsprechend viel Wert wird dann der Transparenz und Nachvollziehbarkeit dieser Grössen zukommen. Ein passendes Zitat, welches die zukünftige Herausforderung in Bezug auf die Erfassung von Daten umschreibt, kommt vom Experten 11: *„Man darf die Schwierigkeiten bei der exakten Messung aber auch nicht als Entschuldigung nehmen für das Nichtstun. Es gibt immer Möglichkeiten."*

---

194 Hier betonen die Experten v. a. die gestiegene Zufriedenheit der Mitarbeiter. Allerdings handelt es sich hier um Aussagen mit einem hohen Spekulationswert, da die Mehrheit der Fallspitäler keine Befragung der Mitarbeiter durchführt. Dies wird in Zukunft aus Sicht der Verfasserin jedoch nicht mehr ausreichen. Bei einem Audit durch Vertreter des Kantons werden die Spitäler effektive Daten vorlegen müssen, welche die immateriellen Vorteile des QMP auch unterstreichen.

7.3.3.8. *Fazit zum Qualitätsmanagement-Projekt*

Die Frage nach den Erfolgsfaktoren resp. Stolpersteinen eines QMP schloss den dritten Themenblock der Interviews ab. Die Antworten der Experten bezogen sich einerseits auf das Projekt selber, andererseits auf die Bedeutung und den Umgang mit den Mitarbeitern.

Als Erfolgsfaktoren des Projekts selber wurden insbesondere eine klare Struktur, eine übersichtliche Planung und Koordination des Vorgehens, ein striktes Einhalten des Zeitplans, das Bereitstellen von personellen und zeitlichen Ressourcen sowie eine nicht zu starre Formalisierung genannt. Entsprechende Zitate hierzu sind: *„Die Struktur sollte von Anfang an da sein und nicht erst nachträglich um die laufenden Aktivitäten herum gemacht werden müssen." Experte (4); „(...)Klarer strukturieren. Das Projekt beginnt schon mit einem schriftlichen Auftrag, der konkret fassbar ist." (Experte 3); „Man hat einfach begonnen, ohne das Ganze vorher zu koordinieren. Dadurch wird es anschliessend schwierig, das Projekt zusammenzuhalten." (Experte 7); „Eine weitsichtigere Planung hätte sicher nicht geschadet." (Experte 10); „Ein allgemeines Problem ist der Zeitplan, der i. d. R. zu optimistisch veranschlagt wird. (...) Den Zeitfaktor kann man nie vorsichtig genug angehen." (Experte 11); „Planlos beginnen nützt nichts. Da fehlen die Fortschritte und die Motivation der Mitarbeiter leidet. Eine gewisse Zeitstruktur ist wichtig. Ein weiterer Punkt betrifft die finanziellen und personellen Ressourcen. Die müssen vorhanden sein." (Experte 1); „Ein Stolperstein ist eine zu starre Formalisierung des QM." (Experte 2).* Dieser Meinung sind auch die Experten 11 und 3, welche die Formalisierung allerdings im Zusammenhang mit der zukünftigen Entwicklung[195] des QM erwähnen: *„Man muss darauf achten, dass man nicht zu stur ist. Ein striktes Abstreichen von Checklisten ist nicht sinnvoll." (Experte 11); „Zunehmen wird sicher noch die Formalisierung der Qualität. Das ist schon jetzt am Überborden. Das führt dazu, dass viele das Gleiche machen, nur viel umständlicher und mit mehr Arbeitsaufwand." (Experte 3).*

Als weitere Erfolgsfaktoren wiesen die Befragten auf die Bedeutung der Mitarbeiter und den Umgang mit ihnen hin. Besonders die Vorbildfunktion seitens der Spitalleitung, den Einbezug möglichst vieler Mitarbeiter, das „Gegenstromverfahren", die umfassende Information und Kommunikation sowie die hierarchieübergreifende Zusammensetzung wurden als kritische Faktoren erwähnt. Die Experten umschrieben diese Punkte wie folgt: *„Das Ganze muss von Oben getragen werden. Wenn die Spitze nicht überzeugt ist, haben Sie keine Chance. Die Vorbildfunktion ist hier gefragt." (Experte 9); „Das 'Commitment' ist wichtig. Es nützt nichts, wenn das Ganze nach unten delegiert wird. Qualität ist Chefsache. Machen muss man es nicht an der Spitze, aber die Verantwortung muss von dort kommen." (Experte 1); „Ich*

---

[195] Vgl. auch den Abschnitt IV.7.3.5, S. 262 f.

finde es wichtig, dass man alle Mitarbeiter bis zur Basis erreichen kann. Das Vorbild kommt von oben, gelebt wird die Qualität aber hauptsächlich durch die Mitarbeiter an der Basis. Wenn dieses Gegenspiel nicht funktioniert, kommt man nicht vorwärts." (Experte 8); „Eine weitere Gefahr ist gegeben, wenn man meint, man könne das Projekt top-down realisieren." (Experte 2); „Ein möglichst breiter Einbezug der Mitarbeiter ist entscheidend für den Erfolg. Es sollten v. a. diejenigen Mitarbeiter einbezogen werden, bei denen man das Gefühl hat, sie würden etwas von der Sache verstehen, egal auf welcher Hierarchiestufe sie sich befinden. (...) Fachkompetenz hat letztlich zu entscheiden und nicht die hierarchische Stufe." (Experte 11); „Die sorgfältige, vorgängige Information, auch wenn es vielleicht künstlich klingt. Den Leuten muss bewusst gemacht werden, dass sie etwas beitragen können, dass ihre Meinung gefragt ist. Gleichzeitig ist auch wichtig, ihnen ein Feedback zu ihrer Meinung zu geben. Ihnen zu sagen, dass man sie verstanden hat." (Experte 10).

Als weiteren Stolperstein nannten drei Experten die schwierige Einbindung der Ärzte[196] in die Qualitätsbemühungen: *„Ein wichtiger Punkt ist, dass die Ärzte mitmachen. Da sind wir aber bis jetzt auf keine grosse Begeisterung gestossen. Das Problem ist wohl die Angst vor einer Kontrolle." (Experte 8); „Die Loyalität der Ärzte fehlt." (Experte 9); „Es gab Unproblematische, Begeisterte und die ewigen Motzer. Am schwierigsten sind die jungen Ärzte. Tendenziell lässt sich sagen, dass mit zunehmender Qualifikation und Spezialisierung das Gefühl zunimmt, das andere sei ein bisschen nebensächlich. (...) Alle sollten sich jedoch den Spiegel vorhalten. Das ist sicherlich noch zu wenig ausgeprägt." (Experte 11).*

7.3.4. Massnahmen zur Umsetzung des Qualitätsmanagements

7.3.4.1. Organisatorische Verankerung

Eine aufschlussreiche Erkenntnis bezüglich der organisatorischen Verankerung des QM ergibt sich bei der näheren Betrachtung der Stelle des Qualitätsbeauftragten. In den Spitälern A, B und E haben die jeweiligen Mitarbeiter klar definierte Stellenprozente, die sie für ihre Aufgaben verwenden können. Es existieren auch Stellenprofile, in denen die Aufgaben, Verantwortlichkeiten und Kompetenzen schriftlich festgehalten sind. Dagegen üben die Qualitätsbeauftragten in den Spitälern C und D ihre Aufgaben im Zusammenhang mit dem QM neben ihrer regulären Tätigkeit aus, ohne dass sie von ihrer Haupttätigkeit entsprechend entlastet würden. Dieser Umstand erweist sich als problematisch und wird von den Betroffenen dementsprechend kritisch beurteilt: *„Entlastung gibt es null Komma null. (Experte 6); „Meine Aufgabe ist*

[196] Vgl. zur Problematik mit den Ärzten auch den Abschnitt IV.7.3.4.1, S. 257 ff.

die Koordination der verschiedenen QZ. Aber das ist auch nirgends schriftlich festgehalten. Es gibt kein einheitliches Management." (Experte7); „Es gibt keine Stellenpunkte. Aber in diesem Punkt sind sich die Spitalleitung und ich nicht ganz einig. (...) Ich fände es dringend nötig, dass jemand fix für die Qualität angestellt würde. (...) Dann würde die Qualität eine ganz andere Bedeutung bekommen." (Experte 3).

Beim Umfang der institutionalisierten Stelle sowie bei der Herkunft des Stelleninhabers sind sich die Experten nicht ganz einig: *„Es darf kein Arzt sein." (Experte 3).* Dieser Experte ist der Meinung, dass ein Arzt in erster Linie Arzt ist, und seinem Beruf klar den Vortritt gibt. Zudem sei das Patientengut der meisten Ärzte stark personenbezogen. Eine beliebige Entlastung vom Tagesgeschäft sei daher gar nicht möglich. Die Frage, ob nicht die Gefahr von Akzeptanzproblemen drohe, wenn der Qualitätsbeauftragten nicht aus dem medizinischen Bereich komme, beantwortet der Experte 3 wie folgt: *„Wenn es ein unbekannter Arzt ist, muss er sich die Akzeptanz auch zuerst erarbeiten. Einem Arzt, der mit TQM in einem Spital beginnt, bringt man sicher die gleichen Vorbehalte entgegen wie einem Juristen oder einem ehemaligen Berater."* Genau umgekehrt sehen diesen Sachverhalt die Experten 6 und 7: *„Wenn jemand nicht im Prozess selber involviert ist; ich weiss nicht, ob das funktioniert. Man müsste einfach mehr Zeit erhalten. Aber nicht Jemanden nur für Qualität. Um alle Aktivitäten erfassen zu können, muss man sich innerhalb des Geschehens befinden." (Experte 7); „Es sollten einfach 200 Stellenprozente zur Verfügung stehen, die man dann auf verschiedene Personen aufteilen könnte." (Experte 6).*

Insgesamt ist aus den Expertengesprächen ersichtlich, dass die organisatorische Verankerung des QM, ausser in Fallspital E, weder sehr tief (wie viele Hierarchiestufen sind involviert) noch breit (beteiligte Mitarbeiter pro Stufe) ausfällt. Die Hauptaufgaben des QM tragen die Qualitätsbeauftragten, die QZ (die oftmals erst bei Bedarf gebildet werden) und die Spitalleitung.[197]

Über eine breite und tiefe organisatorische Verankerung des QM verfügt das Fallspital E. Wie bereits in Abschnitt 7.3.3.4 erwähnt, wird das QM in Fallspital E über drei Stufen, nämlich über den Qualitätslenkungsausschuss (Spitalleitung und der Assistent der Spitalleitung als Qualitätsbeauftragter), die Qualitätsmanager[198] (Moderatoren

197 Vgl. auch die Ausführungen zur Organisation des QMP in Abschnitt IV.7.3.3.4, S. 244 ff.

198 Diese hatten während des Initialprojekts bis zu 50 Prozent ihrer Arbeitszeit für die Aufgaben als Moderatoren von QZ zur Verfügung gestellt bekommen. Jetzt ist die zur Verfügung gestellte Zeit vom Projekt abhängig. Es wird aber nicht von ihnen erwartet, dass sie diese anspruchsvolle Aufgabe zusätzlich zum Tagesgeschäft, quasi in der Freizeit, erfüllen.

von QZ) und die Qualitätsförderer[199] (Abteilungsleiter) im Spital verankert. Zudem werden mit Hilfe des Ideenmanagements die Mitarbeiter an der Basis involviert.

Eine weitere Massnahme, die zur Verankerung des QM in Fallspital E ergriffen wurde, ist die Bildung eines Qualitätsforums. Es handelt sich dabei um Mitarbeiter in Schlüsselpositionen bezüglich der Qualitätsbestrebungen. Diese Mitarbeiter sollen helfen, die Umsetzung zu beschleunigen. Das Spital will damit sicherstellen, dass es nicht nur den Qualitätslenkungsausschuss, quasi als *„elitären Club" (Experte 2)* gibt. Die Bildung des Qualitätsforums hat die Akzeptanz des QM seitens der Mitarbeiter zusätzlich erhöht.

Zusammenfassend lässt sich bezüglich der organisatorischen Verankerung festhalten, dass die Institutionalisierung der Stellen, die sich intensiv mit den Qualitätsbemühungen beschäftigen, für den Erfolg sicher ausschlaggebend ist. Eine Doppelbelastung führt früher oder später zur Demotivation und gefährdet auch die andere berufliche Tätigkeit, wie das ein Experte ausdrückt: *„Ich sollte mich bezüglich TQM auch noch in gewissen Bereichen weiterbilden. Das geht alles zu Lasten meiner beruflichen Weiterbildung. Ich kann mich auch nicht zweiteilen." (Experte 3).*

Die Spitalleitung sollte qualitätsrelevante Stellen grundsätzlich mit Mitarbeitern besetzen, die motiviert sind und sich wirklich auch dafür interessieren. Wenn die Verantwortlichen z. B. einen Qualitätsbeauftragten, ohne seine explizite Zustimmung bestimmen, wird sich sein Engagement im Rahmen des QM nur auf das Wesentliche beschränken.

Die Forderung, die Stelle des Qualitätsbeauftragten mit einem Arzt zu besetzen, wird immer wieder betont. Es stellt sich allerdings die Frage, wenn man sich die zahlreichen kritischen Voten bezüglich Motivation und Engagement der Ärzte in Erinnerung ruft, ob nicht fallspezifisch entschieden werden sollte. Die hier aufgeführten Beispiele zeigen, dass die Besetzung der Stelle des Qualitätsbeauftragten mit anderen Berufsgruppen ebenso erfolgreich sein kann. Akzeptanzprobleme können z. B. auch mit einem projektspezifischen Machtpromotor (wie im Fall des Spitals A) gelöst werden, ohne dass ein Mediziner die Rolle des Qualitätsbeauftragten einnimmt.

---

199 Von ihnen wurde erwartet, dass sie ihre Aufgaben zusätzlich zum Tagesgeschäft wahrnehmen. Allerdings bewegt sich der Aufwand in der Umsetzungsphase in einem bescheidenen Rahmen und beschränkt sich v. a. auf das Erarbeiten und Kommunizieren der Qualitätsziele in der Abteilung.

7.3.4.2. *Schulung von Mitarbeitern und Vorgesetzten*

Die Analyse der Antworten auf diese Frage zeigt ein weitgehend einheitliches Bild für alle fünf untersuchten Fallspitäler. Die Erkenntnisse lassen sich wie folgt zusammenfassen:

Ein spitalumfassendes Schulungskonzept ist in keinem der untersuchten Spitäler vorhanden. Die Schulungsmassnahmen richten sich an ausgewählte Mitarbeiter und erfolgen nach Bedarf, also z. B. wenn ein neues Projekt in Angriff genommen wird. Es zeigt sich indes, dass im Pflegebereich vermehrt Bestrebungen vorhanden sind, die Mitarbeiter in Bezug auf das QM kontinuierlich aus- und weiterzubilden: *„In der Pflege haben wir ein Konzept 'Qualität in der Pflege', das wir seit Jahren den Mitarbeitern vermitteln. (...) Das macht unsere Weiterbildungsverantwortliche, die gleichzeitig auch Qualitätsmanagerin ist." (Experte 2); „Aus meiner Sicht wird ausserhalb der Pflege nicht geschult. Mindestens die Moderatoren der QZ sollten geschult werden. Im ärztlichen Bereich sollte zudem ein grösseres Wissen über Projektmanagement vorhanden sein." (Experte 6); „Wir haben im Pflegedienst eine Erwachsenenbildnerin angestellt, die neben der klassischen Pflegeausbildung auch Teams leitet, Moderationen macht, QZ anleitet etc." (Experte 7).*

Eine weitere Besonderheit zeigt sich bei der Auswahl der Personen, die in Bezug auf das QM speziell geschult werden. Die Massnahmen kommen v. a. dem Kaderpersonal und den Qualitätsbeauftragten zu Gute. In Fallspital B erwartet die Spitalleitung dabei explizit, dass die Weiterbildungsinhalte von den Vorgesetzten an die Mitarbeiter weitergereicht werden. Punktuell wird das auch überprüft, wobei die Resultate noch nicht in allen Abteilungen befriedigend ausgefallen sind. Das Fallspital E erwähnt die Weitergabe der Weiterbildungsinformationen von den Vorgesetzten an die Mitarbeiter wie folgt: *„Wenn ein Kadermitarbeiter eine Weiterbildung besucht, gehen wir schon davon aus, dass er das Wissen an seine Mitarbeiter weitergibt." (Experte 2)*. Über eine allfällige Kontrolle des Informationsflusses äussert sich der Experte jedoch nicht.

Generell wird von den Mitarbeitern eine grosse Eigeninitiative und die Bereitschaft zu „learning-by-doing" verlangt: *„Das Wissen wurde immer von den Mitarbeitern selber mitgebracht." (Experte 10); „Man musste sich selber motivieren." (Experte 5); „Die TQM-Teams haben sich entwickelt, learning by doing." (Experte 4); „Jeder Leiter einer Abteilung kann einen Bedarf anmelden. Bei Interesse können die Mitarbeiter auch Handbücher konsultieren und dort einen Punkt nachlesen." (Experte 1).* Experte 1 lässt in seiner Aussage jedoch auch zum Ausdruck kommen, dass die ausschliessliche Eigeninitiative von Seiten der Mitarbeiter nicht ausreicht: *„Wenn wir durch das Spital gehen und uns gerade etwas auffällt, nehmen wir das auf und schu-*

len die Leute vor Ort. Oft ist es auch so, dass die Leute gar nie von sich aus kommen würden. Darum funktioniert das mit einer reinen Holschuld nicht."

Das mangelnde systematische und umfassende Vorgehen bei der Schulung von qualitätsrelevanten Inhalten begründen zwei Experten mit dem Zeitdruck und dem akuten Handlungsbedarf bei den Qualitätsbestrebungen in ihrem Spital. Gleichzeitig betonen sie aber auch, dass das gewählte Vorgehen verbesserungswürdig ist: *„Den Stress, den man hat, führt zu einer punktuellen Schulung, zumindest zum jetzigen Zeitpunkt. Aber dass ein Schulungskonzept besser wäre, dem stimme ich schon zu." (Experte 11); „Die Zeit hat uns einfach eingeholt. (...) Spitäler, die sich intensiv mit Qualität auseinandersetzen, sind die Gewinner und die anderen die Verlierer. Das war unsere Motivation. (...) Aber es ist sicher nicht der optimale Weg." (Experte 5).* Auch Experte 4 möchte beim nächsten QMP bezüglich der Schulung anders vorgehen: *„Das ist so etwas, was ich ein nächstes Mal anders machen würde."* Der Meinung der Experten kann die Verfasserin nur zustimmen. Der umfassenden Schulung von Vorgesetzten und Mitarbeitern kommt beim Erfolg des Konzepts TQM eine grosse Bedeutung zu,[200] denn wie sollen die Mitarbeiter TQM umgesetzen und leben, wenn sie nicht wissen, wie es funktioniert und was konkret von ihnen erwartet wird?

7.3.4.3. Anschlussprojekte

Der Zweck dieser Frage war herauszufinden, inwieweit die untersuchten Spitäler den Gedanken der kontinuierlichen Verbesserung in das QMP miteinbeziehen. In einem einzigen Fall wurde dieser Gedanke von einem Experten explizit aufgegriffen: *„Qualität ist ein laufender Prozess. Es ist ja nicht der Ansatz, dass man nur ein Projekt macht. Es handelt sich um einen kontinuierlichen Prozess." (Experte 11).* In den Fallspitälern C, D und E ist die kontinuierliche Verbesserung ein impliziter Bestandteil der letzten Phase eines QMP.[201]

Sämtliche Fallspitäler planen weitere Projekte, die ebenfalls als Indiz für den kontinuierlichen Prozess im Zusammenhang mit der Qualität angesehen werden können. Das Spektrum der weiteren Projekte reicht von der Rezertifizierung resp. dem erneuten Akkreditierungsgespräch über weitere Arbeiten in den QZ bis hin zu grundsätzlichen Überlegungen bezüglich des TQM-Konzepts.

---

[200] Vgl. auch die Ausführungen im Abschnitt II.4.2.3, S. 51 ff. Dort wird in der dritten Hauptphase im Detail die Bedeutung der Schulung von Vorgesetzten und Mitarbeitern für den Erfolg von TQM erörtert.

[201] Vgl. hierzu die Ausführungen in Abschnitt IV.7.3.3.3, S. 241 ff. sowie die Tab. IV/ 25, S. 242.

7.3.5. Zukünftige Entwicklungstendenzen

Die Frage nach den zukünftigen Entwicklungstendenzen des QM aus Sicht der Experten schloss den „offiziellen" Teil[202] des Interviews ab. Die Erkenntnisse lassen sich unter den Stichworten „zunehmende Bedeutung der Qualität" und „vermehrte Standardisierung und Normierung" subsummieren.

Für die Experten wird die Qualität in Zukunft ein noch bedeutender strategischer Faktor und massgeblich sein für die Vergabe von Leistungsaufträgen durch den Kanton: *„Es wird ein noch wichtigerer strategischer Erfolgsfaktor. Das QM wird entscheidend sein für die Finanzierung." (Experte 11); „QM wird zum Bestandteil der Spitaltätigkeit. Die Bedeutung wird auch in Zukunft zunehmen." (Experte 4); „Da wird jährlich ein Qualitätsbericht verlangt, wo man darstellen muss, was man in Bezug auf Qualität gemacht hat. Das wir auch ein entscheidender Punkt für die Vergabe von Leistungsaufträgen sein." (Experte 5).* Bei der Vergabe von Leistungsaufträgen betont ein Experte die Bedeutung der Ergebnisqualität: *„Die Ergebnisqualität wird für die Vergabe von Leistungsaufträgen ausschlaggebend sein." (Experte 2).* Der Experte 9 sieht die Entwicklung analog zu den USA, wo die Ergebnisse aus den Messungen von medizinischen Ergebnisindikatoren wie z. B. Infektions- oder Mortalitätsraten bereits heute dazu dienen, Spitalranglisten zu erstellen, die publiziert werden. Allerdings weist er darauf hin, dass diese Entwicklung erst möglich sein wird, wenn der Wettbewerb im Gesundheitswesen der Schweiz richtig funktioniert.

Im Zusammenhang mit der erhöhten Standardisierung und Normierung des QM wurde erwähnt, dass die ISO-Normen im Spitalbereich in Zukunft eine höhere Bedeutung erhalten werden. Mit einer Ausnahme bewerten die Experten diesen Trend jedoch als eher negativ, indem sie sagen: *„Zunehmen wird das Formalistische im Zusammenhang mit der Qualität. Das ist zur Zeit am Überborden. Das beginnt mit der ISO-Zertifizierung..." (Experte 3); „Ich sehe den Trend in Richtung Zertifizierung, obwohl ich ein Gegner der Zertifizierung bin. (...) Bei Dienstleistungen besteht die Gefahr, dass man zu statisch wird. (...) Zudem geht der Freiraum für Mitarbeiter verloren, wenn dann alles nach Norm abzulaufen hat." (Experte 9); „Wer neu in die Qualitätsthematik einsteigt, läuft durch die Vorgaben des Kantons Gefahr, dass das Ganze zu einer Art Pflichtübung verkommt. Vor allem wenn man eine ISO-Zertifizierung anstrebt." (Experte 8).* Der Befürworter von ISO ist der Meinung, dass die Normen von den meisten Leuten missverstanden werden: *„ISO wird auch in Zukunft Bestand haben. (...) Die meisten Leute missverstehen die ISO-Nomen. Es ist wie bereits gesagt lediglich ein Werkzeug. Wenn man weiss, wie es funktioniert, ist es*

202 Das Interview endet mit den abschliessenden Bemerkungen. Dort ging es jedoch nicht mehr um thematisch relevante Inhalte, sondern die Interviewerin bedankte sich für das Gespräch und die zur Verfügung gestellte Zeit.

eine enorme Arbeitserleichterung. Wenn man es nicht weiss, steht es einem nur im Weg." (Experte 1). Für einen weiteren Experten wird sich die Normierung und Standardisierung vorwiegend auf die Rahmenvorgaben des QM beziehen, damit das Spital genau weiss, welche Schwelle es zu erreichen hat. Die konkrete inhaltliche Ausgestaltung dagegen wird seiner Ansicht nach weiterhin dem einzelnen Spital überlassen.

7.4. Zusammenfassende Bemerkungen zur qualitativen Studie

Mit Hilfe der qualitativen Studie konnte das QM in fünf ausgewählten Spitälern im Detail untersucht werden. Es hat sich gezeigt, dass trotz der Unterschiede, mit denen die Spitäler an das komplexe und vielschichtige Thema „Qualität" herangehen, die einzelnen Konzepte in zahlreichen Punkten übereinstimmen.

Die Vorbereitungsphase eines QM-Projekts beinhaltet in allen Fallspitälern einen positiven Grundsatzentscheid der Spitalleitung für das QM. Anschliessend werden die Mitarbeiter ein erstes Mal über das bevorstehende Projekt informiert. Der Aufbau einer geeigneten Projektorganisation ist ebenfalls in allen Fallspitälern Bestandteil der Vorbereitungsphase. Bei der Zusammensetzung der Projektgruppe wird auf eine hierarchieübergreifende und interdisziplinäre Zusammensetzung grossen Wert gelegt.

In Bezug auf die untersuchten QM-Projekte darf jedoch auch ein weit weniger positiver Punkt nicht verschwiegen werden. Die Analysephase kommt in drei der fünf untersuchten Spitäler nicht oder nur sehr rudimentär vor. Die Verfasserin ist auf der einen Seite mit den Experten einig, dass rasche Erfolgserlebnisse wichtig sind. Dieses Ziel darf jedoch nicht zu einem ungeplanten und unüberlegten „Aktionismus" führen, der letztlich den Blick für das Wesentliche trübt und damit den Erfolg des ganzen QM gefährdet.

Weiter sind sich die befragten Experten einig, dass Information und Kommunikation für den Erfolg des QM ausschlaggebend sind. Allerdings geben einige Experten auch zu, sich v. a. bei der Kommunikation in Zukunft noch verbessern zu müssen.

IST- und SOLL-Zustand weichen in den untersuchten Fallspitälern in weiteren Punkten voneinander ab. So betonen die befragten Personen auf der einen Seite, wie wichtig die organisatorische Verankerung der Stelle des Qualitätsbeauftragten für den Erfolg sei; in zwei Fällen erledigen die Betroffenen die Aufgaben jedoch neben ihrer regulären Tätigkeit. Diese Doppelbelastung führt langfristig zur Demotivation. Die Folge davon ist unter Umständen ein Rückschritt in den Qualitätsbestrebungen. Im Zusammenhang mit dem Qualitätsbeauftragten sei noch ein Punkt hinzugefügt. Die

Fallstudien haben ergeben, dass die Herkunft des Qualitätsbeauftragten viel weniger eine Rolle spielt, als das in der Fachliteratur z. T. erwähnt wird. Es ist nicht dringend notwendig, diese Stelle mit einer Person aus der Ärzteschaft oder Pflege zu besetzen. Viel wichtiger ist es, einen Mitarbeiter zu finden, der sich für die Aufgabe begeistert und der fähig ist, diese Begeisterung an die anderen Mitarbeiter weiterzugeben.

Eine weitere Diskrepanz in den Aussagen der Befragten findet sich bei der Mitarbeiterorientierung. Sämtliche Experten betonen die Bedeutung der Human-Ressourcen (leistungsbereite (motivierte) Mitarbeiter mit einem hohen Qualitätsbewusstsein). Trotzdem versäumen es drei der untersuchten Spitäler, das Befinden ihrer Mitarbeiter auch systematisch zu überprüfen und gezielt Massnahmen zur Verbesserung der Mitarbeiter-Zufriedenheit an die Hand zu nehmen. Diese Erfahrung machte die Verfasserin bereits in der quantitativen Studie.[203] In Verbindung mit der Leistungsbereitschaft wird insbesondere auch die Leistungsfähigkeit von den Experten hervorgehoben. Diese sei mit entsprechender Schulung zu fördern. Ein einheitliches Schulungskonzept für das QM, das nicht nur ausgewählten Mitarbeitern zugute kommt, ist jedoch in keinem der Fallspitäler vorhanden.

Beim Thema „Kosten" ergab die qualitative Studie eine weitere aufschlussreiche Erkenntnis. Die anfallenden Kosten sowie die regelmässige und systematische Überprüfung des Kosten-/Nutzenverhältnisses für das QM sind für die befragten Personen praktisch ohne Bedeutung. In Anbetracht des steigenden Kostendrucks und Wettbewerbs zwischen den Spitälern ist diese Erkenntnis erstaunlich.

Insgesamt machen die hier erwähnten ausgewählten Ergebnisse aus der qualitativen Studie deutlich, dass auch in den in Bezug auf Qualität innovativen und fortschrittlichen Institutionen noch ein beachtliches Verbesserungspotential vorhanden ist. Die im folgenden Teil V zu machenden Empfehlungen zur erfolgreichen Gestaltung von TQM im Spital sollen den Verantwortlichen daher eine Hilfestellung bieten, wie sie auf dem Weg der kontinuierlichen Verbesserung von TQM weiterkommen können.

203 Vgl. hierzu u. a. die zusammenfassenden Bemerkungen zur quantitativen Studie in Abschnitt IV.4.5, S. 202 f. sowie detailliert den Abschnitt IV.4.4.4, S. 191 f.

V. Empfehlungen zur erfolgreichen Gestaltung von TQM im Spital

1. Einleitung

Die generelle Zielsetzung[1] der vorliegenden Arbeit ist es, Empfehlungen zur erfolgreichen Gestaltung von TQM im Spital zu erarbeiten. Ausgangspunkt der nun folgenden Überlegungen sind zum einen die Ergebnisse und Erkenntnisse aus den empirischen Studien in Teil IV. Zum anderen basieren die Empfehlungen auf dem Phasenmodell von TQM, welches in Kapitel II.4, S. 40 ff. dargelegt wurde.

Das Phasenmodell von TQM wird im folgenden von der Verfasserin um wesentliche Elemente ergänzt. Die aus dem präzisierten Bezugsrahmen gewonnen Erkenntnisse[2] zu den externen und internen Bedingungsgrössen sowie den unmittelbaren und mittelbaren Aktionsparametern dienen dazu, die Aktivitäten innerhalb der einzelnen Phasen des Phasenmodells von TQM zu konkretisieren. Zum Schluss jeder Phase wird zudem auf die wesentlichen Merkmale der phasenspezifischen Effizienz eingegangen. Punktuelle Aussagen finden sich zur instrument-spezifischen Effizienz (z. B. welches sind die Merkmale einer zweckmässigen Stärken-/Schwächen-Analyse).[3] Auf wichtige Kriterien zur Beurteilung der Gesamteffizienz von TQM wird am Ende des Phasenmodells hingewiesen.[4]

Die Verfasserin basiert die Empfehlungen primär aus zwei Gründen auf dem Phasenmodell von TQM:

1. Das Phasenmodell verkörpert in idealer Weise die Handlungsorientierung, indem die Zeitachse (Ablauf eines TQM-Projekts) in die Überlegungen integriert wird. Mit Hilfe des Phasenmodells lässt sich aufzeigen, wie TQM im Spital schrittweise realisiert werden kann.

2. Die Erläuterungen zum Phasenmodell bieten gezielt Ansatzpunkte für steuernde Eingriffe und weisen die Verantwortlichen in jeder Phase auf mögliche Stolpersteine resp. Erfolgsfaktoren beim TQM-Projekt hin. Präzisierend ist dabei zu

---

1 Vgl. die Zielsetzung der Arbeit und ihre Begründung in Kapitel I.3, S. 6 ff.

2 Vgl. den präzisierten konzeptionellen Bezugsrahmen in Kapitel IV.5, S. 203 ff.

3 Bei der Beurteilung der instrument-spezifischen Effizienz ergeben sich z. T. Abgrenzungsprobleme, da die einzelnen Instrumente jeweils Bestandteile der einzelnen Phasen sind und damit die übergeordnete phasenspezifische Effizienz ebenfalls mitbestimmen.

4 Die Analyse der Effizienz erfolgt in Analogie zu *Thom*, wobei eine TQM spezifische Adaption erfolgt. Vgl. ausführlich Thom, Norbert (1980), S. 65 ff. und die dort verwendete Literatur.

erwähnen, dass es sich bei dem in dieser Arbeit vorgestellten TQM-Phasenmodell um ein idealtypisches, lineares Vorgehen im Sinne eines „geistigen Ordnungsschemas“ handelt. In der betrieblichen Praxis sind sowohl Rückkoppelungen, Vorkoppelungen als auch parallele Aktivitäten möglich. Darüber hinaus darf das TQM-Phasenmodell nicht als „raum-zeitlich unbeschränktes und damit allgemeingültiges Rezept“ verstanden werden.[5] Vielmehr bedarf es einer Anpassung des Phasenmodells an die Eigenheiten des jeweiligen Spitals. Dies verlangt nach Kreativität und entsprechender Erfahrung der für das TQM verantwortlichen Personen.

Einen Überblick über das von der Verfasserin vorgeschlagene TQM-Phasenmodell zeigt **Abbildung V/ 1**.

In den folgenden vier Kapiteln werden nun Empfehlungen zur Phase „TQM-Vorbereitung“ sowie den drei Hauptphasen „TQM-relevanten Analysen“, „TQM-Konzept“ und „TQM-Implementierung“ im Spital formuliert.

5 Wie bereits in Kapitel I.2, S. 4 ff. erwähnt, wurden die Daten der quantitativen Studie Ende des Jahres 1997 in der Deutschschweiz, die Daten der qualitativen Studie im Frühjahr 1999 (ebenfalls in der Deutschschweiz) erfasst. Bei der qualitativen Studie wurden ausschliesslich Akutspitäler untersucht. Das sich laufend ändernde Umsystem (z. B. KVG, gesellschaftliche Entwicklung) übt einen grossen Einfluss auf den Untersuchungsgegenstand dieser Dissertation aus, d. h. aus wissenschaftlicher Sicht sind die folgenden Aussagen streng genommen auf die Zeitperiode 1997 bis 1999, den geographisch eingeschränkten Raum „Deutschschweiz“ sowie auf Akutspitäler beschränkt.

Abb. V/ 1: TQM-Phasenmodell[6]

TQM-Vorbereitung

Aktivitäten:
- Sensibilisierung und Information der Führungskräfte und Mitarbeiter durch die Spitalleitung
- Grundsatzentscheid
- Personelle und organisatorische Aufgaben im Zusammenhang mit dem Projektmanagement
- Überlegungen zum Einbezug externer Beratung

Hauptphasen

1. TQM-relevante Analysen

Aktivitäten:
- Beschaffen von qualitätsrelevanten externen Informationen
  - Ausserbetriebliche Bedingungsgrössen
  - Patientenzufriedenheit
  - Zufriedenheit der Belegärzte und/oder zuweisenden Ärzte
- Beschaffen von qualitätsrelevanten internen Informationen
  - Betriebliche Bedingungsgrössen
  - Personelle Bedingungsgrössen
  - Mitarbeiterzufriedenheit
  - Stärken-/Schwächenanalyse
  - Analyse der Prozesse im Spital
  - Benchmarking (bei Bedarf)

2. TQM-Konzept

Aktivitäten:
- Formulierung der Qualitätsbotschaft und Qualitätsziele
- Bestimmen von einzelnen Projekten und Massnahmen
- Erarbeitung eines Kommunikationskonzepts (integrierte Kommunikation)

3. TQM-Implementierung

Aktivitäten:
- Organisatorische Verankerung
- Schulungskonzept für Vorgesetzte und Mitarbeiter
- Fortwährende Information und Kommunikation
- Umsetzung von Projekten und geplanten Massnahmen
- Verwendung von ausgewählten Instrumenten zur kontinuierlichen Qualitätssicherung und -förderung
- Controlling und Auditing

---

6 Quelle: Eigene Abbildung.

2. TQM-Vorbereitung

2.1. Einleitung

Eine systematische Planung des Vorgehens leitet das TQM-Projekt ein und ist eine wichtige Komponente für den Gesamterfolg.[7] Die gezielte Vorbereitung kann je nach Grösse und Komplexität des Spitals bis zu einem Jahr dauern und umfasst im wesentlichen *vier Aktivitäten*, wie aus der **Abbildung V/ 2** ersichtlich ist.

Abb. V/ 2: TQM-Vorbereitung[8]

TQM-Vorbereitung

Aktivitäten:
- Sensibilisierung und Information der Führungskräfte und Mitarbeiter durch die Spitalleitung
- Grundsatzentscheid
- Personelle und organisatorische Aufgaben im Zusammenhang mit dem Projektmanagement
- Überlegungen zum Einbezug externer Beratung

2.2. Sensibilisierung und Information der Führungskräfte und Mitarbeiter durch die Spitalleitung

Die Spitalleitung sollte *vor dem Grundsatzentscheid* hinsichtlich der Durchführung eines TQM-Projekts die Führungskräfte und Mitarbeiter im Spital für die Qualitätsthematik sensibilisieren. Auf diesem Weg können eine „Bombenwurfstrategie“[9] und die damit verbundenen Widerstände seitens der Betroffenen verhindert bzw. reduziert werden. Wie sich in der qualitativen Studie gezeigt hat, ist es v. a. die Ärzteschaft, die vielfach die Notwendigkeit und den Nutzen eines spitalumfassenden Konzepts zur kontinuierlichen Qualitätssicherung und –förderung nicht oder zu wenig erkennt.[10]

---

7 Vgl. für die Aktivitäten im Zusammenhang mit der TQM-Vorbereitung auch die Ausführungen in Abschnitt II.4.2.2, S. 50 ff.

8 Quelle: Eigene Abbildung.

9 Vgl. zum Begriff der „Bombenwurfstrategie“ auch die Ausführungen im Zusammenhang mit dem Konzept BPR in Abschnitt II.7.2, S. 108 ff.

10 Vgl. hierzu Abschnitt IV.7.3.3.8, S. 256 f. Entsprechende Zitate sind: *„Ein wichtiger Punkt ist, dass die Ärzte mitmachen. Da sind wir aber bis jetzt auf keine grosse Begeisterung gestossen.“*

Bei einer paritätischen Führung im Spital (d. h. die Mitglieder der Spitalleitung haben Kompetenzen im gleichen Umfang resp. Bedeutungsgrad), in der auch die Ärzteschaft in der Spitalleitung vertreten ist, kann das Thema Qualität z. B. als Traktandum bei Sitzungen aufgegriffen werden. Es geht zu diesem Zeitpunkt noch nicht um konzeptionelle Details; vielmehr sollen *Vorurteile abgebaut und subjektive Meinungen durch möglichst objektive Informationen ersetzt* werden. Beispiele von TQM-Projekten in anderen Spitälern oder Erfolgsmeldungen aus der Presse können hierbei von erheblichem Nutzen sein. Eine weitere Möglichkeit, das Thema sukzessive zu lancieren, besteht darin, eine Person aus einem anderen Spital einzuladen, die über ihre Erfahrungen im Zusammenhang mit TQM spricht.

Für die Information der gesamten Belegschaft empfiehlt sich die Durchführung einer kurzen *Informationsveranstaltung* und/oder die Information der Mitarbeiter durch die jeweiligen Abteilungsleiter. Denkbar ist auch, kurze Beiträge der Spitalleitung in der Hauszeitung zu plazieren oder der Lohnabrechnung Informationsblätter beizulegen. Die Bedeutung einer frühzeitigen Information und Kommunikation kann nicht genug betont werden.[11] Die Mitarbeiter haben dadurch nicht nur Gelegenheit, sich mit den bevorstehenden Aufgaben und Änderungen auseinanderzusetzen, sondern fühlen sich – nach dem Grundsatz „Betroffene zu Beteiligten machen“ – ernst genommen. Wenn die Mitarbeiter zudem die *Möglichkeit* bekommen *Fragen zu stellen*, kann der Bildung von Gerüchten und der Verbreitung von gezielten Fehlinformationen durch Skeptiker und „Bremser“ entgegengewirkt werden.

2.3. Grundsatzentscheid

Im Anschluss an die Sensibilisierung und Information der Führungskräfte und Mitarbeiter hat die Spitalleitung einen Grundsatzentscheid zu fällen. Das Fällen dieses Grundsatzentscheids über die Durchführung des initialen TQM-Projekts sollte in der Spitalleitung *vorzugsweise einstimmig* erfolgen. Bei TQM handelt es sich um einen kontinuierlichen und nicht immer einfachen Prozess, der eine fortwährende Unterstützung (wenn auch nicht immer im gleichen Umfang) der Spitalleitung bedingt. Aus diesem Grund kommt den Mitgliedern der Spitalleitung eine wichtige *Vorbildfunktion* zu. Unstimmigkeiten und Vorbehalte gegenüber TQM auf der obersten Füh-

(Experte 8); „Die Loyalität der Ärzte fehlt.“ (Experte 9); „Es gab Unproblematische, Begeisterte und die ewigen Motzer. Am schwierigsten sind die jungen Ärzte. Tendenziell lässt sich sagen, dass mit zunehmender Qualifikation und Spezialisierung das Gefühl zunimmt, das andere sei eher nebensächlich.“ (Experte 11).

11 Vgl. zur Bedeutung der Information und Kommunikation auch die Ergebnisse aus den Fallstudien in Abschnitt IV.7.3.3.5, S. 249 f.

rungsebene werden von den Mitarbeitern in jedem Fall wahrgenommen und hemmen den Projekterfolg nachhaltig.

2.4. Personelle und organisatorische Aufgaben im Zusammenhang mit dem Projektmanagement

Die personellen und organisatorischen Aufgaben im Zusammenhang mit dem Projektmanagement von TQM beinhalten im wesentlichen *drei Teilaktivitäten*:

1. *Bestimmen des TQM-Promotors*; die zu bestimmende Person für diese Stelle verkörpert eine Art „Paten“ für das TQM. Der Promotor muss voll und ganz hinter dem Projekt stehen sowie die Ziele und Vorteile von TQM gegenüber Mitarbeitern immer wieder, unermüdlich und glaubhaft kommunizieren. In erster Linie geht es also um eine Promotionstätigkeit. Diese Promotionstätigkeit sollte durch eine Führungskraft erbracht werden, die über Akzeptanz bei anderen Führungskräften und Mitarbeitern verfügt. Begeisterungsfähigkeit und Überzeugungskraft dürfen für den TQM-Promotor keine Fremdworte sein. Die Verfasserin empfiehlt die Funktion z. B. mit einem Mediziner in einer hohen hierarchischen Position zu besetzen. Einerseits hat die Aufgabe einen überschaubaren Umfang. Die Ausübung der medizinischen Tätigkeit erleidet dadurch also keine Einbusse. Andererseits hat z. B. ein Chefarzt den erforderlichen Respekt und Einfluss, den diese Funktion erfordert.[12]

2. *Zusammensetzen des Kernteams*; das Kernteam ist für die Planung, Steuerung und überwachende Begleitung des TQM-Projekts verantwortlich. Konkrete Aufgaben des Kernteams sind z. B. die Formulierung der Qualitätsbotschaft und der Qualitätsziele, das Festlegen von Teilprojekten und Massnahmen, die Freigabe der notwendigen personellen und finanziellen Ressourcen sowie die Kontrolle über die Einhaltung von Terminen und des Budgets. Im Idealfall setzt sich das Kernteam aus Mitgliedern der Spitalleitung und dem Qualitätsbeauftragten zusammen. Während die Vertreter der Spitalleitung i. d. R. die notwendigen Kompetenzen für die anstehenden Entscheidungen mitbringen, sollte der Qualitätsbeauftragte über das für das TQM-Projekt erforderliche methodische Wissen (z. B. über Projektmanagement oder Instrumente zur kontinuierlichen Qualitätssicherung und –förderung) verfügen.

---

[12] In Fallspital A übernimmt der medizinische Direktor die Rolle des Projekt-Promotors, wie aus der Aussage des internen Projektleiters zu erkennen ist: *„Ich bin froh, die Autorität des medizinischen Direktors zu haben. Der Arbeitsaufwand ist für alle Beteiligten relativ gross, und da ist diese Unterstützung hilfreich.“*

3. *Bestimmen des erweiterten Projektteams*; die Ergänzung des Kernteams um Mitglieder einer erweiterten Projektgruppe trägt dem Umstand Rechnung, dass TQM-Teilprojekte vorwiegend im Rahmen von Qualitätszirkeln (QZ) bearbeitet werden. Die Leiter der QZ sollten dem erweiterten Projektteam angehören, um einen kontinuierlichen Informationsfluss sicherzustellen. Bei der erweiterten Projektgruppe handelt es sich dabei nicht notwendigerweise um eine dauerhafte Zusammensetzung. Nach Beendigung eines Teilprojekts kann sich die Zusammensetzung der Projektgruppe zumindest teilweise verändern. So tritt z. B. ein Verantwortlicher eines abgeschlossenen Teilprojekts aus und ein Moderator eines neuen QZ stösst zum Projektteam.

Für die oben erwähnten drei Teilaktivitäten bei der Bestimmung der Projektorganisation gilt es, die folgenden Punkte zu berücksichtigen:

- Sämtliche Funktionen der Projektorganisation sind mit Leuten zu besetzen, die über die notwendige Leistungsbereitschaft verfügen. „Zwangsbesetzungen“ sind genauso hemmend für den Erfolg wie Besetzungen durch Mitarbeiter, die an anderer Stelle „gut zu entbehren“ sind. Eine hohe Motivation und Begeisterungsfähigkeit sind für die erfolgreiche Aufgabenerfüllung besonders wichtige Eigenschaften.

- Beim Bestimmen des Kernteams und des erweiterten Projektteams ist auf eine hierarchieübergreifende und interdisziplinäre Zusammensetzung Wert zu legen. Die hierarchieübergreifende Zusammensetzung kann dabei z. B. dazu führen, dass eine Krankenschwester Moderatorin eines QZ ist, der überwiegend aus Ärzten besteht. Ausschlaggebend für die Wahl des Moderators resp. Teilprojektleiters ist in erster Linie die fachliche Kompetenz für den Untersuchungsgegenstand und nicht die hierarchische Einordnung. In diesem Zusammenhang darf das organisatorische „Kongruenzprinzip“ nicht unerwähnt bleiben: Damit es möglichst wenig Konflikte und zeitaufwendige Diskussionen gibt, sollten die Aufgaben, Kompetenzen und Verantwortlichkeiten der Projektmitarbeiter nicht nur aufeinander abgestimmt sein, sondern auch schriftlich festgehalten werden.

- Mit dem Begriff „Interdisziplinarität“ ist nicht eine möglichst „bunt“ zusammengesetzte Gruppe gemeint. Die Zusammensetzung soll sich vielmehr nach den am jeweiligen QZ oder Teilprojekt beteiligten Abteilungen resp. Berufsgruppen ausrichten.

- Die Arbeit im Kernteam aber auch im erweiterten Projektteam kann sehr zeitintensiv sein. Die Arbeitsbelastung im Rahmen der Haupttätigkeit der Projektmitarbeiter ist in der Regel jedoch schon sehr hoch und übersteigt die 100-Prozent-

Grenze.[13] Wenn den betroffenen Mitarbeitern noch zusätzliche Aufgaben im Rahmen des TQM-Projekts übertragen werden, ohne sie dafür entsprechend zu entlasten, ist eine seriöse Projektarbeit kaum möglich.[14] Die Folge sind Stress und Demotivation der Betroffenen, schlechte Arbeitsergebnisse und damit ein unbefriedigender Projekterfolg. Stark belastete Projektmitarbeiter sind deshalb zwischenzeitlich von ihren Haupttätigkeiten zu entlasten.

2.5. Überlegungen zum Einbezug externer Beratung[15]

Für die meisten Spitäler stellt sich im Rahmen der Vorbereitung eines TQM-Projekts die Frage, ob und in welchem Ausmass auf die Hilfe externer Berater zurückgegriffen werden soll. Der Beizug externer Berater kann sich bei einem TQM-Projekt v. a. dann aufdrängen, wenn das für die Durchführung notwendige methodische Wissen fehlt und die internen personellen Ressourcen zur Durchführung „TQM-relevanter Analysen" nicht ausreichend vorhanden sind.

Ein Spital, welches sich für den Beizug externer Berater entscheidet, sollte sich überlegen, welche Rolle der Berater zu spielen hat. Dabei sind folgende *Funktionen* denkbar:

1. Vermittler von TQM-relevanten Methoden/Diskussionsleiter
2. Vermittler von TQM-relevanten Methoden/Diskussionsleiter und Mitbeurteiler des TQM-Konzepts
3. Vermittler von TQM-relevanten Methoden/Diskussionsleiter, Mitbeurteiler des TQM-Konzepts und Mitarbeit bei den TQM-relevanten Analysen
4. (Mit-)Verantwortlicher Projektleiter für das gesamte TQM-Projekt.

Aus praktischer Sicht stehen die *Varianten 2 und 3 im Vordergrund.* Die Variante 1 erscheint aus Kosten-/Nutzenüberlegungen weniger sinnvoll. Darüber hinaus birgt diese Variante die Gefahr, dass der Berater durch die ausschliesslich formale Mitar-

---

13 Ein Experte hat sich in diesem Zusammenhang ziemlich klar ausgedrückt: *„Es werden weder Stunden notiert noch kann man offiziell etwas kompensieren. (...) Das Vorgehen entspricht ein bisschen unserer Hausphilosophie. Ich weiss aber nicht, wie lange wir noch so fortfahren können. Wir verlangen das einfach. Wenn jemand bei uns in leitender Position angestellt ist, muss er sich mit der Entwicklung des Spitals auch befassen. Es ist schliesslich auch in seinem eigenen Interesse." (Experte 4).*

14 Entsprechend äussert sich der Experte (3) zu seiner Situation: *„Ich sollte mich bezüglich TQM auch noch in gewissen Bereichen weiterbilden. Das geht alles zu Lasten meiner beruflichen Weiterbildung. Ich kann mich auch nicht zweiteilen." (Experte 3).*

15 Vgl. hierzu auch Aeberhard, Kurt (1996), S. 220 f.

beit von den Betroffenen weniger akzeptiert wird. Gegen die Variante 4 spricht, dass die Gesamtverantwortung eines TQM-Projekts die Spitalleitung trägt und sie nicht an eine externe Person delegiert werden sollte. Die dadurch entstehende Machtposition des Beraters würde zu Widerständen von Seiten der am Projekt beteiligten Mitarbeiter führen. Zudem könnte eine derartige Konstellation zur Folge haben, dass gerade der notwendigen Anpassung von TQM an die spezifischen Merkmalen des betroffenen Spitals zu wenig Rechnung getragen würde und damit der Gesamterfolg von TQM in Frage gestellt ist.

Die quantitative Studie zeigt deutlich, dass sich die befragten Spitäler der Deutschschweiz im Umbruch befinden. Der von externen Institutionen (Krankenkassen, Staat) ausgelöste Spardruck, neue gesetzliche Regelungen, der intensivierte Konkurrenzkampf zwischen Leistungsanbietern etc. haben Reformmassnahmen in beachtlichem Umfang ausgelöst. Diese Entwicklung ist den Beratungsunternehmungen nicht verborgen geblieben. Sie sehen in der Schweizer Spitalbranche ein grosses Potential für Beratungsdienstleistungen. Die Verfasserin hat in den Fallstudien jedoch die Erfahrung gemacht, dass z. T. Konzepte und Instrumente aus der Industrie verwendet werden, ohne dass sie hinreichend an die Besonderheiten der Institution Spital angepasst werden. Die Folge davon ist, dass zwar die Kosten für die Beratung anfallen, der Nutzen des Beizugs externer Berater in vielen Fällen jedoch ausbleibt oder nur unbefriedigend ist. Um den gewünschten Effekt zu erzielen, ist folglich darauf zu achten, dass die Berater über spezifisches Methodenwissen und Kenntnisse der Besonderheiten des Spitals verfügen. Ist diese Voraussetzung erfüllt, kann ein externer Berater zum Gelingen eines TQM-Projekts einen wesentlichen Beitrag leisten.

2.6. Hinweise für die Effizienz in der TQM-Vorbereitung

In der TQM-Vorbereitung sind die folgenden Punkte für das Erreichen einer hohen phasenspezifischen Effizienz zu beachten:

- Massnahmen zum Erreichen einer hohen Akzeptanz für das TQM-Gesamtprojekt werden ergriffen.
- Ein hoher Informationsgrad aller Beteiligten wird durch aktive Kommunikation sichergestellt.
- Ein hoher Konsens beim Grundsatzentscheid wird angestrebt. Das TQM-Projekt ist ziel- und strategiegerecht.
- Anforderungsprofile für die zu besetzenden Funktionen (Promotor, Kernteam und erweitertes Projektteam) sind vorhanden und sind aus den Anforderungen an ein TQM-Projekt abgeleitet.

- Eine interdisziplinäre und hierarchieübergreifende Zusammensetzung des Kernteams und der erweiterten Projektgruppe ist sichergestellt, d. h. sinnvolle Integration von projektrelevantem Wissen.
- Organisatorische Klarheit bei der Projektorganisation gemäss dem Kongruenzprinzip ist gewährleistet (Übereinstimmung von Aufgaben, Kompetenzen und Verantwortlichkeiten).

3. TQM-relevante Analysen

3.1. Einleitung

Die Ergebnisse der qualitativen Studie haben gezeigt, dass auch in den in Bezug auf TQM innovativen und fortschrittlichen Spitälern der Analysephase nicht überall die notwendige Aufmerksamkeit zukommt.[16] Die untersuchten Spitäler stellen die Veränderungen (Hauptphase „TQM-Konzept") klar in den Vordergrund. Die Verfasserin befürwortet grundsätzlich ein direktes Vorgehen und damit erste, rasche Erfolge bei der Durchführung eines TQM-Projekts. Dies motiviert die Mitarbeiter und setzt Energie für weitere Teilprojekte frei. *Ohne ein Mindestmass an Analyse zum Erfassen der IST-Situation ist eine systematische und zielgerichtete Durchführung eines TQM-Projekts jedoch kaum möglich.* Die Analyse der IST-Situation bildet die Informationsgrundlage, um in der „Konzept-Phase" systematisch Verbesserungen zu planen und sie später in der „Implementierungs-Phase" realisieren zu können. Eine zu starke Ausrichtung des Projekts auf „rasche Aktionen" kann den Blick für das Ganze gefährden und an den „wahren Ursachen"[17] vorbeigehen.

Die hier empfohlenen TQM-relevanten Analysen umfassen zum einen Aktivitäten, die der Beschaffung von qualitätsrelevanten externen Informationen dienen. Zum anderen werden auch Aktivitäten vorgestellt, mit deren Hilfe das Spital die qualitätsrelevanten internen Informationen erheben kann. Im Gegensatz zum Phasenmodell der Fachliteratur empfiehlt die Verfasserin, die Analyse mit der Beschaffung der externen qualitätsrelevanten Informationen zu beginnen. Diese *Vorgehensweise „von aussen nach innen"* hat verschiedene Vorteile. Indem zunächst die relevanten Entwicklungen in der Spitalumwelt (z. B. rechtliche Neuerungen, soziodemographische Entwicklung etc.) und die sich verändernden Bedürfnisse (z. B. erhöhte Anspruchs-

---

16 Vgl. hierzu Abschnitt IV.7.3.3.3, S. 241 ff.

17 *Taiichi Ohno* hat hierzu die Technik des „Fünf mal Warum" entwickelt. Er ist der Auffassung, dass mit einem fünfmaligen Nachfragen die wahren Ursachen eines Problems gefunden und Symptombekämpfungen gezielt vermieden werden können. Vgl. hierzu auch die Ausführungen im Zusammenhang mit dem Managementkonzept „Kaizen" in Abschnitt II.3.2.3, S. 32 ff.

haltung bezüglich Hotellerie, vermehrter Informationsbedarf etc.) der Patienten erfasst werden, kann anschliessend bei der Beschaffung der qualitätsrelevanten internen Informationen gezielter vorgegangen werden, d. h. die Analyse der internen Merkmale wird auf diejenigen Faktoren konzentriert, die aufgrund der externen Bedingungen als relevant eingestuft werden können. Ein Beispiel soll diese Überlegung verdeutlichen: Die externe Analyse der soziodemographischen Entwicklung prognostiziert für die kommenden Jahre einen stetigen Zuwachs der Bevölkerung, die älter als 65 Jahre ist bei einem gleichzeitig anhaltenden Rückgang der Geburtenrate. Damit gewinnen die Kriterien zur Beurteilung der „medizinischen und pflegerischen Leistung für ältere Patienten" relativ zur Beurteilung der Kriterien einer „modernen Geburtenabteilung" bei der internen Stärken-/Schwächenanalye an Bedeutung. Das Vorgehen bei der Analyse entspricht folglich einem Trichtermodell, welches das Analysespektrum sukzessive auf die wichtigen Merkmale einengt.

Abbildung V/ 3 zeigt die insgesamt *neun Aktivitäten* im Zusammenhang mit den TQM-relevanten Analysen.

Abb. V/ 3: TQM-relevante Analysen[18]

1. TQM-relevante Analysen

Aktivitäten:
- Beschaffen von qualitätsrelevanten externen Informationen
  - Ausserbetriebliche Bedingungsgrössen
  - Patientenzufriedenheit
  - Zufriedenheit der Belegärzte und/oder zuweisenden Ärzte
- Beschaffen von qualitätsrelevanten internen Informationen
  - Betriebliche Bedingungsgrössen
  - Personelle Bedingungsgrössen
  - Mitarbeiterzufriedenheit
  - Stärken-/Schwächenanalyse
  - Analyse der Prozesse im Spital
  - Benchmarking (bei Bedarf)

18 Quelle: Eigene Abbildung.

3.2. Beschaffen von qualitätsrelevanten externen Informationen

3.2.1. Ausserbetriebliche Bedingungsgrössen

Primär geht es bei der Analyse der *ausserbetrieblichen Bedingungsgrössen* darum, im Sinne eines antizipierten Verhaltens mögliche Szenarien betreffend der zukünftigen Veränderungen im Umsystem des Spitals zu erarbeiten. Je früher ein Spital über mögliche Veränderungen informiert ist, um so mehr „strategischer Freiraum" verbleibt, um entsprechende Massnahmen einzuleiten. Ein Experte bringt diese Notwendigkeit klar zum Ausdruck: *„Wir vertreten die Philosophie, dass wir als Spital immer dort, wo sich ein neuer Trend abzeichnet, als eines der ersten Häuser dabei sein möchten. Wir haben einfach einen Pioniergeist." (Experte 2).*

Die Beobachtung der *sozio-kulturellen Umwelt* kann z. B. Hinweise über allfällige Anpassungen des Angebotsprogramms liefern. Wenn sich z. B., wie oben bereits erwähnt, die demographische Entwicklung dahingehend verändert, dass es immer mehr ältere Menschen bzw. Patienten gibt, müssen entsprechende Massnahmen getroffen werden. Ein anderes Beispiel ist die Veränderung der Patientenansprüche. Wenn die Patienten bezüglich Hotellerie höhere Ansprüche stellen, wird sich ein proaktives Spital diesem Trend anpassen, indem z. B. vermehrt bauliche Investitionen getätigt werden (sanitäre Einrichtungen in den Zimmern, Unterhaltungsmöglichkeiten etc.).

Die Analyse der *rechtlich-politischen Umwelt* bezweckt, neue politische Bewegungen zu identifizieren, die den Handlungsspielraum des Spitals einengen können. So sind z. B. im vorparlamentarischen Raum relevante Tendenzen ersichtlich, noch bevor ein neues Gesetz verabschiedet wird.

Bei der Analyse der ausserbetrieblichen Bedingungsgrössen kann auf verschiedene Informationskategorien zurückgegriffen werden:[19] (1) Erfahrungspotential des Projektteams, (2) im Spital vorhandenes Sekundärmaterial (z. B. Ergebnisse früherer Patientenbefragungen), (3) extern verfügbares Sekundärmaterial (z. B. Studien, Zeitungsartikel, Pressemitteilungen, statistische Angaben von Bundesämtern), (4) punktuelle nicht-repräsentative Feldforschung (z. B. Gespräche mit ausgewählten Experten) sowie (5) repräsentative Feldforschung (z. B. eigene, umfassend angelegte Marktstudien).[20] Eine breite und fundierte Informationsbasis ist anzustreben. Es ist jedoch auch zu bedenken, dass mit zunehmender Vertiefung der Informationsbasis

---

[19] Vgl. Aeberhard, Kurt (1996), S. 249 ff.

[20] Die hier dargelegten Informationskategorien existieren gleichermassen auch bei allen anderen Analysen zur Beurteilung der Ist-Situation.

auch die Kosten und der zeitliche Aufwand steigen. Kosten-/Nutzenüberlegungen bei der Informationsbeschaffung sind somit in jedem Fall anzustellen.

3.2.2. Patientenzufriedenheit

In Bezug auf die Erfassung der Patientenzufriedenheit sind die Spitäler der Deutschschweiz bereits heute als fortschrittlich einzustufen. Wie die quantitative Studie gezeigt hat, führen 83.7% der antwortenden Institutionen Befragungen bei ihren Patienten durch. Am häufigsten wird dabei die schriftliche Form der Befragung verwendet (in 88% aller Fälle).[21] Die Verfasserin befürwortet dieses Vorgehen, weil die schriftliche Befragung aufgrund ihrer Anonymität und Effizienz (mit weniger Aufwand können mehr Leute erreicht werden als z. B. mit mündlichen Interviews) einen hohes Mass an Effektivität (z. B. bezüglich der Aussagekraft der Ergebnisse) verspricht.

Die folgenden Punkte sind als *Hinweise für „kontinuierliche Verbesserungen"* bei der Durchführung von Patientenbefragungen zu verstehen:

- Die Fragen sollten sich nicht ausschliesslich auf die Strukturqualität (Infrastruktur, Essen, Umgebung, Erreichbarkeit, Veranstaltungsangebot etc.) beschränken.[22]
- Eine nachträgliche Befragung nach dem Austritt bringt wichtige Informationen (z. B. nachträgliche Beschwerden, Informationsdefizite). Zudem sind die Antworten tendenziell reflektierter und nicht durch den bevorstehenden Austritt (wird in der Regel als positives Ereignis wahrgenommen) verzerrt.
- Der Beizug eines externen Beraters bzw. Instituts bei der Konzeption und Durchführung von Patientenbefragungen sichert ein professionelles Vorgehen (z. B. bei der Auswertung) und gewährleistet die Anonymität der Patienten (wirkt sich auch positiv auf den Rücklauf aus).
- Patientenbefragungen dienen keinem Selbstzweck, sondern bilden eine wichtige Informationsgrundlage für die kontinuierliche Verbesserung der Qualität im Spital. Die Häufigkeit der Ableitung von entsprechenden Massnahmen in der Praxis aufgrund von Patientenbefragungen ist ein Hinweis auf die Effizienz des Instruments. Gleichzeitig ist die Verwendung des Instruments ein Indikator, wie ernst es den Verantwortlichen mit der Patientenzufriedenheit ist.

---

21 Vgl. auch den Abschnitt IV.4.4.1, S. 185 f.

22 Wertvolle Hinweise, welche Bedürfnisse für die Patienten im Vordergrund stehen und deshalb bei einer Befragung untersucht werden sollten, finden sich bei Rüegg-Dual, Ruth (1998), S. 12 f. und bei Schmutte, Andre M. (1998), S. 230 ff.

3.2.3. Zufriedenheit der Belegärzte und/oder zuweisenden Ärzte

Die Analyse der Zufriedenheit der Belegärzte und/oder zuweisenden Ärzte verfolgt das gleiche Ziel wie die Befragung der Patienten. Die befragten Personen sollen die Leistungen des Spitals aus ihrer Sicht beurteilen und damit für das Spital Ansatzpunkte für Verbesserungen aufzeigen.[23]

Eine besonders wichtige Rolle spielt die Analyse der Zufriedenheit der Belegärzte in Spitälern mit einem Belegarztprinzip. In diesen Institutionen sind die Belegärzte die primären Kunden; von ihrer Zufriedenheit hängt letztlich u. a. auch die Auslastung des Spitals ab.

Mit welcher Befragungsform die Zufriedenheit der Belegärzte und/oder zuweisenden Ärzte untersucht wird, ist von geringerer Bedeutung als bei der Patientenbefragung. Bei den Belegärzten kann z. B. anstelle einer schriftlichen Befragung auch eine Gesprächsrunde mit einer vorgegebenen Themenliste durchgeführt werden. Denkbar ist auch, in regelmässigen Abständen einen „Ärztenachmittag" zu organisieren, bei dem interessierte Hausärzte zuerst einen Vortrag zu einem aktuellen Thema hören (als Anreiz) und sich anschliessend an einem Podiumsgespräch zur Leistung des Spitals beteiligen. Solche Podiumsgespräche sollten gezielt Problembereiche aus Sicht der Hausärzte aufgreifen.

Im Zusammenhang mit der Befragung der Belegärzte und/oder Hausärzte ist ebenfalls festzuhalten, dass die aktive und effektive Beseitigung der Schwachstellen (wenn sie im Handlungsspielraum des Spitals liegen) eine absolute Notwendigkeit darstellt. Ansonsten erreicht das Instrument genau die gegenteilige Wirkung, nämlich einen Vertrauensverlust.

Bei der Befragung von Belegärzten sind einige weitere Punkte zu berücksichtigen. Belegärzte sind relativ schwierig in die Qualitätsbestrebungen eines Spitals einzubinden. Da die Ärzte nicht vom Spital angestellt sind, konkurrieren (zumindest kurzfristig) die zeitlichen Aktivitäten zur Qualitätsverbesserung (nicht verrechenbarer Aufwand) direkt mit dem Einkommenserwerb. Ein Vorteil des Belegarztprinzips ist dagegen, dass die Ärzte ihre eigenen Patienten behandeln und dementsprechend auch an einer hochstehenden Ergebnisqualität ihrer Leistungen interessiert sind, da sonst die Patienten den Arzt wechseln. Bis zu einem gewissen Grad beeinflussen die Belegärzte auch die Prozessqualität im positiven Sinn. So sind sie z. B. an möglichst kurzen Wartezeiten oder flexiblen Eintritts- und Austrittszeiten für ihre Patienten interessiert.

---

23 Vgl. für die Befragung von zuweisenden Ärzten auch Schmutte, Andre M. (1998), S. 255 ff.

Mit der *Anwendung eines Qualitätsmassstabs* (z. B. Einholen von Referenzen, Arbeitsproben, Zusicherung einer gewissen Kooperation im Zusammenhang mit TQM) lässt sich die Zusammensetzung beim Belegarztprinzip so steuern, dass ein gewisses Qualitätsniveau sichergestellt ist.

3.3. Beschaffen von qualitätsrelevanten internen Informationen

3.3.1. Betriebliche Bedingungsgrössen

Bei den betrieblichen Bedingungsgrössen handelt es sich – wie bereits erwähnt – um interne Rahmenbedingungen, die den Handlungsspielraum des Spitalmanagements vorgeben. Die Unveränderbarkeit der betrieblichen Bedingungsgrössen ist jedoch weniger weitreichend, als dies bei den ausserbetrieblichen Rahmenbedingungen der Fall ist. Ihre Gültigkeit bezieht sich auf den kurz- bis mittelfristigen Zeithorizont.

Für die Beschaffung der qualitätsrelevanten internen Informationen sind vor allem zwei Bedingungsgrössen detaillierter zu untersuchen: Die *Rahmenorganisation* sowie der *Standort* des Spitals.

Die empirischen Studien haben gezeigt, dass in den Deutschschweizer Spitälern die organisatorische Dreiteilung (Verwaltung, Ärzteschaft und Pflege), welche die *Rahmenorganisation* in den Spitälern prägt, die Qualitätsbestrebungen nicht unerheblich erschwert. Die organisatorische Dreiteilung ist mit zahlreichen *Nachteilen* verbunden:

- Die hierarchisch höher positionierten Stellen der Ärzteschaft sind überwiegend von Männern besetzt, während in der Berufsgruppe der Pflegenden die Frauen dominieren.
- Die Ärzte anerkennen die notwendige ganzheitliche Betrachtung der kontinuierlichen Qualitätssicherung und –förderung (noch) zuwenig. Diese Einstellung zeigt sich in einer lediglich mittelmässigen Begeisterung für die Aktivitäten im Zusammenhang mit TQM.
- Das starre Denken in der eigenen Berufskategorie ist weit verbreitet; das notwendige Denken in bereichsübergreifenden Prozessen wird dadurch erschwert.
- Im Spital wird die rein formale Ausbildung (Hochschulstudium) stark betont. Dies führt u. a. zu einer mangelnden Wertschätzung des Beitrags der Pflege zum Endergebnis (z. B. wieder genesener Patient).

Bei der Beschaffung der Informationen über die betrieblichen Bedingungsgrössen im Spital gilt es also, die allfällige Existenz der oben genannten eher negativen Ergebnisse in der eigenen Institution zu überprüfen. Ein antizipatives Vorgehen ist vielleicht auf den ersten Blick nicht sehr motivierend, v. a. wenn sich zeigt, dass z. B. die Ärzteschaft gegenüber dem geplanten TQM-Projekt kritisch eingestellt ist. Das frühzeitige Erkennen der oben skizzierten Konstellationen erlaubt den Verantwortlichen aber auch, bereits frühzeitig entsprechende Gegenmassnahmen (Schulung, Information und Kommunikation, personelle Besetzung innerhalb des Projekts etc.) zu ergreifen und damit die Chance eines Gesamterfolgs von TQM zu erhöhen.

Mit der Analyse der Bedingungsgrösse *Standort* im weiteren Sinn wird die Konkurrenzsituation untersucht.[24] Die Analyse der vorhandenen Konkurrenz hilft dem Spital bei der Positionierung der eigenen Leistungen. Zentrale Fragen sind: Wer sind unsere Konkurrenten? Welche Leistungen bietet die Konkurrenten an? Wo gibt es allenfalls noch Lücken im Angebot, die wir füllen können? Gibt es möglicherweise Synergien zwischen uns und der Konkurrenz, die sich in Form einer Kooperation nutzen lassen?

3.3.2. Personelle Bedingungsgrössen

Die Untersuchung der personellen Bedingungsgrössen konzentriert sich v. a. auf die *Leistungsfähigkeit und –bereitschaft, das Qualitätsbewusstsein sowie den Änderungswiderstand der eigenen Mitarbeiter.*

Aus den Ergebnissen der Analyse der Leistungsfähigkeit („Könnens-Ebene") lassen sich konkrete Schulungsmassnahmen im Zusammenhang mit dem TQM-Projekt ableiten.[25] Eine in der Fachliteratur zunehmend diskutierte Variante zur Beurteilung der Leistungsfähigkeit ist die sog. *„360-Grad-Beurteilung"*.[26] Dabei erfolgt die Leistungsbeurteilung aus verschiedenen Blickwinkeln, indem der Vorgesetzte (von oben), die unterstellten Mitarbeiter[27] (von unten), die Kollegen auf der gleichen hierarchischen Stufe (von links und rechts) sowie die Patienten und zuweisenden Ärzte (von aussen) den betreffenden Mitarbeiter beurteilen.

Die verschiedenen Personen machen dabei jeweils nur zu denjenigen Punkten Aussagen, die sie aus ihrer Perspektive auch beurteilen können. Der Patient kann z. B. über

---

24 Die Analyse des Standorts im weiteren Sinn wird hier als interne Bedingungsgrösse behandelt. Dabei muss allerdings berücksichtigt werden, dass die Beurteilung des Standorts nicht ohne externe Informationen über die Konkurrenten erfolgen kann. Wertvolle Erkenntnisse ergeben sich erst aus einer Synthese interner und externer Informationen.

25 Vgl. hierzu den Abschnitt V.5.3, S. 294 f.

26 Vgl. hierzu u. a. Harss, Claudia/Maier, Karin/Weill, Peter (1999), S. 85 ff.

27 Vgl. zur Vorgesetztenbeurteilung durch die Mitarbeiter u. a. Thönnessen, Johannes (1999), S. 99 ff.

die sozialen Kompetenzen eines Arztes Auskunft geben, indem er die Freundlichkeit, die Auskunftsbereitschaft oder die Geduld bei der Visite beurteilt. Dagegen kann ein Chefarzt als Vorgesetzter z. B. die fachliche Kompetenz eines Assistenzarztes einschätzen. Die 360-Grad-Beurteilung soll sicherstellen, dass *Verzerrungen minimiert* werden. Bei der Anwendung dieses Instruments sollten sich die Verantwortlichen aber auch darüber im Klaren sein, dass die von den befragten Personen gemachten *Aussagen zweckgeleitet* sind und letztlich auch persönliche Interessen hinter einer Beurteilung stehen. Hinzu kommt, dass eine 360-Grad-Beurteilung einen erheblichen Analyseaufwand verursacht.

Eng verbunden mit der Leistungsfähigkeit ist die *Leistungsbereitschaft*. Ein Experte drückt dies treffend aus: *„Wissen und Können kann man sich noch beschaffen, aber das Wollen ist auch sehr wichtig."* Die empirischen Studien haben ergeben, dass die Leistungsbereitschaft („Wollens-Ebene") im allgemeinen als hoch eingestuft wird.[28] Allerdings sind die im Spital angewendeten Instrumente zur Beurteilung der Leistungsbereitschaft eher einfach. Es dominieren spontane Mitarbeitergespräche, die tendenziell unvollständig und subjektiv verfälscht sind. Eher selten kommen *ausgewogene, strukturierte und objektive Fragekataloge* zur Anwendung. Zudem werden in erster Linie Verfahrens- und weniger Zielerreichungskontrollen vorgenommen.

Eine weitere personelle Bedingungsgrösse, die es zu untersuchen gilt, ist das *Qualitätsbewusstsein* der Belegschaft. Bezüglich Qualitätsbewusstsein hat das Spital relativ gute Voraussetzungen. Zum einen ist die Qualität in unserer Schweizer Landeskultur fest verankert (so geniessen z. B. Produkte „made in Switzerland" nach wie vor ein hohes Qualitätsimage). Zum anderen hat die qualitative Studie gezeigt, dass das Erbringen einer hochstehenden Qualität Teil des Berufsstolzes bei der Pflege und Ärzteschaft ist. Eine Verstärkung des Qualitätsbewusstseins kann u. a. dann erreicht werden, wenn *die Qualität in den Unternehmenszielen verankert* ist und als *Teil der Spitalkultur gezielt gelebt und gefördert* wird. Der Spitalleitung kommt dabei eine Vorbildfunktion zu. Zur Messung des Qualitätsbewusstseins sind verschiedene Instrumente einsetzbar. Ein erstes, eher intuitives und grundsätzliches Instrument zur Messung des vorhandenen Qualitätsbewusstseins ist eine (Dokumenten-)Analyse. Untersucht wird dabei z. B. welche Instrumente, Massnahmen, Aktivitäten etc. in einem Spital zur Sicherung der Qualität existieren. Vertiefen lässt sich das Verständnis des Qualitätsbewusstseins mit gezielten (mündlichen) Befragungen von Mitarbeitern.

Eine weitere personelle Bedingungsgrösse ist der *Änderungswiderstand* der Belegschaft. Ängste entstehen, wenn die Betroffenen Änderungen mit dem Verlust von

[28] Eine positive Verzerrung der Antworten ist aufgrund der emotionalen Komponente jedoch nicht auszuschliessen. Vgl. auch den Abschnitt IV.4.2.4.2, S. 176 f.

Sicherheit und Stabilität in Verbindung bringen und eine Abwertung ihres Wissens befürchten. Der Strukturwandel, dem das Gesundheitswesen insgesamt ausgesetzt ist, wird in Zukunft aber noch mehr Veränderungen mit sich bringen. Dem Abbau von Ängsten kann die Spitalleitung deshalb nicht genug Aufmerksamkeit schenken. Mit Hilfe von Information und Kommunikation ist der Nutzen des Neuen aufzuzeigen. Idealerweise haben die Mitarbeiter letztlich mehr Sehnsucht nach Veränderung als nach Aufrechterhaltung des Status quo. Endziel ist *der Aufbau einer Veränderungskompetenz der Mitarbeiter*. Die Analyse des Änderungswiderstands ist nicht unproblematisch. Eine Befragung hilft nur bedingt weiter, da von den Betroffenen Änderungswiderstand nicht ohne weiteres offengelegt wird. Die Beurteilung der Änderungsbereitschaft basiert zu einem grossen Teil auf Erfahrung aus bisherigen Projekten und einer gezielten Beobachtung des Verhaltens gegenüber Veränderungen.

Ein hilfreiches Instrument für den Abbau des Änderungswiderstands ist das sogenannte „*Gegenstromverfahren*". Es gehört zu den methodischen Merkmalen von TQM.[29] Während die Vorbereitungsphase eines TQM-Projekts noch weitgehend durch ein top-down-Vorgehen gekennzeichnet ist (Definition von Zielen, Ressourcen etc.), sollte im Verlauf des Projekts immer mehr auch bottom-up kommuniziert und gearbeitet werden. Die betroffenen Mitarbeiter werden in die Entscheide einbezogen und haben die Kompetenz, Teilprojekte eigenständig zu initiieren und umzusetzen.

3.3.3. Mitarbeiterzufriedenheit

Das Thema Mitarbeiterzufriedenheit wurde in der vorliegenden Arbeit bereits vielfach diskutiert.[30] TQM geht von einem erweiterten Kundenbegriff aus, d. h. die Mitarbeiter sind als interne Kunden zu betrachten. Ihnen kommt somit der gleiche Stellenwert zu wie den Patienten (dabei handelt es sich um die externen Kunden). Die praktischen Erfahrungen ergeben allerdings ein deutliches Bild. Nicht einmal in den in Bezug auf TQM als innovativ und fortschrittlich zu bezeichnenden Spitälern wird die Mitarbeiterzufriedenheit überall systematisch analysiert.

Die Verfasserin empfiehlt daher den TQM-Verantwortlichen *regelmässig*[31] *Belegschaftsbefragungen* von einer externen, unabhängigen Institution durchführen zu las-

29 Vgl. zu den methodischen Merkmalen von TQM den Abschnitt II.4.1, S. 40 ff. sowie die Abbildung II/ 11, S. 59.

30 Vgl. die Abschnitte IV.4.4.3, S. 189 ff. und IV.7.3.3.6, S. 251 ff.

31 Der Begriff „regelmässig" ist zu präzisieren. In einer der durchgeführten Fallstudien führte das Spital z. B. in fünf Jahren zweimal eine Mitarbeiter-Zufriedenheitsbefragung durch. Erstrebenswert wäre, jedes Jahr eine Befragung im Sinne eines „Stimmungsbarometers" durchzufüh-

sen. Mit einer schriftlichen Befragung mit vorwiegend geschlossenen Fragen kann die Anonymität am besten gewährleistet werden. Darüber hinaus lassen sich mit einem angemessenen finanziellen und zeitlichen Aufwand genügend Personen befragen, damit die Ergebnisse ein vertretbares Abbild der Spitalrealität ergeben. Eine Alternative sind mündliche Interviews, die von geschulten Personen durchgeführt werden; allerdings sind bei dieser Variante der Zeitaufwand und die Kosten um ein Vielfaches grösser.[32]

Wichtige Punkte für eine erfolgreiche Durchführung von Belegschaftsbefragungen sind ein rasches Feedback, die Diskussion der Ergebnisse sowie das Ableiten konkreter Massnahmen (in Zusammenarbeit mit den betroffen Personen). Wenn die Mitarbeiter sehen, dass die Befragung auch Veränderungen bewirkt, wächst grundsätzlich das Vertrauen in die Spitalleitung. Dieses Vertrauen bildet letztlich die Voraussetzung für eine hohe Qualität und Aussagekraft der Befragungsergebnisse.[33]

Eine Belegschaftsbefragung ist eine wichtige Analyse im Rahmen von TQM und bietet zahlreiche Vorteile (Auswahl):

- Die Ergebnisse geben direkt Ansatzpunkte für Verbesserungen.
- Die Mitarbeiter fühlen sich ernst genommen (Mitarbeiterorientierung ist nicht nur ein „Lippenbekenntnis").
- Die Leistungsbereitschaft (Motivation) der Belegschaft wird positiv beeinflusst.
- Immaterielle Vorteile von TQM lassen sich erheben.
- Das wiederholte Durchführen ermöglicht systematische Fortschrittskontrollen in der Phase der TQM-Implementierung und schafft somit die Voraussetzung für die kontinuierliche Verbesserungen der Qualität im Spital.

---

ren. Eine allgemeingültige Aussage ist indes nicht möglich. Die Häufigkeit von Mitarbeiter-Zufriedenheitsbefragungen ist u. a. auch vom Budget abhängig. Wenn ein Spital über eine intensive Kommunikationskultur verfügt, bei der das notwendige Vertrauen vorhanden ist, sich auch über unangenehme Sachen zu äussern, können regelmässige Gesprächsrunden auf freiwilliger Basis eine sinnvolle Alternative zur Mitarbeiterbefragung darstellen.

32 Eine detaillierte Erfassung der Mitarbeiterzufriedenheit mit Hilfe von Interviews findet sich bei Bayard, Nicole (1997), S. 195 ff.

33 Vgl. hierzu auch Bayard, Nicole (1997), S. 371.

3.3.4. Stärken-/Schwächenanalyse

Mit Hilfe der Stärken-/Schwächenanalyse[34] werden die internen Potentiale eines Spitals im Vergleich zu den Ressourcen und Fähigkeiten der wichtigsten Konkurrenten bewertet. Der Vergleich zur Konkurrenz wird gemacht, weil die Stärken und Schwächen in der Regel selektiv wahrgenommen werden, d. h. es besteht die Gefahr einer Überschätzung der eigenen Stärken resp. Unterschätzung der eigenen Schwächen.

Bei der Stärken-/Schwächenanalyse ist zu berücksichtigen, dass sich die Analyse jeweils auf den Ist-Zustand und die Vergangenheit bezieht. Welche Bedeutung die vorhandenen Stärken und Schwächen des Spitals in Zukunft haben werden, zeigt sich erst bei einer Gegenüberstellung der Entwicklung qualitätsrelevanter externer Informationen (z. B. Entwicklung bei den externen Bedingungen, Entwicklungen bei den Patientenbedürfnissen) und den heute vorhandenen Stärken/Schwächen eines Spitals.

Das *Resultat* einer Stärken-/Schwächenanalyse ist in der Regel ein *Stärken-/Schwächenprofil*, welches die Position der eigenen Institution im Verhältnis zur Konkurrenz anhand sog. Qualitätsindikatoren aufzeigt. Die Qualitätsindikatoren setzen sich aus den relevanten Merkmalen zur Struktur-, Prozess- und Ergebnisqualität zusammen. **Abbildung V/ 4** zeigt ein Beispiel eines möglichen Profils. Bei der Bestimmung der relevanten Merkmale kann einerseits auf die Erkenntnisse aus der Analyse der qualitätsrelevanten externen Informationen, andererseits auf das Erfahrungspotential der Projektmitarbeiter zurückgegriffen werden.

---

34 Vgl. hierzu auch Aeberhard, Kurt (1996), S. 171 ff. und die dort verwendete Literatur.

Abb. V/ 4: Beispiel eines Stärken-/Schwächenprofils[35]

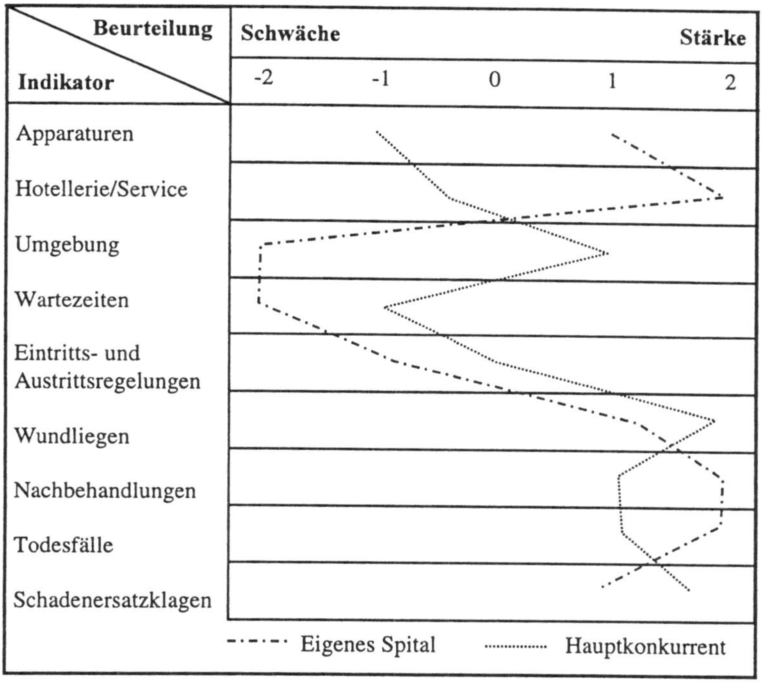

3.3.5. Analyse der Prozesse im Spital

Die Prozesse im Spital sollten in einem möglichst einfachen Ablaufschema festgehalten werden. Dieses Ablaufschema beinhaltet alle wesentlichen Prozessschritte, Entscheidungspunkte und Verantwortlichkeiten.

Aus *Zeit- und Kostengründen* empfiehlt es sich, zunächst nur den *Hauptprozess* im Spital detailliert zu *erfassen.*[36] Als Hauptprozess ist der „Weg des Patienten" im Spital gemeint. Er beginnt beim Eintritt des Patienten in das Spital und endet bei seinem Austritt. Je nach Bedarf kann der Prozess breiter gefasst werden, indem z. B. die

---

35 Quelle: Eigene Abbildung.

36 Die Analyse der Prozesse kann z. B. mit Hilfe der Wertkettenanalyse nach Porter erfolgen. Vgl. hierzu auch Aeberhard, Kurt (1996), S. 176 ff. und die dort angegebene Literatur.

Einweisung des Arztes ebenso analysiert wird, wie eine allfällige Nachuntersuchung/Kontrolle nachdem der Patient das Spital bereits verlassen hat.

Der Hauptprozess lässt sich seinerseits wiederum in Teilprozesse, wie z. B. den Operationsprozess[37] oder den Prozess der Leistungserfassung und Rechnungsstellung untergliedern (Unterteilung des Prozesses in Prozess-Hierarchien[38]). Eine vertiefende Analyse der Teilprozesse in der Phase der TQM-relevanten Analysen kann wichtige Ansatzpunkte für Verbesserungen liefern.

In der betrieblichen Praxis kann es sich als zweckmässig erweisen, die vertiefende Analyse der Teilprozesse in einer „zweiten Analyserunde" in der Phase der TQM-Implementierung vorzunehmen. So können z. B. im Sinne der kontinuierlichen Verbesserung spezielle QZ definiert werden, die ausgewählte Teilprozesse genauer analysieren und Verbesserungen erarbeiten.

Mit einer Analyse der Prozesse im Spital sollen die folgenden Ziele erreicht werden:

- Aufzeigen und Festhalten der Prozesse im Spital.
- Identifikation der relevanten Schnittstellen im Hauptprozess.
- Erarbeiten von Lösungsansätzen zur Minimierung der Schnittstellenprobleme.
- Aufzeigen, welche Tätigkeiten der einzelne Mitarbeiter innerhalb des Prozesses verrichtet und wer seine internen Kunden sind.
- Sensibilisierung der Mitarbeiter für die Notwendigkeit der funktionsübergreifenden Zusammenarbeit.

3.3.6. Benchmarking (bei Bedarf)

Der Begriff Benchmarking kommt ursprünglich aus dem Sprachgebrauch der Landesvermessung. Dort bezeichnet eine Benchmark einen Orientierungspunkt. Auch in der Spitalführung soll Benchmarking *Orientierungspunkte liefern.* Indem v. a. die Dienstleistungen und Prozesse über mehrere Spitäler hinweg einem Vergleich unterzogen werden. Aus einem solchen systematischen Vergleich, können sich Anhaltspunkte für Verbesserungsmöglichkeiten in der eigenen Institution geben. Benchmarking in diesem Sinne kann als Vertiefungsanalyse der Stärken-/Schwächenanalyse und/oder der Analyse der Prozesse im eigenen Spital verstanden werden.

---

37 Ein Beispiel für die Reorganisation des Operationsprozesses findet sich bei Grossmann, Ralph/Prammer, Karl (1995), S. 14 ff.

38 Vgl. hierzu z. B. Kropf, Beat (1997), S. 66 ff.

Da es sich beim Benchmarking aber um ein zeit- und kostenintensives Instrument handelt, ist seine Anwendung nicht in jedem Fall empfehlenswert. Für die praktische Durchführung eines Benchmarkings im Spital sei hier auf den Überblicksbeitrag von *Schmitz* und *Greissinger* verwiesen.[39]

3.4. Hinweise für die Effizienz in der TQM-Analyse

In der Phase „TQM-relevante Analysen" sind die folgenden Punkte für eine hohe phasenspezifische Effizienz zu berücksichtigen:

- Alle relevanten Elemente resp. Analysen werden berücksichtigt.
- Die qualitätsrelevanten externen und internen Informationen werden in ausgewogener Weise beschafft. Dabei wird insbesondere berücksichtigt, welche Informationskategorien (z. B. Erfahrungspotential der Projektgruppe, intern und extern verfügbares Sekundärmaterial, eigene Befragungen etc.) notwendig sind, um eine fundierte Informationsbasis zu erhalten.
- Bei den durchzuführenden Analysen wird an die Zielbedachtsamkeit und die Grundsatzentscheidtreue gedacht, d. h. die Notwenigkeit und Ausgestaltung der einzelnen Analysen wird kontinuierlich auf ihren Nutzen für das Gesamtprojekt TQM hinterfragt.

4. TQM-Konzept

4.1. Einleitung

Mit Hilfe der TQM-relevanten Analysen ist die Selbstbeurteilung des Spitals erfolgt und damit die Ausgangslage für kontinuierliche Verbesserungen geschaffen. In der zweiten Hauptphase geht es nun um die TQM-Konzeption. Einen Überblick über die *drei Aktivitäten* der Phase TQM-Konzeption gibt **Abbildung V/ 5.**

---

[39] Vgl. Schmitz, Harald/Greissinger, Peter (1998). Ausführlich und mit hohem Praxisbezug wird der Leistungsvergleich auch bei *Wilfried von Eiff* (1999) behandelt, der als Herausgeber dem Thema ein Buch widmet.

Abb. V/ 5: TQM-Konzept[40]

2.	**TQM-Konzept**
Aktivitäten:	- Formulierung der Qualitätsbotschaft und Qualitätsziele - Bestimmen von einzelnen Projekten und Massnahmen - Erarbeitung eines Kommunikationskonzepts (integrierte Kommunikation)

4.2. Formulierung der Qualitätsbotschaft und Qualitätsziele

Die Formulierung der Qualitätsbotschaft und der Qualitätsziele wird durch das Kernteam[41] vorgenommen. Die Bedeutung eines schriftlichen Festhaltens der Qualitätsbotschaft und –ziele wurde in der qualitativen Studie von den Experten mehrfach betont: *„Dies* (der Experte meint das Qualitätsbewusstsein) *kann erreicht werden, indem man die Qualität in den Unternehmenszielen verankert." (Experte 11).* Bei der Beurteilung der zukünftigen Entwicklung des Qualitätsmanagements kommen die Experten dabei zum Schluss, dass die Qualität in Zukunft ein noch bedeutender strategischer Faktor sein wird und die Vergabe von Leistungsaufträgen durch die Kantone stark beeinflussen wird.

Diese Erkenntnisse aus der qualitativen Studie begründen die *Empfehlung* der Verfasserin nach einer *schriftlichen Verankerung der Qualitätsbotschaft und der Qualitätsziele*. Als mögliche Dokumente bieten sich das Leitbild und/oder die Spitalstrategie an. Eine Alternative ist jedoch auch die Erarbeitung eines separaten Dokuments „Qualitätspolitik", welches die wichtigsten Grundsätze bezüglich der anzustrebenden Qualität im Spital enthält. Die Verantwortlichen sollten bei der Erarbeitung solcher Dokumente auf *einfache, kurze und einprägsame Formulierungen* achten.[42] Zudem sind die Dokumente von Zeit zu Zeit auf ihre Gültigkeit hin zu überprüfen und bei Bedarf zu überarbeiten.

Die hohe Veränderungsgeschwindigkeit der Umwelt darf den Verantwortlichen in diesem Zusammenhang nicht als Vorwand dienen, keine schriftlichen Dokumente zu erarbeiten: *„Uns wurde erklärt, die Zeit sei so schnelllebig, dass ein Leitbild überholt ist, bevor man es gemacht hat. Ich bin aber der Meinung, dass gerade in dieser*

40 Quelle: Eigene Abbildung.

41 Vgl. zur Zusammensetzung des Kernteams die Ausführungen in Abschnitt V.2.4, S. 270 ff.

42 Beispiele und Anregungen für die unterschiedlichen Möglichkeiten finden sich in Abschnitt IV.7.3.3.2, S. 238 ff. sowie in Tab. IV/ 24, S. 240.

schnelllebigen Zeit ein Leitbild notwendig ist. Aber ich bin in der Minderheit." (Experte 6).

4.3. Bestimmen von einzelnen Projekten und Massnahmen

Die zweite Aktivität in der Phase der TQM-Konzeption betrifft das Bestimmen konkreter Projekte und Massnahmen. Basis dieser Arbeiten ist, wie bereits gesagt, die im Rahmen der Phase „TQM-relevante Analysen" erarbeitete Informationsgrundlage. Eine fundierte Analyse resp. Synthese der Analyseergebnisse zeigt dem Projektteam, in welchen Bereichen des Spitals Projekte und Massnahmen zur Verbesserung der Qualität erforderlich sind. Ein solches Vorgehen unterscheidet sich wesentlich zu einem Vorgehen, das – wie in den Fallstudien z. T. praktiziert – Teilprojekte zur Qualitätssteigerung eher willkürlich und zufällig bestimmt.

Die ersten Projekte sind sog. „*Pilotprojekte*". Sie spielen eine wichtige Rolle bei der Entscheidung der Mitarbeiter darüber, ob es sich bei TQM um ein sinnvolles Konzept handelt. Die Pilotprojekte sollten deshalb über eine hohe Erfolgswahrscheinlichkeit verfügen und vom Umfang her überschaubar sein, damit erste Erfolge relativ rasch ersichtlich sind. Die Auswahl der an Pilotprojekten beteiligten Mitarbeiter ist so zu steuern, dass sich die Projektgruppe aus Meinungsführern, Befürwortern und vereinzelt auch Skeptikern zusammensetzt. Die Meinungsführer sorgen für einen hohen Informationsstand der restlichen Belegschaft, die Befürworter setzen sich besonders für eine erfolgreiche Projektdurchführung ein und die Skeptiker können durch den aktiven Einbezug ihre Vorurteile abbauen.

Für jedes (Pilot-)Projekt ist ein *Projektcontrolling* und damit verbunden auch eine *Projektdokumentation*[43] sicherzustellen. Das *Controlling-Instrumentarium* während der Projektdurchführung beinhaltet im Minimum die folgenden Elemente:

- Aufstellen eines Kostenrahmens für das Projekt.
- Festlegen und Freigeben der benötigten personellen und finanziellen Ressourcen.
- Erfassen der beanspruchten zeitlichen und personellen Ressourcen (Basis für den nach Projektende vorzunehmenden Soll-/Ist-Vergleich zwischen den geplanten und den effektiven Kosten).
- Bestimmen von Meilensteinen für das Projekt (Voraussetzung zur Kontrolle der Termin- und der Budgeteinhaltung).

---

[43] Vgl. auch die Empfehlungen im Zusammenhang mit der TQM-Implementierung im Abschnitt V.5.7, S. 298 f.

Die geforderte *Projektdokumentation* soll sicherstellen, dass eine systematische Fortschrittskontrolle zwischen Soll- und Ist-Zustand jederzeit möglich ist, v. a. auch hinsichtlich des geforderten Qualitätsnachweises von Seiten der Kantone. Zudem kann die Dokumentation des Vorgehens bei späteren Projekten wertvolle Hinweise über Erfolgsfaktoren resp. Stolpersteine liefern. Die Projektdokumentation darf aber nicht dahingehend missverstanden werden, dass sämtliche Vorgänge und Tätigkeiten in ausführlichen Protokollen festzuhalten seien. Die Protokollierung soll lediglich die *Nachvollziehbarkeit und Steuerung* der Aktivitäten *ermöglichen.* Das Motto lautet: *„So wenig wie möglich, und so viel wie nötig."* Bei zu viel Formalismus würde sich ansonsten die Befürchtung eines Experten in Bezug auf die zukünftige Entwicklung des Qualitätsmanagements bewahrheiten: *„Zunehmen wird das Formalistische im Zusammenhang mit Qualität. Das ist zur Zeit am Überborden." (Experte 3).*

4.4. Erarbeitung eines Kommunikationskonzepts

Bei der Erarbeitung des Kommunikationskonzepts steht *die zeit- und zielgruppengerechte Information und Kommunikation der TQM-Aktivitäten im Vordergrund.* Es empfiehlt sich eine Zweiteilung zwischen der Information und Kommunikation nach innen und nach aussen.

Die *Information und Kommunikation nach innen* betrifft sämtliche Mitarbeiter des Spitals. In einem ersten Schritt ist der Grundsatzentscheid der Spitalleitung zur Durchführung des initialen TQM-Projekts zu kommunizieren. Die Durchführung einer Informationsveranstaltung für alle Mitarbeiter eignet sich hierfür besonders gut. Die Mitarbeiter erhalten neben Informationen auch die Gelegenheit Fragen zu stellen, und die Verantwortlichen können zu allfälligen Bedenken Stellung nehmen. Weitere Schritte der internen Kommunikation beinhalten die Informationen über den Stand von Teilprojekten, die Einhaltung des Zeit- und Kostenplans, Erfolgsmeldungen (im Sinne einer offenen Information muss auch über allfällige Schwierigkeiten berichtet werden), geplante zukünftige Projekte etc. Diese Informationen können z. B. in Berichten der Hauszeitung[44] (Projektmitarbeiter schreiben über ihre Erfahrungen) und während den Abteilungs- und QZ-Sitzungen abgegeben werden. Die Information und Kommunikation nach innen erfüllt neben der *Implementierungsvorsorge*[45] auch einen

---

44 Vgl. hierzu auch Jörg, Petra (1998).

45 Die Implementierungsvorsorge bezeichnet Aktivitäten, die dafür Sorge tragen, dass sich die Wahrscheinlichkeit eines Erfolgs von TQM erhöht. Entsprechende Massnahmen sind u. a. die umfassende und transparente Information und Kommunikation der Betroffenen, der Einbezug möglichst vieler Mitarbeiter, die Vorbildfunktion der Spitalleitung sowie die hierarchieübergreifende und interdisziplinäre Zusammensetzung des Projektteams resp. QZ.

Werbezweck, indem TQM den Mitarbeitern immer wieder ins Gedächtnis gerufen wird.

Die *Information und Kommunikation nach aussen* erfüllt primär einen Werbezweck, indem die wichtigsten Anspruchsgruppen des Spitals (Patienten und ihre Angehörige, zuweisende Ärzte, Krankenkassen, kantonale Behörden etc.) über die TQM-Aktivitäten informiert werden. Für die Verbreitung dieser Informationen bieten sich folgende Möglichkeiten: Publikationen in der Fachpresse und in den lokalen Zeitungen, Vorträge an Seminaren, Tag der offenen Tür etc.

Ein positiver Nebeneffekt der Information nach aussen ist, dass die Mitarbeiter die Bedeutung von TQM zusätzlich durch unabhängige Stellen wahrnehmen. Wenn z. B. aus einem Zeitungsartikel Positives in Bezug auf TQM im Spital zu entnehmen ist, hat das für die Mitarbeiter eine hohe Glaubhaftigkeit und unterstützt die internen Kommunikationsaktivitäten.

4.5. Hinweise für die Effizienz bei der TQM-Konzeption

In der TQM-Konzeption sind die folgenden Punkte für eine hohe phasenspezifische Effizienz zu berücksichtigen:

- Die Qualitätsbotschaft und die Qualitätsziele sind kompatibel mit der Strategie und dem Leitbild des Spitals.
- Die Qualitätsbotschaft und die Qualitätsziele sind kompatibel mit dem Grundsatzentscheid.
- Die Definition und Ableitung von (Pilot-)Projekten erfolgt auf Basis der Erkenntnisse resp. Synthese der TQM-relevanten Analysen.
- Die Verantwortlichen treffen Massnahmen zur Implementierungsvorsorge (z. B. zeit- und zielgruppengerechte Information und Kommunikation, Einbezug möglichst vieler Mitarbeiter, Erfüllen der Vorbildfunktion der Vorgesetzten, interdisziplinäre und hierarchieübergreifende Zusammensetzung des Projektteams resp. QZ).
- Bei den Teilprojekten werden Zeit- und Kostenvorgaben definiert, erfasst und eingehalten.
- Die Zufriedenheit der durch die Massnahmen Betroffenen (Akzeptanz) wird gemessen und mit geeigneten Massnahmen positiv beeinflusst.
- Die Harmonie innerhalb der Kernteams und innerhalb der erweiterten Projektgruppe ist hoch (gemessen u. a. an der Anzahl Beschwerden und Konflikte).

5. TQM-Implementierung

5.1. Einleitung

Nach der Erarbeitung des TQM-Konzepts, folgen in der letzten Phase diejenigen Aktivitäten, die dazu beitragen, TQM im Spital zu implementieren. Die Phase der TQM-Implementierung beinhaltet *sechs Aktivitäten*, wie aus der **Abbildung V/ 6** zu entnehmen ist.

Abb. V/ 6: TQM-Implementierung[46]

3. TQM-Implementierung

Aktivitäten:
- Organisatorische Verankerung
- Schulungskonzept für Vorgesetzte und Mitarbeiter
- Fortwährende Information und Kommunikation
- Umsetzung von Projekten und geplanten Massnahmen
- Verwendung von ausgewählten Instrumenten zur kontinuierlichen Qualitätssicherung und -förderung
- Controlling und Auditing

5.2. Organisatorische Verankerung

Bei der organisatorischen Verankerung von TQM im Spital haben sich die Verantwortlichen hauptsächlich mit *drei Fragen* auseinanderzusetzen:

1. Wie tief (Anzahl Hierarchiestufen, die sich am TQM beteiligen) und breit (Anzahl Mitarbeiter auf der gleichen Hierarchiestufe, die im TQM involviert sind) soll die organisatorische Verankerung von TQM sein?
2. Welche Aufgaben, Kompetenzen und Verantwortlichkeiten haben die einzelnen Personen?
3. Wie viele Stellenpunkte erhalten die einzelnen Personen für die Erfüllung ihrer Aufgaben im Zusammenhang mit TQM?

46 Quelle: Eigene Abbildung.

1. Breite und Tiefe der organisatorischen Verankerung:

Für die Beantwortung der ersten Frage liefern die in der vorliegenden Arbeit untersuchten Fallspitäler erste Hinweise.[47] In allen fünf untersuchten Spitälern existiert auf der ersten Stufe ein Kernteam, das entweder aus der ganzen Spitalleitung oder aus ausgewählten Vertretern der Spitalleitung besteht und letztlich die Gesamtverantwortung für TQM trägt. Vier der Fallspitäler verfügen über eine zweite organisatorische Stufe, auf der sich die QZ-Gruppen resp. deren Leiter befinden. Das fünfte Fallspital hat noch eine dritte Stufe zur organisatorischen Verankerung von TQM, auf der sich die Abteilungsleiter befinden. Die Verfasserin empfiehlt zumindest eine zweistufige organisatorische Verankerung von TQM.

Bei der Frage nach der Breite und Tiefe der organisatorischen Verankerung ist zusätzlich die zeitliche Dimension zu berücksichtigen. Die Mitglieder des Kernteams (erste Stufe) sollten zeitlich unbegrenzt bestimmt werden, während die Mitglieder der zweiten Stufe für die Dauer einzelner (Umsetzungs-)Projekte verpflichtet werden können. Dieses Vorgehen stellt sicher, dass auf der einen Seite die Kontinuität, das Engagement und das Commitment auf der ersten Stufe sichergestellt sind. Auf der anderen Seite kann auf der zweiten Stufe der Forderung nach dem Einbezug möglichst vieler Mitarbeiter – je nach aktuellem Projekt resp. Aufgaben – Rechnung getragen werden.[48]

Einen besonderen Hinweis bedarf die *Bestimmung eines Qualitätsbeauftragten*, der als Mitglied des Kernteams figuriert und für die Gesamtkoordination der Qualitätsmassnahmen resp. -aufgaben verantwortlich zeichnet.[49] Bezüglich des Qualitätsbeauftragten konnten sich die Experten in der qualitativen Studie nicht einig werden. Soll es resp. muss es ein Arzt sein, oder nicht?[50] Aus Sicht der Verfasserin spielt die berufliche Herkunft eine untergeordnete Rolle. Viel bedeutender für die erfolgreiche Wahrnehmung der Aufgaben eines Qualitätsbeauftragten sind dessen Motivation für die Funktion und seine Kommunikationsfähigkeit. Das TQM-spezifische Know-how kann bei Bedarf mit Hilfe einer zusätzlichen Ausbildung vermittelt werden. Einige Experten befürchten indes die fehlende Unterstützung von Seiten der Mitarbeiter,

---

47 Vgl. ausführlich Abschnitt IV.7.3.3.4, S. 244 ff.

48 Zum Verständnis der organisatorischen Verankerung in der Phase der TQM-Implementierung vgl. auch die Ausführungen zum Projektmanagement in Abschnitt V.2.4, S. 270 ff. Die Frage nach der organisatorischen Verankerung zu Beginn der Phase TQM-Implementierung ist neu zu stellen, da es sich bei der Implementierung um Aufgaben handelt, die im Prinzip keinen klaren zeitlichen Endpunkt aufweisen, d. h. die Verbesserung der Qualität im Spital ist nie abgeschlossen sondern ein kontinuierlicher Prozess.

49 Vgl. hierzu auch Degenhardt, Jörg (1998), S. 52 ff.

50 Vgl. hierzu den Abschnitt IV.7.3.4.1, S. 257 ff.

wenn es sich beim Qualitätsbeauftragten nicht um einen Arzt handelt. Solche Akzeptanzprobleme lassen sich mit Hilfe von projektspezifischen Machtpromotoren (z. B. Chefärzte) stark reduzieren.

2. Aufgaben, Kompetenzen und Verantwortlichkeiten:

Es ist festzuhalten, dass die Aufgaben, Kompetenzen und Verantwortlichkeiten gemäss dem organisatorischen Kongruenzprinzip übereinstimmen sollten. Daher empfiehlt es sich, diese drei Elemente zumindest für den Qualitätsbeauftragten in einem Stellenprofil schriftlich festzuhalten. Die Hauptaufgaben des Qualitätsbeauftragten sind die Koordination zwischen den Ebenen und die Sicherstellung der TQM-Dokumentation. Für die übrigen Mitglieder des Kernteams bedarf es eines einfachen Pflichtenhefts, das die Hauptaufgaben im Rahmen von TQM und die erforderlichen Entscheidungskompetenzen festlegt. Die Hauptaufgabe der Personen auf der zweiten Stufe ist die Bearbeitung der Teilprojekte innerhalb der QZ. Hierzu sind einfache schriftliche Aufträge inkl. Vorgaben für die QZ-Leiter i. d. R. ausreichend.

3. Stellenpunkte für die einzelnen Personen:

Die Frage nach den notwendigen Stellenpunkten für die einzelnen Personen lässt sich wie folgt beantworten: Die Aufgaben innerhalb des Kernteams lassen sich zu einem grossen Teil während den Spitalleitungssitzungen erledigen, so dass die Verfasserin die Auffassung vertritt, dass – ausser für den Qualitätsbeauftragten – keine zusätzlichen Stellenpunkte erforderlich sind.

Für den Qualitätsbeauftragten ist die Vergabe von zusätzlichen Stellenpunkten auf jeden Fall angezeigt. Indikatoren für die Berechnung der notwendigen Stellenpunkte sind die Anzahl und der Umfang der einzelnen Aufgabengebiete (z. B. Information, Schulung, Dokumentation, Mitarbeit in Projekten, Teilnahme an den Sitzungen des Kernteams, Koordination von Teilprojekten).

Die Personen (Leiter und Mitarbeiter von QZ) auf der zweiten Ebene, welche an Teilprojekten mitarbeiten, sind für die Dauer des Projekts entsprechend zu entlasten.

5.3. Schulungskonzept für Vorgesetzte und Mitarbeiter

Die Erfahrungen aus den Fallstudien zeigen, dass bezüglich der Schulung in Fragen des Qualitätsmanagements auch bei den in Bezug auf TQM innovativen und fortschrittlichen Spitälern noch ein grosser Nachholbedarf vorhanden ist. Heute wird in den Spitälern (noch) weitgehend abteilungs- oder berufsgruppenspezifisch geschult, oder die Mitarbeiter bringen sich die notwendigen Kenntnisse nach dem Motto: „learning-by-doing“ selber bei.

Das Schulungskonzept im Zusammenhang mit TQM ist zweistufig aufzubauen. In einer ersten Phase werden die Vorgesetzten geschult, in einer zweiten, zeitlich nachgelagerten Phase werden den Mitarbeitern die notwendigen Techniken und Instrumente vermittelt. Denkbar ist auch, ein Schulungskonzept nach dem Kaskadensystem aufzubauen. Die Vorgesetzten werden dabei durch eine Fachperson (z. B. Qualitätsbeauftragter oder externer Berater) geschult. Die Vorgesetzten geben anschliessend ihr Wissen an die ihnen unterstellten Mitarbeiter weiter. Allerdings sollte bei dieser Alternative der Erfolg der Schulung überprüft werden. Zentrale Themengebiete der TQM-Schulung sind: Arbeit in Qualitätszirkeln, Moderation von Qualitätszirkeln sowie Techniken und Instrumente von TQM (z. B. Fehlerverhütung oder Fehleranalysen).[51]

5.4. Fortwährende Information und Kommunikation

Auf die Bedeutung der Information und Kommunikation wurde bereits im Zusammenhang mit der Erarbeitung eines TQM-Informationskonzepts in Abschnitt V.4.4, S. 290 f. ausführlich eingegangen. Es soll an dieser Stelle jedoch noch einmal betont werden, dass auch nach dem ersten TQM-Projekt der Information und Kommunikation eine grosse Bedeutung zukommt. Im Rahmen solcher Informationen kann z. B. über das Schwerpunktprogramm des Jahres[52] informiert werden, oder die Mitarbeiter werden an einer Informationsveranstaltung dazu aufgefordert, ihre Erfahrungen und Meinungen zum Stand von TQM im Spital zu äussern. Die fortwährenden Kommunikationsmassnahmen dienen in erster Linie dazu, TQM – neben allen anderen Herausforderungen im Spitalalltag – nicht zu vergessen.

---

51 Weitere Anregungen für die Erarbeitung des Schulungskonzepts finden sich auch in Abschnitt II.4.2.3, S. 51 ff. (erster Schritt der dritten Hauptphase von TQM) sowie bei *Frehr*, der sich im Detail mit der Schulung im Rahmen von TQM befasst. Vgl. Frehr, Hans-Ulrich (1994), S. 171 ff. sowie S. 180 ff.

52 Eines der Fallspitäler, die Klinik Beau-Site in Bern, erarbeitet jedes Jahr ein Schwerpunktprogramm im Zusammenhang mit dem QM (z. B. die Zufriedenheit der Patienten, die Zufriedenheit der Mitarbeiter, Verbesserung von Abläufen etc.). Aus diesem Jahresprogramm werden dann konkrete Qualitätsprojekte abgeleitet.

5.5. Umsetzung von Projekten und geplanten Massnahmen

Die Umsetzung von (in der Phase TQM-Konzeption) geplanten Projekten und Massnahmen setzt direkt an die Schulung und dem dort Gelernten an. Die Arbeit in Gruppen steht dabei im Vordergrund. Eine in den Spitälern weit verbreitete und von TQM auch propagierte Form der Gruppenarbeit sind die sogenannten – bereits mehrfach erwähnten – QZ. Als Zusammenfassung hier noch einmal die wesentlichen Punkte von QZ im Überblick:[53]

- QZ sind kleine, institutionalisierte Gruppen von max. zwölf Mitarbeitern, die sich regelmässig während der Arbeitszeit treffen, um Probleme aus dem eigenen Arbeitsbereich zu bearbeiten.
- Die Moderation des QZ erfolgt durch den direkten Vorgesetzten oder einen ausgewählten Mitarbeiter.
- Die Wahl des Moderators sollte von seiner fachlichen Kompetenz für das zu bearbeitende Thema abhängen.
- Um das Prozessdenken im Spital zu fördern, sollten die Gruppen interdisziplinär zusammengesetzt sein.
- Die Dauer des QZ kann (ist jedoch nicht zwingend) auf ein Projekt beschränkt sein.
- Vorzugsweise wird die Umsetzung der erarbeiteten Lösung ebenfalls durch die Gruppe vorgenommen.
- Die Mitglieder des QZ sind ebenfalls für die Erfolgskontrolle zuständig.

5.6. Verwendung von ausgewählten Instrumenten zur kontinuierlichen Qualitätssicherung und -förderung

Neben den oben erwähnten QZ gibt es im Rahmen von TQM noch weitere Instrumente, welche zur kontinuierlichen Qualitätssicherung und –förderung im Spital dienen. Bereits im Detail erwähnt wurden im Zusammenhang mit den TQM-relevanten Analysen die Erhebung der Patientenzufriedenheit, die Mitarbeiter-Zufriedenheitsbefragung und die Befragung der zuweisende Ärzte und/oder Belegärzte.[54]

Ein in der Fachliteratur häufig als „Ergänzung" zum QZ genanntes Instrument ist das *Betriebliche Vorschlagswesen* (heute immer öfter – infolge des etwas bürokratisch wirkenden Begriffs – *Ideenmanagement* genannt).

---

53 Vgl. auch die Ausführungen in Abschnitt II.4.2.3, S. 51 ff. und die dort verwendetet Literatur.

54 Vgl. hierzu die Abschnitte V.3.2.2, V.3.2.3 und V.3.3.3, S. 277 ff.

Das Betriebliche Vorschlagswesen[55] (BVW) wird verstanden als *eine unternehmungsinterne Einrichtung, die auf die Förderung, Prüfung, Anerkennung und Verwirklichung von Vorschlägen von Seiten der Mitarbeiter ausgerichtet ist.*[56] Im Gegensatz zum QZ werden die Vorschläge vorwiegend von Einzelpersonen gemacht. Damit ein Vorschlag anerkannt wird (und damit auch die Chance einer materiellen oder immateriellen Prämierung gegeben ist), hat er die folgenden Anforderungen zu erfüllen:[57]

- Er muss *konkret* und *konstruktiv* sein: Mit dieser Forderung wird verlangt, dass ein Vorschlag genau beschreibt, *was* verbessert werden soll und *wie* die Verbesserung herbeigeführt werden kann.
- Er muss *nützlich* und *neu* sein: Es genügt nicht, lediglich „irgend etwas" zu verbessern, sondern die Verbesserung muss nutzbringend sein, wobei auch immaterieller Nutzen als Nutzen angesehen wird. Zusätzlich darf die Neuerung nicht schon einmal als Verbesserungsvorschlag eingereicht worden sein.
- Er soll eine *über die Dienstpflicht hinausgehende, freiwillige Sonderleistung* sein: Diese Forderung ist auch heute noch zum grössten Teil in der Praxis vorzufinden. Nur wenige Unternehmungen honorieren Vorschläge aus dem eigenen Arbeitsgebiet, so z. B. Novartis oder die Swissair (Beispiele aus dem Spital sind der Verfasserin keine bekannt).

Als Möglichkeiten für die Ideengenerierung im Rahmen von TQM bietet sich auch das *Brainstorming* sowie die Durchführung von *Foren* (z. B. Forum zum Jahresschwerpunktthema) an.

Das *Brainstorming* eignet sich für relativ einfache Problemstellungen, die sämtlichen Teilnehmern einer Brainstorming-Sitzung vertraut sind. Damit die Sitzungen möglichst viele kreative Lösungen generieren, gilt es, einige Grundregeln zu beachten:[58]

- *Prinzip der hinausgeschobenen Beurteilung*; vorzeitige Kritik ist nicht erlaubt, über die Brauchbarkeit der Ideen wird erst zum Schluss entschieden.
- *Tolerante Atmosphäre*; jede vorgebrachte Meinung ist wertvoll. Jeder Teilnehmer sollte sich so frei fühlen, dass er auch Ideen vorbringt, die den Meinungen anwesender Vorgesetzter allenfalls widersprechen.

---

55 Vgl. ausführlich zum Instrument BVW Thom, Norbert (1996) sowie Etienne, Michèle (1997) und zu den neuen Entwicklungen Thom, Norbert/Etienne Michèle (1997), S. 564 ff. und Thom, Norbert/Etienne, Michèle (1999), S. 381 ff.

56 Vgl. Thom, Norbert (1979), Sp. 2223.

57 Vgl. Thom, Norbert (1996a), S. 26.

58 Vgl. Thom, Norbert (1992), S. 40 und die dort verwendete Literatur.

- *Quantität der Ideen kommt vor der Qualität*; je mehr Ideen zusammenkommen, um so grösser ist die Wahrscheinlichkeit, dass sich darunter eine „echte" Lösung resp. Verbesserung befindet.
- *Ideen kombinieren*; die Teilnehmer sollen die Ideen aufgreifen, sie kombinieren und weiter assoziieren.

5.7. Controlling und Auditing[59]

Die letzte Aktivität im Zusammenhang mit der TQM-Implementierung beinhaltet das Controlling (einzelner Projekte) und das Auditing. Während das Controlling von den Betroffenen (z. B. durch den Qualitätsbeauftragten oder ein Mitglied der Spitalleitung) selber durchgeführt wird, handelt es sich beim Auditing um eine Prüfung des TQM durch externe Personen.[60] Bei beiden Instrumenten geht es im wesentlichen darum, die Effizienz (verstanden als die Leistungswirksamkeit einer Aktivität in bezug auf das gesetzte Ziel) und Effektivität (die grundsätzliche Eignung einer Aktivität zur Erreichung des Ziels) der Aktivitäten im Rahmen von TQM zu überprüfen.[61] Die in der vorliegenden Arbeit jeweils zum Schluss der einzelnen Phasen gemachten Hinweise für eine phasenspezifische Effizienz können hierzu erste Anhaltspunkte liefern.

Die **Tabelle V/ 1** zeigt für den Bereich „Patientenzufriedenheit", wie ein systematisches Controlling aufgebaut werden kann. Für den Bereich „Patientenzufriedenheit" werden in einem ersten Schritt Qualitätsziele definiert. Jedes Ziel wird anschliessend mit Hilfe eines Indikators operationalisiert, so dass die *Zielerreichung gemessen* werden kann. Zusätzlich bestimmen die Verantwortlichen für jeden Indikator einen Standard, der das zu erreichende Mindestqualitätsniveau vorgibt. Das Erreichen des Standards ist schliesslich in regelmässigen *Soll-/Ist-Analysen* zu überprüfen. Bei einer Nichterreichung des Standards sind entsprechende Massnahmen zu ergreifen.

59 Vgl. hierzu u. a. Holenstein, Hildegard (1999) und Rademacher, Helmut (1994), S. 95 ff.

60 Hierbei könnte es sich z. B. um Vertreter des Kantons handeln, welche die Umsetzung der in Art. 58 und 77 des KVG geforderten qualitätssichernden Massnahmen im Spital evaluieren. Vgl. zum Audit des Qualitätsmanagements u. a. Rademacher Helmut (1994), S. 95 ff.

61 Vgl. zu den beiden Begriffen ausführlich Wenger, Andreas (1999), S. 262 ff. und die dort verwendete Literatur.

Tab. V/ 1: Beispiele für Kennzahlen „Patientenzufriedenheit"[62]

Beispiele für Kennzahlen „Patientenzufriedenheit"	
Ziel	Hohe Akzeptanz des Fragebogens zur Messung der Patientenzufriedenheit
Indikator	Rücklaufquote der versendeten Fragebögen
Standard zum Indikator	Rücklaufquote von mindestens 50%
Ziel	Hohe Zufriedenheit der Patienten mit der Hotellerie und dem Service (z. B. Essen, Zimmerausstattung)
Indikator	Anzahl Antworten, die als „gut" und „sehr gut" bewertet wurden
Standard zum Indikator	Mindestens 80% der Teilfragen werden mit „gut" oder sehr gut" bewertet
Ziel	Hohe Zufriedenheit der Patienten mit dem behandelnden Arzt (z. B. Zeit für Gespräche, Anzahl Visiten)
Indikator	Anzahl Antworten, die als „gut" und „sehr gut" bewertet wurden
Standard zum Indikator	Mindestens 90% der Teilfragen werden mit „gut" oder „sehr gut" bewertet
Ziel	Hohe Zufriedenheit der Patienten mit der Austrittsvorbereitung (z. B. Organisation Transport, Sicherstellung der weiteren Behandlung)
Indikator	Anzahl Antworten, die als „gut" und „sehr gut" bewertet wurden
Standard zum Indikator	Mindestens 90% der Teilfragen werden mit gut oder „sehr gut" bewertet

5.8. Hinweise für die Effizienz bei der TQM-Implementierung

In der TQM-Implementierung sind die folgenden Punkte für eine hohe phasenspezifische Effizienz zu berücksichtigen:

- Die organisatorische Verankerung ist in der Phase TQM-Implementierung zu definieren resp. zu überprüfen (es besteht bereits ein Projektmanagement aus den zwei Phasen TQM-relevante Analysen und TQM-Konzeption).
- Die organisatorische Verankerung ist qualitätszielbezogen und besitzt einen geringen Koordinationsaufwand. Sie ist flexibel (z. B. in bezug auf die Schaffung neuer QZ), die geschaffenen Funktionen resp. Stellen sind für die Stelleninhaber motivierend und mit ausreichend Stellenpunkten dotiert.
- Es existiert ein TQM-Schulungskonzept. Dessen Kosten werden budgetiert und kontrolliert.
- Massnahmen zur fortwährenden Information und Kommunikation sind definiert und werden effektiv umgesetzt.
- Für die Umsetzung von Projekten und Massnahmen existieren verständliche Vorgaben mit klar definierten Verantwortlichen, Zeit- und Kostenvorgaben.
- Die gemachten Erfahrungen aus dem initialen TQM-Projekt fliessen in die weiteren Projekte ein (d. h. Prinzip der kontinuierlichen Verbesserung). Der Wissens-

[62] Quelle: Eigene Tabelle.

transfer für die Mitarbeiter wird sichergestellt, indem z. B. erfahrene QZ-Mitarbeiter ihre Erfahrungen an neue Mitglieder weitergeben.

- Es sind ausgewählte Instrumente zur kontinuierlichen Qualitätssicherung und -förderung vorhanden.
- Es existiert ein funktionierendes Controlling und Auditing, d. h. Fortschritts- und Zielerreichungs-Kontrollen werden mittels Soll-/Ist-Analysen vorgenommen. Bei Abweichungen werden Korrekturmassnahmen ergriffen.

5.9. Ausgewählte Kriterien zur Beurteilung der Gesamteffizienz von TQM im Spital

Entscheiden sich die Verantwortlichen einmal für die Einführung von TQM im Spital, begeben sie sich auf ein „lange Reise“. TQM hat keinen vordefinierten Endzeitpunkt, weil eines seiner methodischen Merkmale die „kontinuierliche Verbesserung“ ist. Trotzdem gibt es einige Hinweise, die zur Beurteilung der Gesamteffizienz von TQM im Sinne einer (vorläufigen) Zwischenbilanz im Spital dienen:

- Die erarbeitete TQM-Lösung wird von der beurteilenden Behörde im Rahmen eines Audits als gut eingestuft.
- Die relevanten Anspruchsgruppen des Spitals (z. B. Mitarbeiter, Patienten und Angehörige, zuweisende Ärzte/Belegärzte) nennen in Befragungen konkrete Verbesserungen resp. Vorteile von TQM.
- Der Gruppenzusammenhalt und die Motivation im Kernteam und in der erweiterten Projektgruppe wird von den Beteiligten als hoch eingestuft.
- Zeitreihenanalysen wichtiger Kennzahlen (siehe z. B. Kennzahlen zur Patientenzufriedenheit in Tabelle V/ 1) zeigen eine positive Entwicklung.

VI. Ausblick

Der Ausblick einer Arbeit hat sich nach Meinung der Verfasserin in erster Linie mit zwei Fragen auseinanderzusetzen. Zum einen gilt es zu überprüfen, ob die verfolgten Zielsetzungen erreicht worden sind. Zum anderen soll aufgezeigt werden, welche Forschungslücken im Rahmen von zukünftigen Arbeiten geschlossen werden können.

Das *Ziel* der vorliegenden Dissertation bestand in der Erarbeitung von *Empfehlungen für die erfolgreiche Gestaltung von TQM im Spital*. Ausgehend von dieser generellen Zielsetzung wurden für das Forschungsprojekt die folgenden *vier Unterziele* abgeleitet:

1. *Erkennen der Gemeinsamkeiten und Unterschiede der Managementkonzepte Kaizen, TQM, BPR und LM (insbesondere der Variablen und Wirkungen) sowie Erarbeiten von Plausibilitätsüberlegungen zur Verwendung von TQM für den Untersuchungsgegenstand „Spital“.*

Auf Basis einer umfassenden Auswertung der aktuellen Fachliteratur wurden in Teil II die konzeptionellen Grundlagen der vier Managementkonzepte systematisch und einheitlich dargestellt. In einer zusammenfassenden Gegenüberstellung wurden zudem die wesentlichen Gemeinsamkeiten und Unterschiede zwischen den vier Managementkonzepte herausgearbeitet.

Die Erkenntnisse aus Teil II sowie der mit Teil III erreichte Wissensstand bezüglich der Besonderheiten des Schweizer Gesundheitswesens ermöglichten schliesslich die Erarbeitung von Plausibilitätsüberlegungen zur Verwendung von TQM im „Spital“. Die Verfasserin konnte detailliert begründen, warum sich TQM gerade für diesen Untersuchungsgegenstand besonders gut eignet.

2. *Konkretisieren der Bedingungsgrössen im konzeptionellen Bezugsrahmen, indem ein vertieftes Verständnis für das System Gesundheitswesen erlangt und Ansatzpunkte für die Qualitätssteigerung im Spital identifiziert werden.*

Die Grundlage für die Erreichung des zweiten Unterziels wurde mit Teil III geschaffen. Wertvolle Erkenntnisse lieferte dabei insbesondere das Kapitel drei, welches sich u. a. mit dem Spital als Erbringer von Dienstleistungen, den personellen und organisatorischen Besonderheiten sowie dem Qualitätsverständnis im Spital vertieft auseinandersetzt.

3. *Gewinnung von Antworten u. a. auf folgende Schlüsselfragen (betrifft die quantitative Erhebung): Welche ausserbetrieblichen, betrieblichen und personellen*

Bedingungsgrössen beeinflussen das Management von Spitälern in der Deutschschweiz? Welche mittelbaren und unmittelbaren Aktionsparameter setzt die Spitalleitung ein? Welche Wirkung und welchen Nutzen erzielen die mittelbaren und unmittelbaren Aktionsparameter? Welche Personen/welche Institutionen (Spitäler) sind für weitergehende Fallstudien in Form von Experteninterviews und Dokumentenanalysen kooperationsbereit und aufschlussreich?

Die quantitative Untersuchung ermöglichte anhand einer Gesamtmarktstudie eine Analyse der gegenwärtigen Situation im Deutschschweizer Spitalmanagement. Sie gewährte einen umfassenden Einblick in die aktuellen Problemfelder, auf welche die verantwortlichen administrativen Spitaldirektoren in naher Zukunft Antworten werden finden müssen. Die Studie erfasste aber auch die Bestrebungen der befragten Institutionen im Zusammenhang mit der kontinuierlichen Qualitätssicherung und -förderung. Die Auswertung dieser Themenblöcke erlaubte die gezielte Auswahl von in bezug auf die Qualitätsbestrebungen besonders innovativen und fortschrittlichen Spitälern. Weiterhin ermöglichte die quantitative Studie die Ermittlung geeigneter Fallspitäler für die qualitative Studie.

4. *Ermitteln von Informationen über besonders fortschrittliche TQM-Konzepte sowie weiteres Präzisieren der wesentlichen Bedingungsgrössen von TQM im Spital (betrifft die qualitative Erhebung). Schlüsselfragen in diesem Zusammenhang sind u. a.: Welche ausserbetrieblichen, betrieblichen und personellen Bedingungsgrössen beeinflussen TQM in den Fallspitälern? Welches sind die Auslöser und Ziele für ein TQM-Projekt? Wie gestaltet sich der Ablauf eines TQM-Projekts und wie ist die Projektgruppe organisiert? Wie erfolgt die Handhabung von Information und Kommunikation? Welches sind die verwendeten Instrumente sowie die Kosten des initialen TQM-Projekts? Welche Massnahmen werden zur Umsetzung von TQM im Spital ergriffen (z. B. organisatorische Verankerung, Schulung von Mitarbeitern und Vorgesetzten und Instrumente zur kontinuierlichen Qualitätssicherung und –förderung)?*

Die durchgeführten Expertengespräche und Dokumentenanalysen im Rahmen der qualitativen Untersuchung gaben der Verfasserin einen vertieften Einblick in das praktizierte Qualitätsmanagement von fünf Spitälern aus der Deutschschweiz. Die Interviews mit den administrativen Spitaldirektoren und den Qualitätsbeauftragten ermöglichten zudem eine kritische Reflektion des bisherigen Wissenstands der Verfasserin und vervollständigten damit die Grundlage für die Erfüllung des primären Ziels der vorliegenden Arbeit, nämlich Empfehlungen zur erfolgreichen Gestaltung von TQM im Spital zu erarbeiten.

Die Empfehlungen zur erfolgreichen Gestaltung von TQM im Spital strukturierte die Verfasserin anhand des TQM-Phasenmodells. Für jede Aktivität wurden substantielle

Empfehlungen erarbeitet, welche dem Leser möglichst konkrete Hilfestellungen bei der praktischen Durchführung von TQM geben sollen. Wenn aus zeitlichen Gründen einzelne Aktivitäten nicht im Detail behandelt werden konnten, findet der Leser ausgewählte Literaturhinweise für die Beschaffung weiterer Informationen. Am Ende jeder Phase des TQM-Phasenmodells wurde ausserdem auf Punkte hingewiesen, die zum Erreichen einer hohen phasenspezifischen Effizienz zu berücksichtigen sind. Ausgewählte Kriterien zur Beurteilung der (vorläufigen) Gesamteffizenz von TQM schliessen die Empfehlungen ab.

Ansatzpunkte für weitere Forschungsarbeiten finden sich v. a. in den Ergebnissen der empirischen Studien und in den Empfehlungen zur erfolgreichen Gestaltung von TQM im Spital. Die folgenden Punkte stellen aus Sicht der Verfasserin eine Auswahl möglicher Themenbereiche für zukünftige Forschungsarbeiten dar:

- Erarbeiten strategischer Dokumente im Spital (z. B. Strategie, Leitbild, Qualitätspolitik)
- Aufbau einer einheitlichen Spitalkultur mit Hilfe der Organisationsentwicklung
- Aufbau und Implementierung eines systematischen und umfassenden Controllings im Spital
- Erarbeiten umfassender Kommunikations- und Informationskonzepte für die relevanten Anspruchsgruppen des Spitals
- Erarbeiten spitalumfassender Ausbildungs-, Fort- und Weiterbildungskonzepte
- Zusammenarbeit im Spital (Ärzteschaft, Pflege und Verwaltung); Untersuchung der personellen und organisatorischen Besonderheiten und Ableiten von Empfehlungen für Verbesserungen
- „Spitalmanager" im nächsten Jahrtausend; Anforderungsprofil für den Spitalmanager der Zukunft

Diese Vorschläge für weitere Forschungsarbeiten sind lediglich als Anregung zu verstehen und erheben keinen Anspruch auf Vollständigkeit. Die Verfasserin hofft dennoch, dass sich möglichst viele Personen dazu anregen lassen, einen Beitrag zur Bewältigung der zahlreichen und umfassenden Herausforderungen, mit denen das Gesundheitswesen allgemein und das Spital im speziellen konfrontiert sind, zu leisten. Mit der vorliegenden Arbeit wurde ein erster Schritt in diese Richtung gemacht und wie schon Laotse sagte: „Auch ein langer Weg beginnt mit einem ersten Schritt."

Universität Bern

Institut für
Organisation und Personal

Direktor:
Prof. Dr. Norbert Thom

Engehaldenstr. 4
CH-3012 Bern

Telefon 031 631 80 69
Telefax 031 631 82 30
eMail thom@iop.unibe.ch

Kantonsspital Mustern
z. H. Frau Carmen Fröhlich
Spitalstrasse
9999 Mustern

Bern, im November 1997

Befragung der administrativen DirektorInnen aller Spitäler der Deutschschweiz

Sehr geehrte Frau Fröhlich

Die aktuelle Diskussion im Gesundheitswesen konzentriert sich auf folgende Kernaussage: "*Kostensenkung bei gleichbleibend hohem Qualitätsniveau*". Diese zwei Forderungen stehen jedoch in einer Zielkonkurrenz zueinander. Ihre Bewältigung wird in Zukunft den Erfolg der Spitäler wesentlich mitbestimmen.

Das Institut für Organisation und Personal der Universität Bern nimmt diese Tatsache zum Anlass, eine schriftliche Befragung in sämtlichen Spitälern der Deutschschweiz durchzuführen. Das Ziel der vorliegenden Studie ist es, einen repräsentativen Überblick über aktuelle Problemfelder des Spitalmanagements und über mögliche Lösungsansätze der Praxis zu geben. Dieser soll dazu beitragen, neue Erkenntnisse über Modelle, Methoden und Instrumente des Spitalmanagements zu gewinnen und praxisorientierte Gestaltungsempfehlungen zu erarbeiten.

Die Qualität und Repräsentativität dieser Studie hängen unmittelbar von Ihrer wertvollen Mitarbeit ab. Wir bitten Sie deshalb, den Fragebogen bis Freitag, *5. Dezember 1997*, auszufüllen (Zeitaufwand: rund 30 Minuten) und mit dem beiliegenden, frankierten Rückantwortcouvert zurückzusenden. Selbstverständlich erfolgen sämtliche

Angaben *anonym.* Als Dank werden wir alle interessierten Teilnehmer zu gegebener Zeit über ausgewählte Resultate dieser Studie kostenlos informieren. Für Rückfragen steht Ihnen gerne Frau Michèle Etienne, lic. rer. pol., (Tel. 031/ 631 39 61, MI - FR) zur Verfügung.

Wir würden uns sehr über Ihre Teilnahme an dieser Studie freuen. Mit bestem Dank und freundlichen Grüssen

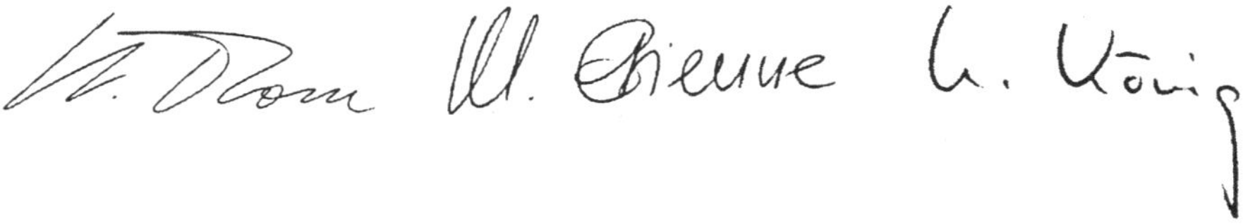

Prof. Dr. Norbert Thom	Michèle Etienne, lic. rer. pol.	Günther König
Projektleiter	*Projektassistentin*	*Projektbearbeiter*

Eine Umfrage des Instituts für Organisation und Personal der Universität Bern zum Management von Spitälern in der Deutschschweiz

Einführende Bemerkungen:
- Bitte beantworten Sie die nachfolgenden Fragen ausschliesslich aus der Sicht *Ihres* Spitals.
- Sämtliche Angaben in diesem Fragebogen und alle Auswertungen erfolgen **anonym**.
- Rücksendetermin ist der 5. Dezember 1997 (ein frankiertes Rückantwortcouvert liegt bei).
- Zugunsten der Lesefreundlichkeit werden in diesem Fragebogen nur männliche Personenbezeichnungen verwendet. Wir bitten die Teilnehmerinnen sehr um Verständnis.

A) Ziele des Spitals

In diesem Abschnitt ist von Interesse, welche Ziele Ihr Spital verfolgt.

1. Sind Sie generell der Meinung, dass die Anforderungen an das Spitalmanagement in letzter Zeit zugenommen haben? (Bitte nur <u>eine</u> Antwort ankreuzen)

Ja	Nein
❒1	❒2

2. Wie wichtig sind die folgenden Unternehmensziele für Ihr Spital? (Zutreffendes bitte auf <u>jeder</u> Zeile ankreuzen)

		Wichtig	Eher wichtig	Eher unwichtig	Unwichtig	Weiss nicht
a)	Finanzieller Unternehmensgewinn	❒1	❒2	❒3	❒4	❒5
b)	Optimale medizinische Betreuung der Patienten	❒1	❒2	❒3	❒4	❒5
c)	Zufriedenheit der Patienten	❒1	❒2	❒3	❒4	❒5
d)	Rasche Anpassung der Spitalleistungen an die veränderten Ansprüche der Patienten	❒1	❒2	❒3	❒4	❒5
e)	Arbeitszufriedenheit der Spitalangestellten	❒1	❒2	❒3	❒4	❒5
f)	Rasche Anpassung der Spitalleistungen an den technischen und medizinischen Fortschritt	❒1	❒2	❒3	❒4	❒5
g)	Weitere Ziele des Spitals (bitte ergänzen)	❒1	❒2	❒3	❒4	❒5
h)	....	❒1	❒2	❒3	❒4	❒5

B) Problemfelder des Spitalmanagements

In diesem Abschnitt interessiert uns, welche betriebsexternen Rahmenbedingungen und internen Problemfelder aus Ihrer Sicht das aktuelle Spitalmanagement beeinflussen.

3. In welchem Ausmass wird das Spitalmanagement durch die aktuellen Rahmenbedingungen beeinflusst? (Zutreffendes bitte auf jeder Zeile ankreuzen)

		Stark	Eher stark	Eher gering	Gar nicht	Weiss nicht
a)	Spardruck durch den Staat (Bund, Kantone und Gemeinden)	❑1	❑2	❑3	❑4	❑5
b)	Spardruck durch die Krankenkassen	❑1	❑2	❑3	❑4	❑5
c)	Spardruck durch die Medien und die Öffentlichkeit	❑1	❑2	❑3	❑4	❑5
d)	Einschränkung des Handlungsspielraums des Spitalmanagements durch den Bund (z. B. KVG)	❑1	❑2	❑3	❑4	❑5
e)	Einschränkung des Handlungsspielraums des Spitalmanagements durch den Kanton (z. B. Budget)	❑1	❑2	❑3	❑4	❑5
f)	Einschränkung des Handlungsspielraums des Spitalmanagements durch die Gemeinden (z. B. Investitionen, Neubauten)	❑1	❑2	❑3	❑4	❑5
g)	Handlungsbedarf durch neue gesetzliche Regelungen (z. B. neues KVG, Spitallisten)	❑1	❑2	❑3	❑4	❑5
h)	Ansprüche der Patienten an die Qualität der medizinischen Leistungen	❑1	❑2	❑3	❑4	❑5
i)	Ansprüche der Patienten an die Quantität der medizinischen Leistungen	❑1	❑2	❑3	❑4	❑5
j)	Forderungen von Vereinigungen des Ärztepersonals (Lobbying)	❑1	❑2	❑3	❑4	❑5
k)	Forderungen von Vereinigungen des Pflegepersonals (Lobbying)	❑1	❑2	❑3	❑4	❑5
l)	Forderungen von Vereinigungen des administrativen Personals (Lobbying)	❑1	❑2	❑3	❑4	❑5
m)	Notwendigkeit der Personalaus- und -weiterbildung aufgrund des technisch-medizinischen Fortschritts	❑1	❑2	❑3	❑4	❑5
n)	Konkurrenzdruck durch andere Spitäler und Anbieter von Gesundheitsleistungen	❑1	❑2	❑3	❑4	❑5
o)	Weitere Rahmenbedingungen (Bitte ergänzen)	❑1	❑2	❑3	❑4	❑5
p)	....	❑1	❑2	❑3	❑4	❑5

4. In welchem Ausmass wird nach Ihrer Meinung das Spitalmanagement durch folgende interne Problemfelder erschwert? (Zutreffendes bitte auf jeder Zeile ankreuzen)

		Stark	Eher stark	Eher gering	Gar nicht	Weiss nicht
a)	Zeitliche Beanspruchung des ärztlichen und pflegedienstlichen Personals durch Überstunden	☐1	☐2	☐3	☐4	☐5
b)	Gesundheitliche Beanspruchung des ärztlichen und pflegedienstlichen Personals (z. B. durch Nachtarbeit, Ansteckungsgefahr)	☐1	☐2	☐3	☐4	☐5
c)	Emotionale Beanspruchung des ärztlichen und pflegedienstlichen Personals durch Krankheit und Tod	☐1	☐2	☐3	☐4	☐5
d)	Ungenügende Kommunikation und Koordination zwischen dem ärztlichen, pflegedienstlichen und administrativen Personal	☐1	☐2	☐3	☐4	☐5
e)	Personalmangel im Pflegebereich	☐1	☐2	☐3	☐4	☐5
f)	Belastung des Arbeitsklimas infolge mangelnder Anerkennung der Leistungen des Pflegepersonals	☐1	☐2	☐3	☐4	☐5
g)	Ängste der Belegschaft vor Arbeitsplatzverlust (z. B. aufgrund der angekündigten resp. bereits eingeführten Spitallisten)	☐1	☐2	☐3	☐4	☐5
h)	Anforderungen an das ärztliche und pflegedienstliche Personal durch den medizinischen Weiterbildungsbedarf (z. B. neue Behandlungsmethoden, Krankheiten)	☐1	☐2	☐3	☐4	☐5
i)	Anforderungen an das ärztliche und pflegedienstliche Personal durch den technischen Weiterbildungsbedarf (z. B. neue Apparaturen, Informatik)	☐1	☐2	☐3	☐4	☐5
j)	Anforderungen an das administrative Personal durch den fachlichen Weiterbildungsbedarf (z. B. Marketing, Kosten- und Leistungsrechnung, Controlling)	☐1	☐2	☐3	☐4	☐5
k)	Tägliches Spannungsfeld zwischen Senken der Kosten und Halten/Steigern der Qualität der Arbeit	☐1	☐2	☐3	☐4	☐5
l)	Weitere Rahmenbedingungen (bitte ergänzen)	☐1	☐2	☐3	☐4	☐5
m)	....	☐1	☐2	☐3	☐4	☐5

C) Personal

Dieser Abschnitt umfasst ausgewählte Fragen zum Personal Ihres Spitals.

5. Wie hoch schätzen Sie die anforderungsbezogene Leistungsfähigkeit der Mitarbeiter Ihres Spitales ein? (Zutreffendes bitte auf jeder Zeile ankreuzen)

		Hoch	Eher hoch	Eher gering	Gar nicht	Weiss nicht
a)	Chefärzte	☐1	☐2	☐3	☐4	☐5
b)	Übrige Ärzte	☐1	☐2	☐3	☐4	☐5
c)	Pflege- und Betreuungspersonal	☐1	☐2	☐3	☐4	☐5
d)	Administratives Personal	☐1	☐2	☐3	☐4	☐5
e)	Übrige Spitalmitarbeiter (Küche, Putzequipe etc.)	☐1	☐2	☐3	☐4	☐5

6. Wie hoch schätzen Sie die Leistungsbereitschaft (Motivation) der Mitarbeiter Ihres Spitals ein? (Zutreffendes bitte auf jeder Zeile ankreuzen)

		Hoch	Eher hoch	Eher gering	Gar nicht	Weiss nicht
a)	Chefärzte	☐1	☐2	☐3	☐4	☐5
b)	Übrige Ärzte	☐1	☐2	☐3	☐4	☐5
c)	Pflege- und Betreuungspersonal	☐1	☐2	☐3	☐4	☐5
d)	Administratives Personal	☐1	☐2	☐3	☐4	☐5
e)	Übrige Spitalmitarbeiter (Küche, Putzequipe etc.)	☐1	☐2	☐3	☐4	☐5

7. Auf welche Weise prüfen die Vorgesetzten in Ihrem Spital die Leistungsbereitschaft und -fähigkeit Ihrer Mitarbeiter? (Zutreffendes bitte auf jeder Zeile ankreuzen)

		Häufig	Eher häufig	Eher selten	Nie	Weiss nicht
a)	Überprüfen der Leistungen der Mitarbeiter aufgrund der Zielerreichung	☐1	☐2	☐3	☐4	☐5
b)	Laufende Kontrolle der Mitarbeiter während der Leistungserstellung	☐1	☐2	☐3	☐4	☐5
c)	Spontane Gespräche mit den Mitarbeitern	☐1	☐2	☐3	☐4	☐5
d)	Beurteilungsgespräche mit den Mitarbeitern mit Hilfe vorformulierter Fragen (z. B. Beurteilungsbogen)	☐1	☐2	☐3	☐4	☐5

D) Reorganisationsmassnahmen

In diesem Abschnitt interessiert uns, mit welchem Erfolg Ihr Spital bereits Reformprojekte durchgeführt hat, um die veränderten Rahmenbedingungen des Spitalmanagements zu meistern und interne Problemfelder zu lösen.

8. Haben Sie in Ihrem Spital in den letzten Jahren weitreichende Reformprojekte geplant oder bereits durchgeführt (z. B. Schliessung von Abteilungen, Änderungen in der Aufbau- und/oder Ablauforganisation, Änderung der Rechtsform)? (Bitte nur eine Antwort ankreuzen)

❒1 Ja ➔ weiter zu Frage 9

❒2 Nein, aber ist in naher Zukunft geplant ➔ weiter zu Frage 9

❒3 Nein ➔ weiter zu Frage 14

9. Welche der folgenden Personengruppen waren/sind im Kernteam des Projektes (Das Kernteam definiert z. B. die Ziele, initiiert das Projekt, führt erste Massnahmen durch)? (Zutreffendes bitte auf jeder Zeile ankreuzen)

		Nicht beteiligt	Beteiligt	Anzahl beteiligte Personen (Bitte jeweils ergänzen)
a)	Politische Vertreter (z. B. Regierungsrat)	❒1	❒2	....
b)	Externe Unternehmensberater	❒1	❒2	....
c)	Verwaltungsdirektion	❒1	❒2	....
d)	Chefärzte	❒1	❒2	....
e)	Übrige Ärzte	❒1	❒2	....
f)	Übriges kaufmännisches Personal	❒1	❒2	....
g)	Pflege- und Betreuungspersonal	❒1	❒2	....
h)	Übrige Spitalmitarbeiter (Küche, Putzequipe etc.)	❒1	❒2	....
i)	(Andere)	❒1	❒2	....

10. Wie lange dauerte das in Ihrem Spital durchgeführte Projekt? Falls das Projekt erst geplant ist, geben Sie bitte eine Schätzung ab. (Bitte nur eine Antwort ankreuzen)

Weniger als 6 Monate	6 bis 12 Monate	13 bis 18 Monate	19 bis 24 Monate	Mehr als 24 Monate
❒1	❒2	❒3	❒4	❒5

11. Wie hoch waren die Gesamtkosten (Beratungshonorare, Löhne, Schulungsaufwand, Sanierungen, Desinvestitionen etc.) des in Ihrem Spital durchgeführten Projektes? Falls das Projekt erst geplant ist, geben Sie bitte eine Schätzung ab. (Bitte nur eine Antwort ankreuzen)

Bis 250'000.-	250'001.- bis 500'000.-	500'001.- bis 750'000.-	Mehr als 750'000.-
❒1	❒2	❒3	❒4

12. Welches Ziel verfolg(t)en diese Reformprojekte? (Hier sind mehrere Antworten möglich)

- ❒1 Kostenreduktion bei der Leistungserstellung (z. B. durch weniger Abfall und Fehler)
- ❒2 Reduktion der Bettenkapazität
- ❒3 Verkürzung der Aufenthaltsdauer
- ❒4 Verbesserung der spitalinternen Zusammenarbeit (Verwaltung, Pflege und Ärzteschaft)
- ❒5 Verbesserung der spitalexternen Zusammenarbeit (Leistungserbringer, Leistungsempfänger und Kostenträger)
- ❒6 Erhöhung der Patientenorientierung bei der Leistungserstellung
- ❒7 Verbesserung der medizinischen Qualität der Spitalleistungen
- ❒8 Verbesserung der technischen Qualität der Spitalleistungen
- ❒9 Ausgliederung von Teilbereichen des Spitals (z. B. Wäscherei, Küche)
- ❒10 Engere Zusammenarbeit mit anderen Spitälern
- ❒11 Reduktion des administrativen Aufwandes (z. B. des Berichtswesens)
- ❒12 Erhöhung der Mitarbeiterorientierung der Spitalarbeit
- ❒13 (Bitte ergänzen)..
- ❒14 ....

➔ **Falls noch nicht feststeht, ob Ihr Reformprojekt die gesetzten Ziele erreicht, überspringen Sie bitte die Frage 13 und fahren weiter mit Frage 14.**

13. In welchem Ausmass wurden die oben genannten Projektziele erreicht? (Zutreffendes bitte auf jeder Zeile ankreuzen)

		Ja	Teil-weise	Nein	Weiss nicht
a)	Kostenreduktion bei der Leistungserstellung (z. B. durch weniger Abfall und Ausschuss, weniger Fehler)	❒1	❒2	❒3	❒4
b)	Reduktion der Bettenkapazität	❒1	❒2	❒3	❒4
c)	Verkürzung der Aufenthaltsdauer	❒1	❒2	❒3	❒4
d)	Verbesserung der spitalinternen Zusammenarbeit (Verwaltung, Pflege und Ärzteschaft)	❒1	❒2	❒3	❒4
e)	Verbesserung der spitalexternen Zusammenarbeit (Leistungserbringer, Leistungsempfänger und Kostenträger)	❒1	❒2	❒3	❒4
f)	Erhöhung der Patientenorientierung bei der Leistungserstellung	❒1	❒2	❒3	❒4
g)	Verbesserung der medizinischen Qualität der Spitalleistungen	❒1	❒2	❒3	❒4
h)	Verbesserung der technischen Qualität der Spitalleistungen	❒1	❒2	❒3	❒4
i)	Ausgliederung von Teilbereichen des Spitals (z. B. Wäscherei, Küche)	❒1	❒2	❒3	❒4
j)	Engere Zusammenarbeit mit anderen Spitälern	❒1	❒2	❒3	❒4
k)	Reduktion des administrativen Aufwandes (z. B. des Berichtswesens)	❒1	❒2	❒3	❒4
l)	Erhöhung der Mitarbeiterorientierung der Spitalarbeit	❒1	❒2	❒3	❒4
m)	(Bitte ergänzen)	❒1	❒2	❒3	❒4
n)	....	❒1	❒2	❒3	❒4

14. **Welche Funktionen Ihres Betriebes werden intern durch Spitalangestellte erfüllt, welche extern durch Drittunternehmen wahrgenommen ('Outsourcing')?** (Zutreffendes bitte auf jeder Zeile ankreuzen)

		Intern	Mehrheitlich intern	Mehrheitlich extern	Extern	Weiss nicht
a)	Medizinische Leistungen (z. B. Tomographie durch Partner-Spitäler etc.)	❑1	❑2	❑3	❑4	❑5
b)	Labordienstleistungen	❑1	❑2	❑3	❑4	❑5
c)	Lohn- und/oder Finanzbuchhaltung	❑1	❑2	❑3	❑4	❑5
d)	Qualitätssicherung	❑1	❑2	❑3	❑4	❑5
e)	Technischer Unterhalt	❑1	❑2	❑3	❑4	❑5
f)	Verpflegung	❑1	❑2	❑3	❑4	❑5
g)	Wäscherei	❑1	❑2	❑3	❑4	❑5
h)	Raumpflege	❑1	❑2	❑3	❑4	❑5
i)	(Bitte ergänzen)	❑1	❑2	❑3	❑4	❑5

E) Konkurrenzsituation

In diesem Abschnitt interessiert uns, wie Sie in der Spitalleitung mit den veränderten Wettbewerbsbedingungen umgehen.

15. **Wie hoch schätzen Sie die Wettbewerbsstärke Ihres Spitals im Vergleich zu anderen Spitälern bezüglich der folgenden Kategorien ein?** (Bitte nur eine Antwort ankreuzen)

		Hoch	Eher hoch	Eher gering	Gering	Weiss nicht
a)	Medizinisch-technische Ausstattung (Apparaturen)	❑1	❑2	❑3	❑4	❑5
b)	Medizinisches Know-how	❑1	❑2	❑3	❑4	❑5
c)	Erreichbarkeit (z. B. öffentliche Verkehrsmittel, Parkplätze)	❑1	❑2	❑3	❑4	❑5
d)	Umgebung (z. B. Parkanlage, Aussicht, Klima)	❑1	❑2	❑3	❑4	❑5
e)	Hotellerie (z. B. Zimmerausstattung, Essen)	❑1	❑2	❑3	❑4	❑5
f)	Zusatzleistungen (z. B. Coiffeur, Kiosk)	❑1	❑2	❑3	❑4	❑5
g)	Betriebswirtschaftliche Führung des Spitals (Personalmanagement, Marketing, Rechnungswesen)	❑1	❑2	❑3	❑4	❑5
h)	(Bitte ergänzen)	❑1	❑2	❑3	❑4	❑5

16. **Welche räumliche Distanz trennt Ihr Spital vom nächsten Spital mit einem qualitativ vergleichbaren Leistungsangebot?** (Bitte entsprechende Kilometerzahl einfügen)

.... Kilometer

17. **Führen Sie Leistungsvergleiche mit anderen Spitälern durch?** (Bitte nur eine Antwort ankreuzen)

Ja	Nein	Weiss nicht
❐ 1	❐ 2	❐ 3
Bitte weiter zu Frage 18	Bitte weiter zu Frage 21	Bitte weiter zu Frage 21

18. **In welchen zeitlichen Abständen führen Sie diese Leistungsvergleiche durch?** (Bitte nur eine Antwort ankreuzen)

Im Abstand von 0 bis 6 Monaten	Im Abstand von 7 bis 12 Monaten	Im Abstand von 13 bis 18 Monaten	Im Abstand von 19 Monaten und mehr
❐ 1	❐ 2	❐ 3	❐ 4

19. **Auf welche Weise führen Sie diese Leistungsvergleiche durch?** (Zutreffendes bitte auf jeder Zeile ankreuzen)

		Mit Hilfe eines vorformulierten Kriterienkataloges	Ohne vorformulierten Kriterienkatalog	Nie	Weiss nicht
a)	Auswertung von Sekundärdaten (z. B. Medienberichte, Geschäftsberichte)	❐ 1	❐ 2	❐ 3	❐ 4
b)	Schriftliche Erhebung von Primärdaten (z. B. Datenaustausch mit anderen Spitälern)	❐ 1	❐ 2	❐ 3	❐ 4
c)	Mündliche Erhebung von Primärdaten (z. B. Gespräch mit Spitalexperten, Krankenkassen)	❐ 1	❐ 2	❐ 3	❐ 4

20. **Auf welche Weise setzen Sie die Ergebnisse der Leistungsvergleiche um?** (Zutreffendes bitte auf jeder Zeile ankreuzen)

		Häufig	Eher häufig	Eher selten	Nie	Weiss nicht
a)	Durch Anpassung der Unternehmensstrategie (z. B. Positionierung der Leistungen, Beschaffung von Spezialisten, Outsourcing von Leistungsbereichen)	❐ 1	❐ 2	❐ 3	❐ 4	❐ 5
b)	Anpassung der Aufbauorganisation (z. B organisatorische Neugestaltung von Fachbereichen)	❐ 1	❐ 2	❐ 3	❐ 4	❐ 5
c)	Anpassung der Ablauforganisation (z. B. Neugestaltung des Prozesses „Patientenaufnahme“)	❐ 1	❐ 2	❐ 3	❐ 4	❐ 5
d)	Punktuelle operative Massnahmen (z. B. Weiterbildung oder Versetzung von Einzelpersonen)	❐ 1	❐ 2	❐ 3	❐ 4	❐ 5
e)	.... (Bitte ergänzen)	❐ 1	❐ 2	❐ 3	❐ 4	❐ 5

F) Patienten

Dieser Abschnitt umfasst Fragen dazu, ob und wie stark Ihr Spitalmanagement die Wünsche und Rückmeldungen Ihrer Patienten bei der Leistungsplanung und -erstellung berücksichtigt.

21. Wie hoch schätzen Sie gesamthaft die Zufriedenheit Ihrer Patienten mit Ihren Spitalleistungen ein? (Bitte nur eine Antwort ankreuzen)

Hoch	Eher hoch	Eher gering	Gering	Weiss nicht
❒1	❒2	❒3	❒4	❒5

22. Führen Sie Patienten-Zufriedenheitsbefragungen durch? (Bitte nur eine Antwort ankreuzen)

Ja	Nein	Weiss nicht
❒1 Bitte weiter zu Frage 23	❒2 Bitte weiter zu Frage 25	❒3 Bitte weiter zu Frage 25

23. Auf welche Weise führen Sie Patienten-Zufriedenheitsbefragungen durch? (Zutreffendes bitte auf jeder Zeile ankreuzen)

	Bei jedem Patienten	Gelegentlich (Auswahl von Patienten)	Nie	Weiss nicht
a) Schriftlich, anhand eines vorformulierten Fragekatalogs	❒1	❒2	❒3	❒4
b) Mündlich, anhand eines vorformulierten Fragekatalogs	❒1	❒2	❒3	❒4
c) Schriftlich, ohne einen vorformulierten Fragekatalog	❒1	❒2	❒3	❒4
d) Mündlich, ohne einen vorformulierten Fragekatalog	❒1	❒2	❒3	❒4

24. Auf welche Weise setzen Sie die Ergebnisse Ihrer Patienten-Zufriedenheitsbefragungen um? (Zutreffendes bitte auf jeder Zeile ankreuzen)

	Häufig	Eher häufig	Eher selten	Nie	Weiss nicht
a) Durch Anpassung der Unternehmensstrategie (z. B. Positionierung der Leistungen, Beschaffung von Spezialisten, Outsourcing von Leistungsbereichen)	❒1	❒2	❒3	❒4	❒5
b) Anpassung der Aufbauorganisation (z. B organisatorische Neugestaltung von Fachbereichen)	❒1	❒2	❒3	❒4	❒5
c) Anpassung der Ablauforganisation (z. B. Neugestaltung des Prozesses „Patientenaufnahme")	❒1	❒2	❒3	❒4	❒5
d) Punktuelle operative Massnahmen (z. B. Weiterbildung oder Versetzung von Einzelpersonen)	❒1	❒2	❒3	❒4	❒5
e) .... (Bitte ergänzen)	❒1	❒2	❒3	❒4	❒5

G) Mitarbeiterzufriedenheit

Dieser Abschnitt umfasst Fragen dazu, ob und wie stark Ihr Spitalmanagement die Wünsche und Rückmeldungen der Mitarbeiter bei der Leistungsplanung und -erstellung berücksichtigt.

25. **Wie hoch schätzen Sie gesamthaft die Arbeitszufriedenheit Ihrer Mitarbeiter ein?** (Bitte nur eine Antwort ankreuzen)

Hoch	Eher hoch	Eher gering	Gering	Weiss nicht
☐1	☐2	☐3	☐4	☐5

26. **Führen Sie Mitarbeiter-Zufriedenheitsbefragungen durch?** (Bitte nur eine Antwort ankreuzen)

Ja	Nein	Weiss nicht
☐1 Bitte weiter zu Frage 27	☐2 Bitte weiter zu Frage 29	☐3 Bitte weiter zu Frage 29

27. **Auf welche Weise führen Sie Mitarbeiter-Zufriedenheitsbefragungen durch?** (Zutreffendes bitte auf jeder Zeile ankreuzen)

		Bei jedem Mitarbeiter	Gelegentlich (Auswahl von Mitarbeitern)	Nie	Weiss nicht
a)	Schriftlich, anhand eines vorformulierten Fragekatalogs	☐1	☐2	☐3	☐4
b)	Mündlich, anhand eines vorformulierten Fragekatalogs	☐1	☐2	☐3	☐4
c)	Schriftlich, ohne einen vorformulierten Fragekatalog	☐1	☐2	☐3	☐4
d)	Mündlich, ohne einen vorformulierten Fragekatalog	☐1	☐2	☐3	☐4

28. **Auf welche Weise setzen Sie die Ergebnisse Ihrer Mitarbeiter-Zufriedenheitsbefragungen um?** (Zutreffendes bitte auf jeder Zeile ankreuzen)

		Häufig	Eher häufig	Eher selten	Nie	Weiss nicht
a)	Durch Anpassung der Unternehmensstrategie (z. B. Positionierung der Leistungen, Beschaffung von Spezialisten, Outsourcing von Leistungsbereichen)	☐1	☐2	☐3	☐4	☐5
b)	Anpassung der Aufbauorganisation (z. B organisatorische Neugestaltung von Fachbereichen)	☐1	☐2	☐3	☐4	☐5
c)	Anpassung der Ablauforganisation (z. B. Neugestaltung des Prozesses „Patientenaufnahme")	☐1	☐2	☐3	☐4	☐5
d)	Punktuelle operative Massnahmen (z. B. Weiterbildung oder Versetzung von Einzelpersonen)	☐1	☐2	☐3	☐4	☐5
e)	.... (Bitte ergänzen)	☐1	☐2	☐3	☐4	☐5

H) Qualität

Dieser Abschnitt umfasst Fragen zu Ihrem Qualitätsverständnis und zu Ihren Qualitätsinstrumenten.

29. Wie verstehen Sie Qualität im Spital? An welche Elemente denken Sie dabei speziell?
(Bitte definieren Sie selbst)

....

....

....

....

....

....

....

....

....

30. Welche formellen Instrumente zur Qualitätssicherung haben Sie bisher in Ihrem Spital eingesetzt? (Zutreffendes bitte auf <u>jeder</u> Zeile ankreuzen)

	Bereits eingeführt	Geplant	Nicht sinnvoll	Weiss nicht / kenne ich nicht
a) Total Quality Management	☐ 1	☐ 2	☐ 3	☐ 4
b) Akkreditierungsverfahren nach VQG	☐ 1	☐ 2	☐ 3	☐ 4
c) ISO 9000 ff.	☐ 1	☐ 2	☐ 3	☐ 4
d) European Quality Award (EQA)	☐ 1	☐ 2	☐ 3	☐ 4
e) Malcolm Baldrige National Quality Award (MBNQA)	☐ 1	☐ 2	☐ 3	☐ 4
f) Qualitätssicherungs-Beauftragter	☐ 1	☐ 2	☐ 3	☐ 4
g) Qualitätszirkel	☐ 1	☐ 2	☐ 3	☐ 4
h) Patientenbefragungen	☐ 1	☐ 2	☐ 3	☐ 4
i) Mitarbeiterbefragungen	☐ 1	☐ 2	☐ 3	☐ 4
j) Sonstige Instrumente (Bitte ergänzen)	☐ 1	☐ 2	☐ 3	☐ 4
.... i)	☐ 1	☐ 2	☐ 3	☐ 4

I) Angaben zur Institution/Person

Dieser Abschnitt umfasst Fragen zu statistischen Daten.

31. Zu welcher der folgenden Kategorien zählen Sie Ihr Spital? (Bitte nur eine Antwort ankreuzen)

❐1 Universitätsspitäler	❐8 Allgemeinspitäler
❐2 Kinderspitäler	❐9 Frauenspitäler
❐3 Rheuma- und Rehabilitationskliniken	❐10 Andere Spezialkliniken
❐4 Psychiatrische Universitätskliniken	❐11 Andere psychiatrische Kliniken
❐5 Krankenheime für Alters- und Chronischkranke	❐12 Geriatrische Kliniken
❐6 Kliniken für Lungenkrankheiten, Allergien, innere Medizin und Rehabilitation	❐13 Neurologische Spezialkliniken, Epilepsiekliniken
❐7 Gemischte Betriebe für Kranke und Gesunde (Chronischkranke, Geriatrie-, Rehabilitations- und IV-/Altersabteilungen, Wohnheime)	❐14 Präventorien, andere Kuranstalten (Bäder-, Klima-, Diät- und andere Kuranstalten, ausgenommen Rheumakliniken), Eingliederungsstätten usw.

32. Welchen Rechtsträger besitzt Ihr Spital? (Bitte nur eine Antwort ankreuzen)

Rechtsträger privatrechtlicher Spitäler:	*Rechtsträger öffentlichrechtlicher Spitäler:*
❐1 Einzelgesellschaft	❐10 Öffentlichrechtliche Stiftung
❐2 Einfache Gesellschaft	❐11 Gemeinde
❐3 Kollektivgesellschaft	❐12 Gemeindezweckverband nach öffentlichem Recht (ausser Vereine)
❐4 Kommanditgesellschaft	
❐5 Aktiengesellschaft	❐13 Bezirk (Kreis)
❐6 Gesellschaft mit beschränkter Haftung	❐14 Kanton
❐7 Genossenschaft	❐15 Bund
❐8 Verein	❐16 Andere Körperschaft öffentlichen Rechts
❐9 Privatrechtliche Stiftung	❐17 Rechtsform nach ausländischem Recht

33. Wieviele stationäre Patienten behandelten Sie 1996? (Bitte entsprechende Anzahl Eintritte einfügen)

.... Patienten

34. **Welche Bettenkapazität besitzt Ihr Spital zurzeit?** (Bitte entsprechende Anzahl Betten einfügen)

.... Betten

35. **Wieviele Pflegetage verzeichneten Sie 1996?** (Bitte Zahl einfügen)

.... Pflegetage

36. **Wieviele MitarbeiterInnen zählt Ihr Spital?** (Bitte auf jeder Zeile zwei Zahlen einfügen)

		Anzahl Frauen	Anzahl Männer
a)	Verwaltungsdirektion	....	....
b)	Übriges kaufmännisches Personal	....	....
c)	Chefärzte	....	....
d)	Übrige Ärzte	....	....
e)	Pflege- und Betreuungspersonal	....	....
f)	Übrige Spitalmitarbeiter (Küche, Putzequipe etc.)	....	....

37. **Welches ist Ihr persönlicher, beruflicher Werdegang?** (Bitte nur eine Antwort ankreuzen)

❒1 Akademische, medizinische Ausbildung

❒2 Akademische, betriebs- oder volkswirtschaftliche Ausbildung

❒3 Sonstige akademische Ausbildung (Bitte ergänzen)

....

❒4 Höhere Wirtschafts- und Verwaltungsschule (HWV)

❒5 Kaufmännische Ausbildung (KV)

❒6 Ausbildung im Pflegebereich mit kaufmännische Zusatzausbildung

❒7 Ausbildung im Pflegebereich ohne kaufmännische Zusatzausbildung

❒8 Andere Ausbildung (Bitte ergänzen)

....

38. **Seit wievielen Jahren nehmen Sie die Funktion als administrativer Direktor Ihres Spitals ein?** (Bitte entsprechende Anzahl Jahre einfügen)

.... Jahre

39. **Haben Sie weitere Anmerkungen zum Thema Spitalmanagement, Qualität im Spital oder zu dieser Umfrage?** (Bitte ergänzen)

....

....

....

....

....

....

....

....

....

....

....

Vielen Dank für Ihre Mitarbeit!

Rücksendetermin: 5. Dezember 1997
(frankiertes Rückantwortcouvert liegt bei)

Bitte abtrennen und in einem separaten Couvert (Anonymität des Fragebogens) einsenden an: Universität Bern, Institut für Organisation und Personal, z. H. Michèle Etienne lic. rer. pol., Engehaldenstr. 4, 3012 Bern.

❒ Bitte senden Sie mir kostenlos die **Ergebnisse** dieser Umfrage zu (Frühling 1998).

❒ Ich wäre bereit, in einer weiteren Phase der Studie von Frau Michèle Etienne, an einem **Expertengespräch** zum Thema Qualitätsmanagement im Spital teilzunehmen.

Meine Adresse und Telefonnummer lauten:

....

....

....

Signifikanztest für die bivariaten Auswertungen[1]

Der in der vorliegenden Arbeit verwendete Signifikanztest zur Überprüfung von Abhängigkeiten zwischen zwei Variablen (Teilfragen) basiert auf folgenden Kennzahlen:

Chi-Quadrat (χ^2): Als Faustregel gilt, dass mit steigendem Chi-Quadrat der Zusammenhang zwischen den beiden untersuchten Variablen zunimmt. Mit Hilfe der Anzahl Freiheitsgrade (F), des relevanten Stichprobenumfangs (N*) und einer Chi-Quadrat-Verteilungstabelle[2] lässt sich das entsprechende Vertrauensintervall α errechnen. Ob ein Zusammenhang signifikant ist, kann anhand der vorher festgelegten Signifikanzniveaus ermittelt werden:

- $\alpha > 0.05$ (5%) $\Rightarrow$ Zusammenhang nicht signifikant
- $0.05 \leq \alpha < 0.01$ (1%) $\Rightarrow$ Zusammenhang schwach signifikant
- $0.01 \leq \alpha < 0.001$ (0.1%) $\Rightarrow$ Zusammenhang signifikant
- $\alpha \leq 0.001$ (0.01%) $\Rightarrow$ Zusammenhang hoch signifikant

Phi-Koeffizient (ϕ) resp. Kontingenz-Koeffizient (C)[3]: Mit ihrer Hilfe kann die Stärke des Zusammenhangs bestätigt werden, wobei ein Wert von 0 einen minimalen Zusammenhang und ein Wert von +1/-1 einen maximalen Zusammenhang bezeichnet.

---

1 Ein detailliertes Bsp. für das Vorgehen beim Signifikanztests findet sich bei Etienne, Michèle (1997), S. 145 ff. Zum Signifikanztest vgl. ausführlich Ebner, Clauss (1982), S. 188 ff.

2 Vgl. Ebner, Clauss (1982), S. 484.

3 Bei einfach gestuften (d. h. 2 mal 2) Kreuztabellen wird der Phi-Koeffizient verwendet. Handelt es sich dagegen um mehrfach gestufte Kreuztabellen, kommt der Kontingenz-Koeffizient zur Anwendung. Vgl. hierzu u. a. Ebner, Claus (1982), S. 289 ff.

Irrtumswahrscheinlichkeit (p): Sie zeigt die Wahrscheinlichkeit, dass der Chi-Quadrat-Test bei der Beurteilung der Frage von Signifikanz/Nichtsignifikanz zum falschen Resultat führt.

- $p \geq 0.05$ (5%) $\Rightarrow$ Schätzfehler nicht signifikant
- $0.05 > p \geq 0.01$ (1%) $\Rightarrow$ Schätzfehler schwach signifikant
- $0.01 > p \geq 0.001$ (0.1%) $\Rightarrow$ Schätzfehler hoch signifikant

Universität Bern

Institut für
Organisation und Personal

Direktor:
Prof. Dr. Norbert Thom

Engehaldenstr. 4
CH-3012 Bern

Telefon 031 631 80 69
Telefax 031 631 82 30
eMail thom@iop.unibe.ch
WWW http://www.iop.unibe.ch

Kantonsspital Mustern
z. H. Frau Carmen Fröhlich
Spitalstrasse
9999 Mustern

Bern, 24. Februar 1999

Anfrage für eine Fallstudienteilnahme zum Qualitätsmanagement

Sehr geehrte Frau Fröhlich

Im November 1997 haben Sie an unserer Befragung der Deutschschweizer Spitaldirektoren teilgenommen. Die Ergebnisse dieser Studie („Management von Spitälern in der Deutschschweiz") erscheinen bereits in der vierten Auflage des Arbeitsberichts Nr. 27 unseres Instituts. Zu diesem Erfolg haben auch Sie einen wesentlichen Beitrag geleistet; dafür möchten wir Ihnen an dieser Stelle noch einmal recht herzlich danken!

Im Rahmen dieser Fragebogenaktion wurden Sie zum Schluss gefragt, ob Sie bereit wären, ein Expertengespräch mit Frau Etienne zu führen. Freundlicherweise haben Sie dazu Ihre Bereitschaft erklärt. Frau Etienne hat nun in der Forschungsstrategie für ihre Dissertation zum Thema „Total Quality Management (TQM) im Spital" einen Raster zur Auswahl der im Zusammenhang mit dem Qualitätsmanagement interessantesten und am weitesten fortgeschrittenen Akutspitäler erarbeitet. Für die Auswahl waren die folgenden Kriterien ausschlaggebend: Rechtliche Trägerschaft, Vorhandensein eines TQM-Konzepts und Existenz von weiteren Instrumenten zur Qualitätssicherung (Patientenbefragung, Befragung der zuweisenden Ärzte, Mitarbeiterbefragung, Qualitätszirkel und Qualitätssicherungs-Beauftragter).
Ihr Spital hat bei der anschliessenden Endauswahl hervorragend abgeschnitten! Aus diesem Grund gelangen wir heute an Sie. Wären Sie grundsätzlich bereit, an einer Fallstudie teilzunehmen? Die Fallstudie umfasst ein 1,5 bis 2 stündiges Expertengespräch mit Ihnen, ein Gespräch mit dem Qualitätssicherungs-Beauftragten sowie eine

Analyse von qualitätsrelevanten Dokumenten in Ihrem Spital. Selbstverständlich würden die Daten – wenn Sie das wünschen – anonymisiert. Der Zeitpunkt der Durchführung dieser Fallstudie, bewegt sich im Zeitraum März bis Mai 1999.

Es würde uns sehr freuen, wenn für Sie eine Kooperation in Frage kommt. Frau Etienne wird sich erlauben, Sie in den nächsten Tagen telefonisch zu kontaktieren. Für Ihre Bemühungen danken wir Ihnen im voraus bestens und verbleiben

mit freundlichen Grüssen

Prof. Dr. Norbert Thom
Institutsdirektor

Michèle Etienne, lic. rer. pol.
Wissenschaftliche Assistentin

Universität Bern

Institut für
Organisation und Personal

Direktor:
Prof. Dr. Norbert Thom

Engehaldenstr. 4
CH-3012 Bern

Telefon 031 631 80 69
Telefax 031 631 82 30
eMail thom@iop.unibe.ch
WWW http://www.iop.unibe.ch

Kantonsspital Mustern
z. H. Frau Carmen Fröhlich
Spitalstrasse
9999 Mustern

Bern, 25. März 1999

Terminbestätigung/Zusenden von relevanten Dokumenten zum Qualitätsmanagement

Sehr geehrte Frau Fröhlich

Ich möchte mich noch einmal ganz herzlich bei Ihnen und Herrn Meier für die Kooperationsbereitschaft im Zusammenhang mit den Fallstudien zum Qualitätsmanagement im Spital bedanken. Wie telefonisch vereinbart, treffen wir uns am **Freitag, 9. April um 8.30** im Kantonsspital Mustern für die Durchführung der Expertengespräche.

Um Ihre kostbare Zeit nicht mit Fragen zu verschwenden, die durch meine Lektüre von relevanten Dokumenten beantwortet werden können, bitte ich Sie, mir vorgängig die folgenden Dokumente (falls sie vorhanden sind) zuzusenden. Selbstverständlich werde ich die Unterlagen vertraulich behandeln und sie Ihnen – falls erwünscht – wieder zurückbringen. Mit diesem Vorgehen bezwecke ich, mir schon vor dem Gespräch einen ersten Eindruck von Ihrer Institution zu verschaffen sowie den diesen Fallstudien zugrundeliegenden Bezugsrahmen anzureichern. Im einzelnen bitte ich Sie um folgende Dokumente:

- *Aktueller Geschäftsbericht (GB)*
- *Statistische Angaben zum Spital (falls nicht schon aus dem GB ersichtlich):*
    - Bettenzahl
    - Anzahl Mitarbeiter (Stellen und Personen)
    - Auslastungsgrad
    - Pflegetage
    - Finanzierungsart (Globalbudget oder Fallpauschalen)
- *Weitere Angaben zum Spital (falls nicht schon aus dem GB ersichtlich):*

  - Leitbild, Strategie und oberste Ziele des Spitals
  - Organisationsstruktur, Organigramm
  - Leistungsangebot
  - Nähe zu nächsten Konkurrenten (in Kilometern)
  - Schriftlich festgehaltene Führungsgrundsätze und –richtlinien (z. B. Paritätische Führung in der Spitalleitung, Führung der Mitarbeiter mittels Zielvereinbarung)
- *Dokumentationen im Zusammenhang mit Qualität:*
  - Qualitätspolitik und –ziele,
  - Indikatoren zur Messung von Struktur-, Prozess- und Ergebnisqualität (z. B. Kennzahlen über Infektionen, Rückfälle etc.)
  - Ablauf von Qualitätsprojekten
  - Organisationale Verankerung des Qualitätsmanagements (wer ist für was zuständig?)
  - Qualitätshandbücher
  - etc.

Wenn Sie damit einverstanden sind, werde ich Ihre Angaben während des Experteninterviews auf Tonband aufnehmen, um mir die Datenaufbereitung zu erleichtern. Ihre Aussagen werden auf Wunsch vollkommen vertraulich behandelt, so dass Rückschlüsse auf Ihre Person oder das Spital durch Dritte nicht möglich sind. Den Interviewleitfaden sowie den Bezugsrahmen werden Sie kurz vor dem Gespräch separat per Post erhalten. Er soll Ihnen als Vorabinformation über die zu besprechenden Themenbereiche dienen.

Die Erkenntnisse aus den Fallstudien fliessen als zweite Stufe des Forschungsvorhabens (die erste Stufe umfasste die im Herbst 1997 durchgeführte Befragung in der gesamten Deutschschweiz) in das Dissertationsprojekt ein und helfen, die Empfehlungen zur erfolgreichen Konzeption und Implementierung von Total Quality Management (TQM) im Spital zu präzisieren. Für Ihre Auskunftsbereitschaft und die mir zur Verfügung gestellte Zeit, möchte ich mich zu gegebener Zeit bei Ihnen und Herrn Hugentobler mit einem geschenkten Exemplar meiner praxisbezogenen Dissertation – deren Publikation im ersten Halbjahr des Jahres 2000 geplant ist – erkenntlich zeigen.

Ich freue mich, Sie schon bald persönlich kennenzulernen.

Mit freundlichen Grüssen

Michèle Etienne

Interviewleitfaden

Vorbemerkungen

Konzepte zur Sicherung und Förderung von Qualität im Spital sind derzeit häufig Gegenstand von Diskussionen in Wissenschaft und Praxis. Die intensive Beschäftigung mit der Qualitätsdiskussion ist nicht zuletzt durch das neue KVG entfacht worden. Eine ausschliessliche Ausrichtung auf die medizinische Qualität reicht nicht mehr aus. Vielmehr ist eine umfassende und integrierte Qualitätssichtweise für das Spital als Ganzes gefragt.

Nachdem das Institut für Organisation und Personal der Universität Bern die Existenz und Häufigkeit von Instrumenten zur Qualitätssicherung in Deutschschweizer Spitälern bereits mit einer breit angelegten schriftlichen Befragung untersucht hat, sollen die gewonnenen Erkenntnisse mit Hilfe der Interviews vertieft und präzisiert werden. Aus diesem Grund interessiert mich die Meinung eines Experten aus dem Spital, der bereits Erfahrung mit Qualitätsmanagement-Projekten und –instrumenten gemacht hat. Bitte beantworten Sie die Fragen aufgrund Ihres persönlichen Wissens und Ihrer Erfahrung in Ihrem Spital.

Wenn Sie erlauben, nehme ich unser Gespräch auf Tonband auf, um mir die Informationsaufbereitung zu erleichtern. Ihre Aussagen werden auf Wunsch vollkommen vertraulich behandelt, d. h. Rückschlüsse auf Ihre Person oder die Institution werden für Dritte nicht möglich sein.

Die meisten Angaben zum Spital wurden anhand einer Sekundärdatenanalyse (Geschäftsbericht, Organigramme etc.) bereits vor dem Interview eingeholt.

Die linke Spalte der Tabelle enthält jeweils die Fragen zum Themenblock; in der rechten Spalte sind Anmerkungen für die Interviewerin zu finden.

1. Angaben zum Spital und zum/zur Interviewpartner(in)

➢ Spital

Einleitende Fragen Zum besseren Verständnis der Zusammenhänge sind Informationen über Ihr Spital von zentraler Bedeutung. An dieser Stelle sollen die Informationen, die Sie mir bereits im voraus in Form von **Dokumenten** gegeben haben, ergänzt werden.	
Statistische Angaben	*Anzahl Betten, Anzahl Mitarbeiter (Stellen und Personen), Auslastungsgrad, Pflegetage, Finanzierungsart (Globalbudget oder Fallpauschalen), Nähe zu nächsten Konkurrenten (in Kilometern)*
Weitere Angaben zur Spitalführung	*Leitbild, Strategie und oberste Ziele des Spitals, Organigramm, Leistungsangebot, Führungsgrundsätze und –richtlinien (z. B. paritätische Führung in der Spitalleitung, Führung der Mitarbeiter mittels Zielvereinbarung)*

➢ Interviewpartner(in)

Zum besseren Verständnis der Zusammenhänge sind Informationen zu Ihrem Werdegang und Ihrer Funktion bzw. Ihrem Aufgabengebiet (hier speziell im Zusammenhang mit dem Qualitätsmanagement) im Spital sehr nützlich.

2. Bedingungsgrössen des Qualitätsmanagements (QM)

Welche Bedingungsgrössen haben einen Einfluss auf das QM in Ihrem Spital? Welcher Art ist der Einfluss jeder dieser Bedingungsgrössen auf das QM (begünstigende oder hemmende Wirkung)?	*Ausserbetriebliche, betriebliche und personelle Bedingungsgrössen (Frage ist auf den Bezugsrahmen gestützt)*

3. Qualitätsmanagement-Projekt (QMP)

Auslöser Aus welchen Gründen entschloss sich Ihr Spital zur Durchführung eines QMP?	*Bedingungsgrössen als Auslöser? Initiative bereits vor neuem KVG? Initiative bestimmter Personen (Promotoren)?*
Ziele Welche Ziele verfolgt das QMP? Wie stehen diese in Verbindung zu den obersten Zielen und zur Strategie des Spitals?	*Definition der Qualität eng oder weit? (Stakeholder-Ansatz)*
Ablauf des Projekts Wenn Sie das Projekt aus einer gewissen Distanz betrachten, welche Phasen lassen sich unterscheiden? Welches sind die Aktivitäten (Inhalte) in der jeweiligen Phasen? Welches sind die Ergebnisse der jeweiligen Phase? Wie lange dauerten die einzelnen Projektphasen?	*⇨ Hilfsmittel: Abb. des Projektablaufs von TQM in der Literatur* *Unterschiedliche Ablaufschemata sind zu analysieren (Steuerbarkeit des Prozesses, Homogenität der Aktivitäten, Zwischenziele etc.)*
Organisation des Projekts Wie ist/war die Projektgruppe organisiert?	*Entscheidungsgruppe, Kernteam, erweitertes Projektteam? Promotoren? Einbezug von externen Personen (z. B. Berater, Vertreter aus der Kantonsregierung oder der Trägerschaft)? Führte die Zusammensetzung zu schnellen und umsichtigen Entscheiden?*
Information und Kommunikation Wurde zu Beginn des QMP ein Informationskonzept erstellt? Wenn ja, wer waren die Zielgruppen der Informationen? Welche Art von Informationen haben diese erhalten? Zu welchem Zeitpunkt wurden sie informiert?	*Gab es auch Rückmeldungen der Beteiligten/Betroffenen (zweiseitiger Informationsaustausch)?*
Instrumente Ich möchte noch einmal auf die einzelnen Projektphasen zurückkommen: Welche Instrumente kamen in der jeweiligen Phasen zum Einsatz?	*⇨ Hilfsmittel 1: Liste mit möglichen Instrumenten* *⇨ Hilfsmittel 2: Abb. des Projektablaufs von TQM in der Literatur*
Kosten des QMP Wie hoch schätzen Sie die Gesamtkosten? Ist es möglich, einzelne Kostenkategorien auszuweisen, so z. B. Personalkosten, Beratungskosten? Kostenkontrolle vorhanden?	*Wie werden die Kosten erfasst? Werden auch anteilige Arbeitskosten ermittelt? Mengengerüst einschätzen (Personentage etc.)? Werden Opportunitätskosten kalkuliert?*
Fazit zum Qualitätsmanagement-Projekt Wenn Sie das Projekt noch einmal beginnen könnten, welche Aktivitäten würden Sie anders angehen? Welche Stolpersteine gilt es besonders zu berücksichtigen? Welche Punkte sind für einen „reibungslosen" Ablauf des Projekts von Bedeutung? Wie beurteilen Sie rückblickend die Effizienz des gewählten Vorgehens?	*Kriterien zur Beurteilung der projektspezifischen Effizienz: Zweckmässigkeit der Phasen? Einhaltung des Budgets? Einhaltung des Projektzeitplans? Erreichung des Sachziels (inhaltliche Entwicklungsstufen in der Qualität)? Zweckmässige Zusammensetzung der Projektgruppe? Etc.*

4. Massnahmen zur Umsetzung des Qualitätsmanagements (QM)

Organisatorische Verankerung Wie wurde das QM organisatorisch im Spital verankert? Welche Aufgaben, Kompetenzen und Verantwortungen haben die einzelnen Personen? Wie nehmen die Betroffenen die zusätzlichen Aufgaben wahr (haupt- oder nebenamtlich)?	*Wie tief (wie viele Hierarchiestufen werden einbezogen) und breit (beteiligte Mitarbeiter pro Stufe und insgesamt) ist die organisatorische Verankerung (organisatorische Durchdringung)? Gibt es Stellenprofile? Was waren die Vor- und Nachteile der breiten resp. tiefen Einbeziehung? Welche weiteren Aktivitäten wurden ergriffen, um den „Geist" des QM zu erhalten?*
Schulung von Mitarbeiter und Vorgesetzten Wurde als Umsetzungsmassnahme ein Schulungskonzept erstellt? Wenn ja, welche Schulungsmassnahmen wurden zur Befähigung der Vorgesetzten ergriffen? Welche Schulungsmassnahmen wurden zur Befähigung der Mitarbeiter ergriffen?	*Wiederkehrend oder einmalige Schulungsmassnahmen? Internes Kaskadensystem oder externe Schulung? Welche Schulungsmethoden waren besonders wirkungs- und sinnvoll?*
Instrumente zur kontinuierlichen Qualitätssicherung und -förderung Welche Instrumente kommen heute regelmässig zur Anwendung (z. B. Qualitätszirkel, Ideenmanagement, Patienten-Zufriedenheitsbefragungen, Benchmarking)? Wie ist die Bedeutung des jeweiligen Instruments für die Qualitätssicherung und –förderung?	*Wie wird der Begriff „regelmässig" definiert? Wie werden die Ergebnisse umgesetzt (Art und Umfang)? Einschätzung der Wirkung (Effektivität) der Instrumente?*
Anschlussprojekte Wurden Anschlussprojekte an das QMP definiert? Falls ja, mit welchen Projektzielen und –inhalten?	*Wie stellen sich die Verantwortlichen den weiteren Weg zu TQM vor (Etappen, neue Instrumente etc.)?*

5. Zukünftige Entwicklungstendenzen

Wie wird sich nach Ihrer Meinung das QM in Zukunft verändern?	*Verbreitung, Bedeutung, Einführung normierter Modelle, Audit durch die Kantone? Etc.*

6. Abschliessende Bemerkungen

Ich danke Ihnen bestens für Ihre wertvolle Mithilfe. Gerne möchte ich Sie noch um ein Feedback zu diesem Interview bitten, damit ich meine Befragungstechnik bei zukünftigen Interviews verbessern kann.

Literaturverzeichnis

Addor, Peter (1995): Warum sich viele Unternehmen gar nicht verbessern wollen. In: Der Organisator, 77. Jg. 1995, Nr. 3, S. 14 – 16

Aeberhard, Kurt (1996): Strategische Analyse. Empfehlungen zum Vorgehen und zu sinnvollen Methodenkombinationen. Bern u. a. 1996

Arnold, David O. (1970): Dimensional Sampling. An approach for studying a small number of cases. In: American Sociologist, o. Jg. 1970, Nr. 5, S. 147 – 150

Aschinger, Richard (1997): „Schlechte Stimmung bei den Ärzten." Interview mit dem Präsident der Schweizer Ärztevereinigung, Hans Heinrich Brunner. In: Der Bund, 148. Jg. 1997, Nr. 161, S. 8

Authenrieth, Christine/**Pfeiffer**, Petra (1994): „Lean" als Alibi für jede unternehmerische Strategie? In: io Management Zeitschrift, 63. Jg. 1994, Nr. 12, S. 71 – 74

Ayad, Al-Ani (1996): Continuous Improvement als Ergänzung des Business Reengineering. In: Zeitschrift Führung + Organisation, 65. Jg. 1996, Nr. 3, S. 142 – 148

Ayad, Al-Ani (1997): Wenn Veränderungen Wirklichkeit werden sollen. In: Gablers Magazin, 11. Jg. 1997, Nr. 5, S. 8 – 12

Barmettler, Stefan/**Spogat**, Iris (1998): „100 Kassen werden verschwinden." Interview mit Manfred Manser. In: Facts, o. Jg. 1998, Nr. 35, S. 70 – 71

Baschek, Eckhard (1998): Flucht aus der Preisspirale. In: Handelszeitung, 138. Jg. 1998, Nr. 39, S. 3

Bayard, Nicole (1997): Unternehmens- und personalpolitische Relevanz der Arbeitszufriedenheit. Bern u. a. 1997

Becker, Fred G. (1993): Explorative Forschung mittels Bezugsrahmen – ein Beitrag zur Methodologie des Entdeckungszusammenhangs. In: Empirische Personalforschung. Methoden und Beispiele, hrsg. v. Fred G. Becker und Albert Martin. München/Mering 1993, S. 111 – 127

Becker, Margaret (1997): Dienst am Nächsten als Lebensaufgabe. In: Sanitas. Das Krankenhaus und Gesundheitszentrum im Grünen, o. Jg. 1997, o. Nr., S. 5

Becker, Margaret (1997a): Spitalmodell mit Zukunft. Belegarztsystem: Paritätische Leitung garantiert Mitspracherecht. In: Sanitas. Das Krankenhaus und Gesundheitszentrum im Grünen. St. Gallen 1997, S. 19 – 21

Behrens, Gerold (1993): Wissenschaftstheorie und Betriebswirtschaftslehre. In: Handwörterbuch der Betriebswirtschaft, hrsg. v. Waldemar Wittmann et al. 5. Aufl. Stuttgart 1993, Sp. 4763 – 4772

Bellabarba, Julia (1997): Zum Konzept der Unternehmenskultur in Krankenhäusern. In: Führung und Management im Krankenhaus, hrsg. v. Hans-Wolfgang Hoefert. Göttingen/Stuttgart 1997, S. 99 – 108

Bellinger, Bernhard (1988): Die Betriebswirtschaftslehre in der neueren Zeit. Darmstadt 1988

Berekoven, Ludwig (1983): Der Dienstleistungsmarkt in der BRD. Band 1 und 2. Göttingen 1983

Berekoven, Ludwig/**Eckert**, Werner/**Ellenrieder**, Peter (1989): Marktforschung. 4. Aufl. Wiesbaden 1989

Bezirksspital Zofingen (o. J.): Diverse statistische Informationen, Organisation auf der strategischen und operativen Ebene. o. O. o. J.

Bezirksspital Zofingen (1988): Chronik zur Hundertjahrfeier 1988. o. O. 1988

Bezirksspital Zofingen (1995): Statuten Bezirksspital Zofingen. o. O. 1995

Bezirksspital Zofingen (1998): Jahresbericht 1998. o. O. 1998

Bezirksspital Zofingen (1998a): Organisations- und Geschäftsführungsreglement. o. O. 1998

Bielefeld, Birgit/**Winter**, Michael (1998): Die Rolle des Meisters im Kontinuierlichen Verbesserungsprozess. In: Personal, 50. Jg. 1998, Nr. 4, S. 180 – 183

Biermann, Thomas/**Dehr**, Gunter (1998): Wenn Arbeitskollegen zu Kunden werden. In: Harvard Business manager, 19. Jg. 1998, Nr. 3, S. 93 – 99

Binder, Beat R. (1997): Reengineering. Der radikale Umbau von Prozessen, um Kundenbedürfnisse besser zu befriedigen. In: Marketingdynamik. Re-Launch – Re-Innovation – Re-Engineering – Re-Invention, hrsg. v. Heinz Weinhold-Stünzi et al. St. Gallen 1997, S. 54 – 63

Bittner, Andreas/**Reisch**, Bernhard (1993): Wie japanisch ist die schlanke Produktion. In: io Management Zeitschrift, 62. Jg. 1993, Nr. 2, S. 65 – 68

Blum, Adrian (1999): Integriertes Arbeitszeitmanagement. Ausgewählte personalwirtschaftliche Massnahmen zur Entwicklung und Umsetzung flexibler Arbeitszeitsysteme. Bern u. a. 1999

Böhlen, Claudine (1999): Neuer Prämienschub für 2000. In: Der Bund, 150. Jg. 1999, Nr. 69, S. 13

Böhlen, Claudine (1999a): Pflege nicht mehr garantiert. In: Der Bund 150. Jg. 1999, Nr. 180, S. 11

Boos, Margarete (1993): Die Fallstudienmethodik. In: Empirische Personalforschung. Methoden und Beispiele, hrsg. v. Fred G. Becker und Albert Martin. München/Mering 1993, S. 33 – 46

Bösenberg, Dirk/**Metzen**, Heinz (1995): Lean Management. Vorsprung durch schlanke Konzepte. 5. Aufl. Landsberg/Lech 1993

Braun, Karlheinz/**Lawrence**, Christian (1993): TQM I: Ohne gemeinsame Werte geht gar nichts. In: Harvard Business manager, 15. Jg. 1993, Nr. 2, S. 77 – 85

Braun, Karlheinz/**Lawrence**, Christian (1997): Von der Vision über die Ziele zum Benchmarking. Oder: Benchmarking ohne Vision ist gefährlich. In: Zeitschrift Führung + Organisation, 66. Jg. 1997, Nr. 1, S. 16 – 20

Brecht, Leo/**Hess**, Thomas/**Österle**, Hubert (1995): Business Reengineering: Von einer Mode zur Methode. In: Harvard Business manager, 17. Jg. 1995, Nr. 4, S. 118 – 123

Brettreich-Teichmann, Werner (1994): Preise für Qualitätsführerschaft und Normen. In: Office Management, 42. Jg. 1994, Nr. 1-2, S. 38

Bruch, Heike/**Kuhnert**, Birgit (1994): Total Quality Management als Kernelement von Lean Administration. In: Zeitschrift Führung + Organisation, 63. Jg. 1994, Nr. 2, S. 99 – 102

Bullinger, Hans-Jörg/**Meitner**, Helmut/**Krämer**, Markus (1994): Total Quality Management im Büro. In: Office Management, 42. Jg. 1994, Nr. 1-2, S. 26 – 31

Bundesamt für Statistik (1997): StatSanté 1/97. Informationen über das Projekt „Statistik der stationären Betriebe des Gesundheitswesens. Bern 1997

Burckhardt, Jürg/**Engler**, Conrad/**Salinas**, Luis (1997): Das Gesundheitswesen in der Schweiz. Leistungen, Kosten, Preise. Basel 1998

Burger, Stephan (1997): Betriebswirtschaftliche Innovationen im Gesundheitswesen. In: Orientierungen zur Wirtschafts- und Gesellschaftspolitik 73, o. Jg. 1997, Nr. 3, S. 13 – 17

Cantin, Françoise (1999): Die innerbetriebliche Kommunikation verstehen und gestalten. Ein konstruktivistischer Ansatz und eine qualitative Analyse. Bern u. a. 1999

Cooper, Robin/**Markus**, Lynne M. (1996): Den Menschen reengineeren - geht das denn? In: Harvard Business manager, 18. Jg. 1996, Nr. 1, S. 77 – 89

Cornaz, Jean-Luc (1994): Vergessen Sie Qualität, wenn Sie sich mit Total Quality Management auseinandersetzen. In: Der Organisator, 76. Jg. 1994, Nr. 7-8, S. 16 – 17

Corsten, Hans (1985): Die Produktion von Dienstleistungen. Betriebswirtschaftliche Studien Nr. 51. Berlin 1985

Dähler, Stefan/**Mannes**, Ernst (1994): Process Reengineering in der Praxis. In: io Management Zeitschrift, 63. Jg. 1994, Nr. 5, S. 37 – 40

Degenhardt, Jörg (1998): Struktur- und Führungswandel im Krankenhaus. Emotionen als Wegweiser zur Veränderung. Stuttgart u. a. 1998

Deming, W. Edwards (1986): Out of the Crisis. 2. Aufl. Cambridge 1986

Deppe, Joachim (1991): Harte Nüsse gemeinsam knacken. In: Personalwirtschaft, 18. Jg. 1991, Nr. 2, S. 20 – 25

Deppe, Joachim (1994): Infiziert vom Lean-Virus. In: Personalwirtschaft, 21. Jg. 1994, Nr. 8, S. 46

DIN – Deutsches Institut für Normung (Hrgs.) (1992): ISO 8402, Entwurf März 1992, Qualitätsmanagement und Qualitätssicherung – Begriffe. Berlin 1992

Djawari, Susan/**Fies**, Nicole (1998): Mitarbeiterzufriedenheit im Qualitätsmanagement bei Kleinunternehmen. In: Mannheimer Beiträge, o. Jg. 1998, o. Nr., S. 1 – 16

Dixon, Robb J./**Arnold**, Peter/**Heineke**, Janelle/**Kim**, Jay S./**Mulligan**, Paul (1995): Reengineering II: Mit Ausdauer ist es machbar. In: Harvard Business manager, 17. Jg. 1995, Nr. 2, S. 105 – 114

Donabedian, Avedis (1992): Defining and Measuring the Quality of Health Care. In: Assessing Quality in Health Care, hrsg. v. R. P. Wenzel. Baltimore 1992

Donabedian, Avedis (1997): The Quality of Care. How Can It Be Assessed? In: Archives of pathology and laboratory medicine, Vol. 121 1997, Nr. 11, S. 1145 – 1150

Duden (1990): Duden Band 5: Fremdwörterbuch, hrsg. v. wissenschaftlichen Rat der Dudenredaktion. 5. Aufl. Mannheim u. a. 1990

Ehrhart, Karl Josef/**Cichon**, Klaus Udo/**Malorny**, Christian (1996): Mitarbeiter für Qualitätstechniken begeistern ist eine Führungsaufgabe. In: io Management Zeitschrift, 65. Jg. 1996, Nr. 11, S. 43 – 49

Ebner, Clauss (1982): Statistik für Soziologen, Pädagogen, Psychologen und Mediziner. Band 1, 4. Aufl. Thun/Frankfurt a. M. 1982

Eiff, Wilfried von (Hrsg.) (1999): Krankenhäuser im Leistungsvergleich, hrsg. v. Wilfried von Eiff. Gütersloh 1999

Emrich, Christian (1996): Business Process Reengineering: Forcierter Unternehmenswandel durch „Revolution“ statt „Evolution“. In: io Management Zeitschrift, 65. Jg. 1996, Nr. 6, S. 53 – 56

Engelhardt, Werner H./**Schütz**, Peter (1991): Total Quality Management. In: WiSt –Wirtschaftswissenschaftliches Studium, 20. Jg. 1991, Nr. 8, S. 394 – 399

Ernst, Synes (1998): „Der Markt bringt nur höhere Kosten. Interview mit Colette Nova, geschäftsführende Sekretärin beim Schweizerischen Gewerkschaftsbund. In: Die Weltwoche, 66. Jg. 1998, Nr. 38, S. 25

Etienne, Michèle (1997): Grenzen und Chancen des Vorgesetztenmodells im Betrieblichen Vorschlagswesen. Eine Fallstudie. Bern u. a. 1997

Fallgatter, Michael (1995): Grenzen der Schlankheit: Lean Management braucht Organizational Slack. In: Zeitschrift Führung + Organisation, 64. Jg. 1995, Nr. 4, S. 215 – 220

Fayol, Henri (1929): Allgemeine und industrielle Verwaltung. München/Berlin 1929

Feigenbaum, Armand V. (1983): Total Quality Control. 3. Aufl. New York 1983

Fischer, Dieter/**Hafen**, Urs (1997): Immer wieder die gleichen Fehler. Weshalb Reengineeringprojekte in KMU so oft scheitern. In: io Management Zeitschrift, 66. Jg. 1997, Nr. 6, S. 38 – 45

Flick, Uwe (1995): Qualitative Forschung. Theorie, Methoden, Anwendung in Psychologie und Sozialwissenschaften. Reinbek bei Hamburg 1995

Flood, Robert L. (1995): Beyond TQM. Chichester u. a. 1995

Flüeler, Oliver (1997): Spitallandschaft ist eine künstliche. In: Der Bund, 148. Jg. 1997, Nr. 233, S. 27

Frehr, Hans-Ulrich (1994): Total Quality Management. Unternehmensweite Qualitätsverbesserung. Ein Praxisleitfaden für Führungskräfte. 2. Aufl. München/Wien 1994

Freund, B. (1993): Der Weg zur Lean Company. In: Komplexität meistern – Wettbewerbsfähigkeit sichern, hrsg. v. Michael Reiss. Stuttgart 1993, S. 65 – 77

Friedrich, Artur (1993): Personalarbeit als Erfolgsfaktor im Lean-Management. In: Personal, 45. Jg. 1993, Nr. 3, S. 104 – 106

Garvin, David A. (1991): How the Baldrige Award Really Works. In: Harvard Business review, Vol. 69 1991, Nr. 11-12, S. 80 – 93

Gattiker, Christian (1997): Die Fieberkurve der Spitäler steigt weiter. In: Der Monat, o. Jg. 1997, Nr. 4, S. 28 – 30

Gerberich, Claus W. (1993): Total Quality Management. In: Controller Magazin, 18. Jg. 1993, Nr. 4, S. 217 – 221

Germann, Hans-Rudolf (1995): Ein Fitnessprogramm, keine Magerkur. In: Der Organisator, 77. Jg. 1995, Nr. 4, S. 12 – 14

Gloger, Axel (1996): Die Suche nach dem richtigen Maß. In: Manager Seminare, o. Jg. 1996, Nr. 4, S. 64 – 68

Goetz, Ulrich (1999): „Die Medizin hat heute eine gewaltige Luxuskomponente.“ In: Balser Zeitung, 157. Jg. 1999, Nr. 85, S. 9

Graham, Reinhard/**Gutwetter**, Alfred (1996): Konflikte im Krankenhaus. Ihre Ursachen und ihre Bewältigung im pflegerischen und ärztlichen Bereich. Bern 1996

Gresch, Thomas (1997): Erfolgsfaktor Mensch. Reengineering bei der Opel Bank. In: CoPers, 5. Jg. 1997, Nr. 4, S. 47 – 52

Grochla, Erwin (1969): Technik und Organisation. In: Handwörterbuch der Organisation, hrsg. v. Erwin Grochla. Stuttgart 1969, Sp. 1636 – 1648

Grochla, Erwin (1978): Einführung in die Organisationstheorie. Stuttgart 1978

Grossmann, Ralph/**Prammer**, Karl (1995): Die Reorganisation eines „OP-Betriebs". Zur Optimierung zentraler Leistungsprozesse im Krankenhaus. In: Organisationsentwicklung, 14. Jg. 1995, Nr. 3, S. 14 – 26

Groth, Uwe/**Kammel**, Andreas (1993): 13 Stolpersteine vor dem schlanken Unternehmen. In: Harvard Business manager, 15. Jg. 1993, Nr. 1, S. 115 – 122

H+ die Spitäler der Schweiz (1997): H+ Spitalstatistiken. Administrative Gesamtstatistik der Schweizer Spitäler 1996. Aarau 1996

H+ die Spitäler der Schweiz (1997a): Mitgliederverzeichnis 1997. Aarau 1997

Häfner, Heinz (1996): Public Health in Geschichte und Gegenwart. In: Zeitschrift für Gesundheitswissenschaften, 4. Jg. 1996, Nr. 4, S. 303 – 317

Hagen, Rudolph (1996): Das „Toyota-Produktionssystem" und die Konzeptlosigkeit der Lean-Ansätze. In: io Management Zeitschrift, 65. Jg. 1996, Nr. 1-2, S. 41 – 44

Haist, Friedrich/**Fromm**, Hansjörg (1991): Qualität im Unternehmen. Prinzipien – Methoden – Techniken. 2. Aufl. München/Wien 1991

Hall, Gene/**Rosenthal**, Jim/**Wade**, Judy (1993): How to Make Reengineering Really Work. In: Harvard Business review, Vol. 71 1993, Nr. 11-12, S. 119 – 131

Hammer, Michael (1995): Reengineering I: Der Sprung in eine andere Dimension. In: Harvard Business manager, 17. Jg. 1995, Nr. 2, S. 95 – 103

Hammer, Michael/**Champy**, James (1994): Business Reengineering. Die Radikalkur für das Unternehmen. Frankfurt a. M./New York 1994

Hammer, Michael/**Stanton**, Steven A. (1995): Die Reengineering Revolution. Handbuch für die Praxis. Frankfurt a. M./New York 1995

Harss, Claudia/**Meier**, Karin/**Weill**, Peter (1999): Empfehlungen für ein 360°-Feedback. In: Personalwirtschaft, 26. Jg. 1999, Nr. 9, S. 85 – 87

Heidenberger, Kurt (1995): Krankenhausmanagement. In: Lexikon der Betriebswirtschaftslehre, hrsg. v. Hans Corsten. 3. Aufl. München u. a. 1995, S. 536 – 542

Hehli, Jos/**Isler**, Jürg/**Naumann**, Frank (1995): Process Reengineering bei Banken. In: Praxis, o. Jg. 1995, Nr. 3, S. 12 – 19

Hentze, Joachim (1994): Personalwirtschaftslehre I. 6. Aufl. Bern u. a. 1994

Hentze, Joachim/**Kammel**, Andreas (1992): Lean Production. Personalwirtschaftliche Aspekte der „schlanken" Unternehmung. In: Die Unternehmung, 46. Jg. 1992, Nr. 5, S. 319 – 331

Heppner, Karsten (1995): Gestaltung von Geschäftsprozessen. In: Unternehmensorganisation im internationalen Vergleich. Struktur, Prozesse und Führungssysteme in Deutschland, Japan und den USA, hrsg. v. Droege & Comp. Düsseldorf 1995, S. 61 – 75

Hermann, Frank (1997): Organisationale Fähigkeiten zur Umsetzung eines Qualitätsmanagementsystems. Bamberg 1997

Herzberg, Frederik (1969): Work and the Nature of Man. London 1969

Hessenberger, Manfred/**Kuhn**, Joachim (1996): KVP: Mit guter Logistik fängt alles an. In: Harvard Business manager, 18. Jg. 1996, Nr. 3, S. 17 – 24

Heuser, Uwe J./**Lamparter**, Dietmar H. (1997): „Ein wenig Leerlauf ist wichtig". Interview mit Daniel T. Jones. In: Bilanz, o. Jg. 1997, Nr. 2, S. 94 – 95

Hieber, Ralf/**Alard**, Robert (1999): Ein Leitfaden für umfassendes Prozessmanagement. In: Management & Qualität, 34. Jg. 1999, Nr. 3, S. 58 – 61

Hilke, Wolfgang (1989): Grundprobleme und Entwicklungstendenzen des Dienstleistungs-Marketing. In: Dienstleistungs-Marketing, hrsg. v. Wolfgang Hilke. Wiesbaden 1989

Hill, Stephan (1997): Managed Care in der Schweiz. In: Praxis, o. Jg. 1997, Nr. 4, S. 6 – 13

Hinkel, Norbert/**Schmitt**, Irmgard M. (1993): Organisations- und Kulturentwicklung im Krankenhaus. In: Organisationsentwicklung, 12. Jg. 1993, Nr. 1, S. 26 – 39

Hinterhuber, Hans H./**Krauthammer**, Eric (1994): Lean Management und individuelle Arbeitsplatzsicherheit. In: Zeitschrift Führung + Organisation, 63. Jg. 1994, Nr. 5, S. 294 – 298

Hirslanden-Gruppe (Hrsg.) (o. J.): Spektrum. Das Patientenmagazin der Hirslanden-Gruppe für Gäste und Besucher. o. O. o. J.

Hirslanden-Gruppe (Hrsg.) (1997): Jahresbericht 1997. o. O. 1997

Hoefert, Hans-Wolfgang (1997): Berufliche Sozialisation und Zusammenarbeit im Krankenhaus. In: Führung und Management im Krankenhaus, hrsg. v. Hans-Wolfgang Hoefert. Göttingen/Stuttgart 1997, S. 49 – 74

Hoefert, Hans-Wolfgang (1997a): Konfliktebenen in der Leitunszusammenarbeit. In: Führung und Management im Krankenhaus, hrsg. v. Hans-Wolfgang Hoefert. Göttingen/Stuttgart 1997, S. 75 – 97

Hoffmann, Barbara (1997): Ärzte fürchten um ihr Portemonnaie. In: Der Bund, 148. Jg. 1997, Nr. 88, S. 14

Holenstein, Hildegard (1999): Fähig werden zur Selbstevaluation. Erfahrungsberichte und Orientierungshilfen. Chur/Zürich 1999

Homburg, Christian (1994): Kundenorientiertes Qualitätsmanagement in den USA. In: io Management Zeitschrift, 63. Jg. 1994, Nr. 6, S. 24 – 27

Homburg, Christian (1994a): Kundenorientiertes Qualitätsmanagement in den USA. Der Baldrige Award und die Botschaften der Sieger. Vallendar 1994

Homburg, Christian/**Hocke**, Gregor (1996): Change Management durch Reengineering? Eine Bestandsaufnahme. Vallendar 1996

Hout, Thomas/**Carter**, John C. (1996): Es liegt beim Firmenchef, ob der Wandel gelingt. In: Harvard Business manager, 18. Jg. 1996, Nr. 2, S. 59 – 68

Imai, Masaaki (1993): KAIZEN. Der Schlüssel zum Erfolg der Japaner im Wettbewerb. 8. Aufl. München 1993

Imai, Masaaki (1996): GembaKaizen. In: io Management Zeitschrift, 65. Jg. 1996, Nr. 1-2, S. 27 – 28

Ishikawa, Kaoru (1980): Guide to Quality Control. Tokyo 1980

Jacobi, Hans-Joachim (1996): Instrumentarium zur monetären und nichtmonetären Bewertung von Geschäftsprozessen. In: Rentabel durch TQM, hrsg. v. Gerd F. Kamiske. Berlin u. a. 1996, S. 31 – 72

Janich, Peter (1996): Was ist Wahrheit? Eine philosophische Einführung. München 1996

Jaspert, Till/**Müffelmann**, Jens (1996): „...das Team muss nun von der Ideenfindung zur Umsetzung schreiten". Eine Zwischenbilanz der praktischen Erfahrungen beim Business Reengineering. In: Zeitschrift Führung + Organisation, 65. Jg. 1996, Nr. 3, S. 174 – 178

Jegerlehner, Nicole (1999): „Wir rennen ständig der Arbeit hinterher." In: Der Bund, 150. Jg. 1999, Nr. 80, S. 25

Jensen, Eckart E. (1994): Reengineering – ein für die Nutzung des Mitarbeiterpotentials bedeutsames Konzept. In: Organisationsentwicklung, 13. Jg. 1994, Nr. 2, S. 48 – 57

Jörg, Petra (1998): Mitarbeiterzeitschriften analysieren, bewerten und verbessern. Arbeitsbericht Nr. 23 des Instituts für Organisation und Personal der Universität Bern. Bern 1998

Jucken, Herbert/**Ziegler**, Rita (1994): Qualitätsmanagement im Spital. In: Praxis, o. Jg. 1994, Nr. 4, S. 5 – 13

Jung, Herbert F. (1993): KAIZEN – ein Konzept des mitarbeiterorientierten Managements. In: Personal, 45. Jg. 1993, Nr. 8, S. 359 – 363

Kammel, Andreas/**Groth**, Uwe (1992): Lean Production. Forcierung des Teamkonzepts im „schlanken Unternehmen". In: Personal, 44. Jg. 1992, Nr. 11, S. 510 – 515

Kamiske, Gerd F./**Malorny**, Christian (1992): Total Quality Management. Ein bestechendes Führungsmodell mit hohen Anforderungen und großen Chancen. In: Zeitschrift Führung + Organisation, 61. Jg. 1992, Nr. 5, S. 273 – 278

Kamiske, Gerd F./**Brauer**, Jörg-Peter (1993): Qualitätsmanagement von A bis Z. Erläuterung moderner Begriffe des Qualitätsmanagements. München/Wien 1993

Kamiske, Gerd F./**Füermann**, Timo (1995): Reengineering versus Prozessmanagement. Der richtige Weg zur prozessorientierten Organisationsgestaltung. In: Zeitschrift Führung + Organisation, 64. Jg. 1995, Nr. 3, S. 142 – 148

Keidel, Stephan (1995): Das Lean Management Konzept. Ursprünge, Bestandteile, Auswirkungen. Eine kritische Beurteilung unter normativen Aspekten. St. Gallen 1995

Kieser, Alfred (1996): Business Process Reengineering – neue Kleider für den Kaiser? In: Zeitschrift Führung + Organisation, 65. Jg. 1996, Nr. 3, S. 179 – 185

Kinias, Constantin (1992): Mythos Japan und die Realität der „Lean production". In: io Management Zeitschrift, 61. Jg. 1992, Nr. 3, S. 48 – 51

Kirstein, Henning (1994): Qualitätsmanagement im Unternehmen. Philosophie – Strategie – Methode. In: Die hohe Schule des Total Quality Management, hrsg. v. Gerd F. Kamiske. Berlin/Heidelberg 1994, S. 19 – 30

Kleb, Ralf-Hendrik/**Svoboda**, Michael (1994a): Trends und Erfahrungen im Lean Management. Studie mit führenden multinationalen Unternehmen (Teil I). In: Zeitschrift Führung + Organisation, 63. Jg. 1994, Nr. 4, S. 249 – 254

Kleb, Ralf-Hendrik/**Svoboda**, Michael (1994b): Trends und Erfahrungen im Lean Management. Studie mit führenden multinationalen Unternehmen (Teil II). In: Zeitschrift Führung + Organisation, 63. Jg. 1994, Nr. 5, S. 299 – 304

Klimmer, Matthias/**Lay**, Gunter (1994): Lean Production: Ein Begriff wird zum Mythos. In: Die Betriebswirtschaft, 54. Jg. 1994, Nr. 6, S. 817 – 835

Klinik Beau-Site (Hrsg.) (o. J.): Panorama. o. O. o. J.

Klinik Beau-Site (Hrsg.) (1998): Organigramm. o. O. 1998

Klinkenberg, Ulrich (1995): Organisatorische Implikationen des Total Quality Management. In: Die Betriebswirtschaft, 55. Jg. 1995, Nr. 5, S. 599 – 614

Kochan, Thomas A./**Hoffer Gittell**, Judy/**Lautsch**, Brenda A. (1995): Total quality management and human resource systems: an international comparison. In: International Journal of Human Resource Management, 6. Jg. 1995, Nr. 5, S. 201 – 222

Koller, Karl (1997): Qualitätsmanagementbemühungen in den USA und in Europa. In: Sondernummer Management und Qualität, o. Jg. 1997, o. N., S. 5 – 7

Kordupleski, Raymond E./**Rust**, Roland T./**Zahorik**, Anthony J. (1994): Qualitätsmanager vergessen zu oft den Kunden. In: Harvard Business manager, 16. Jg. 1994, Nr. 1, S. 65 – 72

Krämer, Walter (1997): So lügt man mit Statistik. Frankfurt a. M. 1997

Kreikebaum, Hartmut (1991): Strategische Unternehmensplanung. Stuttgart u. a. 1991

Kreuter, Andreas (1994): Total Quality Management (TQM). In: Die Betriebswirtschaft, 54. Jg. 1994, Nr. 5, S. 683 – 685

Kreuter, Andreas/**Stegmüller**, Rudi (1997): Kontinuierlicher Verbesserungsprozess. In: Die Unternehmung, 57. Jg. 1997, Nr. 1, S. 111 – 117

Kropf, Beat (1997): Business Process Reengineering in der Krankenversicherung. In: Praxis, o. Jg. 1997, Nr. 4, S. 64 – 69

Krüger, Wilfried/**Homp**, Christian (1998): Kernkompetenzen. In: WiSt – Wirtschaftswissenschaftliches Studium, 27. Jg. 1998, Nr. 10, S. 529 – 531

Kühn, Richard/**Fankhauser**, Kathrin (1996): Marktforschung. Bern u. a. 1996

Kunz, Hans Ulrich (1994): Nicht zaghaft ändern: Völlig neu erfinden müssen Sie Ihre Firma! In: Der Organisator, 76. Jg. 1994, Nr. 7-8, S. 10 – 12

Lechler, Thomas (1998): Das Problem: Sind Promotoren auch Projektmanager? In: Promotoren. Champions der Innovation, hrsg. v. Jürgen Hauschildt und Hans Georg Gemünden. Wiesbaden 1998, S. 181 – 209

Lechner, Karl/**Egger**, Anton/**Schauer**, Reinbert (1992): Einführung in die Allgemeine Betriebswirtschaftslehre. 14. Aufl. Wien 1992

Liedtke, Heinz/**Zuberbühler**, Max (1994): Unternehmensübergreifendes TQM: Von der Produktqualität zur Unternehmensqualität. In: Der Organisator, 76. Jg. 1994, Nr. 7-8, S. 20 – 22

Lietz, Jürgen H. (1992): Lean Production – Realität und Herausforderung. In: io Management Zeitschrift, 61. Jg. 1992, Nr. 7-8, S. 68 – 72

Limpers, Erich (1995): Total Quality Management. Herausforderung oder Geissel für die Mitarbeiter? In: Personal, 47. Jg. 1995, Nr. 4, S. 183 – 185

Malorny, Christian/**Kassebohm**, Kristian (1994): Brennpunkt TQM. Rechtliche Anforderungen. Führung und Organisation. Auditierung und Zertifizierung nach DIN ISO 9000 ff. Stuttgart 1994

Maurer, Alfred (1996): Das neue Krankenversicherungsrecht. Basel/Frankfurt a. M. 1996

Mayring, Philipp (1983): Qualitative Inhaltsanalyse. Grundlagen und Techniken. Weinheim u. a. 1983

Mayring, Philipp (1996): Einführung in die qualitative Sozialforschung. 3. Aufl. Weinheim 1996

McGregor, Douglas (1960): The Human Side of Enterprise. New York 1960

Meffert, Heribert (1994): Marktorientierte Führung von Dienstleistungsunternehmen – neuere Entwicklungen in Theorie und Praxis. In: Die Betriebswirtschaft, 54. Jg. 1994, Nr. 4, S. 519 – 541

Meffert, Heribert/**Bruhn**, Manfred (1997): Dienstleistungsmarketing. Grundlagen – Konzepte – Methoden. 2. Aufl. Wiesbaden 1997

Meister, Holger (1993): Organisation des Lean Management. In: Zeitschrift Führung und Organisation, 62. Jg. 1993, Nr. 1, S. 6 – 8

Meyer, Anton (1994): Dienstleistungs-Marketing. 6. Aufl. Augsburg 1994

Morra, Francesco (1996): Wirkungsorientiertes Krankenhausmanagement. Ein Führungshandbuch. Bern u. a. 1996

Müller, Klaus (1998): Krankheitskosten und demographische Alterung. Statistische Entwicklung und gesundheitspolitische Folgerungen. In: Neue Zürcher Zeitung, 219. Jg. 1998, Nr. 176, S. 13

Musgrave, Richard Abel (1969): Finanztheorie, 2. Aufl. Tübingen 1969

Nicolet Schuppli, Ursula (1998): „Change Management" – die Vorgesetzten in einer Schlüsselrolle. In: io Management Zeitschrift, 67. Jg. 1998, Nr. 4, S. 46 – 53

Niederhäuser, Paul (1992): Total Quality Management steigert Wettbewerbsfähigkeit. In: Praxis, o. Jg. 1992, Nr. 4, S. 16 – 24

Niedl, Klaus (1996): Mobbing: Feindseligkeiten im Krankenhaus. In: Personal-Management im „Unternehmen" Krankenhaus, hrsg. v. Matthias Müller. Wien 1996, S. 153 – 176

Ohno, Taiichi (1988): Workplace Management. Portland/Oregon 1988

Osterloh, Margit/**Frost**, Jetta (1994): Business Reengineering: Neuer Wein in alten Schläuchen? In: io Management Zeitschrift, 63. Jg. 1994, Nr. 9, S. 27 – 28

Osterloh, Margit/**Frost**, Jetta (1996): Prozessmanagement als Kernkompetenz. Wiesbaden 1996

Osterloh, Margit/**Frost**, Jetta (1997): Business-Reengineering: Stolpersteine vermeiden. In: Index, 9. Jg. 1997, Nr. 1, S. 18 – 21

O. V. (1992): Does the Baldrige Award Really Work? In: Harvard Business review, Vol. 70 1992, Nr. 1-2, S. 126 – 147

O. V. (1993): Entschlossen auf Qualität setzen. In: Personalwirtschaft, 20. Jg. 1993, Nr. 8, S. 11 – 16

O. V. (1993 a): Teilnehmerhandbuch zu Kaizen Basics, hrsg. v. Kaizen Institute of Europe. o. O. 1993

O. V. (1994a): Bundesgesetz über die Krankenversicherung. In: Amtliche Sammlung des Bundesrechts. Bern 1995

O. V. (1995): Business Reengineering steht an erster Stelle. In: Personalwirtschaft, 22. Jg. 1995, Nr. 8, S. 34 – 35

O. V. (1995b): Selbstbewertung 1996 - Richtlinien für Unternehmen, hrsg. v. der European Foundation for Quality Management (EFQM). Brüssel 1995

O. V. (1997): Qualitätskonzept von H+ Die Spitäler der Schweiz. In: Schweizer Spital, 61. Jg. 1997, Nr. 7, S. 8 – 11

O. V. (1997b): Am Schluss zahlt der Versicherte. In: Der Bund, 148. Jg. 1997, Nr. 135, S. 15

O. V. (1997c): Soziale Sicherheit. Zeitschrift des Bundesamtes für Sozialversicherung, hrsg. v. Bundesamt für Sozialversicherung, o. Jg. 1997, Nr. 5

O. V. (1997d): Krise bei Oxford Health dämpft Hoffnungen bezüglich Managed Care. In: Frankfurter Allgemeine Zeitung, o. Jg. 1997, Nr. 291, S. 30

O. V. (1997e): Den Prämienzahler beissen die Hunde. In: Der Bund, 148. Jg. 1997, Nr. 195, S. 19

O. V. (1998): Einlenken der Gesundheitsdirektion. Erfolg für Assistenzärzte. In: Neue Zürcher Zeitung, 218 Jg. 1998, Nr. 271, S. 53

O. V. (1999): Private Haushalte immer mehr belastet. In: Aargauer Zeitung, 4. Jg. 1999, Nr. 172, S. 8

O. V. (o. J.): Das neue Krankenversicherungsgesetz KVG, hrsg. v. Konkordat Schweizerischer Krankenversicherer. Solothurn o. J.

Oyon, Daniel/**Cardinaux**, Pierre-Alain (1997): Gesundheitswesen: tiefgreifende Restrukturierung. In: Praxis, o. Jg. 1997, Nr. 4, S. 2 – 5

Pelikan, Jürgen M./**Nowak**, Peter/**Lobnig**, Hubert (1994): Organisationsentwicklung im Krankenhaus. In: Organisationsentwicklung, 13. Jg. 1994, Nr. 3, S. 12 – 21

Petri, Klaus (1974): Kritische Betriebswirtschaftslehre. Eine Auseinandersetzung mit dem kritischen Rationalismus Karl R. Poppers vor dem Hintergrund der Probleme der betriebswirtschaftlichen Forschungspraxis. Mannheim 1974

Pfeiffer, Werner/**Weiss**, Enno (1993): Lean Production. Schlanke Produktionsstrukturen als Erfolgsfaktor, hrsg. v. Hans Corsten und Thomas Will. Stuttgart 1993

Pharma Information (Hrsg.) (1998): Das Gesundheitswesen in der Schweiz. Leistungen, Kosten, Preise. Basel 1998

Piepel, Ulrich (1993): Wege zur Übertragung der Lean Production. In: io Management Zeitschrift, 62. Jg. 1993, Nr. 2, S. 59 – 64

Porter, Michael E. (1986): Wettbewerbsvorteile: Spitzenleistungen erreichen und behaupten. Frankfurt/New York 1986

Rademacher, Helmut (1994): Das Prinzip Audit. In: Qualitätsmanagement. Strategie, Struktur, Systeme, hrsg. v. Heinz W. Adams und Helmut Rademacher. Frankfurt a. M. 1994, S. 95 – 111

Radtke, Philipp/**Wilmes**, Dirk (1997): European Quality Award. Die Kriterien des EQA umsetzen. Praktische Tips zur Anwendung des EFQM-Modells, hrsg. v. Gerd F. Kamiske. München/Wien 1997

Raffio, Thomas (1993): TQM II: Wie Delta Dental Plan Service Excellence erreichte. In: Harvard Business manager, 15. Jg. 1993, Nr. 2, S. 86 – 96

Regionalspital Burgdorf (1997): Jahresbericht 1997. o. O. 1997

Regionalspital Burgdorf (o. J.): Organisationsreglement. o. O. o. J.

Regionalspital Burgdorf (o. J.a): Geschäftsordnung. o. O. o. J.

Reiss, Michael (1992): Mit Blut, Schweiss und Tränen zur schlanken Organisation. In: Harvard Business manager, 14. Jg. 1992, Nr. 2, S. 57 – 62

Reiss, Michael (1993): Die Rolle der Personalführung im Lean Management. Vom Erfüllungsgehilfen zum Schrittmacher einer Management-Revolution. In: Zeitschrift für Personalforschung, 7. Jg. 1993, Nr. 2, S. 171 – 194

Rennhard, Josef (1996): Patienten zwischen Wut und Dankbarkeit. In: der schweizerische Beobachter, o. Jg. 1996, Nr. 3, S. 25 - 27

Riedl, Gabriela (1996): Leistungserbringung im Krankenhaus zwischen Burnout und Innerer Kündigung. In: Personal-Management im „Unternehmen“ Krankenhaus, hrsg. v. Matthias Müller. Wien 1996, S. 53 – 65

Röthlisberger, Daniel/**Böhlen**, Claudine (1997): „Kassen, Ärzte, Politiker unter einer Decke“. In: Der Bund, 148. Jg. 1997, Nr. 135, S. 15.

Rüegg-Dual, Ruth (1998): Die Qualität einer Behandlung aus Sicht der Patientinnen und Patienten. In: Schweizer Spital, 62. Jg. 1998, Nr. 9, S. 12 – 13

Ryf, Balz (1996): Optimierung von Geschäftsprozessen im öffentlichen Bereich. In: Praxis, o. Jg. 1996, Nr. 2, S. 29 – 32

Samuelson, Paul A./**Nordhaus**, William D. (1987): Volkswirtschaftslehre I. Grundlagen der Makro- und Mikroökonomie. 8. Aufl. Köln 1987

Schärli-Reinhard, Markus (1997): Der Tod als Preistreiber. In: Cash, 9. Jg. 1997, Nr. 45, S. 53

Scherrer, Clemens (1997): Qualitätsmanagement-Systeme: mehr Effizienz statt mehr Papier. In: Geschäftsbericht der BSG Unternehmensberatung, 18. Jg. 1997, S. 25 – 26

Schmalzl, Bernhard/**Schröder**, Jakob (1998): Managementkonzepte im Wettstreit. Total Quality Management vs. Business Process Reengineering. München 1998

Schmid, Zeno (1994): Unternehmensübergreifendes TQM. Ein praxisbezogenes Interview. In: Der Organisator, 76. Jg. 1994, Nr. 7-8, S. 22

Schmidt, Sascha L./**Treichler**, Christoph (1996): So klappt Business Reengineering. In: Harvard Business manager, 18. Jg. 1996, Nr. 3, S. 118 – 120

Schmitz, Christof (1993): Nur wer schlank ist, der ist der König! Japan, Manager-Märkte und andere Behinderungen. In: Organisationsentwicklung, 12. Jg. 1993, Nr. 3, S. 4 – 15

Schmitz, Harald/**Greissinger**, Peter (1998): Benchmarking im Krankenhaus. In: Zeitschrift für Betriebswirtschaftliche Forschung und Praxis, 50. Jg. 1998, Nr. 4, S. 402 – 420

Schmutte, Andre M. (1998): Total Quality Management im Krankenhaus. Wiesbaden 1998

Schnopp, Reinhard (1995): Reengineering-Projekte: Einige Erfahrungen. In: Projektmanagement, o. Jg. 1995, Nr. 2, S. 4 – 11

Schoch, Otto (1997): Das Krankenversicherungsgesetz – besser als sein Ruf. In: Neue Zürcher Zeitung, 218. Jg. 1997, Nr. 257, S. 17

Schöchli, Hansueli (1998): Weshalb die Prämien davongelaufen sind. In: Der Monat, o. Jg. 1998, Nr. 3, S. 16 – 19

Scholz, Christian (1994): Lean Management. In: WiSt – Wirtschaftswissenschaftliches Studium, 23. Jg. 1994, Nr. 4, S. 180 – 186

Schröder, Andreas (1997): Prozesse im Dialog mit Partnern verbessern. In: Gablers Magazin, 11. Jg. 1997, Nr. 5, S. 14 – 17

Schuster, Leo (1994): Die TQM-Philosophie. In: Schweizer Bank, o. Jg. 1994, Nr. 3, S. 34

Sebestyen, Otto Gabor (1994): Management-„Geheimnis“ Kaizen. Der japanische Weg zur Innovation. Wien 1994

Seeli, Peter (1994): KaiZen: Das schrittweise Verändern. Vervollkommen. Wo der Weg zum Ziel wird. In: Index, 6. Jg. 1994, Nr. 4, S. 44 – 45

Seghezzi, Hans Dieter (1996): Integriertes Qualitätsmanagement. Das St. Galler Konzept. München/ Wien 1996

Seghezzi, Hans Dieter (1997): Wirtschaft und Qualität. In: Management & Qualität, 32. Jg. 1997, Nr. 9, S. 4 – 5

Seghezzi, Hans Dieter/**Dahlem**, Stephan (1997): Qualitätsmanagement umsetzen. In: Management & Qualität Special, o. Jg. Mai 1997, S. 10 – 11

Seiffert, Ulrich (1995): KVP - Bestandteil eines evolutionären Produktentstehungsprozesses. In: WiSt – Wirtschaftswissenschaftliches Studium, 24. Jg. 1995, Nr. 4, S. 197 – 202

Sencar, Peter M. (1996): Qualitätsmanagement: Kundenintegration und Informatik. In: io Management Zeitschrift, 65. Jg. 1996, Nr. 11, S. 35 – 37

Sidamgrotzki, Edgar (1994): Kompendium des integrierten Krankenhaus-Managements. Lengwil 1994

Simon, Walter (1996): Die neue Qualität der Qualität. Grundlagen für den TQM und KAIZEN-Erfolg. Offenbach 1996

Smith, Adam (1978): Der Wohlstand der Nationen. München 1978

Sommer, Christiane (1997): Ein weiter Weg. In: managermagazin, 27. Jg. 1997, Nr. 4, S. 107 – 116

Stadelmann, Martin/**Lux**, Wilfried (1995): Hot Topics oder kalter Kaffee? Aktuelle Management-Philosophien kritisch betrachtet. In: io Management Zeitschrift, 64. Jg. 1995, Nr. 3, S. 32 – 35

Stadtspital Waid (Hrsg.) (1997): Richtungsweisend. Jahresbericht 1997. o. O. 1997

Stadtspital Waid (Hrsg.) (1998): Qualitätweisend. Jahresbericht 1998. o. O. 1998

Stadtspital Waid (Hrsg.) (1998a): Statistiken zum Jahresbericht 1998. o. O. 1998

Stadtspital Waid (Hrsg.) (1998b): Der schnelle Zugang zum Stadtspital Waid. Stationäres und ambulantes Dienstleistungsspektrum mit Kontaktpersonen. Kurzporträts, Kliniken, Institute, Pflegebereiche. O. O. 1998

Stadtspital Waid (Hrsg.) (o. J.): Aufbauorganisation Spitalleitung. o. O. o. J.

Starke, Marie-Theres (1962): Die Finanzierung der Krankenhausleistungen als sozial- und ordnungspolitisches Problem. Münster 1962

Stauss, Bernd/**Friege**, Christian (1996): Zehn Lektionen in TQM. In: Harvard Business manager, 18. Jg. 1996, Nr. 2, S. 20 – 32

Staute, Jörg (1997): Das Ende der Unternehmenskultur. Innenansichten bundesdeutscher Firmen. München 1997

Stern, Christian J. (1995): Unternehmensziel: Total Quality Company. In: Zeitschrift Führung + Organisation, 64. Jg. 1995, Nr. 4, S. 227 – 230

Stiftung Krankenhaus Sanitas Kilchberg (Hrsg.) (1997): Jahresbericht 1997. o. O. 1997

Straub, Silvia (1997): Controlling für das wirkungsorientierte Krankenhausmanagement. Ein Value-Chain basierter Ansatz. Bayreuth 1997

Teisberg Olmsted, Elisabeth/**Porter**, Michael E./**Brown**, Gregory B. (1994): Making Competition in Health Care Work. In: Harvard Business review, Vol. 72 1994, Nr. 7-8, S. 131 – 141

Thalmann, Verena (1998): Kraftprobe um neuen Ärztetarif. In: Tages Anzeiger, 106. Jg. 1998, Nr. 19, S. 29

Theuvsen, Ludwig (1996): Business Reengineering: Möglichkeiten und Grenzen einer prozessorientierten Organisationsgestaltung. In: Zeitschrift für Betriebswirtschaftliche Forschung und Praxis, 48. Jg. 1996, Nr. 1, S. 65 – 82

Thom, Norbert (1979): Vorschlagswesen, betriebliches. In: Handwörterbuch der Produktionswirtschaft, hrsg. v. Werner Kern. Stuttgart 1979, Sp. 2223 – 2236

Thom, Norbert (1980): Grundlagen des betrieblichen Innovationsmanagements. 2. Aufl. Königstein/Ts. 1980

Thom, Norbert (1987): Personalentwicklung als Instrument der Unternehmungsführung. Konzeptionelle Grundlagen und empirische Studien. Stuttgart 1987

Thom, Norbert (1992): Innovationsmanagement. Schriftenreihe „Die Orientierung" Heft 100, hrsg. v. der Schweizerischen Volksbank. Bern 1992

Thom, Norbert (1994): Abspecken ohne Magersucht. In: Zeitschrift Führung + Organisation, 63. Jg. 1994, Nr. 2, S. 75

Thom, Norbert (1996): Reengineering für unternehmerische Fitness. In: Erfolgreiche Reengineering-Praxis in Deutschland. Die Vorbildunternehmen, hrsg. v. Christine Demmer et al. Düsseldorf/ München 1996, S. 7 – 24

Thom, Norbert (1996a): Betriebliches Vorschlagswesen. Ein Instrument der Betriebsführung und des Verbesserungsmanagements. 5. Aufl. Bern u. a. 1996

Thom, Norbert (1997): Management des Wandels. Grundelemente für ein differenziertes und integriertes „Change Management". In: Die Unternehmung, 51. Jg. 1997, Nr. 3, S. 201 – 214

Thom, Norbert/**Cantin**, Françoise (1992): Controlling und Auditing. In: Controlling. Grundlagen – Informationssysteme – Anwendungen, hrsg. v. Klaus Spremann und Eberhard Zur. Wiesbaden 1992, S. 185 – 203

Thom, Norbert/**Vonlanthen**, Jean-Marc (1994): Qualitätszirkel - ein erfolgversprechendes Konzept. Erkenntnisse aus einer schriftlichen Befragungsaktion in schweizerischen und liechtensteinischen Unternehmen. In: SAQ-Bulletin (Organ der Schweizerischen Arbeitsgemeinschaft für Qualitätsförderung), 29. Jg. 1994, Nr. 5, S. 26 – 31

Thom, Norbert/**Etienne**, Michèle (1997): Betriebliches Vorschlagswesen: Vom klassischen Modell zum modernen Ideen-Management. In: WISU – Das Wirtschaftsstudium, Zeitschrift für Ausbildung, Examen und Weiterbildung, 26. Jg. 1997, Nr. 6, S. 564 – 570 und S. 593

Thom, Norbert/**Etienne**, Michèle (1999): Betriebliches Vorschlagswesen. In: Personal- und Sozialpolitik, hrsg. v. Alois Clermont und Wilhelm Schmeisser. München 1999, S. 381 – 390

Thom, Norbert/**Etienne**, Michèle/**König**, Günther (1999): Management von Spitälern in der Deutschschweiz. Ergebnisse einer empirischen Untersuchung. Arbeitsbericht Nr. 27 des Instituts für Organisation und Personal der Universität Bern. 5. Aufl. Bern 1999

Thom, Norbert/**Steiner**, Reto (1999): Dank Benchmarking mehr Dienstleistungsqualität in den Gemeinden. In: Management & Qualität, 34. Jg. 1999, Nr. 5, S. 41 – 45

Thönnessen, Johannes (1999): Mitarbeiter beurteilen ihre Chefs – das Beispiel Bayer. In: Harvard Business manager, 21. Jg. 1999, Nr. 5, S. 99 – 106

Trill, Roland (1996): Krankenhaus-Management. Aktionsfelder und Erfolgspotentiale. Neuwied u. a. 1996

Troche, C. J./**Dietlein**, M./**Geckle**, L./**Lauterbach**, K. W. (1997): Bedeutung und methodische Grundlagen von Wirtschaftlichkeitsanalysen am Beispiel zweier Therapieverfahren bei Schilddrüsenüberfunktion. In: Zeitschrift für Betriebswirtschaftliche Forschung und Praxis, 49. Jg. 1997, Nr. 2, S. 143 – 154

Vansina, Leopold S./**Taillieu**, Tharsi (1995): Business Process Reengineering oder Soziotechnisches Systemdesign in neuen Kleidern? In: Organisationsentwicklung, 14. Jg. 1995, Nr. 2, S. 4 – 20

Vasold, Manfred (1998): Ein Arzt muss an vielen Herzen lauschen. In: Frankfurter Allgemeine Zeitung, o. Jg. 1998, Nr. 155, S. N5

VESKA (Hrsg.) (1996): Leitfaden zum Qualitätsmanagement im schweizerischen Krankenhaus. o. O. 1996

Voigt, Birgit (1997): Der gemanagte Patient. Mit neuen Modellen soll der rasante Anstieg der Gesundheitskosten gebremst werden. In: Cash, 9. Jg. 1997, Nr. 45, S. 45 – 47

Voigt, Birgit (1997a): HMO – mit Risiko für den Arzt. In: Cash, 9. Jg. 1997, Nr. 45, S. 49

Volk, Hartmut (1993): Kaizen - nicht Wunder oder Geheimwaffe, nur viel Gemeinsamkeit. In: io Management Zeitschrift, 62. Jg. 1993, Nr. 2, S 78 – 79

Weck, Leonhard (1997): Weder fernöstliche Geheimlehre noch Scharlatanerie. In: io Management Zeitschrift, 66. Jg. 1997, Nr. 3, S. 64 – 68

Wenger, Andreas (1999): Organisation multinationaler Konzerne. Grundlagen, Konzeption und Evaluation. Bern u. a. 1999

Wengle, Hanspeter (1998): Grundlagen des Qualitätsmanagements im Spital. Muri 1998

WHO (1978): International conference on primary health care. Alma-Ata 1978

Widmer, Dieter/**Wolffers**, Felix (1996): Das neue Krankenversicherungsgesetz (KVG): Eine Einführung. Köniz 1996

Wilkinson, Adrian/**Godfrey**, Graham/**Marchington**, Mick (1997): Bouquets, Brickbats and Blinkers: Total Quality Management and Employee Involvement in Practice. In: Organization Studies, 18. Jg. 1997, Nr. 5, S. 799 – 819

Wirtz, Bernd W. (1996): Business Process Reengineering - Erfolgsdeterminanten, Probleme und Auswirkungen eines neuen Reorganisationsansatzes. In: Zeitschrift für Betriebswirtschaftliche Forschung und Praxis, 48. Jg. 1996, Nr. 11, S. 1023 – 1036

Witt, Tania/**Klaus**, Hans (1997): Widerstände bei BPR-Projekten. Erfolge hängen an der Akzeptanz der Mitarbeiter. In: Office Management, 45. Jg. 1997, Nr. 10, S. 23 – 28

Witte, Eberhard (1998): Das Promotoren-Modell. In: Promotoren. Champions der Innovation, hrsg. v. Jürgen Hauschildt und Hans Georg Gemünden. Wiesbaden 1998, S. 11 - 41

Witte, Eberhard (1995): Effizienz der Führung. In: Handwörterbuch der Führung, hrsg. v. Alfred Kieser et al. 2. Aufl. Stuttgart 1995, Sp. 263 – 276

Witzel, Andreas (1985): Das problemzentrierte Interview. In: Qualitative Forschung in der Psychologie. Grundlagen, Verfahrensweisen, Anwendungsfehler, hrsg. v. Gerd Jüttenmann. Weinheim 1985, S. 227 – 256

Witzig, Thomas/**Breisig**, Thomas (1994): Umsetzung aktueller Konzepte des Qualitätsmanagements. Erkenntnisse aus einer Fallstudie. In: Zeitschrift für Betriebswirtschaft, 64. Jg. 1994, Nr. 6, S. 737 – 763

Wolf, Guido (1996): Planung und Einführung von TQM. In: Qualitätsmanagement der Wertschöpfung, hrsg. v. Heinz W. Adams und Guido Wolf. Frankfurt 1996, S. 241 – 252

Womack, James P./**Jones**, Daniel T./**Roos**, Daniel (1994): Die zweite Revolution in der Automobilindustrie. 8. Aufl. Frankfurt a. M./New York 1994

Womack, James P./**Jones**, Daniel T. (1996): Beyond Toyota: How to Root Out Waste and Pursue Perfection. In: Harvard Business review, Vol. 74 1996, Nr. 9-10, S. 140 – 158

Womack, James P./**Jones**, Daniel T. (1997): Auf dem Weg zum perfekten Unternehmen (Lean Thinking). Frankfurt a. M., New York 1997

Woratschek, Herbert (1996): Die Typologie von Dienstleistungen aus informationsökonomischer Sicht. In: Der Markt, 35. Jg. 1996, Nr. 1, S. 59 – 71

Wunderer, Rolf (1996): Führung und Qualitätsmanagement. In: Personalwirtschaft, 23. Jg. 1996, Nr. 3, S. 39 – 45

Wunderer, Rolf (1997): Führung und Zusammenarbeit. Beiträge zu einer unternehmerischen Führungslehre. 2. Aufl. Stuttgart 1997

Wunderer, Rolf/**Grunwald**, Wolfgang (1980): Führungslehre. Band I. Grundlagen der Führung. Berlin/New York 1980

Wüthrich-Schneider, Esther (1998): Qualitätsmanagement in Spitälern. Ein Modell zur Evaluation der Patientenzufriedenheit. Bamberg 1998

Zaugg, Robert (1996): Integrierte Personalbedarfsdeckung. Ausgewählte Gestaltungsempfehlungen zur Gewinnung ganzheitlicher Personalpotentiale. Bern u. a. 1996

Zeyer, Ulrich (1995): Zeitaspekte der Implementierung aktueller Managementkonzepte. In: Zeitschrift Führung + Organisation, 64. Jg. 1995, Nr. 5, S. 283 – 289

Zink, Klaus J./**Schildknecht**, Rolf (1992): Total Quality Konzepte - Entwicklungslinien und Überblick. In: Qualität als Managementaufgabe, hrsg. v. Klaus Jürgen Zink. 2. Aufl. Landsberg/Lech 1992, S. 73 - 107

Dr. Willy Oggier

Spitalfinanzierungsmodelle für die Schweiz

Trends und Empfehlungen aus Sicht der Gesundheitsökonomie

180 Seiten, 2 Abbildungen, 12 Tabellen
kartoniert, Fr. 58.– / DM 65.– / öS 475.–
ISBN 3-258-06073-8

Das schweizerische Gesundheitswesen ist seit der Einführung des neuen Krankenversicherungsgesetzes im Umbruch. Diese Entwicklungen sind auch an den Spitälern nicht spurlos vorüber gegangen. Einige von ihnen haben die sich abzeichnenden grundlegenden Veränderungen früher erkannt als andere, was auch im Bereich neuer Finanzierungsmodelle zum Ausdruck kommt. Dieses Buch stellt einige dieser Modelle dar, vergleicht sie untereinander und zeigt deren Gemeinsamkeiten und Unterschiede auf. Gezeigt werden auch die Vor- und Nachteile der einzelnen Modelle aus der Sicht von Ärzteschaft, Pflege, Krankenversicherern und Kantonen. Aus den gemachten Erfahrungen leitet Willy Oggier konkrete Empfehlungen für die Einführung von Spitalfinanzierungsmodellen in anderen Kantonen und Spitälern ab.

Der Autor beschreibt nicht nur die aktuelle Situation, sondern trägt auch zur Verbreiterung der Diskussion bei, deshalb ist das Buch sowohl für Praktikerinnen und Praktiker als auch für Lehrende und Studierende sehr empfehlenswert.

Dr. Martin Lorenz

Innovations- und Wettbewerbsfähigkeit regionaler Leistungserstellungsssysteme in der Telematikbranche

Ein systematischer Leitfaden zur Analyse und Entwicklung von Handlungsfeldern – dargestellt am Beispiel des Schweizer Mittellandes

XX + 352 Seiten, 43 Abbildungen, 47 Tabellen
kartoniert, Fr. 54.– / DM 60.– / öS 438.–
ISBN 3-258-06111-4

Durch das weltweit ungebremste Wachstum von Informations- und Kommunikationstechnologien wird die Informatik- und Telekommunikationsbranche, kurz Telematikbranche, zur Schlüsselbranche schlechthin. Erfolgreiche High-Tech-Regionen – sogenannte High-Tech-Cluster – wie z.B. das Silicon Valley illustrieren dabei eindrücklich, dass in dieser an sich globalen Branche den regionalen Wettbewerbsvorteilen eine bedeutende Rolle zuteil werden kann. In den vergangenen Jahren gelang es jedoch nur wenigen Regionen, den Erfolg des Silicon Valley auch nur annähernd nachzuahmen.

Dieses Buch will – im Vergleich zu früheren Studien über High-Tech-Regionen – nicht einen weiteren generellen Erklärungsversuch für die Entstehung und Entwicklung von High-Tech-Clustern liefern, sondern anhand eines systematischen Leitfadens aufzeigen, wie die Innovations- und Wettbewerbsfähigkeit der Telematikbranche einer Region konkret zu analysieren ist. Dazu wird die Branche und ihr regionales Umfeld in verschiedene Leistungsbereiche – sogenannte regionale Leistungserstellungssysteme – unterteilt. Daraus können spezifische, auf die zu analysierende Region gerichtete Handlungsfelder abgeleitet werden, um die dort ansässige Telematikbranche zu einem innovations- und wettbewerbsfähigen Cluster zu entwickeln.

Verlag Paul Haupt Bern · Stuttgart · Wien

Dr. Françoise Cantin

Die innerbetriebliche Kommunikation verstehen und gestalten

Ein konstruktivistischer Ansatz und eine qualitative Analyse

«Berner betriebswirtschaftliche Schriften» Band 22

XIX+ 293 Seiten, 25 Abbildungen, 17 Tabellen
kartoniert Fr. 58.– / DM 65.– / öS 475.–
ISBN 3-258-06084-3

Die «Innerbetriebliche Kommunikation» als komplexes Unternehmungsphänomen erfordert einen ganzheitlichen und interdisziplinären Forschungsansatz. Die Menschen stellen dabei das zentrale Forschungsobjekt dar.

In diesem Buch wird die Unternehmung als konstruiertes Sozialsystem verstanden. Sie existiert nicht als autonome Einheit, sondern besteht aus Interaktionen der Unternehmungsangehörigen, welche innerbetrieblich und ausserbetrieblich stattfinden. Aus einer konstruktivistischen Sicht ist die Wirklichkeit lediglich menschenabhängig wahrnehmbar. Jedes Individuum als aktiv erkennendes und handelndes System konstruiert laufend seine eigene Wirklichkeit. Nach dem konstruktivistischen Paradigma stellt die Kommunikation das einzige Instrument zur Konstruktion individueller und sozial geteilter Wirklichkeiten dar.